도를 배우는 자는 경(敬)을 통해 성의(誠意)와 정심(正心)에
이르러야 하고, 정치를 행하는 자 또한 경으로써 나라를 다스리고
천하를 평정할 수 있다. 그뿐인가. 부부간 서로 공경하는 것을
역사서에서도 찾아볼 수 있듯이, 세상에 경이 없어서는 안 된다.
하물며 조정이나 향당, 더 나아가 남에게 보이지 않는
옥루(屋漏)에서야 더 말해 무엇 하겠는가.

이색, 『목은집(牧隱集)』 중

이색

사유의
한국사

이색

도현철 지음

한국학중앙연구원출판부

책머리에

이 책은 고려 말 목은 이색(1328~1396)의 정치사상을 검토하고 그의 사상이 조선시대 사상계에 끼친 영향을 살펴본 글이다. 이색은 유·불·도 삼교를 포함한 전통적인 사상의 기반 위에 성리학을 수용하여 당대 사상·학술을 주도하고 왕조를 유지하는 입장에서 정치활동을 전개했다. 그의 제자들은 이색이 제시한 유학사상을 기초로 조선시대 사상과 학문을 주도하여 유교 사회를 여는 데 기여했다. 그러므로 이색 사상 연구는 고려 말 성리학 수용기 사상의 성격이나 조선 건국의 사상적 배경 나아가 조선시대 유학 시대를 이해하는 단초를 제공할 것이다.

필자는 이미 사회변동과 왕조교체를 둘러싸고 유학의 체제 유지 논리를 활용하면서 고려왕조를 유지하려던 이색의 사상과 유학의 체제변혁 이론을 통하여 새로운 왕조를 개창하려던 정도전의 사상을 검토한 바 있다. 그리고 여선교체기를 대표하는 이색과 정도전에 대한 개별 연구도 수행했다.

그사이 고려에서 조선으로의 왕조교체에 따른 역사적 성격 연구, 보다 구체적으로는 사회사·경제사·정치사·사상사 등 각 분야에서 새로운 문제의식과 연구 방법으로 많은 연구 성과를 제출했고, 그에 따라 이 시기에 대한 역사상이 풍부해졌다. 더욱이 『목은집』에 대한 자료적, 연대기적 심층 연구를 통하여 이색 개인은 물론 그를 둘러싼 사회·정치적 사실에 대한 실증적 연구가 진행되어 새로운 사실이 밝혀지기도 했다. 여기에 『목은집』에 없는 이색의 글들이 발굴·보고되었다. 그리하여 기왕의 연구에 최신의 연구를 수렴하고 종합하는 이색 연구의 필요성이 제기되었다. 이 책은 이러한 문제의식에서 출발하여 이색의 정치사상을 실증적·종합적으로 살펴본 결과물이다.

  이를 위해 이 책에서 필자는 이색 사상의 형성 과정을 원 유학 생활에서 교류한 인적 네트워크와 새로운 도서 목록, 심성·수양 중시의 성리학과 한국사 체계, 유학적 경세론과 형세·문화적 화이관, 이색 학파의 형성과 계승, 조선시대의 이색 평가 등을 살펴보았다. 이에 따르면 이색은 고려의 유교·불교·도교에 대한 깊은 이해를 바탕으로 성리학을 수용하여 군자유를 지향하며 수기·수양에 힘썼고 성균관에서의 성리학 연구와 제자를 양성하고 윤리 도덕이 확립된 유교의 이상사회를 지향했다. 여기에서 이색과 그의 영향을 받은 후학, 제자들은 학파, 학맥을 형성하며 학술 활동과 유교적 정치활동을 전개했고, 고려와 조선 사회를 윤리 도덕이 확립된 유교의 인문 문치 사회를 만드는 데 기여했다고 할 수 있다. 이로 미루어 볼 때 이들을 '이색 학파'로 명명이 가능하다고 판단했다.

  필자는 1989년 이색의 정치사상 연구로 석사논문을 쓴 이래 여선교체기에 이색을 비롯한 격변기 유학자 지식인을 연구하면서 사회의 변화와 변동을 극복하려는 그들의 현실적 고뇌와 분투를 살펴보았다. 여선교체기에 보여준 이색을 비롯한 지식인의 역동적이고 진취적인 노력은 한국 중세사 나아가 한국사를 더욱 풍성하게 해준다. 이 책의 집필 과정에서 필자가 재직하는 학교의 선생님들과 동료, 선·후배 선생님들은 한국사를 바로 보는 역사적 안목과 문제의식을 새롭게 다지고, 연구 방법을 끊임없이 모색하도록 조언해주었다. 무엇보다도 크고 작은 일들의 의론 상대가 되어 주었다. 좋은 책으로 엮어주신 한국학중앙연구원 출판부에도 깊이 감사드린다.

2024년 10월
도현철

차례

책머리에 · 4

1장 서론: 이색의 성리학은 무엇을 지향했나 · 9

2장 생애와 사상 형성의 기반
1. 생애와 고려 원·명 지식인과의 교류 · 22
2. 독서 목록과 사상 형성의 기반 · 56

3장 심성·수양 중시의 성리학과 한국사 이해
1. 심성·수양 중시의 성리학과 유불동도론 · 112
2. 성리학적 역사관과 한국사 이해 · 135

4장 유학적 경세론과 형세·문화적 화이관
1. 유학적 경세론과 관료의 자율 정치 지향 · 180
2. 유교 문명론과 형세·문화적 화이관 · 210

5장 이색 학파의 성립과 조선시대의 이색 평가

1. 이색 학파의 계승과 이색 시문의 활용 · 260
2. 조선시대의 이색 평가와 한국 사상사에서 이색의 위상 · 282

6장 결론: 이색, 조선 성리학의 연원이 되다 · 323

부록 『목은집』에 없는 이색 글 선별 역주 · 339

참고문헌 · 382

찾아보기 · 404

1장

서론

이색의 성리학은 무엇을 지향했나

이색(李穡, 1328~1396)은 고려 말 당대의 사상계, 학술계를 주도하고 창왕의 즉위와 왕조 개창이라는 권력 변동의 정국 현안에 중요한 의사 표시를 한 인물이다. 이 책은 그의 정치사상을 살펴보고, 아울러 그 사상이 갖는 한국 중세 사상사 혹은 한국 사상사에서 차지하는 역사적 위상을 구명해보려 한다.

이색이 활동한 14세기는 대내외적 상황이 급박한 사회 변화·변동기였다. 생산력이 발전하고 이에 따라 토지 분급제와 토지 소유 관계가 변화하며, 고려 왕실의 권위가 실추되고 권신이 출현해 기강이 해이해지고 제도가 문란했다. 또한 왜구와 홍건적이 침입하고, 원과 명의 왕조교체에 따른 대외적 변동이 유동적이어서 국가적 위기를 맞는 시기였다.[1] 이에 고려의 유학자 지식인들은 이를 냉철하게 인식하고 극복할 수 있는 대응 논리를 마련해야 했다.

이색은 이러한 급변하는 대내외 정세를 유학의 정치사상으로 대응해 고려왕조를 중흥하려고 했다. 그는 세계 제국 원나라에 유학하여 선진문화를 수용하고, 정치·외교·사회·경제·교육 제도 등의 개혁을 추진하며, 성리학을 연구하고 후학을 양성하여 이들이 조선 성리학의 이론적 기초를 닦게 했다. 따라서 이색의 정치사상과 정치활동을 분석하게 되면, 이색 사상으로 집약된 고려 말 사상계의 동향뿐만 아니라 고려에서 조선으로의 왕조교체기의 사상적 특징을 파악하고 한국 중세사를 이해하는 데 기여할 것이다.

이색의 사상과 삶은 조선시대에 논란이 되었다. 조선왕조가 유학을 국시로 하고, 성리학적 정치이념을 바탕으로 체제 정비를 도모할 때, 고려 말 유학의 평가와 계승 문제가 제기되고, 이색을 어떻게 자리매김할 것인가 하는 문제가 논의되었다. 세종 대부터 계속된 문묘 종사에서 권근의 제자인 김반과 김일자는 성리학 정착의 공을 들어 권근, 이제현과 함께 이색의 문묘 종사를 주장했다.[2] 논의 과정에서 문묘 배향의 기준으로 학문적 공적과 실천적 의리 곧 절의론이 제시되었고,³ 결국 후자의 논의가 받아들여져 이색은 문묘 종사에서 배제되었다.

또한 조선시대에는 이색의 문장에 주목했다. 명나라에서 이색의 문집을 보내줄 것을 청했고,⁴ 진련(陳璉)은 이색의 묘지명을 지었다.⁵ 서거정(1420~1488)은 『목은시정선』을 편찬했고,⁶ 조선 전기의 시문 선집인 『동문선(東文選)』과 『동문수(東文粹)』, 『별본동문선(別本東文選)』과 조선 후기의 시문선집인 『대동문준(大東文雋)』・『동문팔가선(東文八家選)』・『동문집성(東文集成)』 등에는 이색 시가 수록되었다.⁷ 송시열과 이익・안정복은 이색 평가에 대한 이론을 주고받았고,⁸ 조선의 이름난 문인들은 이색의 글을 비평하면서 자신의 문장을 만들어갔다.⁹ 조선 시기에 성리학이 중시되고 유학이 확산되면서 이단시한 불교에 대한 이색의 미온적인 태도를 비판하는 등 평가가 다양하지만, 평가의 내용과 관계없이 이색의 사상과 문장 그리고 행동은 논쟁의 중심에 서 있었다.¹⁰ 이 점에서 이색에 대한 연구는 고려 말뿐만 아니라 조선시기를 이해하는 데 유효한 방법이 될 수 있다.

이색에 대한 연구는 일찍부터 주목받았다. 유학[11]과 불교[12]・정치사상[13]・경제[14]・교육[15]・역사[16]・문학[17]・질병・네트워크와 같은 생활사[18] 등에서 많은 성과를 거두었다. 주된 연구 자료인 『목은집』의 사료적 검토[19]와 연대 비정,[20] 전기 자료에 대한 검토[21] 그리고 과거시험 답안지인 대책문(對策文)[22] 등 『목은집』에 빠진 글이 발굴되었다.[23] 더욱 고려 후기와 조선 초기의 사회[24]・경제[25]・정치[26]・사상[27]・문화[28] 등 각 분야에서 연구 성과가 제출되어 이색과 그 주변에 대한 이해도 한층 더 깊어지게 되었다. 이처럼 연구의 폭과 깊이가 다양화, 심층화되면서 이 시점에서 개별 주제 연구를 포함하는 기존의 연구[29]에 최신의 연구를 아우르는 종합적인 연구가 필요해졌다.

이 책은 이러한 문제의식으로 다음과 같은 점을 유의하면서 살펴보고자 한다.

첫째, 이색의 사상을 형성하는 지적 배경과 인적 연결망을 파악하는 문제이다. 당시 고려는 왕조체제가 동요하고, 원의 간섭을 받으면서, 세계 제국 원으로부터 성리학을 비롯한 선진문화를 수용하여 도약할 수 있는 시기였다. 이때 이색은 원나라에 유학하여 다양한 세계의 문화를 수용했고, 원 유학자들과 교류하며 세계 수준의 학문체계를 이해했다. 원으로부터 받아들인 선진문화와 사상을 파악하고 그의 지적 배경을 이해하는 데에 그의 독서록(도서 목록)을 파악하는 것이 하나의 방법이 될 것이다.

또 이색의 지적 배경을 파악하기 위하여 그의 사회·정치적 연결망을 파악할 필요가 있다. 그는 혈연, 혼인 관계와 함께 성균관과 같은 학교나 과거제, 관료 생활을 통하여 지식인 동료들과 네트워크를 형성하면서 사회적·정치적 결합과 단절을 보여준다. 이색의 네트워크는 왕조 건국을 둘러싼 정치적 행동의 중요한 변수로 작용한다. 그러므로 이색의 사적, 공적인 결합 관계를 살펴봄으로써 고려 말의 개혁 정치와 여선교체기의 한 특징을 이해할 수 있을 것이다.

둘째, 이색이 고려 말의 사회변동을 타개하기 위하여 받아들인 성리학의 성격은 무엇인가 하는 문제이다. 이색은 기왕의 많은 연구를 통해 그 사상적 특징이 규명되었다. 이색은 성리학을 기초로 심성론과 수양론을 확립하고, 그의 인성 중심의 교화론과 유불동도론 등은 고려왕조의 유지를 목표로 하는 경세론을 전개했음이 확인되었다. 이색의 사상과 관련하여 일부 논란이 있지만, 원 관학 성리학의 영향을 받아 송과 원의 다양한 학문 가운데 성리학 계통과 친연성을 가지고 있다는 분석에는 이론이 없다.

이색의 사상에는 성리학에 함축된 학문적, 사상적 특성과 문제의식이 반영되어 있다. 성리학을 새로운 유학[新儒學]이라고 지칭하는 것에서 알 수 있듯이, 성리학은 유학 본연의 문제의식을 '성(性)'과 '리(理)'로 대표되는 형이상학적 이론에 기반하여 재해석한 최신의 사상이었기 때문이다. 성리학의 세계와 인간에 대한 논리를 파악하고 같은 맥락에서 구체적인 정치 현실을 어떻게 이해하고 있는지를 살피는 일이다. 성리학의 이기(理

氣)·태극(太極)·성정(性情)·인의(仁義) 등의 핵심 개념이 고려의 역사관, 중국 주변국 인식과 정책, 그리고 경세론 곧 고려의 법제, 윤리 규범과 어떻게 일관성 있게 설명되느냐 하는 문제가 중심이 된다.

특히 이색은 이상적인 유학적 인간상을 상정함으로써 고려 사회가 지향해야 할 유학자상을 제시했다. 이색은 『사서집주』와 『사기』·『한서』·『후한서』 등을 적극 활용하여 유교 경전이나 기타 중국 고대의 인간형과 구체적인 인간의 다양한 삶을 소개하고 비평함으로써, 어떠한 인간이 바람직한 인간이고 어떻게 사는 것이 바른 삶인가를 예시했다. 그러므로 이색의 사상에 나타난 유학의 정치론과 인간상을 밝히게 되면 이색 성리학의 성격과 사상사적 의미를 파악할 수 있을 것이다.

셋째, 이색의 이상사회론의 구체적인 내용을 파악하는 문제이다. 널리 알려져 있듯이 유학은 인간의 도덕적 신뢰를 바탕으로 대화, 설득, 자각을 통해 합리적인 도덕 사회를 지향하고, 예와 덕에 의한 정치를 통해 문치 사회를 추구한다. 부국강병을 목표하는 공리적 국가나 형정 위주의 법치적 국가보다는 명분과 의리를 밝혀 백성을 설득하고 각성하게 하는 문치 국가를 추구한다는 것이다. 또한 유학은 예와 덕에 의한 정치를 지향한다. 공자는 이를 '정(政)·형(形)에 의한 정치'가 아닌 '덕(德)·예(禮)에 의한 정치'인 인정(仁政)으로, 맹자는 '폭력을 행하면서 인을 사칭[以力假仁]'하는 것이 아닌 '인륜적 덕성에 기반하여 인을 구현[以德行仁]'하는 왕도정치로 구체화한다. 인륜적 덕성 또는 본성을 생활양식으로 제도화한 것이 예이고 정치·경제·군사 등 각 방면에서 구체적 제도를 통해 이를 뒷받침하는 시스템이 예치(禮治)이다. 공자와 맹자의 대응은 춘추전국시대의 사회적 모순, 곧 사유와 세습의 욕망에서 기인하는 약육강식의 논리와 이에 기반하여 전개된 법술(法術)을 위주로 한 정치가 횡행하면서 발생시킨 쟁탈성을 해소하기 위한 대안으로 제시된 것이다. 이 같은 유학 본연의 문제의식과 대응이 송·원대에 이르러 형이상학적 이론화와 정치·경제적 제도화의 과정을 거쳐 성리학의 체계로 정립되었다.

　이색은 이러한 성리학을 수용하여 유학 본래의 문제의식에 충실하고, 유학의 정치사상을 활용하여 개혁을 주장하며 왕조교체에 대응했다. 여기에서 이색은 성리학의 어떤 측면을 활용하여 어떤 유교 사회를 지향했는지를 파악할 필요가 있다. 이색의 사상에는 당대 유학자들에게 공유하고 지향하는 사상적 요소들이 집약되어 있으므로, 이색 사상을 매개로 한 성리학의 수용과 유교문화의 확산이 고려 후기 사회의 지식 기반을 일신시키고 새로운 단계의 문치 사회로 진입할 수 있게 하는 원동력이었음을 확인할 수 있다. 이색의 지향으로 구성해낸 유교 이상론, 문치 사회론, 유교 문명론은 서양의 법치문화와 대비되어 동아시아의 정체성을 보여주는 핵심적 이론이다. 그러므로 이색 정치사상의 성격을 파악하게 되면 고려 사회를 바꾸어 이루어내려는 유교 사회의 내용과 성격을 파악할 수 있을 것이다.

　넷째, 이색의 학술과 교육 활동을 당대의 학술과 개혁 정치 그리고 조선시대 사상 학술계와 연관시켜 살펴보는 문제이다. 이색은 성리학을 수용하면서 성균관 대사성 혹은 과거제도의 지공거 4번, 1번의 독권관을 맡아 후학들을 길러냈고, 이들이 고려와 조선의 성균관 대사성이 되어 학술과 정치의 중핵을 담당하도록 했다. 고려의 정몽주(鄭夢周)·박의중(朴宜中)·정도전(鄭道傳)·윤소종(尹紹宗) 그리고 조선 태조 대의 류경(劉敬)·정탁(鄭擢)·이첨(李詹)·권근(權近)이 그들이다. 이색은 안향(安珦)과 백이정(白頤正)·이제현(李齊賢)·이곡(李穀)을 이어 성리학을 체계화하고, 이를 다시 권근·하륜(河崙)·변계량(卞季良)에게 전승하여 조선시대 성리학 사상의 계보와 계통을 정립하는 데 중요한 역할을 했다. 그런 이유로 이색과 연결된 인적·지적 결합의 양상을 살펴보고, 그들의 학문 집단을 '이색 학파'로 명명할 가능성을 타진해본다.

　아울러 이색과 그 학문 집단이 주도한 여말선초 유학 사상계에는 송·원의 유서학(類書學)·사공학(事功學)·육학(陸學) 등의 다양한 학문 가운데 원 관학 성리학이 그 중심이 되었다. 고려 후기 성리학 수용기나 말기의 개혁 정치기, 조선 건국기, 16세기를 거치면서도 성리학 중심의 기조는 변함없이 유지되었는데, 여기에는 이색과 그 영향을 받은 권근·변계량 등 조선 초기 관학파의 역할이 컸다고 할 수 있다. 그 점에서 이색의 사상에 대한 고찰은 여말선초에 송학의 다양한 흐름 가운데 성리학 일색으로 전개된 원인을 파악하는 연구에서 핵심적 주제가 된다.

다섯째, 이색 사상을 한국 중세 사상사 혹은 한국 사상사의 맥락에서 살펴보는 일이다. 왕조교체에도 불구하고 이색의 학맥은 조선시대의 유학자와 연결되고, 그의 사상은 조선시대 사상계로 이어졌다. 이색은 송학 가운데 당대 최고의 사상 체계인 성리학을 수용하여, 유학 본래의 이념을 파악하여 불교를 이단으로 여기고 유교가 제시하는 문화, 문명의 사회를 건설하려 했다. 이는 점진적이기는 하지만 불교에서 유교로의 사상 전환 혹은 불교가 지배적인 사회에서 유교가 지배적인 사회로의 문명 전환을 꾀하는 것으로 한국 역사에서 중요한 의미를 갖는다. 그러므로 이색의 사상 속에 내포된 성격을 파악하게 되면 이색의 사상이 한국 사상사 혹은 동아시아의 보편적인 사상사에서 차지하는 위상을 이해할 수 있을 것이다.

이 책은 이색의 사상을 이상의 문제의식을 갖고 다음과 같은 내용으로 구성했다.

제1장 서론에서는 기왕의 연구와 문제의식, 연구 방법을 제시하고자 한다.

제2장은 이색의 생애와 사상 형성의 기반이 되는 사회·정치적 인적 네트워크를 살펴본다. 이색의 혈연·혼인 관계와 성균관과 같은 학교나 과거제, 좌주문생제 등을 통해 지식인 동료들과의 인적 연결망을 파악하여 사회적, 정치적 결합을 이해한다. 또한 이색의 고려와 원나라 유학자와의 교류를 알아보고, 새로운 지식·정보를 확보하기 위한 독서록을 살펴본다.

제3장은 이색의 사상적 특징을 살펴보고, 이를 당시 주류적인 불교와의 관련성에서 파악한다. 이를 위해 그의 심성·수양 중시의 성리학과 유불동도론을 통한 불교식 문치의 존중과 지향점을 궁구한다. 또한 성리학자로서 견지한 성리학적 세계관과 역사관의 특징을 파악하면서 한국사에 대한 인식 체계와 특징을 살펴본다.

제4장은 이색의 성리학 사상과 연관된 경세론을 이해하고 특히 유교의 정치론을 활용하여 현실 모순을 개혁하는 국가 사회의 구체적인 운영 방법이 무엇인지를 살펴본다. 또한 유교의 교화론이나 이민족 인식을 염두에 두고, 중국과 일본에 대한 견해를 파악하여 그가 지향하는 유교 문치론, 유교 문명론을 알아본다.

제5장은 이색의 사상과 그 연결된 학문 집단, 인적·지적 결합의 양상을 살펴보고 그들의 학문 집단을 '이색 학파'로 명명할 가능성을 타진한다. 또한 이색이 14세기 사상사에서의 성격과 조선시대 사상계와의 관련성, 한국 중세 사상사, 한국 사상사에서의 위상 등을 궁구한다.

제6장은 이상의 논의를 종합 정리하면서 이색 사상이 한국 중세 사상사 혹은 한국 사상사에서 차지하는 의미를 음미한다.

이 책에서는 현재 학계에서 널리 유통되는 1662년(현종 3)에 사간본(四刊本)을 영인한 『목은집』을 주 자료로 삼았다.[30] 그리고 『목은집』에 없는 이색 글을 모아 부록으로 정리했고 선별하여 역주했다.

1장 주석

1 이태진, 「고려말 조선초의 사회변화」, 『진단학보』 55(진단학회, 1983); 박원호, 「고려말 조선초 대명외교의 우여곡절」, 『한국사시민강좌』 36(일조각, 2005).
2 『세종실록(世宗實錄)』, 15년(1433) 2월 9일; 18년(1436) 5월 12일.
3 지두환, 「朝鮮初期 文廟從祀論議: 鄭夢周·權近을 중심으로」, 『釜大史學』 9(부산대학교 사학회, 1985).
4 『태종실록(太宗實錄)』, 1년(1401) 6월 19일.
5 『태종실록』, 11년(1411) 6월 29일; 김윤주, 「조선 태종 11년(1411) 이색 비명을 둘러싼 논쟁의 정치적 성격」, 『도시인문학』 1(서울시립대학교 도시인문학연구소, 2008); 도현철, 「조선시대의 인식 이색 인식과 과제」, 『한국사연구』 159(한국사연구회, 2012); 박홍규, 「조선왕조의 수성은 언제부터인가: 태종 11년의 이색 비명 사건」, 『정치사상연구』 25-2(한국정치사상학회, 2019); 박종기, 『조선이 본 고려』(H, 2021).
6 『태종실록』, 3년(1403) 3월 3일; 『세종실록』, 13년(1431) 3월 8일; 『세종실록』, 21년(1439) 1월 11일; 『세조실록(世祖實錄)』, 2년(1456) 9월 19일.
7 『동문선(東文選)』은 권130, 문체 56종, 작가 550명으로, 모두 4,556편(시: 1,940편, 문: 2,516편)이 실려 있다. 이 중 이규보의 글이 451편으로 가장 많고, 그다음이 이색으로 322편(문: 246편, 시: 76편)이 수록되었다. 최치원이 191편, 이첨이 142편, 이곡이 119편, 권근이 117편, 이제현이 117편, 김부식이 102편 순으로 담겨 있다(김종철, 『동문선의 이해와 분석』, 청문각, 2004).
8 유영옥, 「송시열의 목은비음기에 대한 李選의 비판」, 『역사와 실학』 78(역사실학회, 2022); 유영옥, 「17세기 芝湖 李選의 『勝國新書』 고찰」, 『한국민족문화』 82(부산대학교 한국민족문화연구소, 2022).
9 柳廣眞, 「諸家評文을 通해 본 牧隱의 詩」, 『誠信漢文學』 3(성신한문학회, 1991); 李炳赫, 「牧隱詩의 後人評說考」, 『詩話學』 3·4(동방시화학회, 2001); 정재철, 「韓國 詩話에 있어서 李穡 詩의 비평 양상」, 『漢文學論集』 18(근역한문학회, 2001); 안대회, 『한국시화사』(성균관대학교 출판부, 2024).
10 현상윤은 "이색은 麗末 最著의 巨儒로서 문장 55권이 세상에 行하는데, 그의 문장은 탁월하여 李朝 全部의 문장을 합하여도 牧隱 一人의 문장을 대적할 수 없다는 평을 들으리만큼 심히 우수했다"고 했다. 玄相允, 「제3절 羅麗時代의 代表의 儒學者」, 『朝鮮儒學史』(현음사, 1982), 20-23쪽.
11 鄭載喆, 「牧隱 李穡의 思惟樣式」, 『漢文學論集』 12(근역한문학회, 1994); 尹絲淳, 「목은 이색의 사상사적 위상」, 『牧隱 李穡의 生涯와 思想』(일조각, 1996); 琴章泰,

「목은 이색의 유학사상」, 『牧隱 李穡의 生涯와 思想』(일조각, 1996); 최영진, 「목은(牧隱) 시대정신의 철학적 기반」, 『민족문화논총』 50(영남대학교 민족문화연구소, 2012); 권오영, 「고려말 조선초 성리학의 주요 개념의 이해의 추이」, 『포은학연구』 27(포은학회, 2021).

12 安啓賢, 「李穡의 佛敎觀」, 『趙明基博士華甲紀念佛敎史學論叢』(1965); 趙明濟, 「牧隱 李穡의 佛敎認識」, 『韓國文化硏究』 6(부산대학교 한국민족문화연구소, 1993); 崔柄憲, 「목은 이색의 불교관: 공민왕대의 개혁정치와 관련하여」, 『牧隱 李穡의 生涯와 思想』(一潮閣, 1996); 高惠玲, 「『牧隱集』을 통해 본 李穡의 불교와의 관계」, 『震檀學報』 102(진단학회, 2006); 남동신, 「목은 이색과 불교 승려의 시문(詩文) 교유」, 『역사와 현실』 62(한국역사연구회, 2006); 박용진, 「고려 우왕대 大藏經 印成과 그 성격: 이색 찬 고려대장경 발문과 신륵사 대장각기를 중심으로」, 『한국학논총』 37(국민대학교 한국학연구소, 2012).

13 都賢喆, 『高麗末 士大夫의 政治思想硏究』(일조각, 1999); 이현욱, 「국왕이 주도하는 국가적 프로젝트의 정당화: 『農桑輯要後序』와 『農事直說序』의 비교 검토」, 『한국문화』 101(서울대학교 규장각한국학연구원, 2023).

14 李景植, 「高麗末 私田捄弊策과 科田法」, 『朝鮮前期土地制度硏究』(일조각, 1986); 이경식, 『고려시대 토지제도연구』(지식산업사, 2012); 김기섭, 「고려 후기 목은 이색의 토지문제 인식과 개혁 방향」, 『지역과 역사』 51(부경역사연구소, 2022).

15 申千湜, 『牧隱 李穡의 學問과 學脈』(일조각, 1988); 임용한, 「여말선초의 학교제와 과거제」, 『한국사의 구조와 전개』(하현강교수정년기념논총, 2000).

16 金南日, 「李穡의 歷史意識」, 『淸溪史學』 11(청계사학회, 1994); 都賢喆, 「李穡의 性理學的 歷史觀과 公羊春秋論」, 『歷史學報』 185(역사학회, 2005); 박종기, 「이색의 당대사(當代史) 인식과 인간관」, 『역사와 현실』 66(한국역사연구회, 2007); 馬宗樂, 「牧隱 李穡의 生涯와 歷史認識」, 『震檀學報』 102(진단학회, 2006); 김성환, 「목은 이색(1328~1396)의 형세문화론적 화이관과 삼한사(三韓史) 인식」, 『동방학지』 201(연세대학교 국학연구원, 2022).

17 呂運弼, 『李穡의 詩文學 硏究』(太學社, 1995); 정재철, 『이색 시의 사상적 조명』(집문당, 2002); 朴美子, 『韓國高麗時代における「陶淵明」觀』(白帝社, 2000); 朴美子, 「牧隱 李穡と「연못(蓮池)」」, 『朝鮮學報』 181(朝鮮學會, 2001); 어강석, 『목은 이색의 삶과 문학』(한국학술정보(주), 2007).

18 許興植, 「李穡의 18인 結契로 본 高麗 靑少年의 集團行態」, 『정신문화연구』 70(한국학중앙연구원, 1998); 김보영, 「이색: 여말선초 여성 인식의 일국면」, 『우리 한문학사의 여성인식』(집문당, 2003); 김보영, 「牧隱 李穡의 버들골살이와 시」, 『東洋古典硏究』 27(동양고전학회, 2007); 김인호, 「이색의 자아의식과 심리적 갈등: 우왕 5년기를 중심으로」, 『역사와 현실』 62(한국역사연구회, 2006); 채웅석, 「『목은시고』를 통

해 본 이색의 인간관계망: 우왕 3년(1377)~우왕 9년(1383)을 중심으로」, 『역사와 현실』 62(한국역사연구회, 2006); 이익주, 「『牧隱詩藁』를 통해 본 고려 말 李穡의 일상: 1379년(우왕 5)의 사례」, 『韓國史學報』 32(고려사학회, 2008); 姜玟求, 「牧隱 李穡의 疾病에 대한 意識과 文學的 表現」, 『동방한문학』 42(동방한문학회, 2010); 김성환, 「1358(공민왕 7) 이색의 마니산 기행과 참성단 초례」, 『역사민속학』 42(한국역사민속학회, 2013); 도현철, 「조선건국기 성리학 지식인의 네트워크와 개혁사상」, 『역사학보』 240(역사학회, 2018).

19 이익주, 「『牧隱集』의 간행과 사료적 가치」, 『震檀學報』 102(진단학회, 2006).
20 이익주, 『이색의 삶과 생각』(일조각, 2013).
21 남동신, 「牧隱 李穡의 전기 자료 검토」, 『韓國思想史學』 31(한국사상사학회, 2008).
22 도현철, 「이색의 유교교화론과 일본인식: 새로 발견된 대책문을 중심으로」, 『韓國文化』 49(서울대학교 규장각한국학연구원, 2010); 도현철, 「부록: 이색의 대책문 역주」, 『목은 이색의 정치사상연구』(혜안, 2011), 339-357쪽.
23 이지관, 『교감역주 역대고승비문』 고려편 4(가사불교문화연구원, 1997); 남권희, 『고려시대 기록 문화연구』(청주고인쇄박물관, 2002); 곽승훈, 『고려시대 전적 자료 집성』(혜안, 2021); 동북아역사재단, 『한국고대사자료집』 고조선·부여편 Ⅳ: 문집(상)(동북아역사재단, 2021).
24 이정호, 「여말선초 京第·別野·鄕第의 조성과 생활공간의 변화」, 『한국중세사연구』 25(한국중세사학회, 2008); 채웅석, 「고려 중·후기 耆老會와 開京 士大夫社會」, 『역사와 현실』 79(한국역사연구회, 2011); 박진훈, 「고려 후기 전민변정과 조선 초기 노비 정책의 의의와 한계」, 『역사비평』 122(역사비평사, 2018).
25 박평식, 『조선전기상업사연구』(지식산업사, 1999); 이경식, 『고려시기토지제도연구』(지식산업사, 2012); 박정안, 『여말선초 농장 형성과 농학연구』(혜안, 2012); 李鎭漢, 「高麗末 對明 私貿易과 使行貿易」, 『고려시대 대외교류사연구』(경인문화사, 2023).
26 이익주, 「고려말 신흥유신의 성장과 조선 건국」, 『역사와 현실』 29(한국역사연구회, 1998); 洪榮義, 『高麗末 政治史研究』(혜안, 2005); 尹薰杓, 「高麗末 改革政治와 六典體制의 導入」, 『學林』 27(延世大學校 史學研究會, 2006); 尹薰杓, 「고려말 개혁정치와 경연제도의 개편」, 『史學研究』 93(한국사학회, 2009).
27 丁洛贊, 『朝鮮前期 成均館大司成 研究』(영남대학교 박사학위논문, 1992); 장동우, 「朱熹 禮學에서 『朱子家禮』의 位相과 企劃 意圖」, 『정신문화연구』 80(한국학중앙연구원, 2000); 이봉규, 「권근(權近)의 경전 이해와 후대의 방향」, 『韓國實學研究』 13(한국실학학회, 2007); 李廷柱, 『性理學 受容期 佛敎 批判과 政治·思想의 變容: 鄭道傳과 權近을 중심으로』(고려대학교 민족문화연구원, 2007); 도현철, 『이곡의 개혁론과 유교 문명론』(지식산업사, 2021).
28 李壽子 편저, 『(고려조 명가) 題畫詞鈔』(璿見舍, 2003); 주호찬, 『고려말 오도송 연

구』(보고사, 2006); 신현규, 『고려조문인졸기』(보고사, 2006); 신대현, 『진영과 찬문』(혜안, 2006); 위안싱페이(袁行霈) 지음·김수연 옮김, 『도연명을 그리다』(태학사, 2012); 이혜원, 「여말선초 승려들의 詩畫卷:名號·堂號 주제의 '試卷' 기록을 통해 본 실체와 위상」, 『美術史學硏究』315(한국미술사학회, 2022).

29 도현철, 『목은 이색의 정치사상연구』(혜안, 2011).

30 1404년(태종 4)에 간행된 초간본 『목은집』은 日本國立公文書館 內閣文庫에 있고, 『목은한시선(牧隱漢詩選)』은 宮內省圖書寮의 朝鮮刊本 舊楓山文庫에 있다(千惠鳳, 『日本 蓬左文庫 韓國典籍』(지식산업사, 2003), 228-231쪽). 초간본 『목은집』은 국립중앙도서관과 연세대학교에, 『목은한시선』은 서울대학교 규장각에 소장되어 있다. 이 책에서는 사간본을 영인한 『목은집』(『韓國文集叢刊』권3·4·5(민족문화추진회, 1990))을 주 자료로 이용했고, 『국역 목은집』 1-7: 임정기 옮김, 8-11; 이상현 옮김(민족문화추진회, 2000-2003), 『역주목은시고』 1-12(여운필·성범중·최재남, 月印, 2000-2007)를 참고했다. 또한 국사편찬위원회의 한국사데이터베이스의 한국 고전의 원문과 번역 그리고 한국고전번역원의 한국고전종합DB의 원문과 번역을 참고했다.

2장

생애와 사상 형성의 기반

1
생애와 고려 원·명 지식인과의 교류

1) 생애[1]와 학술 활동

이색[2]은 본관이 한산이고 호는 목은(牧隱)[3]이다. 이곡(1298~1351)과 함창 김씨 사이에 1남 4녀 중 외아들로 외가인 경상도 영해[4]에서 태어났다. 2세 때 한산으로 돌아왔다.[5] 아버지 이곡의 처음 이름은 운백(芸白)이었는데 곡(穀)으로 개명했고, 자는 중부(中父)이고 호는 가정(稼亭)이다. 이색의 조부는 정읍 감무였던 이자성(李自成)이고, 조모는 본관이 울산인 이춘년(李椿年)의 딸이다.[6] 이색의 집안은 한산에서 대대로 호장직을 이어왔고, 조부인 이자성은 한산 군리였다.[7] 부친인 이곡이 원 제과에 합격하여 중서차감창(中書差監倉, 종5품)이 되고 다시 고려에서 첨의찬성사(정2품)를 역임하여 이곡 대에 이르러 한산 이씨는 명문 가문으로 성장했다.[8]

이색은 1341년에 안동 권씨 권중달의 딸인 권한공의 손녀와 혼인했다.[9] 이색의 처조부인 권한공(1263?~1349)은 『고려사』 '간신 열전'에 포함되었는데, 간신전에는 심왕 옹립에 참여한 자가 수록되었다.[10] 권한공은 심왕 왕고(王暠)를 고려왕으로 옹립하는 데 관여하고, 충혜왕이 원에 의하여 압송될 때 황제의 명을 거부하기 어렵다[11]고 주장한 인물이었다. 그렇다면 두 집안의 혼인이 이루어진 이유는 무엇인가?[12]

이곡은 원 관료로서 이미 원나라에서 활동하고 있던 권한공과 시문을 주고받는 등 교류했고, 당대 명문 가문과의 혼사를 통하여 정치적·사회적 위상을 높이고자 했다. 안동 권씨[13]는 당대의 명문가로 충숙왕이 권렴의 딸을 맞아들여 수비(壽妃)로 삼고, 충혜왕이 권렴 누이의 딸 홍씨를 맞아들여 화비(和妃)로 삼아서 왕실과 혼인하는 귀족 가문이었다.[14] 또한 권단·권부·권준의 3대는 지공거를 역임했는데, 염제신(廉悌臣)·이제현·한수(韓脩)처럼 과거에 합격한 뛰어난 인재를 사위로 삼아 가문의 영예를 이어갔다.[15] 권부는 문생인 이제현 자신의 가문을 번창하게 할 것을 기대했고,[16] 권한공은 어려서부터 똑똑하고 학문을 좋아하여 그 명성이 자자한 이색을 손녀사위로 삼아 안동 권씨가를 빛낼 것으로 기대했을 것이다. 당시 출중한 인재를 사위로 택하려는 이들이 이색을 사위로 맞이하려고 다투었다[17]고 한다.

이색은 영해에서 한산으로 돌아와 독서하며 호연지기를 닦았다. 8세 때 한산 숭정산에 있는 절에서 공부를 하고, 14세에 교동의 화개산에서 글을 읽었으며, 이해 가을에 김광재가 시관인 성균시에 합격했다.[18] 이때 유학에 능통한 승려인 송성총(宋性聰)에게 시작법(詩作法)을 배웠다.[19] 이색은 16~17세에 시승(詩僧)을 따라 묘련사에서 공부했고,[20] 감악산·청룡산·대둔산 등에서 독서했다.[21] 오동·한홍도·장의랑·한수·백린·김직지와 승려인 환암 혼수와 나잔자 등도 여기에 함께 참여했다.[22] 이 무렵 이색은 구재도회(九齋都會)에서 촛불에 눈금을 긋고 시를 짓게 하여 작품의 높낮이를 매겨서 제생(諸生)을 격려하던 것이 권학의 방편이었다고 회상하면서, 첫해에는 4~5차례 장원을 했고, 다음 해에는 20여 차례나 장원을 했다[23]고 했다.

이색은 1341년(충혜왕 복위 2)에 국자감시에 합격하고 그다음 해에 문음으로 별장이 되었다.[24] 1348년(충목왕 4)에 이곡은 원에서 봉훈대부(奉訓大夫)·중서사전부(中瑞司典簿)가 되어 종5품 이상의 조관 자제에게 주어졌던 전례에 따라 국자감에 입학할 수 있었다.[25] 이곡은 1347년(충목왕 3) 겨울에 고려에 있는 이공수[26]에게 이색을 원 국자감에 입학시키려는 뜻을 전하고,

사신으로 중국에 올 때 이색과 함께 올 것을 청했다.[27] 이에 이색은 1348년 4월 원의 천수절(天壽節)을 하례하러 파견된 이능간·이공수와 함께 고려를 출발했다.[28] 1348년(충목왕 4) 5월에서 1351년(충정왕 3) 1월까지 원 국자감 생활을 했다. 1349년(충정왕 1) 11월에 부모님의 안부를 묻기 위해 잠시 고려에 왔고,[29] 1350년(충정왕 2) 정월에 원 국자감에 들어갔다.[30]

이색은 원 국자감에서 약 31개월 정도 재학했다.[31] 국자감의 생도는 500명이었고 이색은 유예재(游藝齋)에 속했다.[32] 이는 국자감의 삼재 가운데 하양재(下兩齋)에 해당한다. 국자감의 교수 학습 방법은 먼저 박사와 조교가 직접 구두(句讀)와 음훈(音訓)을 교수하고 다음 날 학생들이 강설하게 했는데, 이색은 전날 익힌 내용을 다시 강설하는 것이 가장 두렵다고 했다. 모든 학생이 더듬거리지 않고 정미하게 강설했으나, 이색은 입을 굳게 닫은 채 마른 나무처럼 중당에서 올연히 앉아 있었다.[33] 중국어 발음이 서툴러 자신의 생각을 제대로 전달할 수 없었기 때문이라고 한다. 하지만 이색은 한문으로 문장을 짓는 데는 능하여 월과(月課)로 제출한 부를 학관 오백상(吳伯尙, 吳當) 선생이 칭찬하거나[34] 자신의 글을 보고 여러 사람들이 놀랐다[35]고 한다.[36] 중국말이 서툴러 언어 소통에는 고충이 있었지만, 한문으로 문장 쓰기는 능하여 학문적 능력을 인정받고 있었다. 이색은 이곡의 정동행성 동료였던 홍빈이 자신의 아들 홍수산을 가르칠 때 같이 기숙했다. 당시 홍빈의 집에는 절동 지방 출신의 호중연(胡仲淵)이 있었다.[37] 이색은 호중연에게서 절구를 배웠다.[38] 이색은 세계 제국의 선진문화를 접하여 자신의 학문 세계, 의식 세계를 넓힐 수 있는 길을 열어갔다.

1351년(충정왕 3) 1월에 부친 이곡이 사망하자, 귀국하여 1353년(공민왕 2) 여름에 삼년상을 마쳤다. 이색은 진사(進士)로 1352년(공민왕 1) 4월에 공민왕의 개혁 정치에 부응하여 토지제도와 왜구 대책, 학제와 과거제, 불교 등에 관해 복중상서를 올렸다.[39] 이색의 불교 인식에 대해서는, 유불동도론에 입각해서 불교 자체를 존중하는 가운데 불교의 사회·경제적 폐단만을 지적하고 있다는 견해⁴⁰와 유자로서 정체성을 견지했다는 견해가 있다.⁴¹ 그리고 이는 이색의 급진적인 불교관의 반영으로 우왕 만년에 온건하게 변했으며, 이를 '시유종불(始儒終佛)'이라고 평가하기도 한다.⁴² 또한 그의 도첩제 주장은 도첩과 국역을 연동하여 1356년(공민왕 5) 도첩의 대상을 향리, 역리에서 공사노비까지 확대하도록 했고⁴³ 이는 조선시대 도첩제 시행으로 이어지게 된다.⁴⁴ 이색의 문무 겸용과 무과 설치의 제안은 1402년(태종 2) 4월에 무과제도가 실시되는 것으로 이어진다.⁴⁵ 또한 왜구 대책에 육수(陸守)와 해전(海戰)을 동시에 수행하여 왜적을 물리치자는 의견을 제시한 것은 다음 해 정동향시 대책에서 해전보다는 육수에 치중한 답안과 차이가 있지만, 이는 본인의 진의와 상관없이 과거시험에 합격하기 위해 제출한 것이었기에 발생한 차이로 이해되었다.⁴⁶

이색은 1353년 5월에 이제현과 홍언박이 시관인 과거시험에서 장원으로 급제했고,⁴⁷ 이해 가을에 안보(安輔, 1302~1357)가 시관인 정동행성 향시⁴⁸에 최림(崔霖)⁴⁹과 함께 합격했다. 1354년(공민왕 3) 2월에 원에 회시를 보러 가려던 차에, 원나라 동궁(東宮) 책립을 하례하러 김희조를 보낼 때 이색을 서장관으로 삼았다.⁵⁰ 이해 3월에 원 제과에 합격하고, 고려에 돌아와 원 관직을 기다리던 중 전리정랑과 예문응교⁵¹가 되었다. 1355년(공민왕 4) 3월에 윤지표(尹之彪)가 사은사로 원에 갈 때 이색을 서장관으로 삼았다.⁵² 이해 가을에 원나라에서 이색을 한림원의 응봉한림문자(應奉翰林文字)에 임명했다.⁵³ 대략 1355년 7월 무렵부터 이 일을 보다가,⁵⁴ 모친 봉양을 이유로 1356년 정월에 고려로 돌아왔다.⁵⁵ 5개월 정도 원 관료 생활을 한 셈이다. 원 관료 생활을 오래 하지 않은 이유는 원의 정세 약화가 직접적인 원인이었다⁵⁶고 한다.

원은 지배체제를 유지하기 위한 방편으로 성리학을 관학화하면서 과거를 부활시켰으며 주변 이민족에게도 응시를 허가했다. 고려인으로 원 과거에 합격한 사람은 이곡을 포함하여 10여 명 이상이다. 이색은 원 과거 합격 성적이 제2갑 2명(제1갑은 3명으로, 합격자 50명 중 5등)이고, 이곡은 제2갑 8명(50명 중 11등)으로 성적이 우수하여 문한관을 역임했다. 고려인으로 원 제과에 합격한 인물들은 제3갑으로, 예컨대 안축은 제3갑 7명으로 요양로 개주판관, 최해 역시 요양로 개주판관, 조렴은 요양등로 총관지부사, 이인복은 대녕로 금주판관이 되는 등 성적이 좋지 않아 행성이나 그 예하의 지방관에 임명되었으나, 이곡·이색 부자는 이례적으로 문한관을 맡았던 것이다. 이는 이곡과 마찬가지로 이색이 원으로부터 학문적 재능을 인정받은 결과였다.[57]

이색은 공민왕의 개혁 정치에 부응하고 유학에 기초한 합리적인 제도 정비에 노력했다. 공민왕은 반원 개혁과 권세가 비판을 통하여 문종 대의 제도를 복구하여 왕조를 중흥하려 했는데[58] 여기에 참여한 것이다. 이색은 1356년에 시정에 관한 8가지 상소를 올렸는데 모두 받아들여졌고, 이 일로 이부시랑 겸 병부낭중에 임명되었다.[59] 1357년(공민왕 6) 10월에 이색은 간관으로서 삼년상을 시행하도록 청했고[60] 1369년(공민왕 18)에는 왕명을 받아 문묘에서 석전을 지내며 홍건적의 침입으로 무너진 예제를 복구했다.[61] 이색은 4번에 걸쳐 과거시험, 곧 1365년(공민왕 14), 1369년(공민왕 18), 1371년(공민왕 20), 1386년(우왕 12)에 지공거, 1368년(공민왕 17)에 독권관이 되어 과거 합격자를 선발했다.[62] 1365년에 이색은 응시자들이 시험장에 책을 가지고 들어가거나 답안지를 바꾸어 보는 것을 엄금했고,[63] 1371년에는 25세 미만에게는 과거에 응시할 자격을 부여하지 않기도 했다.[64]

1358년(공민왕 7) 가을에 이색은 마니산 참성단에 행향사(行香使)로 초례를 주관하러 갔다. 그는 갈 때는 통진 → 갑곶 → 선원사 → 마니산의 경로였고, 재궁 → 앙산정 → 참성단 → 전등사 → 선원사 → 갑곶 → 통진을 거쳐 개경으로 돌아왔다.[65] 온 나라가 함께 새롭게 출발[一國更始]할 것을 추구한 공민왕은 참성 초례를 통해 개혁의 의지를 다지고자 이를 거행했다[66]고 한다.

이색은 1367년에 성균관이 재건되자 겸대사성이 되어 정몽주(鄭夢周)·김구용(金九容)·박상충(朴尙衷)·박의중(朴宜中)·이숭인(李崇仁) 등과 함께 성리학의 세계와 인간, 사회에 대한 강의와 연구를 통해 당대 학술을 주도했다.[67] 이보다 앞서 1366년에 하남왕이 중서검교 곽영석을 보내어 하례할 때 이색은 접반사로 참여했다. 곽영석이 문묘에 배알하면서 학사가 무너진 것을 보고는 고려는 예로부터 문을 숭상하는데 어떻게 해서 이렇게 되었는지를 질문하니, 이색은 국학이 홍건적의 침입으로 무너지고 백성을 휴식시키기 위하여 수리하지 못했다[68]고 대답했다.

1368년(공민왕 17)에 명이 건국을 알려오자, 공민왕은 중원 지배를 축하하는 표문을 이색에게 작성하도록 명했는데, 여기에서 이색은 명이 중국의 정통을 회복하고 중화의 문명을 열었다고 칭송했다.[69] 이색은 1366년에 원 황제에게 충렬왕과 충선왕의 이름을 고친 사례를 들어 공민왕의 이름을 기(祺)에서 전(顓)으로 고치겠다고 요청하는 글을 지었다.[70] 이 무렵 외교문서를 담당한 이색은 고려의 친명정책에 순응하여 형세와 문화를 기준으로 명을 천자국으로 인식했다.

이색은 1373년(공민왕 22)에 봉군(封君)이 되어[71] 1월 7일과 7월 7일에 녹봉을 받았다.[72] 봉군은 왕의 인친이나 2품 이상의 문무 관료, 공신들에게 내려주는 것이다. 1359년(공민왕 8)과 1361년(공민왕 10)에 홍건적이 침입했는데, 1361년 11월에 이색은 공민왕을 안동까지 호종한 공로로 호종공신 1등이 되어 토지 100결, 노비 10구를 받았다.[73] 이색은 재상을 역임한 아버지 이곡으로부터 물려받은 토지가 있고, 이색 자신이 관료 생활을 통하여 받은 수조지가 있었으며, 이외에도 한산·면주·이천·여흥·광주·덕수·장단·개경과 류포·적제촌 등 10곳에 토지를 소유하고 있었다. 이들 땅은 창두(蒼頭)·노각(赤脚)·호노(豪奴) 등으로 표현되는 가노·가비·외거노비들이 경작했을 것이다.[74] 이색은 고려의 관료로서 토지와 노비 등 경제적 기반을 갖추고 있었다.[75]

1362년(공민왕 11) 9월에 왕이 안동에서 개경으로 돌아올 때, 청주에서 원나라의 하정(賀正)과 하천추절(賀千秋節)을 위한 사신을 보내며, 황제에게 표문을 올리는 의식을 거행한 뒤, 공북루에 올라 권한공의 시를 보고, 시종하는 지신사, 대언들에게 그것에 차운하여 시를 지어 올리라는 명을 내렸다.[76] 원로 재상급 관료로 백문보·홍언박·이암·이제현·황석기·유숙이 참여하고, 상서 대언급 관료로 원송수·이색·성사달·김한용·우길생·허전 등이 참여했으며, 낭관급으로 이강·염흥방·전녹생·권주·박중미·김군정·화지원·우현보(禹玄寶)·이인 등이 여기에 참여했다. 이 시회(詩會)는 홍건적의 침입을 막고 개경으로 돌아가는 시점에서 문신관료의 위상을 높이고 왕의 권위를 확립하려던 것으로 평가된다.[77]

1364년(공민왕 13) 5월에 이색은 아버지 이곡의 『가정집』(『稼亭先生文集』)을 간행했다. 1361년 홍건적의 침입으로 공민왕이 안동으로 파천하는 상황에서도 유고를 잘 보존하여 20권으로 엮은 뒤 금산 수령이었던 매부(이곡의 사위) 박상충에게 이를 정서하여 판각하게 했다.[78]

1371년 7월에 이색은 정당문학(종2품), 이성계는 지문하부사(종2품)가 되었다. 공민왕은 문신인 이색과 무신인 이성계가 같은 날 문하성으로 들어오게 된 것을 자랑스럽게 생각했다.[79] 이색 역시 자신과 이성계가 조정에서 함께한 시간이 얼마 되지는 않지만, 우정이 물처럼 담박하고 오래되어도 서로 공경하여 사람들이 부러워한다[80]고 했다.

이색은 1371년에 모친상을 당하여 삼년상을 치르고, 1374년(공민왕 23)에 왕마저 별세하자 병이 들어 관직을 맡지 않은 채 7~8년간을 두문불출했다. 1377년(우왕 3)에 이색은 근심과 병이 서로 잇따른 지 7년째라고 했다.[81] 이색은 1371년부터 1377년 사이에 병과 근심으로 고생했던 것으로 보인다.[82] 이색은 유학자답게 질병을 치유하는 문제를 유학의 수양 과정으로 생각했다. 1377년 무렵에 이색은 "근심과 병이 연이어 7년째라 『맹자』를 읽으면서 호연지기를 강구한다"[83]고 했다. 심리적으로 위축되고 정치활동은 약화되었지만 심신을 수양하고 학문에 전념하며 다음 시기를 준비하던 충전기로 이해된다.

1375년(우왕 1)에 명과 북원 사이의 외교 문제에 대한 논란에서 이색의 생각은 잘 드러나지 않는다. 이색은 지난 1377년에 선광(宣光)을 연호로 쓰는 북원과 홍무(洪武)를 연호를 쓴 명 사이에 중국의 진정한 천자국이 누구인가를 고민하고 있었고,[84] 1380년(우왕 6)에 "천하가 둘로 갈라지고, 본래 섬기던 천자는 국경 밖에 있어서 슬프다",[85] "북원 사신이 조서를 반포하니 우리나라는 옛 은혜에 감격한다"[86]고 하며 비슷한 심정을 드러냈다. 원나라 제과에 합격하고 관직을 받은 이색으로서는 원의 쇠망에 복잡한 심정을 드러냈다고 할 수 있다. 1380년에 쓴 이인복 묘지명에서 "어가가 북쪽으로 파천한 지 7년째 되는 해에 선생이 돌아가셨다"[87]고 했다. 이는 1368년에 명나라가 연경을 점령하자, 원 순제가 상도(上都)로 갔는데, 이때부터 7년째 되는 1374년에 이인복이 죽었다는 것을 의미한다. 명을 중원의 지배자, 천자국로 인식하고 명에 대한 천자국 표문을 지은 바 있었는데, 우왕 초년 중앙의 실직에서 벗어나 있던 이색에게 원나라에 대한 과거의 기억과 추억이 되살아나고 있었다.

우왕 대 이색이 현직으로 있었던 시기는 1379년(우왕 5) 10월부터 다음 해 3월까지(정당)와 1383년(우왕 9) 11월부터 다음 해 7월까지(판삼사사)의 두 차례였다.[88] 1379년 5월에 우왕의 사부가 되어 1386년(우왕 12)까지 지위가 유지되었다.[89] 처음 공민왕이 우왕을 영부원대군으로 봉하고 백문보를 사부로 삼았는데,[90] 우왕은 즉위 후 서연을 열어 전녹생(田綠生)과 이무방(李茂方, 자 釋之, 1319~1398)[91]을 사부로 삼았고 1377년 5월에 홍중선(洪重宣)과 권중화(權中和)를 우왕의 사부로 삼았다.[92] 1379년에 이색은 홍중선의 뒤를 이어 우왕의 사부가 되고,[93] 1361년 10월에 왕에게『서경』「홍범」을 강의한 이래[94] 서연에서 우왕에게『논어』「태백편」을 가르쳤다.[95]

문장가로 알려진 이색은 실직을 얻지 못했지만, 왕명으로 글을 지었다.

1377년에 「광통보제선사비명(廣通普濟禪寺碑銘)」을 찬했고,[96] 같은 해 11월에 당 태종 「백자비(百字碑)」를 주석했으며,[97] 1380년에는 성균관에 「반궁수조비문(泮宮修造碑文)」을 지어, '공민왕의 성덕으로 학교를 일으키고 인재를 양성하는 뜻을 잇는 것'[98]이라고 밝혔다.

뿐만 아니라 그는 우왕 대 외교 문서를 작성하지 않았지만, 윤색 작업을 도왔다. 1378년에 우성랑이 표문의 권두(提頭)에 권점(圈點)을 찍어달라고 청했고,[99] 외교문서를 작성하는 이숭인[100]은 필요할 때마다 이색에게 글을 윤색해달라는 부탁을 했다.[101] 1379년에 이숭인, 권근과 함께 북방에 보낼 표장(表章)을 지은 뒤 이색에게 윤색해줄 것을 청했으며,[102] 1380년 6월에 외교문서를 담당하는 감진색(監進色)이 명에 보낼 문서를 작성하는 회의에 참석해줄 것을 요청했다.[103] 1382년(우왕 8)에 운남을 평정한 것을 축하하는 표문을 짓고 이색에게 자문을 구하고,[104] 이해 11월에 감진색의 관원이 이색에게 사대 문자를 의논했으며,[105] 서정언(徐正言)이 표문의 제두와 권점[106]을 이색에게 부탁했다.[107]

이색은 자신뿐만 아니라 자손을 경계하는 것을 잊지 않았다. 1380년 9월 무렵에 자손에게 쓴 시에서 "용모가 단정하면 그림자가 어찌 굽으냐, 근원이 맑으면 흐르는 물도 맑다. 수신을 해야 집을 다스릴 수 있고, 모든 것은 정성에서 나오지 않음이 없다. 황음(荒淫)은 본성을 잃게 하고 망녕된 행동은 정기를 상하게 한다. 내가 스스로 본성을 깎지 않도록 경계하는 것은, 뿌리를 상하면 나무가 무성치 못하기 때문이다. 잠잘 때나 편안히 쉴 때에도 천명은 언제나 밝게 비추고 있으니, 어찌 잠시라도 소홀히 대할 수 있으랴, 내 몸은 천명을 받고 나왔는데, 혹시라도 내 몸을 함부로 처신하면, 그 성정은 금수와 같이 되리라"[108]고 했다. 그리고 자손들이 이를 두고 좌우명으로 삼도록 당부했다. 본성을 잊지 않고 천명을 생각하며 삼가며 금수와 같이 되지 말도록 당부했다. 사람이 할 수 있는 노력을 다하고 천명을 기다린다는 유학적 인생관과 자기 절제, 수양의 모습이 잘 드러나 있다.

  그런데 이색은 지공(指空)과 나옹(懶翁) 화상의 부도명을 비롯해 불교 관련 글을 많이 짓고, 승도들과의 교류도 빈번했다. 그리하여 부처를 섬긴다는 비난이 일자 이색은 "임금과 부모님의 명복을 위해준다고 하므로 거절하지 못했다"[109]고 했다.

  1381년(우왕 7) 9월 염흥방이 대장경을 인쇄하자, 이색은 "돌아가신 문효공(文孝公, 이곡)이 현릉(玄陵)을 잠저(潛邸)에서부터 즉위할 때까지 섬겼고, 나 또한 급제하여 정당(政堂)에 이를 때까지 섬겼다. 은혜를 갚고자 하는 지극한 마음이 대장경 한 책으로 변화되었다"[110]고 서술했다. 이곡은 자신의 부모를 추모하고자 총공(聰公)의 뜻에 따라 대장경 일부를 조성하려다, 1351년(공민왕 1) 1월에 죽었다. 그리고 1371년에는 이색의 어머니가, 1374년에는 공민왕이 죽었다. 이색은 아버지 이곡의 뜻에 따라 대장경을 조성하여 사찰에 봉안하는 불사를 서원했다. 이색은 여러 사정으로 미루다가 1379년에 총공의 말을 듣고, 공민왕의 명복을 빌고 아버지의 뜻을 기리기 위해 대장경 불사를 시작했다가 혼자의 힘으로 감당할 수 없어서 나옹 제자들의 도움을 받아 1382년 4월에 대장경을 인쇄하여[111] 신륵사에 보관하고, 절의 남쪽에 2층 전각을 세웠다.[112] 1383년 7월에 대장경이 완성되자 우왕은 지신사 노숭(盧嵩)[113]을 통해 향을 보냈다.[114]

  1382년 11월에 이색은 조민수와 함께 판삼사사가 되지만 병으로 일을 보지 않았다.[115] 1384년 9월에 명 황제가 장부와 주탁을 보냈다. 장부 등이 국경에 도착하여 이색의 안부를 묻자, 우왕은 이색을 판삼사사로 명 황제의 조칙을 받게 했다.[116] 당시 우왕은 명의 책봉을 받지 못한 상태였는데, 명은 요구한 공물 문제가 해결되자 다음 해인 1385년(우왕 11) 9월에 우왕을 책봉했다.[117] 1386년 4월에 이색은 지공거가 되어 책문(策問)을 시험과목으로 다시 정하여 공민왕 대의 그것으로 되돌리게 했고, 20세 미만은 과거에 응시하지 못하게 했다.[118]

1387년(우왕 13)에 이색은 이성림과 염흥방이 토지와 인민을 광점하여 일시에 세 저택을 소유하고 수탈을 일삼는다고 비판했다.[119] 1388년 1월에 이들이 제거되자 최영이 문하시중, 이성계가 수문하시중이 되는 것과 함께 이색은 판삼사사(종1품)가 되었다.[120] 이때부터 이색은 문하시중을 사직하는 1389년(창왕 1) 10월까지 고려의 최고위직을 맡아 왕조의 유지에 진력한다. 1388년(우왕 14) 3월에 명이 후군도독부에서 요동백호 왕득명을 보내와서 철령위 설치를 통고했다. 우왕이 병을 칭탁하자, 판삼사사인 이색이 백관을 거느리고 왕득명에게 나아가서, 황제께 잘 아뢰어주기를 요청했지만 왕득명은 "천자의 처분에 달려 있는 것이지 내 마음대로 할 수 없는 것이오."[121]라고 했다. 이에 최영은 요동 정벌을 주장했다. 당시 조정의 논의에서는 임금의 뜻에 부합해서 반대하는 자는 적고 찬성하는 자가 많았다. 이색도 중의를 따랐지만 물러 나와서는 의리에 거슬리는 논의를 했다고 했다.[122] 이색은 최영의 요동 정벌에 찬성하지 않은 것이다.

　1388년 6월에 단행된 위화도 회군에 이색은 찬성했다. 명에 대해 사대 외교를 지향하는 입장에서 요동 정벌은 명분 질서를 어기는 것이라고 인식했기 때문이다. 또한 우왕을 폐위하고 창왕을 즉위시키는 데에 동의했다. 우왕의 폐위는 북벌, 곧 요동 정벌에 대한 책임을 묻는 것으로 이해되었기 때문이다.[123] 1388년 6월 좌군도통사 조민수는 새로운 왕의 옹립을 논의했는데, 이색은 전왕의 아들을 세워야 한다[124]고 했다. 이색은 다른 글에서 "아버지를 폐하고 그 아들을 옹립하는 것이 국가의 상례이다"[125]라고 했다. 결국 창왕이 즉위했다.[126]

　창왕이 즉위한 후 전제개혁을 비롯한 개혁안이 제시되었다. 1388년 7월에 조준 등은 권세가들의 토지 탈점으로 국가 재정이 악화되고 농민들의 생활이 어려워졌다는 명분으로 토지제도의 개혁을 주장했고, 이색은 구법(舊法)은 가벼이 고쳐서는 안 된다는 이유로 사전(私田) 혁파에 반대했다. 이성계·정도전·윤소종 등은 조준의 의견에 동의했고, 우현보·변안렬·유백유 등은 이색의 의견을 좇았다.[127] 또한 이색은 고려의 유불도 3교가 결합된 예제 대신 삼년상과 같은 유교 상제의 보급에 적극적이었지만, 구래의 예제는 그 뿌리가 깊고 튼튼히 박혀 있으므로 갑자기 혁파되어서는 안 된다는 이유로 이를 실행할 때 인정이나 형편상 어쩔 수 없는 경우는 종법에 구애받을 필요가 없다[128]고 했다. 당시 상황에서 개혁의 필요성은 인정하지만, 고려의 법과 제도를 유지하는 가운데 점진적이고 온건한 개혁을 주장했던 것이다.

1388년(창왕 즉위) 8월에 이색은 문하시중이 되고 이성계는 수문하시중이 되었다.[129] 이색은 회군 주도 세력의 저의를 의심했고 명과의 사대 외교를 통하여 해결하고자 했다. 이색은 1389년(창왕 1) 10월 이숭인과 함께 명에 신년을 하례하러 가 감국(監國)과 자제의 입학을 아울러 청했다.[130] 이색은 명에 있을 때 변란이 있을까 두려워 이성계의 아들을 데리고 가기를 원했고, 20세의 이방원이 동행했다.[131] 공민왕 때부터 명은 집정 대신을 불러 입조하도록 했지만, 모두 두려워 가지 않았는데, 이색은 이때 시중이 되어 입조했던 것이다.[132]

이색은 명 홍무제와 면담했으나 성과를 거두지 못했다. 명에서 돌아온 이색은 "홍무제가 내가 물을 것이라고 생각한 것은 묻지 않았고, 또 황제가 물은 것은 내가 당연히 물으리라 생각했던 것이 아니었다"[133]고 했다. 더욱이 명나라는 "고려왕이 중국에 입조하러 오기를 청하나 굳이 올 필요 없고, 왕을 세우는 것도 너희에게 있고 폐하는 것도 역시 너희들에게 있으니 중국과는 서로 관계가 없다"[134]고 하여, 고려의 정치 불간섭의 태도를 분명히 했다. 이로써 구래의 군신 관계를 명확히 하고, 명의 감국을 통해 왕조를 수호하려던 이색의 시도는 실패하고 말았다. 이색이 시중에서 물러나겠다고 하자, 창왕은 이색을 판문하부사에 임명했지만,[135] 그해 10월에 사직했다.[136] 이색이 물러나자, 정도전 계열의 간관 등은 이색과 같은 입장에 있는 이숭인을 비판했고,[137] 이숭인을 변호하는 권근 역시 탄핵했다.[138]

이색은 이 무렵 장단에 있었다.[139]

　1389년 11월에 최영의 조카인 전대호군 김저(金佇)가 여흥에 있던 우왕을 복위하려 시도했다는 김저 사건이 일어나고, 이 일을 계기로 가짜를 폐하고 진짜를 옹립한다[廢假立眞]는 명분으로 창왕이 폐위되고 공양왕이 옹립되었다. 이색은 공양왕이 즉위하자 장단현에서 돌아와 하례했다.[140] 공양왕은 이색을 판문하부사, 변안렬을 영삼사사, 심덕부를 문하시중, 이성계를 수문하시중, 정몽주와 지용기를 문하찬성사, 조준을 지문하부사 겸 사헌부대사헌, 정도전을 삼사우사로 임명했다.[141] 공양왕이 태묘에 고하고 궁궐에서 축하를 받는 자리에 남면하여 앉지 않자, 이색이 "주상이 이미 즉위를 고하셨는데, 이제 또 남면하지 않으시면 신하들과 백성들의 바람에 답하실 수가 없습니다"[142]라고 했다. 이색은 고려의 군신 관계를 존중하고 왕의 권위를 높이려고 했다.

　정도전 계열은 개혁과 관련해 자신들과 정치적 입장을 달리하는 세력의 정점에 있는 이색을 제거하려고 했다. 1389년(공양왕 1) 12월에 오사충과 조박은 이색이 왕씨가 아닌 창왕을 옹립했으며, 유종(儒宗)으로서 대장경을 인쇄하여 불교에 미혹되어 많은 사람을 현혹시키고 풍속을 어지럽혔다[143]고 상소했고, 이숭인과 하륜에 대해서도 전에는 이인임(李仁任)의 심복이었다가 후에는 이색의 간사함에 끌려 창왕이 중국에 조견하도록 했다[144]고 비난했다. 이색은 장단으로 유배 갔고[145] 1390년(공양왕 2) 4월에 함창으로 옮겨갔다.[146]

　1390년 5월에 윤이(尹彝)·이초(李初)가 명에게 고려로의 출병을 요청한 사건이 발생하고, 이색이 연루되었다. 이색은 함창에서 청주로 옮겨져 국문을 받게 되었는데 큰비로 인해 사면되었다.[147] 1390년(공양왕 2) 11월에 서울 밖에서 편의대로 살게 했다. 곧이어 서경 천호(西京千戶) 윤귀택(尹龜澤)의 이성계 살해 모의 사건이 터지자,[148] 이색은 또다시 탄핵을 받았다.

　공양왕과 정몽주를 중심으로 왕조를 유지하려는 유학자들은 정도전, 이성계에 적극적으로 대처했다. 공양왕이 경연관에게 중국의 고사만 알지 고려의 일은 모른다고 하자, 정몽주는 근대의 역사는 편수하지 못하고 선대의 실록 또한 자세히 알지 못하니, 『통감강목』을 모방해서 역사서를 편찬하자고 건의했다. 공양왕이 이색과 이숭인의 직첩을 돌려주고 실록을 편수하도록 했으나, 시행되지는 못했다.[149]

또한 정몽주 등은 윤이·이초의 옥이 무고임을 표방했고,[150] 공양왕은 구언교(1391년(공양왕 3) 4월)를 내려 신하의 의견을 구했다. 정도전은 "이색과 우현보를 고려의 죄인이며 성인의 가르침을 파괴하는 괴수라 하여 이들을 죽여야 한다"[151]는 상소를 올렸다. 공양왕은 정도전과 남은의 말은 받아들이지 않고 불교 배척 상소를 올린 김초(金貂)를 죽이고자 했다. 1391년 7월 정몽주와 재상들은 이른바 오죄(五罪)에 대한 진상을 밝히고자 함으로써 정도전 등과 대결을 시도했고,[152] 9월 성헌(省憲, 중서문하성과 사헌부)과 형조의 탄핵을 받아 정도전이 봉화로 유배되었다.[153] 1391년 11월 이첨은 공양왕에게 왕조를 보존해야 한다는 보업(保業)을 포함하는 9가지 덕목인 구규(九規)를 올렸다.[154] 12월에 이색과 우현보를 각각 한산부원군과 단산부원군으로 봉하고, 유배당한 인물들을 대부분 복권시켰다.[155] 이에 앞서 11월에 공양왕이 6월부터 함창에 있는 이색을 불렀다. 충주에 귀양 가던 권근이 이색을 만났는데, 이색은 "사람의 신하된 도리가 임금께서 명하는 것에 따를 뿐이므로, 부르면 가고 가라 하시면 와서 죽어도 또한 피하지 못할 것인데, 가고 오는 것을 어찌 생각할 것인가"[156]라고 했다.

당시 정몽주는 왕조 유지에 노력했다. 1391년 10월에 이성계와 정몽주, 김사형이 노비 문제를 다루는 인물추변도감 제조관으로 임명되었다.[157] 공양왕은 이성계와 김사형을 견제하기 위해 정몽주를 임명한 것이라고 한다. 정몽주는 기존의 노비문서를 인정하는 가운데 소송(訴訟), 상송(相訟) 등을 처리하기 위한 법적 절차, 행정 절차를 정비하고, 이를 통해 노비 소유자 사이의 노비소유권 분쟁을 방지하려 했다. 이는 조준 등이 조업노비(祖

業奴婢, 조상으로부터 물려받은 노비)화된 양인 농민을 변정하여 국역 부담층을 확보하려는 것과 일천칙천(一賤則賤)을 고치자는, 즉 활리길사(闊里吉思)의 양천상혼(良賤相婚) 금지와 그 소생은 양인으로 삼게 하려는 것과 대비되었다.158 정몽주는 1392년(공양왕 4)에 『대명률』과 『지정조격(至正條格)』(1340년 원 순제가 반포한 법전), 고려의 법령을 참작해서 신율(新律)을 제정하면서,159 고려왕조의 노비 정책의 연장선상에서 점유상의 분쟁을 해결하려고 했다.160

이색은 정몽주의 이러한 노력에 동참했다. 1392년 3월에 이성계가 낙마하자, 정몽주가 조준·정도전·남은·윤소종 등을 논핵할 때 이색도 참여했다.161 김진양을 비롯한 대간을 통해 조준·정도전 등을 처형할 것을 주장했고 이에 공양왕은 정도전을 광주로, 조준을 니산(泥山)으로 이배(移配)하게 하고, 남은·남재·조박·윤소종·오사충을 수원에 있게 했다.162 김진양은 "정몽주·이색·우현보가 이숭인·이종학·조호를 시켜 신 등에게, 판문하부사 이성계가 자신의 공적을 믿고 권력을 휘두르다가 지금 말에서 떨어져 병이 심각하니 먼저 우익 조준 등을 제거한 후에 도모할 수 있다"라고 했다. 이에 비밀리에 대간에게 연일 상주하고 대궐 뜰에 엎드려 조준·정도전 등을 처형할 것을 청했다. 왕은 먼저 남은 등 몇 사람을 국문한 후 진술한 말에 조준·정도전이 관련되면 그 뒤에 그들을 함께 국문하라고 했다.163 그러나 정도전과 조준 등이 유배된 지 2일 후 해주에 있던 이성계가 개경으로 돌아오고 정몽주가 암살되었다.164 이색은 1392년 4월에 한주로 옮겨졌다.165 곧 금주로 폄척되었다가166 6월에 여흥으로 옮겨졌다.167

1392년 7월에 조선왕조가 건국되고, 이색은 고려 말에 당을 결집하여 난을 일으켰다고 지목된 56인 가운데 한 사람이 되어 우현보·설장수 등과 함께 우선 거명되어 섬으로 유배 보내고 직첩을 회수하며 서인(庶人)으로 삼아 종신토록 등용하지 말도록 했다.168 이에 대해 이색은 "내 평생에 망녕된 말을 하지 않았는데, 감히 거짓을 복종하겠는가. 비록 죽더라도 바른 귀신이 될 것이다"라고 했다. 이 말을 들은 태조는 이색을 장흥으로 옮기게 했는데, 이색의 공에 의지해서 살아난 사람이 많았다¹⁶⁹고 한다. 이해 10월에 조정에서 지방에서 편의대로 살게 하도록 하자, 이색은 고향인 한산으로 돌아왔다.¹⁷⁰

이색은 1395년(태조 4) 11월에 한산백과 오고도제조(五庫都提調)에 임명되었다.¹⁷¹ 이어 이성계는 대나무로 만든 요여를 선물하고,¹⁷² 이색을 위해 잔치를 베풀었다.¹⁷³ 그는 조선 건국 후 쓴 기록에서 고려 국왕이 내려준 관직을 쓰는 경우가 있고, 태조 이성계가 내려준 관직명을 쓰기도 한다. 류청신 행장에서 '한산백(韓山伯) 목은(牧隱) 이색 찬(李穡撰)'이라 하고, 이성계를 '아태조(我太祖)'로 표현했다.¹⁷⁴ 반면에 1396년(태조 5)에 간행된 『인천안목(人天眼目)』 서문에서 이색은 '전벽상삼한삼중대광·영예문춘추관사·한산부원군'¹⁷⁵이라 하여 고려 국왕으로부터 받은 직함을 쓰고 있다. 이색은 고려에 대한 절의로 조선에서 벼슬을 하지 않았지만 이성계를 국왕으로 인정한 것으로 보인다.

세 아들 가운데 유일하게 생존한 셋째 아들 이종선은 1396년 4월에 전조의 훈신 자제로 명망 있는 자를 발탁하여 관직을 내릴 때 병조참의에 제수되었다.¹⁷⁶ 첫째 아들인 이종덕은 1388년(우왕 14)에 죽었고, 둘째 이종학은 건국 직후 8월에 경상도에 유배 중에 죽었으며,¹⁷⁷ 1394년(태조 3) 8월에 부인 권씨도 세상을 떠났다.¹⁷⁸ 이색은 1396년(태조 5) 5월에 여흥에서 세상을 떠나 11월에 한산에 장사지냈다.¹⁷⁹

2) 고려와 원·명 지식인과의 교류

(1) 고려 지식인과의 교류

이색은 혈연 관계와 학적 관계를 바탕으로 교류하며 정치, 사회 활동을 했다.¹⁸⁰ 자신의 본관인 한산 이씨와 모친인 함창 김씨, 처가인 안동 권씨

등으로 맺어진 혈연 관계[181]와 학교와 과거제의 학적 관계, 관료 생활로 연결된 학문적, 정서적, 인적 교류를 했다. 기왕의 연구를 통해 이색의 인적 교류, 연결망의 내용을 파악할 수 있다.

다양한 이색의 인적 교류에서 중요한 것은 과거를 매개로 결합된 좌주-문생 관계와 동년이다.[182] 이색은 4번의 지공거와 1번의 독권관을 역임하여 많은 문생을 길러냈다. 1365년 28명, 1369년 33명, 1371년 31명, 1386년 33명 그리고 1368년 친시(親試) 7명 등이다. 친시를 포함해서 312명을 합격시켰다. 이색의 문생 가운데 이숭인과 권근은 이색의 유학 연구와 교육 그리고 문장을 계승하여 발전시켰고, 이색과 정치적 행보를 같이했다. 권근의 제자인 김반·김종리·김일자는 세종 대의 학술에 중요한 역할을 담당했다. 당시 "좌주와 문생은 부모와 자식의 관계와 같다"[183]는 말이 자주 등장했고, 좌주의 아들을 종백이라고 하여[184] 좌주의 아들과 문생의 인간관계가 돈독했다. 문생에 대해서는 기왕의 연구에 자세히 나와 있다.[185]

이색은 1341년(충혜왕 복위 2)에 감시(監試)에 합격했다. 지공거는 송당 김광재이다.[186] 감시는 10개의 운자를 달아서 짓는 십운시로 100자를 시험하여 99명의 합격자를 뽑는 시험이었다.[187] 이색은 14세에 감시에 합격했는데, 이때 같은 해 합격한 동년들과 뜻이 맞아 어울리며 노닐었고, 기억에 남는 일이 많아 나이 들어 이들과의 교류를 회상했다.[188] 이색은 1382년에 이때를 회상하며 "열네 살에 처음 십운과에 합격했다"[189]고 했고, 신사년 동년인 안종원이 동년회를 만들어 성사달, 이무방과 만났다고 했다.[190]

감시의 장원은 성사달(成士達, ?~1380)로, 호는 역암(易菴)이다.[191] 그는 1352년에 대호군으로 정방에 사사로이 벼슬 40여 건을 주었다는 죄명으로 하옥되었고,[192] 1364년에 교주도병마사일 때 여진의 삼선(三善)·삼개(三介) 등이 홀면(忽面, 洪原), 삼살(三撒, 北靑)에 침입하므로 정예 500인을 거느리고 나아가 막아 싸웠다.[193] 이색은 "당년에 일등으로 급제한 다섯 선생"[194]이라 하여 이몽유(李夢游)·한홍도(韓弘度, 韓弘道의 오기), 신익지(申翊

之)¹⁹⁵·송숙통(宋淑通)·곽충수(郭忠秀)¹⁹⁶ 등 1등 그룹 5명을 회상했다.¹⁹⁷

상주의 김직지(金直之, 君弼)에게 이색은 9개의 시를 지어 주었다.¹⁹⁸ 그는 이색보다 여섯 살 위로 매일 상종하고 밤에 등불을 켜고 시를 읊곤 했다. 1380년 5월에 60세가 되어 과거에 응시하려는 김직지에게 이색은 시험에 쓰는 용지[名紙]를 얻어 주고¹⁹⁹ 여러 차례 낙방할 때마다 자신도 상심하겠지만 나만큼은 아프지 않았을 것이라고 위로했고, 만약 시율로 시험을 보면 합격했을 것이라고 했다. 이색은 병고에 시달려 꺾이고 불우하지만 마음을 즐겁게 하고 편히 살려고 노력한다고 하면서 육익정(六益亭)이라는 정자의 기문을 지어 주었다.²⁰⁰

최림(崔霖)의 부친은 성고(成固)이며, 이곡의 친구인 영주(蘱州, 풍기) 진중길(秦中吉)의 사위이다. 아우는 천긍(天亘, 古巖)이다.²⁰¹ 그는 이색과 함께 1341년 진사시에 합격하고 1353년 정동행성 향시에 합격했으나 눈병이 나 원 제과의 회시에 응시하지 못했다. 1355년 1월에 안종원·김군제와 함께 『졸고천백』을 복주(안동)에서 개판했다.²⁰² 정도전은 병부원외랑 최림에게 수업을 받았다.²⁰³ 최림은 1355년 표문을 받들고 신정을 축하하기 위해 원에 갔다가 돌아오는 길에 요하에서 도적을 만나 살해되었다.²⁰⁴

이몽유는 이색에게 자주 찾아와 동년들의 이야기를 나누고 꽃 감상을 했다.²⁰⁵ 1380년에 이몽유가 이색과 대화하는 중에 낙성군 김선치(金先致)의 정원에 모란꽃은 이미 졌고 작약꽃은 한창이라고 하고, 날마다 김공을 모시고 바둑을 두었다 했다.²⁰⁶ 1379년에 이색이 52세 때 62세인 이몽유가 벼슬자리를 요구하자 위로하는 시를 지었다.²⁰⁷ 이밖에 철원의 김동년은 이색에게 햅쌀과 밤, 기러기 등을 보내주었는데,²⁰⁸ 성균시에 응시하는 아들을 주사에게 천거해달라고 요청했다.²⁰⁹ 한홍도는 이색보다 7살이 많았고 1341년 감시에 합격한 후 1353년(공민왕 2) 동당시에도 같이 합격했다.²¹⁰ 이색은 한홍도·장의랑과 함께 교동의 화개산을 거쳐, 서해안을 따라 평산의 모란산(牧丹山), 금곡의 역사(驛舍) 등을 들러 맹자의 호연지기를 닦고자 했다.[211] 멋진 수염을 기른 임희좌(任希座)는 이색에게 박이나 햅쌀, 채소를 보내주었다.[212]

이무방(李茂芳)[213]은 이인영의 아들로, 이곡이 시관일 때인 1348년에 급제했다. 안종원(安宗源, 1325~1393)[214]은 이색이 스승으로 모신 안축의 아들로, 그의 아들 안경공은 개국공신이 되었다. 강정헌(姜靜軒)은 공양왕 때 이색이 정도전 등의 탄핵으로 금주에 유배 중일 때 물심양면으로 도와준 인물이다.[215] 이색과 4수 이상의 시를 나눈 인물은 권길부(權吉夫)[216]·안면(安勉)[217]·한홍(韓弘)[218]이 있고, 이 밖에도 감시 동년(同年)[219]이 있다.

이색은 1353년 5월에 이제현과 홍언박이 시관인 예부시(동당시)에 장원 급제했다. 을과 3인, 병과 7인, 진사 23인[220] 등 33인을 뽑았는데, 이색이 을과 장원이고 홍중선이 2등, 권중화가 3등이었고,[221] 병과 장원은 화지원이었다.[222] 동년인 박진록(朴晉祿)은 자가 재중(在中)이고, 호는 국간(菊澗)이다.[223] 송무(宋懋)는 이제현의 사위로[224] 1380년에 죽었다. 이밖에 매부인 박상충(朴尙衷) 등의 동년[225]이 있다. 이색은 관료 생활이나 정치적 어려움에 처할 때 이들과 시문을 주고받으면서 정서적 공감대를 형성했다. 이색에게 이들은 마음의 안식처이며 정치활동의 지지 기반이 되었다.[226]

또한 이색의 인적 연결망으로 젊은 시절부터 이어진 친구들이 있다. 한수·염흥방(廉興邦)·권중화(權仲和)·이강(李岡)이 그들이다. 이들은 공민왕에게 은혜를 입었다는 생각을 이색과 공유했다. 『목은집』에는 이곡의 문생인 한수에게 전하는 글이 제일 많다. 한수가 남긴 218수의 시 가운데 차운시가 109수인데, 그 가운데는 이색의 시에 차운한 것이 무려 78수에 이른다. 이색과 한수의 긴밀한 교류는 45세인 1377년부터 52세인 1384년에 집중된다. 1379년 10월 이색은 한수와 서로 왕래하면서 잠시도 떨어진 적이 없었는데, 중구절의 모임에서는 만나지 못했다고 했다.[227] 특히 한수의 유포 별장에서 꽃놀이[228]를 하면서 지은 것이 많다.

이색은 염흥방처럼 안동 권씨 여성과 혼인했다. 이색은 염흥방의 부친인 염제신을 어른으로 모셨다. 이색은 염제신이 죽었을 때 3일 동안 시를 짓지 않았으며[229] 그의 죽음을 애도하는 시[230]와 신도비를 지었고, 염흥방 어머니의 죽음을 애도하는 시를 짓고[231] 장례식에 참석하여 시를 남기기도 했다.[232] 이색과 염흥방은 여러 차례 과거의 시관을 맡아, 용두회, 동년회, 사촌회 등의 잦은 만남을 갖고 정을 쌓고 있었다. 공민왕과 처가 안동 권씨의 기재, 꽃구경을 통해서 시문을 주고받고 회포를 풀며 정을 나누고 있었다.[233] 또한 이색은 염흥방으로부터 경제적, 물질적 도움을 받았다. 음식물, 고기, 갓 찧은 밀, 보리, 술, 햅쌀, 노루고기 등을 받고 고마워하는 시문을 지었다.[234] 염흥방이 사위를 들일 때는 가난해서 혼례를 도울 수 없어 황두 두 섬으로 마음을 표현했다.[235]

    1368년(공민왕 17)에 이강(李岡, 1333~1368)[236]이 36세로 죽자, 이색은 염흥방·한수와 함께 "우리 벗이 죽었으니, 어찌 명문을 남기지 않으리오" 하고는 자신은 묘지명을 짓고 한수는 글씨를 쓰며 염흥방은 글을 새겼다. 실무 총괄은 염흥방과 한수가 맡았다.[237] 이강은 이암(李嵒, 1297~1364)의 아들로, 이곡의 문생이다. 이색은 이강과 친구가 되면서 이강의 아버지인 이암을 아버지처럼 섬겼다.[238] 후에 이암이 『농상집요(農桑輯要)』를 간행할 때, 이색은 후서를 쓰고[239] 이암과 이강의 묘지명을 썼다. 이색은 "나는 일찍이 행촌 이 시중공(侍中公, 이암)을 스승으로 모셨으며, 그의 아들, 조카들과 함께 어울렸다"고 했다.[240] 후에 이강의 딸은 권근과 혼인했고, 이강의 아들인 이원의 딸은 권근의 손자인 권람과 혼인했다. 이색은, 이강이 일을 신중하게 처리했고 신의로 벗을 사귀었으며 독실하게 선을 좋아하고 공정함으로 마음을 보존했으며, 조정에 나가 정사를 베풀었다면 내가 스승으로 섬겼을 것이라고 했다.[241]

    또한 이들은 공민왕릉에 비문을 새기는 문제를 자주 논의했다. 공민왕은 노국대장공주가 죽자 묘를 광암사 근처에 쓰고 이 절에서 자주 명복을 빌었으며, 1372년에 증수 확장을 했다. 1374년에 공민왕이 죽어 현릉을 이곳에 모신 뒤, 광암사는 공민왕의 원찰이 되었다. 「광통보제선사비명」은 1377년 겨울에 이색이 찬하고 한수가 글씨를 썼으며 권중화가 글을 새겼다.[242] 이들의 관계는 정추가 1382년에, 한수가 1384년에 죽고, 염흥방이 이인임과 결탁하여 부패한 인물로 평가되자 이색이 절연하면서 끝이 났다.

세 번째 인적 결합은 1367년(공민왕 16) 성균관에서 성리학 연구가 활성화될 때 같이 어울린 인물들이다. 임박(林樸)은 중국의 과거제를 따르도록 했고,[243] 성균관을 다시 짓도록 요청했는데, 공민왕은 이를 위해 관리들에게 품에 따라 베를 내어 그 비용을 돕도록 하고, 생원을 늘려서 100명을 양성하도록 했다.[244] 염흥방은 이 일을 주관하면서 문신들에게 관품에 따라서 포를 내게 했다. 이때 전교랑 윤상발은 옷을 팔아서 포 50단을 마련하여 그 비용을 보태었으므로, 염흥방이 이를 구실로 열흘 만에 1만 단을 얻었다.[245]

여기에서 이색은 성균관 겸대사성이 되었고 김구용·정몽주·박상충·박의중·이숭인은 다른 관직을 맡았지만 교관을 겸하게 되어 성리학을 연구하고 학생을 교육했다. 정도전은 모친상으로 인하여 처음부터 관계하지 않았지만, 1370년(공민왕 19) 성균관 박사에 임명되면서 합류했다. 이들은 학식을 고치고 매일 명륜당에 앉아 경전을 나누어 수업하며 강의를 마치면 서로 토론하여 정주성리학이 크게 일어났다.[246] 이들은 성리학의 지식과 논리를 바탕으로 자연 현상과 인간 사회를 설명했다. 예컨대 김구용[247]은 다른 관직에 있으면서 직강(直講)을 겸임했다. 제생들은 경서를 가지고 열을 지어 수업했는데, 비록 휴가를 얻어 집에 있을 때도 따라와서 질문하는 자가 서로 줄지어 유익된 바가 많았다.[248] 전오륜(全五倫)은 여기에서 질의나 토론이 벌어질 때 바른 해답을 제시하여 제생들이 탄복했다.[249] 이들은 이색을 매개로 상호 교류하고 구체적인 생활뿐만 아니라 정치, 사회 생활에서 겪는 다양한 경험을 주고받으며 동지(同志)로 결합하고 정치적, 사회적 현안 문제에 대하여 공조했다.[250]

고려인으로 원 국자감에 재학한 이는 이색과 함께 민선(閔璿)이 있다.²⁵¹ 민선은 민지의 손자이고 민상정의 아들로, 최문도의 딸과 혼인했고 딸은 이성계의 넷째 아들 이방간(李芳幹, 懷安君)과 혼인했다. 원 국자감에 수학하다 잠시 귀국하여 당대 유학자들의 시를 모은 것이 바로 환학시권(還學詩卷)인데, 이색은 여기에 발문을 썼다.²⁵²

이색은 불교 승려들과 교류했다.²⁵³ 혼수(混修, 1320~1392)는 이색과 16~17세 때부터 사귀어온 친구로, 이색이 교류한 승려 가운데 가장 많은 시와 글을 남겼다.²⁵⁴ 본관은 광주, 성은 조씨, 호는 환암이다. 그는 1341년(충혜왕 복위 2) 승과에 합격했고 1370년에 나옹이 주관한 공부선(功夫選, 승려가 수행한 공부를 평가한 시험)에서 뽑혔으며 1384년에 국사가 되었다. 나옹을 이으면서 왕사 찬영(粲英)과 함께 불교계를 주도했다. 혼수는 공민왕과 비의 원찰인 광암사 주지였으며, 송의 장천각(張天覺)이 쓴 『호법론(護法論)』을 충주 청룡사에서 중간하고 이색에게 발문을 부탁했다.²⁵⁵

천태종 승려인 나잔자(懶殘子, 了圓)는²⁵⁶ 이색이 18인과 계를 맺을 때 같이했고²⁵⁷ 한수와 함께 자주 어울렸다.²⁵⁸ 1381년(우왕 7) 1월에 이심전심의 묘법을 전수한 산문의 영수인 나잔자가 이색을 찾아준 것에 대하여 감격해했다.²⁵⁹ 또한 나잔자가 복리군(福利君)에 임명되자 이색은 축하하는 글을 지었다.²⁶⁰ 나잔자는 소동파의 시를 능숙하게 읽어 유자들이 그의 강설을 듣고자 했고,²⁶¹ 이색에게 『동인지문(東人之文)』의 의심나는 곳을 질문하기도 했다.²⁶²

나옹 혜근(惠勤, 1320~1376)은 이색과 직접적인 교류는 없었지만, 이색은 혜근과 관련된 진당의 기문 7개를 썼다.²⁶³ 혜근은 원에 유학한 인도 승려 지공에게 법을 인가받고 당시로서는 최신의 선(禪) 사상을 수용했다. 1370년에 왕사가 되었고 공부선을 주관했다.²⁶⁴ 회암사를 낙성할 때 중앙과 지방의 사람들이 구름같이 몰려들었다. 정부는 이를 우려해서 혜근을 밀양 영원사로 추방했는데, 가는 도중 신륵사에서 죽었다.²⁶⁵ 나옹 혜근이

1376년에 입적하자, 그 제자들은 스승의 사리 봉안과 진당(眞堂) 건립에 힘썼다. 그 과정에서 관련된 사실 기록을 이색에게 부탁했다.[266] 1379년(우왕 5)에 신륵사에 나옹의 「사리석종(舍利石鐘記)」이 만들어지자, 승려 각주(覺珠)는 천녕현(川寧縣)에 유배 중이던 염흥방을 통해 이색에게 기문(記文)을 요청했다.[267] 이색은 보제 존자 나옹을 기리는 기문을 썼고[268] 거제현 견암사(見菴寺)의 기문을 써달라는 각주의 요청도 들어주었다.[269] 1384년에 각지(覺持)가 묘향산 안심사(安心寺)에 석종을 만들고 지공과 나옹의 사리를 봉안했을 때에 이색은 「석종기(石鐘記)」를 썼고,[270] 왕명에 의하여 「석종비명(石鐘碑銘)」,[271] 「탑비문(塔碑文)」[272]을 찬술했다. 이외에 나옹의 제자로 이색과 관련이 있는 인물은 각웅(覺雄), 철수좌(澈首座), 설악산인, 영로암(英露菴), 설우(雪牛, 乳上人), 일구(一漚) 등이 있다.

윤절간(倫絶磵, 盍倫)은 혜근의 제자로, 조계종의 승려이다. 이색·혼수와 함께 어울렸다. 이색은 윤절간의 처소 이름인 송풍헌(松風軒)에 대한 기문을 써주었고,[273] 그의 요청을 들어 장성 백암사의 기를 썼으며,[274] 혜근의 부도탑과 탑비의 완성 등 혜근의 공적을 기리는 일에 앞장섰다. 그가 회암사 주지로 있을 때 회암사의 시말을 기록하여 혜근의 공적을 드러내고자 이색에게 「중수기」를 부탁했다.[275]

귀곡(龜谷) 각운(覺雲)은 남원의 승련사(勝蓮寺)를 증축하면서 사원의 기문을 이색에게 부탁했고, 이색은 남원의 승련사에 대한 이야기를 일찍부터 들었고 각운의 어진 덕에 대하여 들은 바 있어서 글을 쓴다[276]고 했다. 1368년에 왕의 명으로 내원당에 들어가 『전등록(傳燈錄)』을 강설하고 『경덕전등록(景德傳燈錄)』을 1372년에 간행할 때, 이색에게 서문을 부탁했다.[277] 공민왕이 「달마절로도강도(達磨折蘆渡江圖)」와 「동자보현육아백상도(童子普賢六牙白象圖)」를 하사하자 이를 기록하고자 이색에게 글을 청했다.[278] 1380년 3월에 백년사에 있으면서 직지사를 중수코자 연화문을 이색에게 부탁했고,[279] 이색은 그해 각운이 죽자 그를 위한 「만사」를 지었다.[280]

우세군(祐世君) 종림(宗林)은 자은종의 선승이다. 이색은 종림의 유가도장(瑜伽道場)을 보고 돌아와 시를 지었고,[281] 안정당(安政堂), 한첨서(韓簽書)와 함께 귀곡(龜谷)을 방문하고 돌아오는 길에 자은사의 종림을 만났다.[282] 이호연·이숭인·민자복·한수가 중구일(9월 9일)을 기념해서 만나 즐거움을 같이했다.[283] 둘째 아들 이종덕과 종림이 교류했다.[284]

천희(千熙, 1307~1382)는 흥해군 출신으로 호는 설산(雪山)이다. 1364년에 중국에 유학을 갔다와 1367년(공민왕 16)에 국사가 되고 왕사인 혜근과 함께 공부선을 주관했다. 이색은 사상적으로 불교와 유교가 조금도 다름이 없다는 「설산기(雪山記)」[285]를 쓰고, 천희가 수원 창성사에서 죽자 우왕의 명으로 「묘지명」을 지었다.[286]

이색과 교류한 또 다른 승려로는 화엄의 대선(大選)인 경원(景元),[287] 조계의 대선에 뽑힌 최병부의 아우인 고암(古巖, 天㫳),[288] 무설(無說)[289] 등이 있다. 이색이 교류한 승려는 대부분 혜근, 혼수와 연관된다. 이색은 당시 승려들은 물론 유학자들과 빈번하게 교류했고 승려들이 유학자들에게 자문을 구하기도 했다. 이러한 이색의 인적 교류는 자신의 정치, 사회 활동의 중요한 기반이 되었다.[290]

(2) 원·명 지식인과의 교류

가. 원 국자감 스승

이색은 아버지 이곡이 1348년에 원나라의 관원이 되어 종5품 이상의 조관 자제에게 주어졌던 전례에 따라 국자감에 입학할 수 있었다. 국자감[291]에서 이색을 가르친 학관[292]은 우문공량, 오당, 성준이 있다.

① 우문공량(宇文公諒)은[293] 호가 자정(子貞)이고,[294] 사천성 성도(成都)에서 대대로 살았다. 1333년에 원 제과에 급제한 이곡과 동년이다. 그의 회시의 선택 시험과목은 이곡과 같이 『주역』이었다. 강절향시는 22등, 회시는 16등, 전시는 제2갑 15등으로 급제했다. 휘주로(徽州路) 동지무원주사(同

知婺源州事)가 되었다가, 회계(會稽) 현령을 맡아 선정을 베풀었고, 송강(松江)의 해도전(海塗田)을 살펴 세금을 면해달라고 청했다. 한림문자관·국자감승을 역임했다. 저서로는 『절가집(折桂集)』·『관광집(觀光集)』·『벽수집(辟水集)』·『이재시고(以齋詩稿)』·『옥당만고(玉堂漫稿)』·『월중행고(越中行稿)』 등이 있다. 이색은 원 국자감 시절 우문공량이 국자감 학관으로 자신을 불러 동년인 이곡이 『주역』에 밝았다고 하면서 "동년의 아들은 내 아들과 같으니 가르쳐주지 않을 수 없다"[295]고 한 말을 떠올렸다.

② 오당(吳當, 1297~1361)은 자가 백상(伯尙), 강서성 숭인현 사람이다.[296] 오징(吳澄)의 손자이며, 경사백가에 통달했다. 1345년에 국자감 조교가 되고 『요사』·『금사』·『송사』의 편찬에 참여했다. 이색은 "17세 때 고려의 동당시에 응시하여 화씨벽부(和氏璧賦)를 지었고, 21세에는 원 연도(燕都, 북경)의 국학에 들어가서 월과(月課)를 지었을 때, 오당 선생이 나의 부(賦)를 보고 가르칠 만하다고 칭찬하셨다"[297]고 했다.

③ 성준(成遵, 1304~1359)은 자가 의숙(誼叔)이고 하남성 사람이다. 1331년에 국자생이 되고 1333년에 전시에서 제3갑 13등으로 합격했다. 회시의 선택과목은 『춘추』였고, 합격 후 한림국사원 편수관에 임명되었다.[298] 성균관에 있을 때, 국자조교인 진려가 성준의 글을 보고 규장각 시서학사 우집(虞集)에게 말했는데, 우집은 성준을 보고 재상이 될 것이니 자중자애하라고 했다. 1342년 순제에게 봉사를 올려 천자는 기거(起居)를 삼가하고 욕망을 절제하여야 나라가 안정된다고 했다. 이어 어사대 관료로서 마땅히 수행해야 할 직무인 '대찰사사(臺察四事)'와 조종의 법을 본받고 재물을 아끼며 분경(奔競, 권세 있는 사람들이 경쟁적으로 이익을 쫓는 것)을 금지하는 등의 '시무사사(時務四事)'를 올렸다. 성준이 70여 차례의 글을 올려 시폐(時弊)의 청산을 역설하자 집정자들이 이를 싫어했다고 한다.

1349년에 형부낭중, 어사대 도사가 되었다. 당시 대신(臺臣)으로 뇌물을 받은 관리가 부모상을 핑계로 사직하는 경우가 빈발하자, 조정에서 탄핵받은 관리는 부모가 죽어도 고향에 돌아가지 못하게 하여 악인이 죄를 피하지 못하도록 조치했다. 하지만 성준은 이에 반대하여 악인은 반드시 처벌해야 하지만 인륜이 무엇보다도 돈독해야 하고, 또 국가는 효로써 천하를 다스리니[國家以孝治天下] 죄인 수천 명을 놓친다 해도, 천하에 부모를 섬기지 않은 관리가 있어서는 안 된다[不可使天下有無親之吏]고 주장했다. 어사대는 그 말이 옳다[299]고 했다. 이곡이 성준에게 보낸 시가 있고[300] 이색 역시 성준에게 보낸 시가 있다.[301]

나. 원 제과의 지공거와 동년

1354년 3월에 이색은 원 제과에 합격했다. 회시의 시관은 구양현과 왕사성이었고 전시에는 두병이와 구양현이 독권관이었다.[302] 우방은 몽골·색목인이, 고려인이 포함된 한인(漢人)은 좌방이었는데, 이색은 제2갑 2명(5등)에 뽑혔다. 장원은 우계지(牛繼志), 그다음은 증견(曾堅)이었다.[303]

회시의 시관인 ① 두병이(杜秉彝)는 하남성 안양 사람으로 1329년에 규장각 전첨(典簽)으로 『경세대전(經世大典)』 편찬에 참여했다. 1334년(원통 2)에 섬서행대 감찰어사가 되고, 『송사(宋史)』 편수에 참여했다. 1352년(지정 12)에 시어사 겸 경연관, 1354년(지정 14)에 중서참정이 되었다.[304]

② 구양현(歐陽玄, 1274~1358)은 자가 원공(原功), 선대에는 구양수와 같은 여릉(廬陵)에 살다가 호남성에 옮겨 살았다. 1315년에 과거에 합격하고 지방관이 되어, 송사가 많고 판결이 오랫동안 지체된 일들의 사정을 잘 살펴 공평하게 처리했고, 세력가들이 불법을 저지르고 노비를 학대하는 것에 대해 단호하게 처리했다. 공부와 징발이 때에 맞추어 이루어지므로 백성들이 기뻐하여 교화가 크게 행해졌다. 무강(武岡) 현윤(縣尹)이 되어서 요족(獠族)이 순수하게 응하지 않고 이웃 종족 간에 싸움이 일어나자, 두 사람만을 데리고 가서 달래고 하소연을 들어주니 요족이 안정되었다.

구양현은 1333년에 순제가 즉위하고 한림직학사가 되어 실록과 『경세대전』 및 『요사(遼史)』·『금사(金史)』·『송사』305를 찬수하는 실질적인 책임자인 총제관이 되었다. 이때 예를 들어 말할 때에는 반드시 근거가 있는 것만 선별했다. 사관 가운데 재주를 드러내려는 자가 있으면 논쟁하지 않고 원고가 만들어지는 것을 기다려 정정하니 전 체계가 저절로 바르게 되었다고 한다. 허형(許衡)306과 게혜사307의 묘지명을 썼고, 류인(劉因)의 화상찬을 썼으며, 『규재집(圭齋集)』이 전한다.308

특히 구양현309은 원 관학의 중심인물로 정자·주자로 이어지는 성리학을 정통으로 삼아서, 왕안석(王安石)의 신학이 송나라를 어지럽히고 결국 송이 멸망하게 되었다310고 했다. 원 관학 성리학에서 구법당을 중심으로 송대 정치사를 이해하는 관점을 잘 보여준다.311

구양현은 고려와 조선 지식계에도 큰 영향을 주었다. 1352년 원 제과의 시관일 때 이색을 가르칠 만하다고 칭찬하면서 제2갑 2등으로 합격시켰다.312 이색은 원나라 유학 시절이나 과거제도를 회상하면서 구양현을 시와 글에서 자주 언급했다.313 옥전선사(玉田禪師)가 자신의 좌주인 구양현이 쓴 송월헌(松月軒)의 세 글자를 가지고 와서 이색에게 송월헌의 기문을 청했고,314 이숭인은 송월헌에 걸린 구양현의 기문을 소개했다.315 구양현의 글은 조선에서 자주 언급되었다.316

③ 왕사성(王思誠, 1291~1357)은 자가 치도이고, 산동성 사람이다. 1321년에 진사시에 합격하고 관주판관, 국자조교, 한림국사원 편수관, 한림문자관, 한림대제가 되었다. 1342년에 감찰어사가 되어 상소했다. 왕사성은 상소문에서 "지난가을부터 가뭄이 지속되고 지금은 황하가 범람하고 있는데, 가뭄은 양기가 강하기 때문이고 범람은 음기가 강하기 때문이다. 일찍이 들으니 '부녀자의 원통함이 3년의 큰 가뭄을 부른다'고 했는데, 지난해에 백안(伯顔)이 전횡하여 무고한 사람을 죽였고 담왕(郯王)이 감옥에 갇혔으며 연철목아당(燕鐵木兒黨)이 죽었다. 이는 부녀자 한 명의 원통함과는 비교가 되지 않는다. 그러므로 이들의 원통함을 풀어주고 온갖 신들에게

제사지내어 화기를 불러오게 하라"고 했다. 또한 상소를 올려 감옥에 갇힌 죄수들이 굶어 죽는 경우가 많다고 하여 이에 대한 시정을 요구했다. 또한 패하(壩河) 수로를 개통할 때 인부들이 도망하여 남아있는 사람이 고통을 받고 있으므로, 인접 가호를 이동시켜 교대로 쉬게 하도록 했다. 1352년에 조칙을 내려 구언을 하자, 왕사성은 행성에 승상을 두고, 세금을 관대하게 하여 백성을 튼튼하게 하며, 쓸데없는 군사를 줄이고, 녹봉을 고쳐 관리의 청렴함을 기르고, 병마사를 폐지하고, 현의 기강을 세우며, 항시적으로 인재를 뽑아 지체되지 않도록 할 것[317] 등 7가지를 건의했다 1354년 2월에 이색이 응시한 원 제과 회시에 예부상서로서 구양현이 함께 시관이 되었다.[318]

이색은 원 제과 합격자로서 동년 모임에 참석했다.[319] 원나라는 과거의 좌주와 문생이 고려에서처럼 부자 관계처럼 인식되는 정도는 아니었지만, 동년 상호 간의 유대감이 존재했다.[320] 이색은 1377년에 동년인 우공(牛公, 우계지)·자백(子白, 증견)·마랑(馬郞, 왕욱)·순동(順童, 조치안)·문종(文種) 등 8~9인을 연상했다.[321]

① 우계지(牛繼志)는 하북성 사람이다. 1354년에 과거 좌방에 장원하여 한림국사원 수찬, 그다음 해에 승사랑 태부감 우장고사삼보노가 되었다. 이색은 1377년 6월에 "장원급제 우공은 빙옥같이 청수했는데, 태학에서 한 번 봤고 시의 명성 있었네…"[322]라고 했다.

② 증견(曾堅, ?~1370)은 강서성 사람으로 자는 자백(子白), 호는 창해일부(滄海逸夫)이다. 1354년에 과거에 합격하고, 국자감 조교, 한림원 수찬을 역임한 뒤 1358년에 강서행성좌우사원외랑이 되었다. 1369년에 예부의 원외랑에 제수되었으나 병으로 사양했다. 이색이 원나라의 빈상 사람이 소장한 신용도(神龍圖)에 제(題)할 때 동년 증조교(曾助敎)와 함께 지었다[323]고 했는데, 증조교는 증견을 일컫는다. 동년인 왕경초(王景初)·증자백(曾子白)·조치안[324]에게 준 시가 있다. 이색은 1377년 6월에 원 제과를 회고하며 "자

백은 그때 이미 머리털이 다 희었고, 강서에서 문장으로 명성이 으뜸이었네…"325라고 했고, 1378년에 '강서 자백 노서생'이라고 한 시가 있다.326

③ 왕욱(王旭)의 자는 경초(景初), 산동성 사람으로, 집안이 가난했으나 학문에 힘써 각지의 교수가 되었다. 같은 군의 왕구(王構)·영평(永平)의 왕반(王磐)과 함께 문장으로 이름이 나 삼왕(三王)이라 불렸고, 『난헌집(蘭軒集)』16권이 있다. 1355년에 이색이 동년인 왕욱의 시에 차운하여 동년인 증견과 조치안에게 부치는 시가 있다.327

④ 조치안(趙致安)은 하북성 사람이다. 젊은 나이에 과거에 합격했다.

⑤ 문종(文鍾)은 나라의 호걸이라는 의미로, 유학자이면서 무장이었던 것으로 추측된다.328

다. 그 밖에 시문을 주고받은 사람

① 술율걸(述律杰, ?~1356)은 탁이직(鐸爾直, 朵几只)이라고도 하는데, 거란인이다.329 자는 존도(存道)·종도(從道), 호는 학야(鶴野)이다. 순제 때 운남성성위사도원수가 되었고, 1355년(지정 15)에 섬서성 참정으로 동관을 지켰다. 1355년에 이색이 섬서성 참정인 술율(述律)의 시권을 만들며 지은 시가 있다.330

② 부형(傅亨)은 자가 자통(子通)으로 북경 사람이다. 1335년(순제 지원 1)에 향시에 합격하고 1342년(지정 2)에 전시에 합격해 진사가 되었다. 1360년(지정 20) 태상박사가 되었다. 이인복과 동년이다. 이색이 사명을 받들고 동평(東平)에 가서 객호(客戶)들을 구제하고 봉황산(鳳凰山)에 들른 부자통(傅子通)을 송별하는 시가 있다.331 부자통이 떠나면서 시 짓기를 요구하자 봉산의 12명승을 읊었다. 봉산 12명승은 봉황대, 백학암, 관음전, 장경각, 나한동, 거사암, 양익봉, 신룡담, 백척추, 오리송, 영천, 수동이다.332 이 밖에 이색은 서대어사인 개사증(蓋師曾)333과 서유의(胥有儀)334 등을 위해 지은 시가 있다. 이곡과 동년인 여궐(余闕, 廷心)335과 원 성리학자인 요

수336·염복·원명선·조맹부·장양호,337 소천작338·게혜사339·위태박340·김이상341·왕사노(王沂)·조중목(趙雍)·오종사(吳宗師)342·류인343 등을 직간접적으로 알고 있거나 그들의 글을 읽었다.

③ 한복(韓復)은 이름이 배주(拜住), 자는 명선(明善)이다. 몽골손도사씨(蒙古遜都思氏) 출신이다. 1335년(지원 1)에 북경 향시에 합격했는데, 과거가 폐지되어 회시에 응시하지 못했다. 1341년(지정 1)에 향시와 이듬해 회시에 합격했다.344 1370년(공민왕 19)에 이성계가 우라산성[兀剌山城]을 공격하여 성이 함락되었을 때 한복이 붙잡혔다. 이때 한복은 "나는 원에서 장원한 배주인데 귀국의 이인복과 동년이오"라고 했다. 태조가 그 말을 듣고서 옷을 벗어 입히고 말을 주어 함께 돌아왔다.345 공민왕이 적전(籍田)에 행차할 때 신돈이 여악(女樂)을 따르게 하는 모습을 보고 적전에 가지 않았다.346 이후 판사농시사가 되고 한복이라는 이름을 하사받았다. 대광 서원군, 진현관대제학이 되었다.347 한복은 고려 과거시험의 바른 답안지 작성법인 정문(程文)을 만들어348 중국에 못지않은 한문 글쓰기, 현실 대응 방안에 대한 기본 틀을 만드는 데 공헌했다. 한복은 귀화 후 동년인 이인복과 함께 이색과 교류했다. 1378년 7월에 이색은 한복이 죽었다는 소식을 듣자, "원나라에서 과거에 합격한 이는 두 사람 남았는데, 나는 오랜 병치레에 두 눈까지 캄캄하네, … 다생으로 객사하는 게 원통하구려"349 하며 아쉬움과 그리움을 드러내었다.350

④ 설손(偰遜, ?~1360)의 처음 이름은 백료손(百遼遜), 공원(公遠)이고 위구르[回鶻] 사람이다.351 대대로 설연하(偰輦河)에 살았으므로 설(偰)을 성씨로 삼았다. 고조(高祖) 악린첩목이(嶽璘帖穆爾) 때부터 원에 귀부했고 대대로 원에서 벼슬했다. 아버지 철독(哲篤)은 강서행성 우승상에 이르렀다. 원 순제 때 진사시에 합격하여 한림응봉문자와 선정원단사관을 지냈으며, 단본당정자(端本堂正字)로 선발되어 황태자에게 경전을 가르쳤다. 승상 합마(哈麻, 카마)의 시기를 받아 단주(單州)의 수령으로 나갔다가 부친상을 당하여

대령(大寧)에 우거했다. 홍건적이 대령을 침략하자 1357년(공민왕 7)에 고려로 왔다. 공민왕이 원에 있을 때 황태자를 단본당(端本堂)에서 시종하며 설손과 구면이 있었으므로 그를 매우 후하게 대우했다. 잠깐 고창백(高昌伯)에 봉해졌다가 부원후로 고쳐 봉했고 부원(富原, 용산 마포)에 토지를 하사했다. 저서로『근사재일고(近思齋逸藁)』가 있는데, 이색이 후서를 썼다.352

설손의 아들은 설장수·설연수·설복수·설경수·설미수이다.353 명나라 태조가 1369년(공민왕 18)에 첫 외교사절을 보냈을 때 사절단의 책임자가 부보랑(符寶郞) 설사(偰斯)로서 설손의 사촌동생이다.354 설장수는 고려왕의 사절로 6번, 조선왕의 사절로 2번 명나라에 다녀왔고, 설미수도 명나라에 5번이나 사신을 다녀온 대명 외교에서 중요한 역할을 수행한 인물이다. 설장수(1341~1399)는 조선의 건국을 명나라로부터 재가받는 데 큰 공을 세웠고, 설미수는 명나라의 공물 요구량을 감면하는 데 공을 세웠다. 설장수는 이색과 함께 고려왕조를 유지하려는 입장에 섰고 조선이 건국될 때 논죄되었다.355 그리고 태조에게 중용되어 대명 외교의 주역으로 활동했고,356 사역원의 역관 양성에 진력했다. 이색은 설장수와 이판서가 중국에 진공할 표문을 상의하자 시를 지었고,357 설경수에게 쓴 시가 있다.358『운재집(芸齋集)』이라는 시문집을 남겼다.359

라. 명 문인

이색과 교류한 명 지식인은 다음과 같다.

① 설사(偰斯)360는 남경 출신이다. 1367년에 장사성(張士誠)을 따라 주원장에게 투항했다. 얼마 후 병부원외랑으로 임명되었다. 장사성은 원나라 강남 해운의 기점인 유가항(劉家港)을 중심으로 고려와 해상 활동을 했는데, 설사가 장사성의 휘하에서 가정주(嘉定州), 지주(知州)를 맡아 고려의 사무를 잘 알고 있었다. 명나라가 건국한 뒤 설사가 주원장에 의하여 고려로 파견한 최초의 사신으로 뽑혔다. 그는 1369년(공민왕 18) 4월에 명의 건

국을 알리러 왔고,³⁶¹ 1370년(공민왕 19) 5월에 공민왕을 책봉하러 왔다. 당시 설사의 직책은 부보랑이었는데, 부보랑(符寶郞)은 황제의 보새·부패·인장을 담당하는 상서사(尙寶司)의 정7품의 관직이다. 1369년 설사는 명으로 귀국할 때 왕과 재상들의 선물은 거절하면서도 문신들의 시는 받아갔다.³⁶² 이색은 설사가 명으로 돌아가자 전송하는 시의 서(序)를 지었다.³⁶³ 이외에도 이숭인³⁶⁴과 하을지(河乙沚)³⁶⁵·이인복(李仁復)³⁶⁶이 설사에게 준 시가 남아 있다.³⁶⁷

② 서사호(徐師昊)³⁶⁸는 자가 옥암(玉巖)이고, 중국 양주(楊州) 사람이다. 도교의 도사로 시를 좋아했고, 이색에게 시를 써달라고 부지런히 요청했다. 1370년에 명 태조의 명으로 고려에 온 사신이다.³⁶⁹ 그는 조천궁 도사로 명 태조의 명령으로 산천에 제사를 지내고, 도성 풍천(楓川) 회빈문(會賓門) 밖 양릉정(陽陵井)에 비석을 세워 그 일을 기록했다.³⁷⁰ 그 축문과 비문이 『신증동국여지승람』에 전한다.³⁷¹ 정몽주가 전송하는 시를 지었다.³⁷² 1385년(우왕 11) 9월에 명 사신 장부가 서사호가 세운 비를 보러 왔다³⁷³는 기록이 있다.³⁷⁴

③ 장부(張溥)는 자가 백원(伯源), 북경 사람이다. 아버지는 장안국(張安國)이고, 『오흥비지(吳興備志)』 권12에 부자의 소전(小傳)이 있다. 국자감 학록(종9품)이 되어 고려에 사신으로 왔다. 송렴(宋濂)과 시문으로 교류하고 문화전 대학사가 되었다.³⁷⁵ 1386년(홍무 19) 3월에 북평포정사좌참의가 되었고,³⁷⁶ 1391년(홍무 24) 1월에 대녕·회주·산해 삼위(三衛) 소속의 역마(驛馬)를 둔전과 군사의 목양에 충당하도록 하는 글을 올렸다.³⁷⁷

1385년 9월에 조서사(詔書使)로 국자감 학록이었던 장부는 행인(行人) 단우(段祐), 시책사(諡冊使)로 국자감 전부 주탁, 행인 낙영(雒英)과 함께 고려에 왔는데,³⁷⁸ 이들이 명에서 떠날 때 명의 동료 학자들이 격려하는 글을 주었다.³⁷⁹ 장부는 국경에 와서 태조와 이색의 안부를 물었다. 주탁·낙영 등이 와서 우왕을 책봉했고 경효왕(敬孝王)의 시호를 공민이라 했다.³⁸⁰

이들은 문인으로381 고려 문인과의 수창(酬唱)과 증시(贈詩)의 사행시가 있다. 이들과 정몽주, 정도전, 이숭인 등이 왕래한 시가 전한다. 장부는 문묘를 참배하고 맹사성과 시에 대해 논했고,382 우왕이 준 의복이나 안마 등은 받지 않으면서도 조정의 신하들이 준 시는 받아보고 감탄하여 동방에 사람이 있다고 칭송했다.383 사행시는 공적 의미 외에 사적인 감성의 공유를 통한 외교 관계의 유지라는 유교문화권의 독특한 양상을 보여준다.

④ 진련(陳璉, 1369~1454)은 자가 정기(廷器), 호가 금헌(琴軒)으로, 광동성 사람이다. 1390년(홍무 23)에 향시에 급제하고 계림부 교수, 1401년(건문 3)에 국자감 조교를 맡았다. 지방관으로 재임하며 부세를 검사하고 요역을 줄였으며 학교를 짓고 농업생산을 장려했다. 한가한 시간에 다른 관료들과 취옹정(醉翁亭)에서 시부를 읊고 예천정(醴泉亭)을 지었는데, 그를 '소구양(小歐陽)'이라 불렀다. 1441년(정통 6)에 70세를 넘기면서 관직을 사직하고 고향에 돌아갔다. 그는 책 수집을 좋아하여 집에 '만권당'이 있었고, 맡은 지역에 반드시 산천, 풍속, 물산을 기록하여 관리들이 다스리는 데 참고가 되도록 했다. 저서로는 『금헌집(琴軒集)』·『귀전고(歸田稿)』 등이 있다.

조선 태종 대에 임군례(任君禮)가 명에 조회하러 갔을 때, 태복소경 축맹헌(祝孟獻)이 국자조교 진련에게 고려 문정공 이색의 묘지명을 지어달라고 했다. 축맹헌이 이색의 시문을 구해 갈 때 권근의 행장도 함께 가져가 이것을 저본으로 진련이 묘지명을 썼다.384

이색이 원·명 지식인과 맺은 네트워크는 고려의 학자 양성과 성리학 진흥에 영향을 주었다. 이색은 성균관 겸대사성으로 원의 국자감을 참고하여 사서오경재를 만들고 교과과정을 재편했으며, 5번의 시관을 역임하면서 원의 과거제를 고려에 수용하려 했다. 이색은 구양현이나 소천작·게혜사 등 원나라의 최고 학자 관료들과 교류하고, 이들의 유학 연구와 경세론, 역사 편찬을 익히면서 고려의 정치제도, 정치 운영, 정책을 바꾸어가려고 했다.

이색은 성균관이나 과거제를 통하여 문인들과 교류하고, 이들이 개경의 중앙 관료나 지방의 지방지식인, 유력자로 활동할 때 교류하며 유학적 분위기를 확산하는 데 기여했다. 또한 이색은 경전을 비롯한 제자백가뿐만 아니라 원과 명의 문인들을 목도하고 그들의 행적에 대한 이야기를 들으며 바람직한 유학자상을 익혔다.

2
도서 목록과 사상 형성의 기반

1) 도서 목록과 송·원 자료 수집·정리

이색은 태어나면서부터 총명하여 다른 사람과 달랐으며 책을 읽으면 바로 암송했다.[385] 그의 독서 역량은 타고난 것이었고 누가 시켜서 그런 것이 아니었다.[386] 그는 8세 때 충청도 한산의 숭정산에서 공부했고 한시를 짓는 법을 배웠다. 14세 때에 강화도 교동의 화개산에서 독서를 하다가, 1341년(충혜왕 복위 2) 가을에 십운시를 시험하는 진사시에 합격했다.[387] 1348년(충목왕 4)에 원 국자감에 입학하여[388] 많은 서적을 보고 식견을 넓히며 사상을 형성해갔다. 이색은 중국에서는 서오거(書五車)라고 하여, 장자의 친구 혜시(惠施)의 서책이 다섯 수레나 되었다는 말을 자주 언급하며 오거서를 읽을 것을 항상 생각했다.[389]

그의 독서 목표는 유학의 도, 도통을 파악하는 것이었다.[390] 그는 이길상(李吉商)에게 주는 시에서 독서하여 16자 심법의 뜻을 익히고 성현이 되도록 권면했다.[391] "선비가 세상에 태어나서 어려서부터 독서하여 늙도록 그만두지 않는 것은 성명(性命)의 근원을 깨닫고 득실의 연원을 언제 어느 곳에서나 자득함에 있는 것이다",[392] "만 권의 책을 읽는 것이 중요한 것이 아니고 명교를 밝히는 것이 긴요하다",[393] "만 권의 책을 읽고도 사리를 알지 못하면, 망녕된 사람이 되는 것이다",[394] "독서는 인륜을 밝히기 위하는 것이다",[395] "독서의 공업은 본시 명성(明誠)에 있다"[396]라고 하여 독서는 사물의 이치, 유학의 도를 파악하는 것으로 보았다.[397] 독서를 통해 사물의 이치를 파악하고 인륜 도리를 밝히는 성리학의 공부론을 확인하고 있다.

이색의 독서는 분석과 토론 그리고 절충의 학문 방법으로 이어졌다. 그는 1367년(공민왕 16)에 성균관 겸대사성이 되어 정몽주·정도전·이숭인 등과 함께 학식을 고치고 매일 명륜당에 앉아 경전을 나누어 수업하며 강의를 마치면 서로 토론했다.[398] 정도전은 정몽주가 "『대학』·『중용』·『논어』·『맹자』·『주역』·『시경』·『춘추』 그리고 『서경』의 도통설 등을 강의하면서 여러 생도들의 이설(異說)을 그 물음에 따라 명확히 분석하여 설명을 하되 [隨問講析] 털끝만큼도 차이가 나지 않았다"[399]고 했고, 이색은 문장을 짓거나 신선술 등 특정 주제에 대한 토론을 즐겼다.[400] 당시 학도들이 서로 의심나는 뜻을 토론하여 각각 그 극진함을 다했는데, 이색은 즐거운 표정으로 중도를 잡아 분석하여 타당한 의견을 찾아갔다.[401] 전오륜은 성균관에 유학할 때 내용을 따져서 논의하여 최고 귀결점을 찾았고,[402] 이숭인은 서로 따져 묻는 것을 절충했다.[403] 절충(折衷)은 엇갈리는 여러 주장에서 장점만을 취하여 더 높은 차원으로 조정, 융합하는 방식이다. 절충은 확고한 판단 기준을 견지하면서 대립되는 주장을 객관화하여 진실로 마음으로 최선의 선을 모색하는 것이다. 이색은 이제현이 고전을 토론하여 널리 관통하고 정밀하게 연구하는 한편, 이를 다시 절충해서 정당한 결론에 이르려고 노력했다[404]고 했다.[405] 곧 이색은 의심나는 부분을 질문하고 의심을 쪼개어 분석하고 토론하며, 가장 합당하고 견해를 모으는 절충으로 이어지는 성리학의 학습 방법을 행했다.

그는 독서를 개인 수양의 방법 중 하나로 파악했다. 『논어』를 활용하여, "독서는 과녁을 맞추는 것과 같고, 활쏘기는 우리 유자와 같다. 다투는 것이 참으로 군자답다. … 내 처음부터 태학에서 배웠거니, 어찌 소인 유를 사모했으랴"[406]고 했다. 군자는 다투는 것이 없으나 활쏘기에서는 경쟁한다. 상대방에게 절을 하고 겸의를 표시하고 당에 올라갔다가 활을 쏜

후에 술을 마시는데 이러한 다툼이 군자다움이라[407]고 했다. 과녁을 중심에 맞추는 것은 자신을 바르게 하고 겸양의 예법을 실천하는 것과 같은 것이다. 위인지학(爲人之學)을 말하는 소인유(小人儒)가 아니라 위기지학(爲己之學)을 하는 군자유(君子儒)를 지향했다고 하겠다. 이색에게 독서는 유학의 도를 체득하되 성정(性情)을 닦아 성인군자가 되게 하는 것이고,[408] 궁극적으로는 독서하여 천자에게 알려 나라를 다스리고 백성을 이끄는 데 참여하는 것이었다.[409] 그리하여 이색은 좌주의 손자인 이보림(李寶林)에게 주는 글에서 "만 권 서책을 읽어서 인륜 본체 밝혀서 충효를 실천하되, 우선 『대학』 한 부의 책에 마음을 두어서, 정정(靜定)을 한 다음에 격물·치지·제가·평천하를 하도록"[410] 권했다.

이색의 수양을 위한 독서는 고려의 시부(詩賦) 중심의 사장학을 대신해서 현실에 필요한 지식과 이치를 파악하여 적용하는 것이다. 1352년(공민왕 1) 복중상서에서 당시 지식층은 문장과 시구를 다듬는 데만 지나치게 마음을 써 성의·정심의 도를 알지 못한다[411]고 하면서 수기를 기반으로 하는 치인을 관료의 요건으로 제시했다. 이색에게 독서는 입신양명을 위한 것보다는 사물의 이치와 사람의 도리를 파악하기 위한 수단이었다.[412]

이색은 독서하고 책을 수집하며 간행하여 나라에 도움이 되는 학자를 소개하고 칭찬했다. 대표적인 인물이 『주관육익(周官六翼)』과 『선수집(選粹集)』을 찬술한 김지(金祉, 敬叔)이다. 이색은 그를 전고에 밝은 노학자로 평가하고 3개의 서문[413]과 시를 남기며 격려했다.[414] 김지는 시골에서 거처하고 지위가 낮으며 재산도 없는데,[415] 수백 권의 책을 모았으며 30년 동안 독서하며 책벌레와 같은 길을 걸어 노성한 학자들이 감탄했다[416]고 칭송했다.

이색의 독서열은 고려시대의 배우고자 하는 열의와 교육과 지식에 대한 욕구의 연장에 있었다. 고려시대에는 글을 읽는 독서를 해야 할 일로 보고 반대로 글을 읽지 못하는 것을 부끄럽게 여겼다. 12세기 고려에 온 송나라 사신 서긍(徐兢)은 고려의 교육열을 소개했다. 그는 "위로는 조정의 관리들이 위의를 가지며 문장은 여유가 있고, 아래로 여염집과 누추한 거리에 경서와 책을 파는 책방이 2~3개 마주 보고 있다. 결혼하지 않은 백성들이 함께 살면서 스승에게 경서를 배우고 성장해서는 벗과 함께 절과 도관에서 강습했다. 백성과 어린아이까지 향선생에게 배웠다"[417]고 기술했다. 신분의 고하를 떠나 글을 배우고 읽는 이치를 파악하며 독서하는 것을 중요시했음을 알 수 있다.

고려 후기에는 이러한 현상이 심화되어 과거 합격자가 증가하고 향교가 늘어났으며[418] 교육을 받을 기회가 많아졌다. 여기에 중앙 정계에서 벗어나 낙향한 지식인들이 지방사회의 어른(長者, 父老)으로 학교를 세워 교육하고 인재를 양성했다.[419] 구사평(丘思平)은 1344년(충혜왕 복위 5) 진사에 급제했으나 벼슬길에 더 오르지 않고 선산에서 서재를 열어 생도 30여 인을 가르쳤고,[420] 나흥유(羅興儒)는 나주에서 서당을 열어 어린아이들을 가르쳤다.[421] 이들은 향선생으로 불린 식자층으로 교육 활동을 전개하여 마을의 여론을 주도하는 역할을 했다.[422]

이들의 교육 활동은 서책 보급의 활성화를 가져왔다. 당시는 중국에서 서책이 수입되고 고려에서 이를 간행했다.[423] 서책 보급의 확대는 문자를 해독하고 글을 읽는 독서층을 확산시키며, 인지 능력을 향상시킨다. 이는 문자가 갖는 기능 곧 문자를 통해 생각을 지속적이고 일관되게 정돈해주며 상상력을 증가시킨다. 그리고 문자와 그를 매개로 형성된 지식·정보의 증가는 세상의 이치와 현실의 괴리를 파악하고, 이를 바꾸어야 한다는 인식을 만들어가게 한다. 말하자면 고려의 독서열과 교육열은 문자 해독이 가능한 계층을 확대시키고 지식을 증가시키며 사회 전반의 지적 분위기를 높이고 있었다.

이색은 고려시대 이래의 교육열과 지적 분위기를 토대로 원에서 수용한 유교문화, 특히 방대한 서적을 도입하여 습득한 지식을 사상 형성의 기초

로 삼았다. 그가 읽은 도서 목록을 경·사·자·집으로 분류하여 보면 다음과 같다.[424]

① 경(經)

이색은 고려의 학당이나 원의 국자감에서 주희가 주석한 사서오경을 중심으로 유교 경전을 학습했다. 1348년에 입학한 원 국자감에서는 삼재(三齋) 가운데 하양재(下兩齋)에서 『송서강설』과 『소학』, 중양재(中兩齋)에서 『사서』와 시(詩)·율(律), 상양재(上兩齋)에서 『역(易)』·『시(詩)』·『서(書)』·『춘추(春秋)』·『예(禮)』를 익혔다.[425] 1353년 5월에 고려의 예부시에서는 1344년(충목왕 즉위) 이후 바뀐 '육경의(六經義), 사서의(四書疑)' 곧 사서오경을 시험과목으로 보았고,[426] 이듬해 3월에 원 제과에서는 주희가 주석한 사서오경, 곧 『사서집주』와 『시경』은 주희의 주, 『상서(尙書)』는 채침, 『주역』은 주자와 정이천, 『춘추』는 삼전(三傳) 및 호씨전(胡氏傳) 겸용, 『예기』는 고주소(古註疏)를 시험과목으로 보았다.[427]

이색의 사서오경에 대한 이해는 이미 살펴본 바 있다.[428] 그는 사서오경 가운데 『주역』[429]은 가학(家學)이라고 하고,[430] 특히 『주역』에서 말하는 멈추어야 할 때와 나아가야 할 때[431]를 지침으로 삼아 자신이 조정에 출사할 문제를 고민했다.[432] 또한 '나의 뜻은 춘추에 있다'[433]고 하여 『춘추』를 중시했다.[434] 더욱 이색은 권근에게 『오경천견록(五經淺見錄)』을 짓게 했고, 특히 『예기천견록(禮記淺見錄)』을 공들여 만들게 했다.[435]

이색은 『사서집주(四書集註)』[436]를 깊이 있게 연구했다. 이색은 호병문(胡炳文, 1250~1333)의 『사서통(四書通)』을 익힌 것으로 확인되는데, 『사서통』은 기존의 사서(四書) 주석서들이 잘못된 것이 많고 번쇄할 뿐 아니라 주희의 사서 이해에 미진한 부분이 많다고 비판하고 주희의 설에 근거해 보완한 것이다.[437] 이색은 1379년(우왕 5) 5월부터 8월까지 4개월 동안 11번에 걸쳐 서연에서 우왕에게 『논어』 「태백」을 강의했는데, 성리학의 군주관에

입각해서 군주가 성인이 되도록 권면하는 군주성학을 천명하고 군자를 관리로 등용하라는 내용이었다.[438]

이색은 『소학』에 대한 기본 이해를 바탕으로 한 유학 공부를 지향했다. 1379년에 자고 일어나서 닭 우는 소리를 듣고 우연히 『소학』에서 인용한 『예기』 내칙(內則)의 "닭이 울면 낯을 씻고 머리를 빗는다"를 기억하고, 주희의 『소학』에 대한 규모와 절목의 구비됨을 생각하며 자손들을 경계하는 시를 지었다.[439] 그리고 "습관이 되면 본성처럼 이뤄지나니, 몸 바르기부터 가르쳐야 하고, 삼가서 『소학』을 소홀히 말지어다. 중요한 것은 「명륜편」에 있다"[440]고 하여 『소학』 공부의 중요성을 강조했다.

이색은 『근사록(近思錄)』을 보았다.[441] "성인의 정사는 모두 민심을 따르거니와, 어린애는 무지하나 꼭 앞서는 게 있기에, 우뚝한 새로운 기상을 볼 수 있었던 건, 당일에 삼천지교(三遷之敎)를 할 줄 안 때문일세"[442]라고 하거나 "기상이 바야흐로 우뚝해질 게고"[443]라고 했는데, 이는 "공자는 천지와 같고, 안자는 온화한 바람, 상서로운 구름과 같으며, 맹자는 태산에 바위가 중첩하듯 우뚝한 기상이다"[444]라는 『근사록』의 글에서 온 것이다.

② 사(史)

이색은 부친 이곡을 이은 사관(史官)[445]으로[446] 다른 사람도 이를 인정했다.[447] 그는 『춘추(春秋)』, 사마천의 『사기(史記)』나 반고의 『한서(漢書)』, 『후한서(後漢書)』·『삼국지(三國志)』·『진서(晉書)』·『신당서(新唐書)』 등의 정사류 사서(史書)와 가의(賈誼)의 『신서(新書)』, 송대의 『자치통감(資治通鑑)』과 『자치통감강목(資治通鑑綱目)』 등의 사찬 사서를 익혔다.

그는 사마천이 궁형을 받았기 때문에 『사기』를 지었다[448]고 했고, 노자에 대한 이야기가 『사기』에 실려 있다[449]고 했다. 그리고 『한서』[450]를 통해 한나라의 역사를 시와 문의 전거로 활용했고 특히 동중서(董仲舒)의 대책문[451]을 여러 번 언급했다.[452] 『후한서』를 읽으며 후한의 역사뿐만 아니라 세상살이의 의미로 파악하기도 했다. 후한의 복파장군(伏波將軍) 마원(馬援)이 외효(隗囂)의 사자(使者)가 되어 낙양으로 광무제를 만나러 갔을 때, 광무제가 선덕전에서 승로관 즉 간단한 두건만 쓴 채로 마원을 인견하자, 마원이 말하기를, "신은 지금 먼 데서 왔는데, 폐하께서는 신이 혹 자객일지 어찌 알아서 경계를 이렇게 소홀히 하십니까?"[453] 하며 광무제의 도량이 넓었음을 보여주는 내용이 있는데, 이색이 이를 기록하고 있다.[454] 또한 우왕 대 일본에 사신으로 가는 정현숙(鄭顯叔)을 위하여, 『후한서』에서 고려는 군자의 나라이고 죽지 않는 나라라는 내용[455]을 인용하면서 일본과의 외교 문제를 잘 풀어 무사히 귀국하기를 기원했다.[456]

이색은 가의(賈誼)의 『신서』를 읽고 그를 애석해했다. "『신서』 한 권 저술한 게 가생을 그르쳤어라, 재능 깊이 감췄으면 한의 공경 되었으리, 남쪽에 의기투합한 사람 있음을 힘입어, 배 타고 상강을 건너 굴원을 조문했네"라고 했다.[457] 가의는 한 문제 때 박사에서 태중대부로 승진했으나 가의를 시기한 소인의 참소로 장사왕태부로 좌천되었는데, 그때 초나라 굴원(屈原)이 참소를 받아 자결한 상강(湘江)에서 굴원을 조상하는 부를 지었다.[458]

이색은 『자치통감강목』에 기초해 이제현의 역사학을 평가했다.[459] 이제현이 『춘추』에 입각해서 대의를 필삭했는데 「측천기(則天紀)」에서 "어찌 주나라의 남은 것을 가져다가 우리 당의 일월에 붙이겠는가?"라고 했는데, 뒤에 『주자강목(朱子綱目)』을 얻게 되자 자신의 평가가 옳은 것을 증험했다[460]고 하여 『주자강목』의 역사 서술을 평가의 기준으로 생각했다. 이색은 이숭인과 함께 주희의 『통감강목』에 의거하여 실록을 편찬하도록 명령받은 바 있다.[461]

③ 자(子)

이색은 유교 경전 이외의 제자에 대한 이해가 있었고, 특히 불교 경전에 대한 이해가 있었다. 그는 『화엄경(華嚴經)』・『능엄경(楞嚴經)』・『유마경(維摩經)』・『금강경(金剛經)』・『원각경(圓覺經)』・『묘법연화경(妙法蓮華經)』 등 다양한 불경과 함께 『조주록(趙州錄)』 등 각종 선어록에도 깊은 이해를 가지고 있었다.[462] 『유마경』은 거사, 즉 속인이 설법한 것이어서 불・보살이 설법한 다른 경전과는 차이가 있다. 이 경의 주인공인 유마힐사(維摩詰士)가 고의로 병에 걸려 문병 오는 사람마다 붙잡고 설법을 하고, 문수보살이 여러 보살과 함께 유마거사를 문병하는 상황에서 불교의 불이(不二) 이치를 드러낸 저술이라고 한다. 또한 문답 사이에는 유마거사가 향적불(香積佛)의 중향국(衆香國)으로부터 향반(香飯)을 얻어 대중에게 나누어 주었다고 기록하고 있다.[463] 이색은 자신이 병이 들자 "나는 오직 병상에 누워 있었던 유마거사를 부러워할 뿐이네"라고 하면서, 번뇌로 인해 병든 중생을 구제하고자 스스로 병들었고 또 문병 오는 문수보살들에게 공(空)을 보이기 위해 병상 하나만을 놓고 누워 대중을 위해 향반을 가지고 온 유마거사를 존경했다는 것이다. 이색은 현실의 고통을 극복하고 허망한 공 의식을 드러내며 먹을 것[香積]을 갖다 주며 중생을 구제하려던 유마거사에 공감했다[464]고 할 수 있다.

이색의 불교 경전에 대한 이해는 불교 경전과 선승의 어록을 간행할 때 그가 쓴 서와 발에서도 확인할 수 있다.[465] 그가 서문을 쓴 불교 관련 책은 『불조직지심체요절(佛祖直指心體要節)』・『전등록(傳燈錄)』・『문수사리무생계경(文殊師利無生戒經)』과 스님의 어록인 『백운화상어록(白雲和尙語錄)』・『보제존자어록(普濟尊者語錄)』・『태고어록(太古語錄)』 등이다. 발문을 쓴 경전은 『황벽어록(黃蘗語錄)』・『묘법연화경(妙法蓮華經)』(법화경)・『대반야바라밀다경(大般若波羅密多經)』・『불조삼경(佛祖三經)』・『천노해금강반야바라밀경(川老解金剛般若波羅密經)』・『대혜보각서(大慧普覺書)』・『대방광불화엄경보현행원품별행소(大方廣佛華嚴經普賢行願品別行疏)』(화엄경)·『대방광원각수다라료의경(大方廣圓覺修多羅了義經)』·『장승법수(藏乘法數)』·『인천안목(人天眼目)』·『인공금(印空唫)』466 등이다.

　서문을 쓴 『전등록』은 송나라 선종 승려 도원이 역대 부처와 조사들의 어록과 행적을 모아 엮은 불교서이고,467 『불조직지심체요절』(『직지심체요절』·『직지심체』·『직지심경』)은 백운화상 경한(景閑, 1299~1374)이 엮은 것으로, 선불교의 여러 부처와 고승의 가르침을 담았다.468 『문수사리무생계경』은 석가모니가 보리수 아래에서 설법한 내용을 경전에 담은 것이다.469

　승려 어록의 서문으로, 『백운화상어록』은 경한의 법어와 법문을 수록한 불교서이다.470 『보제존자어록』은 나옹 혜근(1320~1376)의 어록이다. 이색은 후서에서 왕명을 받고 쓴다고 기록했다.471 『태고어록』은 태고 보우(普愚, 1301~1382)의 법어록이다.472

　이색이 발문을 쓴 『황벽어록』에서 황벽은 당나라 단제선사(斷際禪師) 희운(希運)의 별칭으로, 『황벽전심법요(黃蘗傳心法要)』와 『완릉록(宛陵錄)』 1권이 부록으로 붙어 있다. 당 선종 재상인 배휴(裵休)가 그의 법문을 들은 것과 대화한 내용을 편집한 것으로, 화두를 통한 돈오의 중요성을 강조했다.473 『호법론』은 송 재상이고 신법당의 일원으로 알려진 장천각이 척불(斥佛)의 부당성을 지적하고 삼교의 공존을 제시한 것이며,474 『묘법연화경』(법화경)은 송나라 계환(戒環)이 1126년(인종 4)에 지은 『묘법연화경요해』를 1382년 3월에 간행한 것이다.475

　『대반야바라밀다경』은 대승불교의 기본 경전으로 공(空) 사상을 집약한 것이다.476 공은 만물은 모두 인연에 의해 생기는 가상으로 불멸의 실체가 없다는 의미로, 사구게(四句揭·四如偈, "凡所有相 皆是虛妄 若見諸相非相 卽見如來")에 집약되었다. 이색은 이러한 사구게를 노래하며 욕심 없는 삶을 실천하고자 했다.477 불조삼경은 부처의 가르침을 담고 있는 『불설사십이장경(佛說四十二章經)』과 최후의 가르침으로 알려진 『유교경(遺敎經)』·『위산경책(潙山警策)」을 말한다.⁴⁷⁸ 『천노해금강반야바라밀경』은 중국 송나라 천노(川老)가 『금강경』에 대해 알기 쉽게 풀이하고 송(頌)을 붙인 것이다.⁴⁷⁹,⁴⁸⁰ 『대혜보각서』는 송나라 대혜 종고(宗杲)의 편지글을 모아 만든 책이다.⁴⁸¹ 『대방광불화엄경보현행원품별행소』(화엄경)는 화엄종의 근본 경전으로 부처와 중생이 둘이 아니라 하나라는 것을 중심 사상으로 한다.⁴⁸² 『대방광원각수다라료의경』은 '원각경'이라고 하는데, 원각경은 부처와 12보살의 문답 형식으로 수행과 묘리를 정리한 것이다.⁴⁸³ 이색이 1380년 발문을 썼다.⁴⁸⁴ 『장승법수』는 원나라 서암(西菴) 가수(可遂)가 대장경에 수록된 명수(名數)를 차례로 배열한 것이다.⁴⁸⁵ 『인천안목』은 인간과 천상의 일체가 모두 중생의 안목이 된다는 뜻으로, 송 선종 승려 회암(晦巖) 지소(智昭)가 불교 5개 종파인 임제(臨濟)·운문(雲門)·조동(曹洞)·위앙(潙仰)·법안(法眼)의 기본 사상을 정리한 것이다.⁴⁸⁶ 이색은 불교 관련 서적에서 서문 6개와 발문 10개를 썼는데, 『법화경』과 『화엄경』을 제외하면 선종 계열이 압도적으로 많았다.⁴⁸⁷

한편 이색은 도가 관련 서적, 도교와 노장자에 관한 글을 읽었다. 『도덕경』과 『장자』, 『황정경(黃庭經)』⁴⁸⁸ 등이 그것이다. 이색은 노자가 주나라의 주하사로 있다가 때를 만나지 못하자 오천언(『도덕경』)을 남겼다⁴⁸⁹고 했다. 그는 『장자』(『남화(진)경(南華眞經)』)의 「소요유(逍遙遊)」⁴⁹⁰나 「제물론(齊物論)」⁴⁹¹을 시어로 직접 언급하기도 했다.⁴⁹² 이외에 도사인 황석공이 엮고 송 장상영(장천각)이 주석했다는 『소서(素書)』⁴⁹³와 위백양(魏伯陽)이 지은 『참동계(參同契)』, 동진(317~420)의 갈홍(葛洪)이 지은 『포박자(抱朴子)』⁴⁹⁴·『열선전(列仙傳)』⁴⁹⁵을 읽었다. 이밖에 도선이 지었다는 『육록(六錄)』⁴⁹⁶과 양웅(楊雄)이 저술한 『태현경(太玄經)』⁴⁹⁷ 그리고 『한비자』⁴⁹⁸와 같은 법가 계열 서적도 참고했다.

④ 집(集)

집은 문집을 의미하는데, 이색은 시를 짓는 전범이 되는 중국의 글을 보았다. 고려에 있을 때보다 원 유학 시절에 많은 유학자와 교류하고 많은 서적을 접할 수 있었다.『당백가시선(唐百家詩選)』은 송 왕안석이 당나라 덕종과 현종의 시 등 107인의 시 1,262수를 20권으로 모아놓은 책으로, 이색은 연경에서 반절의 분량쯤 빌려다가 읽었고, 당시(唐詩) 10여 질을 고려에 가지고 왔다.499 그는 충청도 한산에서 같은 고향 친구인 백린과 천태종의 나잔자, 유자들과 어울리며 소식(蘇軾)의 시를 강독했다. 요현(姚鉉)이 지은『문수(文粹)』,500 소통(蕭統)의『문선(文選)』,501 원호문(元好問)이 쓴『중주집(中州集)』,502 송 위경지(魏慶之)가 엮은 시화집인『시인옥설(詩人玉屑)』,503 송 사방득(謝枋得)이 한나라부터 당송에 이르기까지 여러 대 69편의 문장을 모아 7권으로 엮은 책인『문장궤범(文章軌範)』,504 구양수의『귀전록(歸田錄)』,505 당 위응물(韋應物)의 시집인『위소주집(韋蘇州集)』,506 두목(803~852)의『번천집(樊川集)』,507『동파집(東坡集)』,508 이애곡(李艾谷)의 시집509 등이 그것이다. 원나라 류진옹(劉辰翁, 1232~1297)이 중국의 저명한 저술에 대하여 편점(評點)을 달아 간행했다.510 이색은 송대 성리학자, 특히 소옹(邵雍)의『이천격양집(伊川擊壤集)』을 보며 안락와(安樂窩)를 도모했다.511

한편 이색은 두우(杜佑)의『통전(通典)』, 왕응린(王應麟)의『옥해(玉海)』,512『문헌통고(文獻通考)』,513『책부원귀(冊府元龜)』514 등 백과사전류 서적을 폭넓게 읽었다.『문헌통고』는 원의 마단림(馬端臨, 1254~1323)이 중국 고대에서 송대에 이르는 문물제도를 기록한 책으로, 경전·역사서·전기를 비롯한 명신(名臣)의 주의(奏議), 송대 유자의 평론·수필 등은 물론 왕조의 치란흥망과 전장(典章)제도를 함께 기록하고 있다.515 후위(後魏)의 역도원(酈道元)이 지은『수경주(水經注)』도 보인다.516

또한 도서 목록으로 전한의 회남왕 유안(劉安)이 편찬한 백과사전식 잡가의 대표작인『회남자(淮南子)』,517 선진시대에 간행되었다는 신화서이고

지리서인『산해경(山海經)』,[518]『주림전(珠琳傳)』,[519] 굴원(屈原)의『초사(楚辭)』,[520]
『명도집설(鳴道集說)』, 한나라 유향(劉向)이 중국 고대부터 한나라까지 여
러 교훈적 일화와 명언, 경구 등을 수집한『설원(說苑)』,[521]『천원발미(天原
發微)』,[522] 제갈량의「출사표(出師表)」[523] 등이 있다. 이밖에 충렬왕의 문집
인『용루집(龍樓集)』은 충렬왕이 세자 시절에 대사성 김구, 국자좨주인 이
숙신·석조영과 창화한 시를 모은 것이고,[524]『육도(六韜)』는 태공망(太公望)
혹은 황석공(黃石公)이 지었다는 병서이다.[525]

또한 이색은 과거 준비에 필요한 시험서를 참고했다. 중국 송원의 시
험문제와 모범 답안인『성원명현파방속집(聖元名賢播芳續集)』·『조표전총
류(朝表牋總類)』[526]·『어시책(御試策)』[527]·『신간류편역거삼장문선대책(新刊類
編歷擧三場文選對策)』[528] 등이 그것이다.『성원명현파방속집』은 류구[529] 등
이 1373년에 목판으로 원나라의 허형에서 양홍도(楊弘道)에 이르는 명현
123명의 표(表)와 조(詔) 등을 선별하여 편집한 것이다.[530] 이 책의 간행 책
임자인 류구(柳珣, 1335~1398)는 이색의 조카이다. 1379년에 개성윤(開城
尹)인 류구와 좌랑 안득수, 권중화가 모여 헌수한 기록이 있고,[531] 1380년
에 이색에게 햅쌀을 보내준 기록이 있다.[532]『당척언(唐摭言)』은 오대의 왕
정보(王定保)가 당 과거에 관한 이야기를 모은 것이다. 과거시험장의 기
풍과 명사의 일화, 과거의 시관과 응시자, 합격자, 그들의 관계 등이 담겨
있다.[533] 이색은『당척언』을 통해 유교 문치 사회가 지향하는 과거 문화를
이해하고 고려 사회의 문화적 변화를 도모했다.[534]

이색이 이처럼 다양한 서적을 섭렵할 수 있었던 것은 고려와 원나라의
긴밀한 문화교류 때문이었다.[535] 충숙왕은 강남에서 1만 권의 서적을 구입
했고,[536] 송 비각(祕閣) 소장의 서적을 얻기도 했다.[537] 1364년에는『옥해』·
『통지』[538]가 수입되었고, 기왕의 연구에서 지적되었듯 중국 역대 왕조의
문물제도를 망라한 '박문고거(博文考據)'의 유서학을 받아들였던 것이다.[539]

또한 이색은 백과사전류 서책의 출판을 권면했다. 김경숙이『주관육익

(周官六翼)』을 찬술하자 서문을 쓰면서 고려의 전장제도와 관직제도에 관한 충실한 지식과 정보를 제공할 필요성을 역설했다. 그는 중국과 고려의 관직제도가 『주례(周禮)』에 기반하고 있음을 인식했다. 국초부터 400여 년이 지나 관직제도의 개혁이 여러 번 있었으나 관제와 관련된 책을 저술한 사람이 없었기 때문에, 임기만 채우면 바로 떠나고 녹봉을 비롯한 제반 사항을 알지 못한다고 지적했다. 김경숙은 여러 관서의 설치 원리를 밝게 알아 육방(六房)을 근본으로 하고 각각의 임무를 조목으로 삼아 관직에 있는 자가 준수해야 할 바를 밝혔다[540]고 평가했다. 곧 이색은 『주관육익』이 『주례』에 입각하여 고려의 문물제도를 정비하려는 기획 의도를 높이 사는 동시에 6전을 바탕으로 백관의 원리와 내력을 밝힘으로써, 백관이 맡은 바를 충실히 수행하기를 바랐다.

요컨대 이색은 당, 송, 원의 새로운 지식, 서적을 학습하고 주자서나 백과사전식 박학다식의 유서학 등을 통하여 송·원대의 문물제도와 성리학을 이해했던 것이다.

2) 불교·도교 포섭의 학문관과 사상 형성의 기반

이색은 유학자로서 불교와 도교를 비롯한 다양한 학문 사상을 섭렵했다. 그는 사물의 이치와 인간의 도리를 파악하는 유학의 기본 사상을 우선하면서, 불교와 도교의 형이상학적 본원적 근원 탐구, 사회의 전통 관습과 윤리, 국가 운영에 필요한 전장제도에 관한 이론을 아울렀다.

이색은 유학에 기초하여 불교와 도교를 포섭하는 학문관을 견지했다. 이색은 유학이 불교와 도교에 비해 우월하다고 파악했다. 박총(朴叢) 상서가 삼교(三敎)에 대하여 이야기를 하고 떠난 다음에 지은 시에서, "불교와 도교가 들어온 이래 우리 도가 쇠해졌으나, 신심(身心)을 바로잡고 정정(靜定) 공부가 샘물이 퍼져 가려 하고, 치국평천하 사업은 해가 더디듯

느리지만, 불교와 도교의 적멸과 허무가 뜬구름과 같다"[541]고 했다. 유학의 마음공부와 치국평천하의 사명에 충실하고자 하는 유학자의 모습을 볼 수 있다.

이색은 유학을 정학(正學)으로, 불교를 유교의 이단[542]·역외지교(域外之敎)[543]라고 했지만, "부처는 대성인이다", "부처는 지극히 성스럽고 공정하다"[544]고 하여 불교 자체는 존중했다. 그는 유학자로서 세계와 인간 사회를 설명할 때 불교의 개념과 비교하여 이해했다. 격물·치지·제가·평천하에 이르는 유교와, 부처의 맑은 마음[澄念]과 고요한 생각[止觀]으로 깨달음의 세계[寂滅]를 추구하는 불교가 다르지 않다[545]고 했다.

이색은 불교 경전을 익히고 불교의 수양법을 이해하며 좌선(坐禪)을 배우고자 했다. "후일에 좌선하는 법을 배우련다",[546] "평생에 나는 세 귀 생긴 걸 싫어하노니, 언제나 서로 종유하여 좌선을 배워볼꼬",[547] "날 부르지 않은 게 가장 기뻐라, 조용함 속에 좌선이나 하고 싶네",[548] "별장에 물러가 안거하며 좌선이나 배워야지"[549] 등에서 나타나듯이 수양의 방법으로 좌선을 살펴보고자 했다.

또한 이색은 간화선(看話禪), 화두 참구의 방법을 행하는 승려를 지켜봤다. 나옹의 제자인 영로암(英露菴)이 최백청(崔伯淸) 부인의 도움을 받아 오대산 상원사에 새로 건물을 짓고, 1376년부터 10년 기한으로 승려 33명을 불러들여 좌선을 시작했고 5년째 되는 해에 법회를 연 것을 경이롭게 보았다.[550] 또한 "무열 선사는 뜰 앞에 잣나무가 바로 지남이라"[551]고 했고, 환암은 "마음은 초조의 심법 전한 백수를 따랐다"[552]고 했으며, 남계의 총수좌에게 "언덕 너머 오이밭은 나락논과 닿아 있고 무성한 고목나무는 푸른 연기 띠었는데, 의연히 문전 길 세 번씩 지나치는 이때, 해로 소리 속에 홀로 좌선만 하는구나"[553]고 했다.

당시는 선종의 일파인 임제종의 간화선이 유행하여 화두를 가지고 참구했다. 이때 사용된 화두는 '정전백수자(庭前柏樹子)'와 '조사서래의(祖師西

來意)' 등이다. 뜰 앞의 잣나무란 어떤 스님이 조주(趙州) 종심 선사(從諗禪師)554에게, "무엇이 조사(祖師)가 서쪽에서 온 뜻입니까?" 하니, 종심 선사가 '뜰 앞의 잣나무'라고 한 데서 유래한다.555 이색은 절에서 '뜰 앞의 잣나무'의 화두를 가지고 참선을 행하는 모습을 의미 있게 이해하고 있었다.

이색은 유학자로서의 유학의 원리와 수양법에 충실했고, 불교를 긍정하는 측면이 있었지만, "면벽을 한다고 어찌 좌선을 배울 수 있으리오"556라고 했듯이 불교식 좌선 수양법을 자신의 수양법으로 채택하지는 않았다. 보법사의 노승이 소신(燒身)한 것에 대해557 신체발부(身體髮膚)는 부모에게서 받았다는 유학의 입장에서 분신을 비판적으로 보았다.

1379년 어느 겨울 한밤중에 이색은 요순시대를 생각하며 유가의 도인 16자 심법(心法)을 새겼는데, 온갖 곤경이 닥치고 뜻이 쇠하고 기 또한 혼탁하여 무뎌진 칼처럼 되었지만, 이 또한 천명인데 어쩔 수 없어, 이단인 불교가 나를 그르칠까 하여, 사심(邪心)을 막아 나의 성[吾誠]을 보존코자 한다558고 했다. 사악함을 막으면 본성은 저절로 보존된다[閑邪存誠]559는 유학의 원론에 충실하고자 했다.560

이색은 노장과 도교 사상에 대해서도 생각을 밝혔다. 그는 노장(老莊)의 학문상의 차이를 인정하고 당시 노장의 본의가 상실되고 있다561고 했다. 원래 도교는 고대의 민간신앙을 기반으로 하여 신선설(神仙說)을 그 중점에 두고, 여기에 도가, 역리(易理), 음양, 오행, 참위, 의술, 점성 등의 이론과 무속적인 신앙을 보태며 불로장생을 지향한다. 『도덕경』과 『장자』·『황정경(黃庭經)』·『소서(素書)』·『참동계(參同契)』·『포박자(抱朴子)』·『태현경(太玄經)』·『열선전(列仙傳)』 등에 이러한 도교 사상이 개진되어 있다. 이색은 시간과 공간을 초월하고, 물체와 나를 모두 잊어서 생과 사를 초월하여 마음을 비우는 도가의 개념인 희이(希夷)·좌망(坐忘)·심재(心齋)를 통해 마음 닦기를 생각했다.562

이색은 노자의 "보아도 보이지 않고 들어도 들리지 않는다"는 희이563를 바탕으로 "궁하면 통한다는 말은 그 누가 맡은 바이던가, 형체를 잊으니 좋은 일은 많은데, 만나는 이는 좋은 벗이 드물구나, 사해엔 파도가 몰아치는 날이요, 천산엔 낙엽이 지는 때이로세, 적막하여 이 마음 조용한 가운데, 대도의 현묘함을 사모하노라"564고 했다. 노자의 도는 언어와 문자로 설명할 수 없고 내면적으로 체득해야만 하는 것으로, 감각기관을 가지고 파악할 수 있는 관찰의 대상이면, 이는 도가 의도하는 바가 아니다565라고 했다.

이색은 물체와 나를 모두 잊어서 생과 사를 초월하는 좌망(坐忘)을 언급했다. "오직 좌망만을 즐거운 일로 삼아서, 때때로 마음의 거울을 다시 갈아서 빛을 내노라",566 "좌망의 즐거움을 그 누가 알까",567 "다행히 좌망 얻음을 즐거운 일로 삼으니"568라고 했다. 안회는 공자의 물음에 답하여 "손발과 몸을 벗어버리고 귀나 눈의 밝음을 떨쳐버리는 것, 곧 형체를 떠나고 앎을 버려서 위대한 도와 하나가 되는 것을 일러 '고스란히 잊었다[坐忘]'라고 했는데,569 이는 공자와 안회를 가탁하여 도의 체득을 말한 것으로써, 좌망이란 인의예악을 잊어버리고 자기와 남을 잊고 외물과 자의(自意), 시비의 구별도 잊어버리는 것으로써, 현실의 차별상을 초월하여 천지의 대도와 융통무애(融通無碍)의 심경"인 것이다.570

이색은 마음을 비우는 장자의 수행법인 심재(心齋)571도 이해하고 있었다.572 "서연에 시강하려고 옥섬돌을 오르니 엄숙함에 떨리어 마음 절로 청정해지네",573 "육신은 쇠해서 걸핏하면 병들지만, 마음은 안정되어 재계하는 듯하오"574라고 하여 도가가 인위적이고 일상적인 것을 초탈하여 자연을 지향하며 시비·선악·생사의 분별로부터 벗어나려는 것에 공감하고 있었다.

원래 유가와 도가는 제자백가의 일원으로 유사한 점이 많다. 이 둘은 이상적인 인간상을 설정하는데, 도덕 원칙과 자연적인 인간의 본성과의 연관 관계를 따진다. 유가는 최종 목표인 인(仁)에 도달하기 위하여 도덕 원칙과 규범을 따르고 실천할 것을 강조하고, 자연스런 본성은 도덕규범을 통하여 실행되어야 하고 조정되고 극복되어야 할 것으로 본다. 하지만 도가의 이상적 인격은 자연화되는 것이다. 유가의 인위적인 도덕규범으로 인간의 본성을 바로잡는 방식은 인간의 본성을 해치는 것으로 보고, 자기 내재적인 본성을 회복, 발휘해야 한다고 본다. 몸을 잘 닦으면 그 덕이 바로 참되다[575]는 것이 그것이다. 곧 이상적인 상태는 일체 도덕규범의 속박으로부터 초탈하여 인위적인 일체의 것을 제거한 상태로 본다.『맹자』는 기왕의 유가와 도가의 내용을 연결시켜 이상적인 인격은 외재적인 규범이 아니라 인간의 내재적인 윤리적 본성을 발휘하는 과정이라고 했다. 즉 이상적인 인격은 개성의 자연스러운 발로와 도덕 원칙이 완전히 일치하는 것이다. 그리하여 유가는 도가의 자연 상태와 본성을 기르기 위한 수양을 제시하고 이상적인 인격을 모색하게 된다.[576]

이색은 도가에 대해 노장의 학문상의 차이를 인정하고 교화상의 의미를 이해했다. 1370년 4월에 명이 조천궁 도사 서사호(徐師昊)를 보내 고려 산천에 제사를 지내게 했다.[577] 이색은 서사호를 전송하는 글에서, 노자의 재전제자인 개공(盖公)은 조참(曹參)의 스승이 되어서 청정(淸淨)하면 백성이 편안하고[578] 조참은 그를 문제에게 천거하여 한나라가 형벌을 쓰지 못하게 했다고 했다. 아울러 지금 명 천자가 해와 달처럼 영명하여 인심의 진위와 학술의 사정(邪正)을 보아 현교(玄敎, 도교)의 청정한 도에 깊이 계합(契合)하여, 천하를 편안하게 통일시키려고 하니 원대한 계획은 한나라 때의 그것을 훨씬 멀리 능가한다고 했다. 물론 그 이후에는 노자의 뜻을 잇지 못하고 수록(授籙)·배장(拜章)·부주(符呪)·환단(還丹) 같은 참위·축술과 결합하여 모두 허무맹랑하고 괴상할 뿐[支離誕幻]이어서 노자가 말한 내용과는 전혀 딴판이 되었다[579]고 했다. 이색은 노자의 뜻이 쇠락했지만, 노자의 이념이 덕치의 실현에 기여했다고 보는 것이다.

이색은 불교와 도교를 이단으로 파악하면서 이 둘을 마음[心]으로 포섭하는 학문관을 보여주었다. 이색은 본연의 성을 선천적으로 갖추고 있지만, 기질과 물욕에 의해 인간 내부의 차별이 생긴다[580]는 유학적 인간관, 수양론을 전제한다. 그는 힘줄과 뼈로 묶여 있는 우리의 육신과 성정(性情)의 미묘한 작용을 우리의 몸속에 마음이 자리하고, 우주를 포괄하는 가운데 온갖 만물과 수작하며 어떠한 위무(威武)도 분리시킬 수가 없고, 어떠한 지력(智力)도 꺾을 수가 없이, 외연(巍然)히 나 한 사람이 된다[581]고 해석했다. 마음이 우주와 만물을 포괄하고 있다고 보는 것이다. 또한 "마음의 작용은 큰 것으로, 한번 마음을 정하면 천하의 일은 족히 할 것이 없는 것이다"[582]고 하거나 "마음의 씀은 지극히 커, 천지를 경륜하고도 남아, 털끝이라도 마음 밖으로 빠져나가지 않으니, 천지도 마음에 포용할 수가 없다"[583]고 하여 마음의 광대함을 제시했다. 심(心, 마음)의 광대함과 포괄성을 제시하고 심 속의 인간 본연의 이치를 드러내고 있다고 하겠다.

이색은 불교의 마음에 관한 논의를 존중했다. "삼계가 오직 마음이고, 만법이 다만 마음[三界唯心, 萬法唯識]"[584]이라는 말을 활용하여 이 세계 안에서 일어나는 모든 현상은 오직 우리 마음의 작용 때문이라고 보았다. 마음에 지극한 도가 작용하는 것이고, 춥거나 덥다고 해도 조금도 변하는 일이 없는 것이라 하여 마음의 작용을 중시했다. 그런데 그 "사람의 마음은 부처 보살의 마음과 같아, 부처라고 해서 그 마음이 더하지 않고 중생이라도 못하지 않다. 지극히 어리석은 사람이라도 죄를 뉘우치고 본래의 선한 마음을 보게 될 것이라"[585]고 했다. 사람의 불성(佛性)[586]을 전제하는 가운데 수양법, 예컨대 좌선과 화두 참구 등을 통해 이상적 인간형을 제시하고 있는 것이다. 이외에 도교의 희이·좌망·심재를 통해 시간과 공간을 초월하여 물체와 나를 모두 잊어서 생과 사를 초월하여 마음을 비우는 세상의 이치와 마음 닦기를 생각했다. 불교와 도교 사상의 의의를 파악하고 궁극적으로 삼교가 추구하는 바가 같다는 인식을 보여주었다. 이는 이색이 유불도 삼교가 모두 마음의 문제를 핵심으로 하여 세계와 인간을 설명하는

데 공통점이 있다고 본 것이다.

  마음을 중시하고 수양론을 강조하는 이색의 사유는 고려 후기의 대체적인 경향이었다. 이제현은 "불교와 도교는 유교와 이치가 본래 같으니, 억지로 분별하려 하면 혼란만 가져올 뿐인데, 삼현(三賢)의 마음을 사람들이 알지 못하니, 한바탕 웃는 것은 호계(虎溪)를 지나간 것과는 관계없다"587고 하여 불교와 도교, 유교는 이치가 본래 같은 것이라고 했고, 지방지식인 원천석(元天錫)은 송대의 승려인 여여거사(如如居士)의 말로써 삼교일리론를 전개했다.588 그는 1387년에 유교·불교·도교의 핵심 사상을 비교하여 삼교의 이치는 같다고 보았다. 유교는 이치를 궁구하여 본성을 다하는 것[窮理盡性], 불교는 마음 밝혀 본성을 보는 것[明心見性], 도교는 참됨을 수련하여 본성을 단련하는 것[修眞鍊性]을 주 내용으로 하는데, 삼교의 지향점이 '본성을 다하거나[盡性]', '본성을 보거나[見性]', '본성을 단련하는[鍊性]' 등 인간의 본성을 대상으로 한다는 점에서 같다. 그리하여 "무엇이 불교이고, 무엇이 유교이며, 무엇이 도교인가"라고 묻고, 유교·불교·도교의 귀결점은 하나589라고 하면서 인간의 본성을 중시한다는 점에서 삼교는 모두 같다고 보았다.590 이때 삼교의 현실적 효용성에 있어서 각각의 차이가 인정된다. 유교의 제가치신(齊家治身)이나 치군택민(致君澤民), 불교의 생사초월과 자리이인(自利利人), 그리고 도교의 색정양신(嗇精養神)과 비선상승(飛仙上昇)을 비교하면, 제가·치국·평천하에 이르는 현실에 적극적인 정치 사상을 담고 있는 것은 유교이고, 불교와 도교는 인간 본성의 완성을 최고의 목표로 두고 있다. 이미 불교 자체가 출세간의 종교이고, 도교 역시 자연 회귀의 성격을 갖기 때문이다. 따라서 삼교는 인간의 본성을 중시한다는 점에서 같은데, 그것은 어디까지나 개인의 윤리, 개인의 완성에 중점을 둔다는 한에서이다. 이렇게 볼 때 원천석의 삼교일리는 삼교가 모두 인성(人性)을 중심 개념으로 논의의 출발점을 삼는다는 점에서 그 이치가 같다고 보는 것이다.

이제현과 원천석에 나타난 유불도 삼교일리(三敎一理) 의식은 유학의 수신을 전제하는 것으로, 태조 이래 유불도 삼교의 공존의 발전된 형태라고 할 수 있다. 최승로는 "유불선 삼교(三敎)는 각각 일삼는 바가 있으므로 그것을 행하는 사람이 혼동하여 하나로 해서는 안 됩니다. 불교를 행하는 것은 몸을 닦는 근본이요, 유교를 행하는 것은 나라를 다스리는 근원입니다. 몸을 닦는 것은 내생(來生)의 바탕이고, 나라를 다스리는 것은 현세의 일인데, 현세는 지극히 가깝지만 내세는 지극히 멀기에 가까운 것을 버리고 먼 것을 구하는 것은 잘못입니다"591고 했다. 불교가 수신의 근원이고 유교가 나라를 다스리는 근본[理國之源]이라고 하여 유교와 불교의 기능을 각기 설정했다.

그런데 고려 후기가 되면 성리학이 수용되고 유교의 심성·수양론이 받아들여져, 종래 불교와 도교가 맡았던 수신·수양의 기능을 유교도 담당하게 되었다. 그리하여 유교가 수신·수양의 기능을 확립하게 됨으로써, 최승로가 지적한 유교와 불교의 분업적 의미는 사라지게 되었다. 나라를 다스리는 근본으로서의 유교는 정치 운영의 윤리나 사회규범을 제시했는데, 여기에 수신·수양의 기능이 첨가되게 되었다. 이에 따라 종래 불교의 독자적인 기능으로 이해되던 수신·수양의 기능을 유교도 함께 담당하기에 이르렀다.

성리학 수용 초기에 해당하는 이 시기에는 불교와 같은 이단은 비유교로서 철저히 비판되어야 할 대상이 아니라, 나의 사상(유교)이 아닌 다른 사상을 의미할 뿐이다. 이러한 입장에서는 불교와 노장은 각각 의의가 있고 유교에 해가 되지 않는 한 용인될 수 있다. 류백순(柳伯淳)은 박초(朴礎)가 배불소를 올리려는 것을 막으면서 "천하는 넓은데 비록 이단이 있어도 우리 도에 무슨 방해가 되겠는가"라고 했다.592 이단(불교)은 자신이 믿고 따르는 종교사상은 아니지만 유교의 도에 방해가 되지 않기에 받아들일 수도 있다는 것이다.

불교를 긍정한 이 시기 성리학은 제한된 의미를 갖는다. 성리학은 종래의 유학을 체계화하고 불교가 이단이라는 인식이 철저한 것이지만, 고려의 체제 이념인 불교적 분위기에서 성리학을 수용했으므로 두 사상의 유사점에 유의했고, 이에 따라 이 시기에는 유학 본래의 문제의식, 불교와 도교와 구분되는 유학의 정체성을 확보하는 데 주안점이 두어졌다. 조선시대의 성리학처럼 불교 비판에 철저하고 이기(異氣), 심성(心性)에 대한 철학적 논의를 하지 못했다.

이색은 유학자로서 유학의 세계관과 인간관, 수양론에 충실하면서 불교와 도교를 포섭하는 학문관을 견지했고, 유불도가 모두 마음을 중시하는 논의를 전개한다는 점에서 삼교의 근원이 하나라는 삼교일리 의식이 있었다. 즉 삼교가 인성을 중시하고 이를 통하여 마음의 수양론을 강조하는 가운데, 인간적 완성과 함께 윤리 도덕이 확립된 문치 사회를 실현하는 데 기여한다고 보는 것이다.

유학의 입장에서 유불도를 포섭하는 이색의 학문관은 그를 둘러싼 정치 상황의 변화와도 연관되었다. 그는 원나라 유학과 관직 생활을 통해 유교를 통한 이상사회를 지향하고 유학에 입각한 개혁 정치를 추구했다. 이색은 모친상을 당하고 공민왕의 죽음을 보았으며, 또 병고로 무기력과 인생의 허무함을 느꼈다. 그 과정에서 자연스럽게 초월적인 실체에 대한 궁구와 함께 내세를 말하는 불교의 종교성이나 정적이고 은일적인 도가의 사유 방식에 학문적인 관심을 갖게 되고, 만물과 자신의 일치를 지향하며 현실의 시비, 선악, 의리, 이욕에서 벗어나려는 욕구를 가지게 되었다. 뿐만 아니라 현실계와 선계, 자아와 선인 사이에 소망의 거리가 존재하지 않는 도가적 한시를 읊으며, 유학자의 건강한 정신 기반 위에서 도교적 사상의 세계에 들어감으로써 분열된 마음의 평형을 찾으려 했다. 우왕 대에 승려와 교류하고, 간행되는 불교 경전의 서문을 쓰면서 불교의 핵심어를 자주 사용하고 특히 불교식 간화선의 수양법에 친숙함을 보였다. 앞서 원 제과에 합격하고 원과 고려에서 관직 생활을 시작할 무렵 젊은 혈기와 개혁의식을 갖추었을 때는 성리학을 익히고 이단인 불교에 대한 정확한 이해와 판별에 노력했다면, 이제는 불교의 종교성을 이해하고 현실적인 기능을 인정하게 되었다[593]고 할 수 있다. 유학에만 매달리던 것에서 더 나아가 유학의 기반 위에 불교와 도교의 초월성과 종교성을 포용하는 학문관을 전개하게 되었던 것이다.

말하자면 이색은 심과 수양 중심의 성리학을 견지하고 마음을 중심으로 불교와 도교를 이해했다. 이는 이색이 유불도 삼교가 모두 마음의 문제를 핵심으로 하여 세계와 인간을 설명하는 데 공통점이 있다고 본 것으로, 이 점에서 이색은 유학을 중심으로 불교와 도교를 포함하는 학문관을 견지하고 이것이 그의 사상 형성의 기반이 되었다고 할 수 있다.

2장 주석

1. 이색의 생애를 살피는 데 다음의 글이 참고된다. 『고려사』, 「列傳」, 李穡; 『양촌집(陽村集)』 권40, 「牧隱先生李文靖公行狀」; 『호정집(浩亭集)』 권3, 「牧隱李先生墓誌銘」; 『목은집』, 「年譜」, 1764년(영조 41) 李光靖(『國譯牧隱先生年譜』, 1985); 李勳求, 『牧隱李穡先生略傳』(奎章社, 1958); 이훈구 저, 이중원 역주, 『목은이색선생약전』(心堂, 2019).
    이와 함께 『목은문고』를 중심으로 생애를 정리한 연구로는 다음이 있다. 이연복·이헌복, 「목은 이색의 연보」, 『牧隱 李穡의 生涯와 思想』(일조각, 1996); 이기동, 『이색: 한국 성리학의 원천』(성균관대학교 출판부, 2005). 『목은시고』를 중심으로 생애를 정리한 연구로는 이익주, 『이색의 삶과 생각』(일조각, 2013)이 있다.

2. 이색의 일대기 자료로는 권근이 1404년(태종 4)에 쓴 「행장」과 1405년(태종 5) 하륜이 쓴 「신도비」, 명나라 문인 진련이 쓴 「묘지명」, 1413년(태종 13)에 완성된 『태조실록』의 이색 졸기, 1433년(세종 8) 이맹균이 쓴 「비음기」, 1451년(문종 1)에 간행된 『고려사』의 이색 열전이 있다. 남동신, 「牧隱 李穡의 전기 자료 검토」, 『韓國思想史學』 31(한국사상사학회, 2008), 246-259쪽.

3. 이색의 호가 목은이 된 것에 대하여 몇 가지 견해가 있다. 첫째, 목은의 '목'은 황해도 평주 牡丹山에서 따온 것이라고 한다. 이색은 19세 때 황해도 평주 牡丹山에서 공부할 때, 그 산 이름의 '牧' 자를 따왔다고 하고, 1785년(정조 9) 11월 경기 유생 심재권 등 957인이 채귀하를 東陽書院에 竝享하게 해줄 것을 청하면서, 이색이 '목은'이라 호를 지은 것은 산 이름에서 비롯되었다(『일성록』, 정조 9년 11월 24일)고 했다. 둘째, 목은의 호는 위의 지명과 함께 『주역』 謙卦 初六 象傳 "겸손한 군자는 몸을 낮추어 자신의 덕을 기른다[謙謙君子, 卑以自牧]"와 관련된 듯하다(심경호, 『호, 주인옹의 이름』(고려대학교 출판부, 2022), 268-269쪽)고 했다. 셋째, 목은의 '목'은 소를 이끄는 牧者에서 연유한다고 한다. 이색은 1359년 25세에 중국에 유학하려다가 풍랑을 만나 고려에 머물렀던 일본인 승려인 允中庵(이름은 守允, 호는 息牧, 매월헌)과 빈번하게 교류했는데, 이색이 "우리 스님(中庵)은 牧子였고 중생은 소"(『목은집』 文藁 권12, 「息牧叟讚」)라고 한 것에 연유한다(學鷗漁史, 「騎牛子と息牧叟」, 『朝鮮』 1925년 1월(제117호))고 했다.

4. 이색이 태어난 곳은 영해에 있고, 관어대는 영해부에서 동쪽으로 7리 떨어져 있다. 김종직은 영해의 이곡의 옛집을 방문하고 관어대에 놀면서 「관어대부」를 지었다. 『목은집』 권3, 詩藁, 「觀魚臺小賦幷書」; 『점필재집(佔畢齋集)』 권12, 「觀魚臺賦」.

5. 『목은집』 詩藁 권17, 「讀書處歌」.

6 『씨족원류(氏族原流) 韓山李氏』(경인문화사, 1991), 100쪽. 이곡이 원 제과 응시 원서에는 "曾祖將眞, 本州戶長, 祖世昌 本州戶長, 父子成, 國司巡尉別將同正, 母李氏 慈侍下, 娶金氏."(錢大昕, 『元統元年(1333) 進士錄』(浙江古籍出版社, 1992))로 되어 있다. 이성규, 「고려와 원의 관료 이곡(1298-1351) 年報稿」, 『동아시아 역사의 환류』(지식산업사, 2000), 213쪽.

7 개경에서는 柳洞, 柳村에 살았다. 김보경, 「牧隱 李穡의 버들골살이와 시」, 『東洋古典硏究』 27(동양고전학회, 2007); 이익주, 「『牧隱詩藁』를 통해 본 고려 말 李穡의 일상: 1379년(우왕 5)의 사례」, 『韓國史學報』 32(고려사학회, 2008).

8 강대철, 「이색의 정치 활동에 대한 일고찰」(전남대학교 석사학위논문, 1983), 5-9쪽; 申千湜, 『牧隱 李穡의 學問과 學脈』(일조각, 1998).

9 〈표 1〉 이색 연보

나이	시기	활동
1	충숙왕 15년(1328) 5월	이곡의 외아들로 외가(영해)에서 출생
14	충혜왕 2년(1341) 가을	김광재가 시관인 성균관시에 합격
19	충목왕 2년(1346)	안동 권씨와 혼인(권한공 손녀, 권중달 딸)
21	충목왕 4년(1348) 3월	이곡이 원에서 봉훈대부·중서사전부(종5품)로 원 국자감 생원
24	공민왕 즉위년(1351)	부친상(1월)
25	공민왕 1년(1352) 4월	복중상서
26	공민왕 2년(1353) 5월	이제현, 홍언박이 시관인 과거에 장원급제. 가을에 정동행성 향시에 합격
27	공민왕 3년(1354) 3월	원 제과에 합격. 전리정랑·예문응교(11월)
28	공민왕 4년(1355) 7월	원의 응봉한림문자(정7품)
29	공민왕 5년(1356) 1월	귀국, 시정팔사를 올림. 이부시랑·병부낭중
30	공민왕 6년(1357)	국자감 좨주(2월), 우간의대부(7월)
34	공민왕 10년(1361)	신축호종 1등 공신
36	공민왕 12년(1363)	정동행중서성 유학제거. 밀직제학
38	공민왕 14년(1365)	이인복과 함께 윤소종 등 33인 선발
40	공민왕 16년(1367) 5월	판개성부사 겸성균대사성
41	공민왕 17년(1368) 4월	정동행중서성 좌우사낭중, 독권관으로 이첨 등 7인 선발
42	공민왕 18년(1369) 6월	이인복과 함께 유백유 등 33인 선발
44	공민왕 20년(1371)	김잠 등 31인 선발(3월), 정당문학(7월), 모친상(9월)

나이	시기	활동
46	공민왕 22년(1373)	한산군
52	우왕 5년(1379)	우왕의 사부로 서연 강의
57	우왕 10년(1384)	한산부원군
59	우왕 12년(1386) 5월	염흥방과 함께 맹사성 등 33인 선발
61	우왕 14년(1388)	판삼사사(1월), 문하시중(8월), 명 입조(10월)
62	창왕 1년(1389)	판문하부사(7월), 장단(10월)
63	공양왕 2년(1390)	함창 유배(4월), 청주 감옥(5월), 수재로 방면, 개경(12월)
64	공양왕 3년(1391)	정도전의 척불상소와 이색 비판(5월), 함창(6월)
65	태조 1년(1392)	장흥 유배(7월), 한주 거주(10월)
67	태조 3년(1394) 8월	부인 권씨 상
68	태조 4년(1395)	한산백
69	태조 5년(1396) 5월	여흥에서 작고, 한주에서 장례(11월)

10　邊太燮, 『『高麗史』의 硏究』(삼영사, 1986), 114-115쪽.

11　張東翼, 「權漢功의 生涯와 行蹟」, 『大丘史學』 104(대구사학회, 2011); 張東翼, 「李齊賢, 權漢功 그리고 朱德潤: 高麗後期 性理學 受容期의 人物에 대한 새로운 理解」, 『퇴계학과 유교문화』 49(경북대학교 퇴계연구소, 2011); 이진한, 「高麗末·朝鮮初 權漢功에 대한 世評의 變化」, 『민족문화연구』 85(고려대학교 민족문화연구원, 2019).

12　도현철, 『이곡의 개혁론과 유교 문명론』(지식산업사, 2021).

13　당시 안동 권씨는 當代九封君이라고 하여 권보 자신과 아들 5명, 사위 3명이 봉군이 되었다. 즉 권보는 永嘉府院君, 아들 權準이 古昌府院君, 權宗頂이 廣福君, 權皐는 永嘉君, 權煦는 鷄林府院君, 權謙은 福安府院君으로 封君되고, 사위 李齊賢이 鷄林府院君, 王燾가 順正大君에, 王珣은 淮安大君에 封君된 것을 말한다. 김용선, 『역주 고려묘지명집성(하)(261)』(한림대학교 출판부, 2012), 「권부묘지명」; 『양촌집』 권10, 「喜聞兒子吉川君又産一男」; 『삼탄집(三灘集)』(이승소) 권7, 「永嘉君權公擎挽詞」.

14　『목은집』 文藁 권16, 「重大匡坡玄福君權公墓誌銘幷書」.

15　金光哲, 『高麗後期世族層硏究』(동아대학교 출판부, 1991); 閔賢九, 「高麗後期 安東權氏 家門의 展開: 元 干涉期의 政治的 位相을 중심으로」, 『道山學報』 5(퇴계학연구원, 1996); 朴龍雲, 「安東權氏의 사례를 통해 본 高麗社會의 一斷面: '成化譜'를 참고로 하여」, 『歷史敎育』 94(역사교육연구회, 2005); 김인호, 「고려 후기 가문 보존 의식과 방식: 안동권씨가를 중심으로」, 『한국중세연구』 25(한국중세사학회, 2008).

16　『목은집』 文藁 권18, 「鷄林府院君諡文忠李公墓誌銘」.

17 『양촌집』권39, 「貞愼宅主權氏墓誌銘幷書」; 권40, 「牧隱先生李文靖公行狀」.
18 『목은집』詩藁 권6, 「我昔詩」; 권17, 「讀書處歌」; 『고려사』, 「列傳」, 李穡.
19 『목은집』文藁 권20, 「宋氏傳」.
20 『목은집』文藁 권15, 「韓文敬公墓誌銘幷書」.
21 『목은집』文藁 권4, 「幻庵記」; 권8, 「贈休上人序」.
22 「李穡의 18인 結契로 본 高麗 靑少年의 集團行態」, 『정신문화연구』 70(한국학중앙연구원, 1998); 許興植, 『고려의 문화전통과 사회사상』(집문당, 2004).
23 『목은집』詩藁 권19, 「靜坐偶記九齋都會, 刻燭賦詩. 第其高下, 激厲諸生, 亦一勸學方便也. …」(우왕 5년(1379)).
24 『목은집』文藁 권6, 「重房新作公廨記」.
25 『목은집』詩藁 권17, 「讀書處歌」; 『고려사』, 「列傳」, 李穡.
26 이공수에 대한 최근 연구로 다음이 참고된다. 권용철, 「元代말기의 정국과 고려 文人 이공수(1308~1366)의 행적」, 『인문학연구』 119(충남대학교 인문과학연구소, 2020).
27 『가정집(稼亭集)』권19, 寄李密直.
28 『목은집』文藁 권18, 「有元資善大夫大常禮儀院使·高麗國推忠守義同德贊化功臣·壁上三韓三重大匡·益山府院君. 諡文忠李公墓誌銘」.
29 『목은집』詩藁 권17, 「讀書處歌」.
30 〈표 2〉 이색의 중국 여행 일정

번호	시기와 내용	전거
1	1348년(충목왕 4) 4월 조관의 아들로 국자감에 입학	『고려사』, 「열전」, 李穡; 『목은집』, 年譜
2	1349~1350년(충정왕 1~2) 정월 근친을 위해 일시 귀국	
3	1351년(충정왕 3) 1월 국자감 재학 중 부친 사망으로 귀국	『고려사』, 「열전」, 李穡
4	1353년(공민왕 2) 10월 蔡河中을 賀千秋節使, 金希祖를 太子의 책봉을 축하 사절로 파견할 때 이색을 서장관으로 동행시킴 1354년(공민왕 3) 2월 會試, 3월 殿試 합격으로 應奉翰林이 됨. 고려에서 대기하기 위해 귀국	『고려사절요』, 恭愍王(2년 10월); 『고려사』, 「選擧 科目 制科」
5	1355년(공민왕 4) 3월 尹之彪가 사은사로 원에 갈 때 서장관이 됨. 7월부터 應奉翰林文字의 직무 수행 1356년(공민왕 5) 모친이 연로하다고 귀국	『고려사』, 「세가」, 恭愍王(4년 3월); 『목은집』詩藁 권3, 「是歲春, 密直宰尹之彪爲謝恩…」
6	1388년(창왕 즉위) 10월 명에 하정사, 남경. 1389년(창왕 1) 4월 귀국	『고려사』, 「열전」, 李穡

31 이색은 모두 6번 중국에 갔다. 여행 경로에 대해서는 다음 연구가 자세하다. 森平雅彦,「목은 이색의 두 가지 入元 루트: 몽골시대 高麗-大都 간의 육상 교통」,『震檀學報』114(진단학회, 2012).
32 『목은집』詩藁 권2,「十二月二十日 發王京 明年正月還學」.
33 『목은집』詩藁 권19,「有懷成均館」.
34 『목은집』詩藁 권1,「觀魚臺小賦幷書」.
35 『목은집』詩藁 권14,「少年行」.
36 정재철,「이색의 국자감 유학과 문화교류사적 의미」,『고전과 해석』8(고전문학한문학연구학회, 2010), 200-203쪽.
37 『목은집』文藁 권19,「唐城府院君洪康敬公墓誌銘」.
38 『목은집』詩藁 권19,「靜坐偶記九齋都會, 刻燭賦詩. 第其高下, 激厲諸生, 亦一勸學方便也.…又於胡仲淵先生處學絶句. 賦閑居詩云, 籬落依依傍斷山, 溪花半落鳥聲閑, 幽人興味須天賦, 明月淸風不可刪, …」.
39 『고려사』,「列傳」, 李穡;『고려사』,「選擧志 學校 國學」, 공민왕 1년(1352);『고려사』,「選擧志 科目 武科」, 공민왕 1년(1352).
40 崔柄憲,「牧隱 李穡의 佛敎觀」,『牧隱 李穡의 生涯와 思想』(일조각, 1996), 157-169쪽; 都賢喆,『高麗末 士大夫의 政治思想 硏究』(일조각, 1999), 76-79쪽.
41 이익주,『이색의 삶과 생각』(일조각, 2013), 179-219쪽.
42 박용진,「고려 우왕대 大藏經 印成과 그 성격」,『한국학논총』37(국민대학교 한국학연구소, 2012); 남동신,「이색의 고려 대장경 인출과 봉안」,『한국사연구』163(한국사연구회, 2013).
43 『고려사』,「刑法志 禁令」, 공민왕 5년 6월 하교.
44 전영준,「여말선초 도첩제 운용과 승도의 성격」,『백산학보』70(백산학회, 2004).
45 윤훈표,「조선 초기 무과제도 연구」,『學林』9(연세사학연구회, 1987).
46 정재철,「이색의 국자감 유학과 문화교류사적 의미」,『고전과 해석』8(고전한문학연구학회, 2010), 200-203쪽.
47 『고려사』,「選擧志 科目」, 공민왕 2년 5월.
48 『목은집』文藁 권19,「鷄林府尹諡文敬公安先生墓誌銘 幷序」.
49 『목은집』文藁 권20,「崔氏傳」;『풍기진씨족보(豊基秦氏族譜)』권1.
50 『목은집』詩藁 권2,「予將會試京師, 會國家遣金判書希祖入賀立東宮, 因以書狀官偕行, 途中有作」;『고려사』,「列傳」, 李穡, 공민왕 2년;『고려사』,「世家」, 공민왕 2년 10월 27일.
51 『고려사』,「列傳」, 李穡;『목은집』詩藁 권3,「入城. 始知前月除典理正郞, 藝文應敎」.
52 『목은집』詩藁 권3,「是歲春, 密直宰尹之彪爲謝恩, 使予忝書狀官赴都, 金郊途中」;『고려사』,「世家」, 공민왕 4년 3월 18일.

53 『고려사』, 「選擧志 科目 制科」, 공민왕 2년(1353); 『고려사』, 「列傳」, 李穡.
54 『목은집』 詩藁 권3, 「少年」; 권3, 「新入院述懷」.
55 『고려사』, 「列傳」, 李穡; 『목은집』 文藁 권20, 「白氏傳」.
56 이익주, 『이색의 삶과 생각』(일조각, 2013), 66-67쪽.
57 高惠玲, 「高麗 士大夫와 元의 科擧」, 『高麗後期 士大夫와 性理學 受容』(일조각, 2001), 101쪽.
58 『고려사』, 「百官志 尙書省」, 공민왕 5년(1356); 『고려사』, 「百官志 吏曹」; 『고려사』, 「百官志 書雲觀」.
59 『고려사』, 「列傳」, 李穡, 공민왕 5년(1356).
60 『고려사』, 「禮志 凶禮 五服制度」, 공민왕 6년(1357) 10월 11일; 『고려사절요』, 공민왕 6년.
61 『고려사』, 「禮志4 吉禮中祀 文宣王廟」, 공민왕 18년(1369) 8월 5일.
62 『목은집』 詩藁 권35, 「己巳十二月初六日…」.
63 『고려사』, 「選擧志 科目 東堂試」, 공민왕 14년(1365) 10월.
64 『고려사』, 「選擧志 科目 東堂試」, 공민왕 20년(1371) 3월.
65 『목은집』 詩藁 권4, 「摩尼山紀行」.
66 김성환, 「1358(공민왕 7) 이색의 마니산 기행과 참성단 초례」, 『역사민속학』 42(한국역사민속학회, 2013).
67 『고려사』, 「列傳」, 李穡.
68 『고려사절요』, 공민왕 15년(1366) 12월.
69 『고려사』, 「世家」, 공민왕 18년(1369) 5월 11일; 『목은집』 文藁 권11, 「賀登極表」; 권11, 「請冠服表」.
70 『고려사』, 「世家」, 공민왕 15년(1366) 8월 23일; 『목은집』 文藁 권11, 「請改名表」.
71 『목은집』 詩藁 권14, 「卽事」; 권24, 「鷄鳴」; 권26, 「冬雨」.
72 『목은집』 詩藁 권13, 「受祿歌」(우왕 5년 1월); 권13, 「七日頒祿」.
73 『고려사』, 「世家」, 공민왕 12년(1363) 윤3월 15일.
74 洪承基, 「李穡의 農耕奴婢에 대한 檢討」, 『高麗貴族社會와 奴婢』(일조각, 1985), 202-218쪽; 안병우, 「고려 후기 농업생산력 발달과 농장」, 『14세기 고려의 정치와 사회』(민음사, 1994), 308-311쪽.
75 이색의 경제생활에 대해서는 여러 의견이 있다. 이색은 韓山·沔州·驪興·廣州·德水·長湍·開京과 柳浦·赤提村 등 10곳에 토지를 소유하고 많은 수의 가내노비가 경작했을 것으로 보았고(洪承基, 「李穡의 農耕奴婢에 대한 檢討」, 『高麗貴族社會와 奴婢』(일조각, 1985), 202-218쪽), 다른 연구에서는 「家貧」·「食粥吟」·「求田歌」 등을 통해서 볼 때 이색은 경제적으로 넉넉하지 못했고, 신축 호종공신으로 받은 전 100결과 노비 10구는 실제 지급되지 않았으며, 이색이 전제개혁에 반대한 것은 전제개혁 그

자체를 반대한 것이 아니고 개혁 주체자들에 대한 반대였다(李佑成, 「牧隱에게 있어서 禑昌問題 및 田制問題」, 『牧隱 李穡의 生涯와 思想』(일조각, 1996), 14-28쪽)고 한다. 또 이색은 세족으로서 다른 세족에 비해 상대적으로 자기 가문이 가난하다고 인식했다(이익주, 『이색의 삶과 생각』(일조각, 2013), 234-240쪽)는 해석이 있다.

76 『신동국여지승람(新增東國輿地勝覽)』, 「淸州牧」, 拱北樓; 『담암선생일집(淡庵先生逸集)』 권1, 「伏次拱北樓應製詩韻 幷序」.

77 閔賢九, 「청주 拱北樓 應製詩板에 보이는 고려 공민왕대 중엽의 文臣官僚群」, 『韓國學論叢』 33(국민대학교 한국학연구소, 2010).

78 『가정집』, 「跋」(尹澤)(공민왕 13년 5월).

79 『고려사절요』, 공민왕 20년(1371) 가을 7월; 『목은집』 文藁 권15, 「高麗國贈純誠勁節同德輔祚翊贊功臣·壁上三韓三重大匡·門下侍中·判典理司事·完山府院君·朔方道萬戶兼兵馬使·榮祿大夫·判將作監事, 李公神道碑銘 幷序」.

80 『목은집』 文藁 권15, 「高麗國贈純誠勁節同德輔祚翊贊功臣·壁上三韓三重大匡·門下侍中·判典理司事·完山府院君·朔方道萬戶兼兵馬使·榮祿大夫·判將作監事, 李公神道碑銘. 幷序」.

81 『목은집』 詩藁 권6, 「自詠」(우왕 3년).

82 최근 이색의 질병에 관한 연구에 의하면, 이색은 요통과 치통, 다릿병, 종기 등을 앓았다고 한다. 그의 시문에 의하면, 요통으로 가장 많이 고생했고(『목은집』 시고에 '허리병[腰酸]'(권23), '허리가 아파 쭈그리고 앉다[腰酸縮座]'(권20), '허리가 아프다[腰痛]'(권31)), 치통[病齒](권10), 齒痛(권6)], 아름다운 꽃을 볼 때 안개가 낀 듯 뿌연 안질, 종기와 다릿병이 있었다. 姜玟求, 「牧隱 李穡의 疾病에 대한 意識과 文學的 表現」, 『동방한문학』 42(동방한문학회, 2010).

83 『목은집』 詩藁 권6, 「自詠」(우왕 3).

84 『목은집』 詩藁 권6, 「卽事」.

85 『목은집』 詩藁 권24, 「我生」.

86 『목은집』 詩藁 권25, 「北使」.

87 『목은집』 文藁 권15, 「有元奉議大夫征東行中書省左右司郞中·高麗國端誠佐理功臣·三重大匡興安府院君·藝文館大提學·知春秋館事·諡文忠公樵隱先生李公墓誌銘(幷序)」(우왕 6).

88 이익주, 「우왕대 이색의 정치적 위상에 대한 연구」, 『역사와 현실』 68(한국역사연구회, 2008), 161-162쪽.

89 『고려사절요』, 우왕 12년(1386) 하4월.

90 『고려사절요』, 공민왕 22년(1373) 7월.

91 『고려사』, 「列傳」, 우왕 1년(1375) 1월; 『고려사』, 「列傳」, 李茂方.

92 『고려사』, 「列傳」, 우왕 3년(1377) 5월.

93 『고려사절요』, 우왕 5년(1379) 5월.
94 『고려사절요』, 공민왕 10년(1361) 10월.
95 도현철, 「이색의 서연강의」, 『역사와 현실』 62(한국역사연구회, 2006).
96 『목은집』 文藁 권14, 「廣通普濟禪寺碑銘 幷序」.
97 『고려사』, 「列傳」, 우왕 3년(1377) 11월.
98 『목은집』 詩藁 권26, 「八月十七日, 知申事李存性傳王旨, 撰進泮宮修造碑文. 臣竊念先王盛德興學校, 今上追遹先志, 甚盛擧也. 然興學校 在於敎養, 今也生徒散而學官罕至, 殆爲茂草, 臣欲措辭, 未得其要, 因循至今, 不能緘黙, 吟成一首」.
99 『목은집』 詩藁 권10, 「禹省郞來請表文提頭圈點」.
100 『고려사』, 「列傳」, 李崇仁 ; 『태조실록』, 1년(1392) 8월 23일.
101 명과의 사대 외교에서 이숭인이 외교문서를 작성했고, 공민왕의 시호, 우왕의 책봉도 그의 손에서 나왔다(『고려사』, 「列傳」, 李崇仁 ; 『고려사절요』, 창왕 1년(1389) 10월)고 한다. 이숭인의 외교문서 작성에는 이색의 도움이 있었다고 하겠다.
102 『목은집』 詩藁 권18, 「昨日 子安·可遠修北方表章, 請予潤色, 病餘茅塞, 吟成一首, 將以舒堙鬱也」(우왕 5년 7월).
103 『목은집』 詩藁 권21, 「監進色來請, 至則李三宰·權商議又來. 商議文字, 以酒相獻酬, 僕以病雖屢辭, 亦醉歸而有」(우왕 6년 3월) ; 권26, 「十七日監進色以呈省事請坐. 然其間尙有咨決都堂, 然後可以措辭者, 條具以呈. 三色設點心, 又蒙宣醞, 微醉而歸」(우왕 6년 10월) ; 권30, 「監進色請坐. 至則都堂又來招, 水飯而歸」(우왕 7년 9월) ; 권32, 「同監進色諸公 謁廣平侍中」(우왕 8년 6월) ; 권32, 「監進色諸公 來議定遼移文」(우왕 8년 6월) ; 권34, 「田莊自笑」(우왕 13년 8월).
104 『목은집』 詩藁 권32, 「子安來議賀平雲南表」(우왕 8년 6월).
105 『목은집』 詩藁 권33, 「監進諸公, 就僕商量事大文字. 柳判書雲奉宣醞來斯, 拜飮而罷, 判書亦監進一名也」(우왕 8년 11월).
106 提頭는 奏文 가운데 존칭이나 名號나 恭惟 등의 말이 나올 때마다 존경하는 표시로 줄을 바꿔서 쓰는 것을 말하고, 圈點은 글 가운데 잘된 곳이나 내용상 중요한 곳을 표시하기 위하여 찍는 둥근 점을 말한다. 『목은집』 詩藁 권34, 「卽事」에 "중추에 항해하여 황제를 뵈어야 하는지라, 표문의 원고 작성하고 제두까지 마쳤나니"라는 글이 있는데, 이는 서정언이 원고를 작성할 때 제두, 권점을 거친 다음 이색을 찾아와 형식적으로 교정을 부탁한다라는 풍자가 섞여 있다(이상현 옮김, 『국역 목은집9』(민족문화추진회, 2003), 139쪽, 주 181)고 한다.
107 『목은집』 詩藁 권33, 「表文提頭圈點, 徐正言來請」(우왕 8년).
108 『목은집』 詩藁 권26, 「示子孫一篇」.
109 『양촌집』 권40, 「牧隱先生李文靖公行狀」.
110 『대반야바라밀다경(大般若波羅密多經)』 권10, 「跋」(우왕 7년 9월).

111 『목은집』 詩藁 권28, 「送懶翁弟子印大藏海印寺」(우왕 7년 1월).
112 『도은집(陶隱集)』 권5, 「驪州神勒寺大藏閣記碑」(우왕 9년 7월).
113 노승은 이색이 1365년(공민왕 14) 과거시험의 시관일 때 5등으로 합격했다. 『목은집』 詩藁 권30, 「賀門生盧崇拜密直提學」.
114 『고려사』, 「列傳」, 李穡.
115 『고려사절요』, 우왕 8년(1382) 11월; 『고려사』, 「列傳」, 李穡.
116 『고려사』, 「列傳」, 李穡; 『고려사절요』, 우왕 9년 9월.
117 『고려사』, 「列傳」, 우왕 11년(1385) 9월.
118 『고려사』, 「列傳」, 李穡, 우왕 12년(1386).
119 『고려사』, 「列傳」, 李穡.
120 『고려사절요』, 우왕 14년(1388) 1월.
121 『고려사』, 「列傳」, 우왕 14년(1388) 3월.
122 『태조실록』, 5년(1396) 5월 7일.
123 李佑成, 「高麗史 및 李朝文獻 記錄과 圃隱의 재평가」, 『實是學舍散藁』(창비, 1995); 李佑成, 「牧隱에게 있어서 禑昌問題 및 田制問題」, 『牧隱 李穡의 生涯와 思想』(일조각, 1996), 4-10쪽.
124 『고려사』, 「列傳」, 李穡; 『고려사절요』, 우왕 14년(1388) 6월 9일; 『고려사』, 「列傳」, 창왕 즉위년(1389) 6월.
125 『고려사』, 「列傳」, 鄭夢周.
126 『고려사』, 「列傳」, 창왕 즉위년(1389) 6월 9일.
127 『고려사』, 「列傳」, 趙浚.
128 『고려사』, 「食貨志 田制」; 『고려사』, 「列傳」, 李詹.
129 『고려사절요』, 창왕 즉위년(1389) 8월.
130 『고려사』, 「列傳」, 창왕 1년(1389) 10월; 『고려사절요』, 창왕 1년(1389) 10월; 『고려사』, 「列傳」, 李穡, 창왕 1년(1389) 10월.
131 『고려사』, 「列傳」, 李穡.
132 『고려사절요』, 창왕 1년(1389) 10월.
133 『고려사절요』, 창왕 1년(1389) 여름 4월.
134 『고려사절요』, 창왕 1년(1389) 3월.
135 『고려사절요』, 공양왕 1년(1389) 7월.
136 『고려사절요』, 공양왕 1년(1389) 10월.
137 『고려사』, 「列傳」, 李崇仁; 『고려사절요』, 창왕 1년(1389) 10월.
138 『고려사절요』, 공양왕 즉위년(1389) 10월.
139 『고려사절요』, 공양왕 즉위년(1389) 10월.
140 『고려사』, 「列傳」, 李穡.

141 『고려사』, 「世家」, 공양왕 1년(1389) 11월 16일.
142 『고려사』, 「世家」, 공양왕 1년(1389) 11월 20일.
143 『고려사』, 「列傳」, 李穡.
144 『고려사절요』, 공양왕 즉위년(1389) 12월;『고려사』, 「列傳」, 李崇仁.
145 『목은집』 詩藁 권35, 「長湍吟」(1389년 12월~1390년 4월).
146 『고려사절요』, 공양왕 2년(1390) 4월;『목은집』 詩藁 권35, 「咸昌吟」(이색의 함창 유배 시기는 1390년 4~5월, 8~12월, 1391년 6~12월).
147 『양촌집』 권40, 「牧隱先生李文靖公行狀」.
148 『고려사절요』, 공양왕 2년(1390) 11월.
149 『고려사절요』, 공양왕 3년(1391) 1월.
150 『고려사』, 「列傳」, 金震陽.
151 『고려사』, 「列傳」, 鄭道傳, 공양왕 3년(1391) 5월.
152 『고려사절요』, 공양왕 3년(1391) 7월.
153 『고려사절요』, 공양왕 3년(1391) 9월.
154 『고려사』, 「列傳」, 李詹;『고려사절요』, 공양왕 3년(1391) 11월.
155 『고려사절요』, 공양왕 3년(1391) 12월.
156 『양촌집』 권40, 「牧隱先生李文靖公行狀」.
157 『고려사』, 「世家」, 공양왕 3년(1391) 10월 14일.
158 최근 연구에 의하면, 얼자 출신인 정도전은 원법의 혜택을 받아 과거에 합격했으나 1390년(공양왕 2)의 호적 정리 사업으로 一賤則賤의 고려 법제로 회귀하게 되자, 비로소 조준 등의 조선 건국 세력과 합류하게 되었다고 한다. 이종서, 「고려말 신분질서와 정도전의 왕조교체 세력 합류」,『역사와 현실』 112(한국역사연구회, 2019).
159 『고려사』, 「列傳」, 鄭夢周; 趙志晩, 「朝鮮初期《大明律》의 受容過程」,『법사학연구』 20(한국법사학회, 1999), 9-12쪽.
160 박진훈, 「고려 후기 전민변정과 조선 초기 노비 정책의 의의와 한계」,『역사비평』 122(역사비평사, 2018).
161 『고려사』, 「列傳」, 金震陽.
162 『고려사』, 「列傳」, 金震陽;『고려사절요』, 공양왕 4년(1392) 4월.
163 『고려사』, 「列傳」, 金震陽.
164 『고려사절요』, 공양왕 4년(1392) 4월.
165 『고려사절요』, 공양왕 4년(1392) 4월.
166 『목은집』 詩藁 권35, 「衿州吟」(1392년 4월 14일~1392년 6월 초).
167 『목은집』 詩藁 권35, 「驪興吟」(1392년 6월 7일~1392년 7월 15일);『양촌집』 권40, 「牧隱先生李文靖公行狀」.
168 『태조실록』, 1년(1392) 7월 28일.

169 『양촌집』 권40, 「牧隱先生李文靖公行狀」.
170 『태조실록』, 1년(1392) 7월 30일, 10월 12일; 『양촌집』 권40, 「牧隱先生李文靖公行狀」.
171 『태조실록』, 4년(1395) 12월 22일.
172 이색의 졸기에 "개국하던 날 어찌 저에게 알리지 않았습니까? 저에게 만일 알렸다면 읍양하는 예를 베풀었을 것인데…"(『태조실록』, 5년(1396) 5월 7일)라고 했다. 이색이 국왕인 이성계에 대한 예를 갖춘 것으로 볼 수 있다.
173 『태조실록』, 4년(1395) 12월 22일, 12월 23일, 12월 25일.
174 『고흥류씨세보(高興柳氏世譜)』(이색), 「高麗宣忠同德佐理翊祚功臣·侍中·壁上三韓三重大匡·都僉議政丞·高興府院君·英密公·信庵柳公行狀」; 국역가정목은문집편찬위원회, 「부록」, 『국역 가정집 목은집』(1980).
175 『인천안목(人天眼目)』.
176 『태조실록』, 5년(1396) 5월 7일.
177 『태조실록』, 1년(1392) 8월 23일.
178 『양촌집』 권39, 「貞愼宅主權氏墓誌銘 幷書」.
179 『양촌집』 권40, 「牧隱先生李文靖公行狀」.
180 〈표 3〉『목은집』 시고에 보이는 이색이 교류 인물에게 보낸 시의 빈도수(도현철, 『목은 이색의 정치사상 연구』(혜안, 2011), 57쪽, 주 206 참조).

한수	염흥방	정추	이집	이종학	권중화	정몽주	이무방	환암	이숭인	이인임	최영	나잔자	이성계
130	57	31	22	22	22	19	19	18	17	16	16	15	14

181 도현철, 『목은 이색의 정치사상 연구』(혜안, 2011), 37-48쪽.
182 채웅석, 「『목은시고』를 통해 본 이색의 인간관계망: 우왕3년(1377)~우왕9년(1383)을 중심으로」, 『역사와 현실』 62(한국역사연구회, 2006).
183 『목은집』 詩藁 권24, 「兪邁得罪於其座主光陽君, 無所告處, 來言於僕. 觀其意, 欲僕求解於其座主也. 然門生之於座主, 猶子之於父也. 子得罪於父, 豈有托旁人以求解者乎? 但朝夕求哀, 以俟其一旦慈愛之心之發耳. 予領成均時, 邁爲諸生, 故不忍自外, 忠告如此」; 권26, 「門生掌試圖幷序」; 文藁 권19, 「鷄林府尹謚文敬公安先生墓誌銘幷序」.
184 『목은집』 詩藁 권9, 「憶丁亥科諸公 三首」(國俗進士及第 稱其座主之子曰宗伯).
185 李南福, 「麗末鮮初 座主·門生에 關한 一考察」, 『藍史鄭在覺博士古稀記念東洋學論叢』(민속원, 1984); 柳浩錫, 「高麗後期 座主·門生 關係의 變化와 그 性格: 元 干涉期를 중심으로」, 『국사관논총』 55(國史編纂委員會, 1994); 申千湜, 『麗末鮮初 性理學의 受容과 學脈』(경인문화사, 2004).
186 『고려사』, 「選擧志 科目 凡國子試之額」, 충혜왕 복위 2년(1341). 『목은집』에는 장원

이 成士達로 되어 있는데, 1차 자료인 『목은집』의 표현이 맞는 것으로 판단된다.

187 『목은집』 文藁 권8, 「十韻詩序」.
188 『목은집』 詩藁 권14, 「偶念辛巳同年有感」; 권30, 「丁判書來言, 安大夫邀同年, 訪郭判書, 今兩會已過, 未知何日高會也, 作詩督之」.
189 『목은집』 詩藁 권32, 「喜聞孟孫 孟畛中進士科」.
190 『목은집』 詩藁 권20, 「安簽書作同年會, 與狀元易菴公任右尹赴席, 李知部不至, 醉歸吟成二首」(우왕 5년).
191 『목은집』 詩藁 권25, 「哭易菴成壯元」; 권20, 「安簽書作同年會, 僕與狀元易菴公任右尹赴席, 李知部不至, 醉歸吟成二首」.
192 『고려사절요』, 공민왕 1년(1352) 9월.
193 『고려사절요』, 공민왕 13년(1364) 1월.
194 『목은집』 詩藁 권15, 「同年李夢游來訪 有懷諸公」.
195 『목은집』 詩藁 권34, 「望同年申翌之判書古田莊」.
196 『목은집』 詩藁 권25, 「謝同年郭判書携酒見訪」; 권27, 「將訪郭同年忠守, 累日身不輕快, 吟成一首」; 권30, 「奉送龍頭次韻, 郭同年, 崔契長在其處」; 文藁 권4, 「永慕亭記」.
197 「李穡의 18인 結契로 본 高麗 靑少年의 集團行態」, 『정신문화연구』 70(한국학중앙연구원, 1998); 許興植, 『고려의 문화전통과 사회사상』(집문당, 2004).
198 『목은집』 詩藁 권5, 「次金同年前後所寄詩韻」; 권23, 「參差歌」; 권23, 「有感」; 권23, 「爲金同年求得名紙 崔正言咸署其外封喜」; 권24, 「… 尙州同年金直之…」; 권24, 「奉呈六益亭」; 권28, 「得同年金君弼詩 次韻奉答走筆」; 권30, 「金君弼寓水原來見」; 권31, 「得金君弼同年詩次韻」.
199 『목은집』 詩藁 권23, 「爲金同年求得名紙 崔正言咸署其外封喜」.
200 『목은집』 文藁 권5, 「六益亭記」(우왕 5년 4월).
201 『목은집』 文藁 권6, 「古巖記」.
202 『목은집』 文藁 권1, 「靈光新樓記」(공민왕 14년); 詩藁 권29, 「安勉同年子魯生, 省親于鄉, 歸致其父之言於僕, 問無恙, 因得訊其鄉先生申判事兄弟·權吉夫·金君濟及其尊公之無恙, 吟成一首」.
203 『삼봉집』 권2, 「題古巖道人詩卷」.
204 『목은집』 文藁 권20, 「崔氏傳」.
205 『목은집』 詩藁 권15, 「同年李夢游來訪, 有懷諸公」; 권33, 「李同年夢游來過」.
206 『목은집』 詩藁 권22, 「同年李夢游見訪 談及洛城君金公先致園中牧丹已謝 芍藥盛開 自言日陪棋局 僕不覺動興 吟得三首錄呈」(우왕 6년 4월); 권22, 「洛城君, 走李同年夢游邀僕, 旣至見花, 吟成一首」.
207 『목은집』 詩藁 권14, 「同年李夢游 年六十二求官 因賦此」.

208 『목은집』 詩藁 권18, 「謝鐵原金同年惠新米, 因起拾栗之興」; 권13, 「奉謝鐵原金同年送栗」; 권30, 「謝鐵原金同年送雁」.

209 『목은집』 詩藁 권22, 「鐵原金同年, 送其子赴成均試, 以書求僕薦於主司, 有唐遺風, 喜之甚. 又悶其不達時變也. 吟成一首」.

210 『목은집』 詩藁 권24, 「得韓左尹同年書 詩以奉答之」.

211 『목은집』 文藁 권7, 「送楊廣道按廉韓侍史序 弘道」.

212 『목은집』 詩藁 권7, 「謝任同年携酒見訪 名希座」; 권16, 「同年任希座 以匏見惠」; 권24, 「謝任同年送新米」; 권20, 「安簽書作同年會…」; 권20, 「謝任同年携酒見訪 名希座」; 권27, 「任同年來言 踏驗田畝水原府 因歸尙州」; 권33, 「任同年以園中諸菜見遺 絶句爲戲」.

213 『목은집』 文藁 권2, 「南谷記」; 詩藁 권6, 「憶李奉翊東秀」; 권14, 「憶西京李東秀」; 권23, 「有懷李知部釋之」; 권5, 「寄密城李同年」.

214 『목은집』 詩藁 권19, 「柳巷樓 …」; 권22, 「昌和安政堂…」; 권25, 「奉題雙淸亭」; 권25, 「昨與柳巷孟雲先生…」; 권29, 「竹城君譾門生及第 爲其呈名簇也」; 권30, 「丁判書來言 …」; 권31, 「昨雙淸安公投刺而去 吟成一首以寄」; 권31, 「東堂知貢擧興寧君安公 判開城尹公」; 권32, 「安學士上塚」; 권33, 「柳巷先生…」; 권34, 「初八日 同安興寧…」; 권34, 「陪西隣吉昌君 問疾雙淸亭 歸途一首」; 권34, 「驪江宴集」; 文藁 권8, 「送楊廣道按廉使安侍御詩序」.

215 『목은집』 詩藁 권35, 「書同年姜判事壁, 請予看脈, 故戲之云」; 권35, 「寄呈姜同年靜軒先生」; 권35, 「近訪同年靜軒公云 …」; 권35, 「六月初七日 寄姜同年玄隣長」.

216 『목은집』 文藁 권1, 「靈光新樓記」; 詩藁 권7, 「正月下澣 得南來書 因憶諸公 權吉夫」; 권29, 「安勉同年子魯生…」.

217 『목은집』 詩藁 권7, 「正月下澣 得南來書 因憶諸公 安勉同年」; 권29, 「安勉同年子魯生…」.

218 『목은집』 詩藁 권10, 「代書奉寄韓同年 三首」; 권11, 「寄韓弘同年, 因崔澍還家, 附上三司左尹謝」; 권12, 「寄韓同年」; 권20, 「奉寄韓弘同年戲作」; 권27, 「奉寄韓弘同年」; 권28, 「有懷韓弘同年」; 권31, 「寄全義韓同年」; 권31, 「得書答韓同年」.

219 개성의 徐穎(『목은집』 詩藁 권19, 「辛巳同年進士也. …」; 권22, 「今庚申年 東堂監試主司 皆與僕親厚 …」; 권23, 「成均試日」), 밀양의 朴彦珎(詩藁 권24, 「密城朴彦珎辛巳同年…」), 광주사록 李悅(詩藁 권3, 「白衣送酒來 謝李同年廣州司錄悅」), 양근의 金世珍(詩藁 권15, 「金同年世珍, 退居益和久矣. …」), 청주의 韓汝忠(詩藁 권3, 「淸州宿僧房, 明日韓同年設食, 汝忠」), 李得遷(詩藁 권7, 「代書奉謝李同年 得遷」), 李臨河(詩藁 권8, 「寄李同年 臨河」), 전 동년(詩藁 권4, 「送晉州李判官 兼簡同年全記室」; 권11, 「寄東京全同年 二首」), 金隨(詩藁 권35, 「寄京山府金判書同年 隨」), 李注書(詩藁 권4, 「與同年李注書夜飮次韻」), 朴秀才(詩藁 권5, 「許文敬珙 李判樞

尊庇.…」), 吳奕臨(『詩藁』 권21, 「寄吳同年奕臨」; 권29, 「同年吳奕臨尙書子來見 因題一首」), 梁世臣(『詩藁』 권24, 「密城朴彦珎 辛巳同年…」), 완산 이군(『文藁』 권9, 「送慶尙道按廉李持平詩序」) 등이 있다.

220 『고려사』, 「選擧志 科目 選場」, 공민왕 2년(1353) 5월; 『목은집』 『詩藁』 권15, 「自和」.
221 『목은집』 『詩藁』 권15, 「奉謝洪左使 權政堂携酒見訪」.
222 『목은집』 『詩藁』 권3, 「予旣僥倖登科 … 丙科頭臨河華之元在全」.
223 『목은집』 『詩藁』 권22, 「爲同年朴判書, 記其所居菊澗」; 권31, 「奉賀同年朴密直 晉祿」; 『文藁』 권3, 「菊澗記」(우왕 6년).
224 『목은집』 『詩藁』 권25, 「二十九日 益齋侍中忌旦也. 與同年鄭簽書公, 赴圓明齋席, 宋同年又在子堉之列 …」; 권26, 「哭宋同年夫人李氏」; 권31, 「步上東山 由宋同年菜園出…」; 권31, 「哭宋同年」; 『文藁』 권16, 「鷄林府院君諡文忠李公墓誌銘」.
225 李玖(『목은집』 『詩藁』 권22, 「朗吟有懷李同年玖」; 권26, 「將謁熙菴大司徒 出柳洞入水金巷口…」), 鄭䮾(권21, 「得鄭䮾同年書 賀僕重拜政堂…」), 司空實(권4, 「次同年司空實韻 送權史官奉使伽耶山」; 권5, 「讀同年司空伯壹送李永哲詩 次韻 因勉李生 云 伯壹名實」), 金元粹(권29, 「通州資福寺住持南可泉 別一年矣… 」; 권34, 「寄文州金同年 元粹」), 郭狆龍(권25, 「謝同年郭判書携酒見訪」; 권30, 「丁判書來言 安大夫邀同年 訪郭判書…」) 등이 있다.
226 과거제에 기초한 유대감은 정치 활동에 크게 영향을 주지 않았다. 1388년(우왕 14)에 염흥방은 부정과 탈법 혐의로 처형되었는데, 이에 연루된 인물들은 형과 아우, 아들, 사위, 매부처럼 친인척 이른바 '族黨'이 많다(『고려사절요』, 우왕 14년(1388) 1월). 조준·한상질·권집경·길재 등 염흥방의 문생이나 김자수·이문화·이색·윤소종 등 용두회 일원은 보이지 않는다. 과거제에 기초한 유대감이 정치적 유대감 혹은 정치 기반으로 이어지지 못하고 있음을 보여준다. 과거제로 맺어진 인간관계는 이념 지향이거나 주체적 선택이라기보다는 처음부터 주어진 것이었으므로 그 관계가 영속적이기 어려웠다. 채웅석, 「『목은시고』를 통해 본 이색의 인간관계망: 우왕 3년(1377)~우왕 9년(1383)을 중심으로」, 『역사와 현실』 62(한국역사연구회, 2006), 104-107쪽.
227 『목은집』 『詩藁』 권19, 「明日聞韓柳巷數遣人, 候僕還家, 蓋欲相携登高也. 平時幅巾往來, 無有少阻, 九日之會, 胡爲暌乎. 吟成一首, 錄呈座下, 以資一笑」.
228 『목은집』 『詩藁』 권20, 「九月晦日 携八句詩 訪籍田韓上黨別墅」; 권20, 「途中」; 권20, 「題上黨別墅」; 권21, 「韓上黨游柳浦別墅」; 권25, 「思歸」; 권29, 「有懷孟雲先生時遊柳浦別墅」(우왕 9년 7월).
229 『목은집』 『詩藁』 권31, 「因曲城喪, 三日不吟, 今成長句」(8년 3월).
230 『목은집』 『詩藁』 권31, 「哭廉侍中」(8년 3월).
231 『목은집』 『詩藁』 권32, 「哭廉侍中夫人」(8년 7월).
232 『목은집』 『詩藁』 권32, 「八月初十日 葬曲城夫人權氏, 冒雨因甚, 明日歸歇馬, 午湌入

233 『목은집』 詩藁 권24, 「至正癸巳四月…」; 권25, 歷科壯元作讌, 曰龍頭會….
234 『목은집』 詩藁 권9, 「謝廉東亭送肉」; 권9, 「謝廉東亭惠牟來糙米」; 권10, 「廉東亭冒雪携酒見訪」; 권30, 「廉東亭送獐肉曰 分呈兩老人故甚小 以小詩致謝」.
235 『목은집』 詩藁 권27, 「東亭納贄 貧不克助禮 以黃豆二石表意 因吟一首 呈去」.
236 한영우·이익주·윤경진·염정섭, 『행촌 이암의 생애와 사상』(일지사, 2002).
237 『목은집』 文藁 권18, 「文敬李公墓誌銘」.
238 『목은집』 文藁 권17, 「鐵城府院君李文貞公墓誌銘」.
239 『목은집』 文藁 권9, 「農桑輯要後序」.
240 『목은집』 文藁 권3, 「長城縣白巖寺雙溪樓記」.
241 『목은집』 文藁 권18, 「文敬李公墓誌銘」.
242 『목은집』 文藁 권14, 「廣通普濟禪寺碑銘 幷序」.
243 『고려사』, 「選擧志 科目」, 공민왕 16년(1367).
244 『고려사』, 「選擧志 科目 學校」, 공민왕 16년(1367).
245 『고려사』, 「列傳」, 姦臣 廉興邦.
246 『고려사』, 「列傳」, 李穡.
247 김구용은 이색이 배운 바가 많은 민사평(1295~1359)의 외손이면서(『목은집』 文藁 권13, 「惕若齋學吟」; 권10, 「及菴詩集序」), 무엇보다도 자신과 뜻을 같이하는[同志] 몇 안 되는 사람 중에 하나였다(『목은집』 文藁 권7, 「江陵道按廉使金先生詩序」). 김구용의 시집의 서문(『목은집』 文藁 권7, 「江陵道按廉使金先生詩序」; 권13, 「惕若齋學吟」)과 川寧縣 유배 시에 六友堂에 대한 기문을 써주었다(권3, 「六友堂記」).
248 『삼봉집』 권3, 「惕若齋遺藁序」(우왕 10년).
249 『목은집』 文藁 권10, 「仲至說」.
250 『목은집』 文藁 권2, 「萱庭記」; 권7, 「送江陵道按廉金先生詩序」.
251 『목은집』 詩藁 권18, 「跋閔仲玉還學燕都詩卷 因成三首」(우왕 5년).
252 『목은집』 文藁 권13, 「跋仲玉還學詩卷」.
253 도현철, 『목은 이색의 정치사상 연구』(혜안, 2011), 63-71쪽.
254 『양촌집』 권37, 「有明朝鮮國普覺國師碑銘幷書」; 『조선금석총람』 하, 「靑龍寺普覺國師定慧圓融塔碑」; 『목은집』 文藁 권4, 「幻翁記」; 『용재총화』 권6, 「釋混修幻庵」; 『씨족원류」, 「豐壤趙氏」(경인문화사, 1991), 287쪽; 許興植, 「제2장 나옹혜근」, 『고려로 옮긴 印度의 등불』(일조각, 1997); 黃仁奎, 「태고 보우의 수제자 환암 혼수」, 『고려 후기 조선초 불교사연구』(혜안, 2003), 380-387쪽; 강호선, 『고려말 懶翁 惠勤 硏究』(서울대학교 박사학위논문, 2011); 남동신, 「여말선초기 나옹 현창 운동」, 『한국사연구』 139(한국사연구회, 2007).
255 『목은집』 文藁 권13, 「跋護法論」(우왕 5년 8월).

256 남동신,「목은 이색과 불교 승려의 시문(詩文) 교유」,『역사와 현실』62(한국역사연구회, 2006), 146-147쪽; 여운필,「高麗 末期 文人의 僧侶 交遊: 三隱과 僧侶의 詩的 交遊」,『고려시대의 문인과 승려』(파미르, 2007), 171쪽.
257 『목은집』文藁 권4,「幻庵記」.
258 『목은집』詩藁 권26,「同韓柳巷訪李開城, 過松峯之南, 訪洪二相, 皆不遇. …」(우왕 6년 10월); 권27,「遣家童索茶於懶殘子, 去後, 吟一首」; 권27「懶殘子送茶來, 又吟一首拜謝」; 권28,「昨韓淸城携盛饌招僕, 同訪懶殘子, 醉歸就寢達旦, 吟成一首」(우왕 7년 1월).
259 『목은집』詩藁 권28,「謝懶殘子見訪三首」.
260 『목은집』詩藁 권28,「進賀懶殘子新封福利君 醉飽而歸」; 권28,「奉賀懶殘子新封福利君」.
261 『목은집』文藁 권20,「白氏傳」.
262 『목은집』詩藁 권21,「懶殘子携崔拙翁選東人詩, 質問所疑, 穡喜其志學也不衰, 吟成一首」.
263 『목은집』文藁 권2,「香山潤筆庵記」; 권2,「金剛山潤筆庵記」; 권3,「(四佛山)潤筆庵記」; 권4,「砥平縣彌智山潤筆菴記」.
264 『고려사』,「世家」, 공민왕 9년(1360) 9월 16일.
265 『고려사』,「列傳」, 우왕 2년(1376) 4월;『고려사절요』, 우왕 2년(1376) 4월.
266 남동신,「여말선초기 懶翁 현창 운동」,『韓國史研究』139(한국사연구회, 2007).
267 『목은집』詩藁 권15,「珠禪者求銘石鍾」(우왕 5년 2월).
268 『목은집』文藁 권2,「新勒寺普濟舍利石鐘記」(우왕 5년).
269 『목은집』詩藁 권17,「珠上人爲順同菴請記見菴」; 文藁 권2,「巨濟縣牛頭山見菴禪寺重修」(우왕 5년 6월).
270 『목은집』文藁 권3,「香山安心寺石鐘記」.
271 이지관,「영변 안심사 지공 나옹 사리석종비문」,『교감역주 역대고승비문(고려4)』(가사불교문화연구원, 1997).
272 이지관,「양주 태고사 원증국사 탑비문」,『교감역주 역대고승비문(고려4)』(가사불교문화연구원, 1997).
273 『목은집』文藁 권5,「松風軒記」.
274 『목은집』文藁 권3,「長城白巖寺松雙溪樓記」.
275 『목은집』文藁 권2,「天寶山檜巖寺修造記」.
276 『목은집』文藁 권1,「勝蓮寺記」(공민왕 13년).
277 『목은집』文藁 권7,「傳燈錄序」(공민왕 21년).
278 『목은집』文藁 권12,「賜龜谷書畫讚 幷書」.
279 『목은집』詩藁 권21,「前內願堂雲龜谷在白蓮社, 與普門社主, 將重營黃岳山直指寺

書報老人, 求緣化文」.

280 『목은집』 詩藁 권30, 「哭內院監主龜谷大禪師」.
281 『목은집』 詩藁 권25, 「昨觀祐世君瑜伽道場 歸而志之」.
282 『목은집』 詩藁 권26, 「同安政堂·韓簽書, 訪藝院龜谷大禪師, 歸途謁慈恩祐世君, 至十字街, 分馬而歸」.
283 『목은집』 詩藁 권30, 「浩然·子安·子復, 邀僕及韓孟雲先生, 登松山左麓. …」(우왕 7년 9월).
284 『목은집』 詩藁 권26, 「謝祐世君宗林送炭」; 권28, 「昨蒙慈恩都僧統祐世君, 來賀種德新拜密直, …」; 권29, 「慈恩祐世君, 在海安寺講經, 種德副樞, 略以酒饌往餉, 老夫身困不能出城, 吟成一首」.
285 『牧隱集』 文藁 권6, 「雪山記」.
286 이지관, 「수원 창성사 진각국사 대각원조탑비문」, 『교감역주 역대고승비문(고려4)』 (가사불교문화연구원, 1997).
287 『목은집』 文藁 권6, 「寂巖記」.
288 『목은집』 文藁 권6, 「古巖記」.
289 『목은집』 詩藁 권3, 「壽安方丈, 演無說, 聶伯敬在坐」; 권6, 「正月下澣, 得南來書, 因憶諸公 無說長老」; 권14, 「因憶無說」; 권26, 「…又得無說書」; 권27, 「代書奉答無說長老」; 권30, 「得無說書」.
290 한편 이색은 일본 승려와 교류했다. 允中庵은 호가 息牧叟인데 학승으로 그림을 잘 그렸다. 1359년에 중국에 유학하려다가 풍랑을 만나 고려에 머물렀는데, 이색을 비롯한 당대 학자들과 교류했다. 이색은 당나라 裵休가 편찬한 『黃檗傳心要訣』과 『宛陵錄』을 간행하려는 允中庵의 발문 요청을 들어주었다. 『목은집』 文藁 권13, 「跋黃檗語錄」. 이밖에 이색이 교류한 일본 승려는 萬峯 惟一·天祐大有·弘慧 등이 있다. 도현철, 『목은 이색의 정치사상 연구』(혜안, 2011).
291 이색이 교류한 원과 명의 유학자와 관련해서 다음의 글을 참고했다. 王德毅·李榮村·潘柏澄 編, 『元人傳記資料索引』 1책(中華書局, 1987); 余大鈞 編著, 『元代人名大辭典』(內蒙古出版集團 內蒙古人民出版社, 2016).
292 高惠玲, 「목은 이색의 사승과 교유관계」, 『牧隱 李穡의 生涯와 思想』(일조각, 1997).
293 『원사(元史)』, 「列傳」, 儒學 宇文公諒.
294 『오여비지(吳興備志)』 권33, 「函史二則」.
295 『목은집』 文藁 권4, 「朴子虛貞齋記」.
296 『원사』, 「列傳」, 吳當.
297 『목은집』 詩藁 권1, 「觀魚臺 小賦」.
298 錢大昕, 『元統元年(1333) 進士錄』(浙江古籍出版社, 1992), 207-208쪽.
299 『원사』, 「列傳」, 成遵.

300 『가정집』 권15, 「寄同年成誼叔」(충혜왕 복위년 12월, 1339).
301 『목은집』 詩藁 권2, 「謁成誼叔侍郎」; 권2, 「成侍郎宅 見余廷心 先生退而志之」; 권3, 「院中首領官皆公差, 穡權行經歷事, 蒙召赴省, 時帝在西內, 省官坐西廊. 先君同年成參政望見穡曰, …」.
302 『양촌집』 권40, 「牧隱先生李文靖公行狀」.
303 『용재총화』 권10.
304 王力春, 「元代奎章閣鑑書博士杜秉彝考」, 『社會科學輯刊』 152(2004).
305 1343년(지정 3)에 『遼史』·『金史』와 함께 편찬된 『宋史』에는 성리학의 입장이 크게 반영되었다. 『송사』에는 25史와 달리 儒林傳과 별도로 道學傳(권4)이 있는데, 도학전 권1에 周敦頤와 二程, 張載, 邵雍, 권2에는 程氏 文人, 권3에는 朱熹, 권4에는 朱氏 文人들이 수록되어 있다. 道學傳 서문에, 삼대 전성기에는 천자가 이 道로써 정치하고 대신백관들이 이 道로써 업을 삼았으며, 時君과 世主가 天德·王道의 정치를 행하려면 반드시 道學을 법으로 삼아야 된다(『송사』, 「列傳」, 道學1)고 했다.
306 그는 허형 묘지명에서 "(허형)은 伊洛의 性理書 및 程子의 易傳과 朱子의 『論語集註』·『孟子集註』·『中庸』·『大學或問』·『小學』 등의 말과 마음이 통했고, 이를 덕을 쌓는 기본으로 삼도록 하여 삼대의 학교 법식을 회복하고자 했다. … 中統(1260~1263), 至元(1264~1294)의 치세는 위에는 不世出의 임금이 있어 그 신료를 드러내어 밝힐 줄 알아 옛 성인의 뜻을 繼述토록 했고, 아래에는 不世出의 신하가 있어 능히 그 임금을 찬양하여 옛 성인의 마음을 본받도록 했다. 이에 원나라의 宏遠한 규모가 삼대 이하 다른 나라들보다 나았다. … 諸儒의 말을 보건대 선생(허형)의 도통은 한갓 언어와 문자에 의탁하고 있는 것이 아니었다. 대개 근독의 공력이 충만해짐에 따라 천덕과 왕도의 蘊奧한 경지에 이르게 되었으니, 세조에게 천하 다스리는 요체를 고하되 오직 왕도를 말하고 거기에 드는 공력을 묻자 30년이면 성취할 수 있다. 그래서 임금을 계도하는 자리에 나아가서는 그 임금을 요·순 같은 임금이 되게 하고 그 백성을 요순의 백성으로 되게 하는 일을 자기의 소임으로 삼았다"(『규재집(圭齋集)』 권9, 「元中書左丞·集賢大學士·國子祭酒·贈正學垂憲·佐理功臣·太傅開府儀·同三司上柱國·追封魏國公·諡文正許先生神道碑」(影印 文淵閣 四庫全書 集部, 1210)고 했다.
307 『규재집』 권10, 「元翰林侍講學士·中奉大夫·知制誥· 同修國史·同知經筵事·豫章 揭公 墓誌銘」.
308 清朝 乾隆 연간에 시작한 「四庫全書總目提要」에서 許衡과 吳澄을 원의 2大 儒라는 견해를 계승하여, "허형이 죽고 구양현에게 조칙을 내려 신도비를 짓게 했다. 오징이 죽자 揭傒斯에게 조칙을 내려 神道碑를 찬술하게 했으니, 대개 2人으로 南北學者의 宗으로 하려는 것이라고 했다."
309 『원사』, 「列傳」, 歐陽玄.

310 『규재집』 권5, 「趙忠簡公祠堂記」.
311 金陽燮, 「遼·金·宋 三史 編纂에 대하여」, 『中央史論』6(중앙대학교 중앙사학연구소, 1988); 權重達, 「中國 近世의 國家權力과 儒學思想의 變遷」; 權重達, 「元代의 儒學思潮와 元 王朝의 知識人 對策」, 『中國近世思想史硏究』(중앙대학교 출판부, 1998).
312 『고려사』, 「列傳」, 李穡.
313 『목은집』 詩藁 권21, 「圓齋又□□催釀載醪等語 起予者也」; 권21, 「自敍 錄呈圓齋」; 권23, 「書登科錄後」; 文藁 권9, 「金敬叔秘書詩序」; 권14, 「西天提納薄陁尊者浮屠銘」.
314 『목은집』 文藁 권4, 「松月軒記」.
315 『도은집』 권2, 「題玉田禪師松月軒 有揭文安公曼碩歐陽文公原功諸先生題詠」.
316 裵龍吉(1556~1609)은 權秀才의 묘지명(『琴易堂集』 권6, 「碣誌 權秀才君浩墓誌銘」)에서 구양현의 글(『규재집』 권10, 「曾秀才墓誌銘」)을 인용했고, 이익(1681~1763)은 '구양현문'을 달아 소개했다(『성호사설(星湖僿說)』 권10, 「人事門 歐陽玄文」). 黃景源(1709~1787)은 구양현을 한유와 비교했다(『강한집(江漢集)』 권2, 詩 「瀋陽夜聞讀書聲作」).
317 『원사』, 「列傳」, 王思誠.
318 『양촌집』 권40, 「牧隱先生李文靖公行狀」.
319 裵淑姬, 「元代 科擧制와 高麗進士의 應擧 및 授官格」, 『東洋史學硏究』 104(동양사학회, 2008); 裵淑姬, 「元나라의 耽羅 통치와 移住, 그리고 자취」, 『중국사연구』 76(중국사학회, 2012); 裵淑姬, 「宋元代 科擧를 매개로 한 同年關係와 同年간의 交流」, 『東洋史學硏究』 132(동양사학회, 2015).
320 『용재총화』 권10, "이색이 원에 들어가 황갑(黃甲, 1등급) 셋째에 뽑히니, 그 일등 장원은 牛繼志요, 이등 장원은 曾堅이었다. 이색이 본국으로 돌아올 때 우장원이 別詩를 지어 이르기를, '나는 장부의 눈물이 있어, 울어도 30년 동안 떨어뜨리지 않았더니 오늘 정자 가에서 이별하므로, 그대를 위하여 봄바람 앞에 한번 뿌리도다' 했다."
321 『목은집』 詩藁 권6, 「同年歌」.
322 『목은집』 詩藁 권6, 「同年歌」.
323 『목은집』 詩藁 권3, 「題玢上人所畜神龍圖, 與同年曾助敎同賦」.
324 『목은집』 詩藁 권3, 「次同年王景初詩韻, 兼柬曾子白, 趙致安二同年」.
325 『목은집』 詩藁 권6, 「同年歌」.
326 『목은집』 詩藁 권9, 「用前韻自詠」.
327 『목은집』 詩藁 권3, 「次同年王景初詩韻, 兼柬曾子白·趙致安二同年」(공민왕 4년).
328 『목은집』 詩藁 권6, 「同年歌」; 권9, 「用前韻自詠」; 권17, 「有感」.
329 陳世松, 「元代契丹 "詩書名將" 述律傑事輯」, 『寧夏社會科學』(四川省社會科學院, 1996년 第2期).
330 『목은집』 詩藁 권3, 「奉題陝西省參政述律公詩卷. 公名傑, 字存道, 先時爲雲南元帥,

叛者車里自降, 今年七十, 守潼關. 公之祖有功國初」.

331 『목은집』 詩藁 권3, 「奉送傅子通應奉奉使東平, 賑濟客戶, 因過鳳凰山」(공민왕 4년, 1355).
332 『목은집』 詩藁 권3, 「鳳山十二詠, 子通臨行索賦」.
333 『목은집』 詩藁 권3, 「奉送西臺御史 蓋師曾使還」.
334 『목은집』 詩藁 권3, 「諸公見和壺字韻 復作數首答之」.
335 『목은집』 詩藁 권2, 「成侍郎宅 見余廷心 先生退而志之」.
336 『목은집』 詩藁 권14, 「題眞觀寺道樹院記後」.
337 『목은집』 文藁 권7, 「益齋先生亂藁序」.
338 『목은집』 文藁 권9, 「金敬叔秘書詩序」.
339 『목은집』 詩藁 권3, 「歸來」; 권5, 「新宮」; 文藁 권4, 「松月軒記」; 권5, 「陽軒記」.
340 『목은집』 文藁 권4, 「松月軒記」; 권13, 「證道歌後」.
341 『목은집』 詩藁 권7, 「讀書」.
342 『목은집』 文藁 권4, 「送月軒記」.
343 『목은집』 詩藁 권21, 「圓齋又○○催釀載醪等語, 起予者也」.
344 桂棲鵬, 「元代蒙古族狀元拜住事跡考略」, 『浙江師大學報』 3(1997).
345 『고려사』, 「列傳」, 韓復.
346 『고려사』, 「列傳」, 韓復.
347 『고려사』, 「列傳」, 韓復.
348 『고려사』, 「列傳」, 韓復.
349 『목은집』 詩藁 권8, 「七月初八日, 聽詔征東省, 拜明善學士在焉, 廿一日, 王太醫來, 語及明善, 仙去十餘日矣, 驚呼之, 作歌以哭」.
350 배숙희, 「13-14세기 歸化人의 유형과 고려로 이주」, 『歷史學報』 233(역사학회, 2017), 20-21쪽.
351 朴現圭, 「위그로족 귀화인 偰遜 문집인 《近思齋逸藁》의 발굴과 분석」, 『대동한문학』 7(대동한문학회, 1995).
352 『목은집』 文藁 권7, 「近思齋逸藁後序」.
353 『고려사』, 「列傳」, 偰遜; 『목은집』 文藁 권7, 「近思齋逸藁後序」.
354 김난옥, 「공민왕대 후반 여명관계와 장자온·설사」, 『사학연구』 131(한국사학회, 2018), 185-193쪽.
355 『태조실록』, 1년(1392) 7월 28일.
356 백옥경, 「麗末鮮初 偰長壽의 政治活動과 現實認識」, 『朝鮮時代史學報』 46(조선시대사학회, 2008); 안선규, 「려말선초 고창설씨·서촉 명씨의 한반도 이주와 후손들의 동향」, 『역사와 현실』 117(한국역사연구회, 2020); 양강, 「설장수의 인적 네트워크와 『직해소학』 편찬」, 『한국사상사학』 71(한국사상사학회, 2022).

357 『목은집』 詩藁 권34,「偰提學·李判書. 商量進貢表文」(우왕 9년).
358 『목은집』 詩藁 권26,「贈偰寺丞 慶壽」(우왕 6년).
359 『고려사』,「列傳」, 偰遜 偰長壽;『정종실록』, 1년(1399) 10월 19일; 유영봉,「王朝交替期 '歸化詩人' 偰遜과 偰長壽 父子」,『漢文學報』 23(우리한문학회, 2010).
360 『목은집』 文藁 권9,「近思齋逸藁後序」.
361 『고려사』,「世家」, 공민왕 18년(1369) 4월 28일.
362 『고려사』,「世家」, 공민왕 18년(1369) 5월 4일.
363 『목은집』 文藁 권9,「送偰符寶使還詩序」.
364 『도은집』 권1,「送偰符寶還朝」.
365 『동문선』 권21,「送偰符寶還朝」.
366 『동문선』 권10,「送偰符寶還大明」.
367 〈표 4〉 고려 문인과 명 사신 시문 교류

번호	문인	이름	시기	교류 유학자
1	이색	偰斯 徐師昊 張溥 周倬	공민왕 18년 공민왕 19년 우왕 11년 우왕 11년	『목은집』文藁 권9,「送偰符寶使還詩序」 『목은집』文藁 권7,「送徐道士使還序」 『목은집』詩藁 권34,「送張學錄使還 名溥」; 권34,「錄近作」 『목은집』詩藁 권34,「送周典簿使還 名倬」
2	정몽주	張溥 周倬	우왕 11년	『포은집』 권2,「乙丑九月陪天使張學錄溥 周典簿 登西京永明樓 次板上韻」; 권2,「洪武乙丑九月 七站馬上次江南使張溥詩韻」; 권2, 送張學錄溥還朝」 『포은집』 권2,「乙丑 九月陪天使張學錄溥 周典簿詩韻…」; 권2,「乙丑九月贈天使周倬」;「送周典簿倬還朝」
3	정도전	段祐 周倬 雒英	우왕 11년	『삼봉집』 권1,「送行人段公祐還朝」(乙丑秋) 『삼봉집』 권1,「送國子典簿周先生倬還京(乙丑五月); 권1,「伏蒙國子典簿周先生倬惠筆 謹賦五言八句爲謝(乙丑秋)附 戲和宗之見示詩韻」; 권1,「宣仁館席上 次韻錄呈國子典簿周先生倬」 『삼봉집』 권1,「送行人雒公英還朝」(乙丑 10월)
4	정총	張溥 段祐 雒英	우왕 11년	『복재집』 上,「贈國子學錄張先生溥還」 『복재집』 上,「送行人段公祐使還」 『복재집』 下,「送行人雒公使還序」
5	권근	張溥 周倬 雒英	우왕 11년	『양촌집』 권4,「代人送誥命使國子典簿周倬使還」 『양촌집』 권4,「代人送國子周典簿倬」 『양촌집』 권4,「送誥命副使行人雒英使還」

368 李能和 輯述, 李鍾殷 譯註,「제13장 명 태조가 고려에 도사를 보내다」,『朝鮮道敎

369 『고려사절요』, 공민왕 19년(1370) 4월.
370 『목은집』 文藁 권7, 「送徐道士使還序」.
371 『신증동국여지승람(新增東國輿地勝覽)』 권4, 「개성부」 상, 山川 陽陵井.
372 『포은집』 권4, 「送徐道士師昊還京師」.
373 『고려사절요』, 우왕 11년(1385) 9월.
374 『세종실록』, 8년(1426) 4월 22일.
375 余國江, 「鄭夢周與明人的交遊: 以《圃隱集》爲中心」, 『포은학연구』 14(포은학회, 2014).
376 『명태조실록(明太祖實錄)』 권177, 홍무 19년(1386) 3월.
377 『명태조실록』 권207, 홍무 24년(1391) 정월.
378 『고려사』, 「列傳」, 우왕 11년(1385) 5월; 『목은집』 권11, 「受命之頌」.
379 『아호집(鵞湖集)』 권5, 「送周典簿俌·張學錄溥使高麗序」(『影印文淵閣四庫全書』 集部6 別集類5).
380 『고려사절요』, 우왕 11년(1385) 9월 16일.
381 고려에 온 명 사신은 현지 출신자 곧 고려인 환관이 많았고, 조신 문관은 거의 예외에 가깝다고 한다. 조신 문관으로 파견된 명 사신은 상보사의 보부랑(정7품), 행인(정8품), 국자감의 전부(정8품), 학록(종9품)이고, 이들은 관부의 명령이나 문서를 전달하는 역할을 수행했다. 정동훈, 「명초 국제질서의 재편과 고려의 위상」, 『역사와 현실』 89(한국역사연구회, 2013).
382 『고려사』, 「列傳」, 우왕 11년(1385) 9월.
383 『고려사절요』, 우왕 11년(1385) 10월.
384 『태종실록』, 11년(1411) 6월 29일.
385 『고려사』, 「列傳」, 李穡.
386 『목은집』 詩藁 권29, 「我生」.
387 『목은집』 詩藁 권17, 「讀書處歌」.
388 『고려사』, 「列傳」, 李穡.
389 『목은집』 詩藁 권20, 「夜歸困臥, 曉起二首」; 文藁 권10, 「寄贈金敬叔少監」.
390 『목은집』 詩藁 권33, 「晝寢 讀書要修道」; 권19, 「有感」.
391 『목은집』 詩藁 권18, 「伊山李上舍吉商, 雨中來過, 云將往西海道」.
392 『목은집』 권13, 「跋愚谷諸先生送洪進士詩卷」.
393 『목은집』 詩藁 권27 「有感」.
394 『목은집』 詩藁 권15, 「歸歟」.
395 『목은집』 詩藁 권30, 「自嘲」.
396 『목은집』 詩藁 권11, 「有感」.

397 『목은집』 詩藁 권7, 「讀書」.
398 『고려사』, 「列傳」, 李穡.
399 『삼봉집』 권3, 「圃隱奉使藁序」, 丙寅(1386년).
400 『목은집』 詩藁 권11, 「野菊」. 이색은 문장을 잘 짓기 위해 토론하고(권8, 「又題」), 토론과 강습으로 옛 현인의 남긴 자취를 선양했다(권18, 「昨至九齋坐松下, 松陰薄, 日將午」). 1380년(우왕 6)에 공민왕 대 성균관을 회상하며 당시 고문을 토론하던 동류들이 흩어졌다(권27, 「昨崔判事彦文, 携酒來過, 齒痛未得吟哦, 明日痛稍止, 錄成三首」)고 했다.
401 『양촌집』 권40, 「牧隱先生李文靖公行狀」.
402 『목은집』 文藁 권10, 「仲至說」(우왕 5년).
403 『도은집』 권4, 「贈李生序」.
404 『목은집』 文藁 권16, 「鷄林府院君諡文忠李公墓誌銘」.
405 주희는 여러 주장을 절충하는 뜻을 수차례 제시했고(『주자대전』 권36, 答陸子靜; 권54, 答趙幾道), 금과의 대치 상태에서 주전론과 수비론, 화의론의 세 가지 계책 가운데 주전론의 입장인데, 논의 과정에서 의리의 근본을 절충하지 않은 채, 이해의 말류에만 매달린다고 했다(『주자대전』 권13, 垂拱奏箚二(1163)).
406 『목은집』 詩藁 권27, 「漫興 三首」.
407 『논어』, 「八佾」; 「雍也」.
408 『목은집』 詩藁 권16, 「進講三年學, 不志於穀, 不易得也一章」.
409 『목은집』 詩藁 권35, 「長湍吟 門生吉注書」.
410 『목은집』 詩藁 권17, 「題宗孫詩卷」.
411 『고려사』, 「列傳」, 李穡.
412 권근은 이색이 정몽주·김구용 등과 더불어 성리학을 가르쳐 사장에 치중한 학문 풍토가 일신되게 했다(『양촌집』 권40, 「牧隱先生李文靖公行狀」)고 했다. 그의 연구와 교육은 권근 등에게 계승되어 조선시대에 사장보다 이학을 중시하는 학문 풍토를 조성하게 했다.
413 『목은집』 文藁 권9, 「選粹集序」; 권9, 「周官六翼序」; 권9, 「金敬叔秘書詩序」.
414 『목은집』 詩藁 권10, 「寄贈金敬叔少監」(우왕 4년); 권22, 「憶金祕書祉」(우왕 6년 4월).
415 『목은집』 詩藁 권10, 「寄贈金敬叔少監」.
416 『목은집』 文藁 권9, 「贈金敬叔秘書詩序」.
417 『고려도경』 권40, 「同門 儒學」.
418 고려 후기인 1313년(충선왕 15)에서 1392년까지 17개의 학교(향교: 江陵, 襄陽, 榮州, 丹城, 京山, 尙州, 金海, 禮州, 咸陽, 提州, 連山, 龍潭, 靈光, 南原, 兎山, 仁川, 延安)가 설립되었는데, 이전부터 있었던 학교[향교: 江華(喬桐), 黃驪(驪州), 富平, 白翎, 公州, 泰安, 丹陽, 上洛(安東), 晋州, 保安(부안)]를 더하면 전국 각도에 27곳

이다. 학교의 설립 주체는 지방관과 지방의 유력자인 父老 등이다. 朴贊洙, 『高麗時代敎育制度硏究』(경인문화사, 2001), 158-165쪽, 196쪽, 213쪽. 최근 연구에서 경주, 단성, 춘천, 평양, 통천, 미상 등이 추가되어 모두 33개가 된다. 신동훈, 「여말선초 향교 건립의 추이」, 『한국사학사학보』 43(한국사학사학회, 2021), 38-39쪽.

419 권근은 이를 사적으로 학당을 연다는 의미에서 '私置學堂'이라고 표현했다. 정순우, 「麗末鮮初 '私置學堂'의 역할과 성격」, 『정신문화연구』 121(한국학중앙연구원, 2007).

420 『목은집』 詩藁 권24, 「甲申進士丘思平, 予少也從之游, 乖離已久, 不知存亡久矣, 尙州同年金直之言, 丘公在善州支縣○○○華谷, 治居第甚整, 置書齋, 授徒三十餘人, 饗賓客甚豐, 金公又言其貌甚壯, 且能飮啖, 又言及於僕, 吟成一首, 附金同年寄呈, 幸笑覽」.

421 『고려사』, 「列傳」, 羅興儒.

422 이상민, 「15세기 지방 유식자의 활용과 평민교화」, 『역사와 현실』 118(한국역사연구회, 2020).

423 강은경, 「고려시대 독자층의 형성과 문집의 발간」, 『한국중세사연구』 38(한국중세사학회, 2014); 최연주, 「고려 후기 경상도 지역의 서적 간행 체계와 운영 형태」, 『석당논총』 44(동아대학교 석당학술원, 2009).

424 尹炳泰, 『韓國書誌年表』(한국도서관협회, 1972); 박문열, 「麗末鮮初의 書籍政策에 관한 硏究」, 『고인쇄문화』 5(청주고인쇄박물관, 1998).

425 『원사』, 「選擧志 學校」; 정재철, 『이색 시의 사상적 조명』(집문당, 2002), 11-12쪽.

426 1344년(충목왕 즉위) 8월에 과거시험 과목의 초장에 六經義, 四書疑가 시험과목으로 정해진 바 있다. 『고려사』, 「選擧志 科目」, 충목왕 즉위년 8월.

427 『원사』, 「選擧志 科目」.

428 도현철, 『목은 이색의 정치사상 연구』(혜안, 2011), 142-157쪽.

429 정재철, 「이색 시에 있어서 역리의 형상화」, 『이색시의 사상적 조명』(집문당, 2002); 곽신환, 「이색과 이이의 주돈이 이해와 추존」, 『율곡학연구』 36((사)율곡연구원, 2018), 14-15쪽.

430 『목은집』 文藁 권4, 「朴子虛貞齋記」.

431 『주역』, 「艮卦」, 象辭.

432 『목은집』 詩藁 권13, 「幽居」; 권16, 「侍立宮門觀禮退而志之」; 권16, 「遣興」; 詩藁 권18, 「有感」; 권20, 「自詠」.

433 『목은집』 文藁 권4, 「朴子虛貞齋記」; 詩藁 권23, 「有感」.

434 『목은집』 詩藁 권2, 「讀春秋」; 권7, 「讀春秋」; 권13, 「次圓齋韻」.

435 『태종실록』, 4년(1404) 11월 28일; 『예기천견록(禮記淺見錄)』 권1, 「曲禮上」.

436 『대학』・『논어』・『맹자』・『중용』과 관련된 先儒의 주를 모은 『사서집주』는 성리학의 理氣心性・道統・爲學之法을 천명한다. 주희는 『대학』을 통해서 수기치인의 학으로

서 유교의 골격(규모)을 정하고,『논어』를 통하여 공자와 그의 제자들이『대학』의 도를 어떻게 실천했는지 이해하며,『맹자』를 통해서 공자의 가르침의 발전 과정을 알고,『중용』을 통해서 인간의 도를 하늘의 도와 연결시켜 인간의 도덕적 실천 근거를 체득하도록 했다. 조성을 옮김,『中國思想史』(이론과 실천, 1988); 조경란 옮김,『中國思想史』(동녘, 1992).

437 『원사』,「列傳」, 儒學 胡炳文.
438 도현철,「이색의 서연강의」,『역사와 현실』62(한국역사연구회, 2006).
439 『목은집』詩藁 권13,「睡起聞雞聲, 偶記初鳴盥櫛之語, 因念文公小學規模節目之備, 吟成八句, 以戒子孫云」.
440 『목은집』詩藁 권17,「雜錄 七首」.
441 김상기,「근사록 해제」,『古書百選』(개교 50주년)(숙명여자대학교, 1988).
442 『목은집』詩藁 권6,「記舊作」.
443 『목은집』詩藁 권15,「君子有所思」.
444 『근사록』,「觀聖」.
445 『목은집』詩藁 권16,「自詠」.
446 『목은집』文藁 권6,「淸州牧濟用財記」.
447 『목은집』文藁 권6,「報法寺記」.
448 『목은집』詩藁 권6,「偶題」.
449 『목은집』文藁 권7,「送徐道士使還序」.
450 『목은집』詩藁 권7,「讀漢史」.
451 『한서』,「列傳」, 董仲舒.
452 『목은집』詩藁 권3,「詠史」.
453 『후한서』,「列傳」, 馬援.
454 『목은집』詩藁 권7,「紀聞二首 武帝岸幘見馬援 幘名承露」.
455 『후한서』,「列傳」, 東夷(서).
456 『목은집』文藁 권20,「草溪鄭顯叔傳」.
457 『목은집』詩藁 권4,「讀賈誼傳」.
458 임정기 옮김,『국역 목은집1』(민족문화추진회, 2000), 278쪽, 각주 117.
459 『목은집』詩藁 권7,「詠史有感」.
460 『목은집』文藁 권16,「鷄林府院君諡文忠李公墓誌銘」(『高麗史』,「列傳」, 李齊賢).
461 『고려사』,「列傳」, 鄭夢周.
462 安啓賢,「李穡의 佛敎觀」,『趙明基博士華甲紀念佛敎史論叢』(1965); 安啓賢,『한국불교사상사연구』(동국대학교 출판부, 1983), 290-294쪽; 趙明濟,「牧隱 李穡의 佛敎認識」,『韓國文化硏究』6(釜山大學校 韓國文化硏究所, 1993), 20-25쪽.
463 임정기 옮김,『국역 목은집3』(민족문화추진회, 2001), 209쪽, 주 84.

464 『목은집』 詩藁 권12, 「卽事」; 권18, 「送龍頭住持生公」; 권21, 「述懷」; 권22, 「漆原尹侍中在報法寺, 大作佛事, 穡欲往觀, 以病不果」; 권27, 「遣家童索茶於懶殘子, 去後, 吟成一首」.

465 〈표 5〉 이색의 불교 관련 서적의 서와 발문

번호	시기	제목	비고
1	공민왕 21년	「跋黃蘗語錄」	『목은집』 文藁 권13
2	우왕 4년 4월	「白雲和尙語錄序」	규장각
3	우왕 4년 5월	「佛祖直心心體要節序」	문화재청
4	우왕 4년 5월	「傳燈錄序」	『목은집』 文藁 권7
5	우왕 5년 8월	「普濟尊者語錄後序」	『목은집』 文藁 권9
6	우왕 5년 8월	「跋護法論」	『목은집』 文藁 권13
7	우왕 7년 9월	「大般若波羅密多經跋」	일본 大谷대학
8	우왕 8년 3월	「妙法蓮華經跋」	문화재청
9	우왕 10년 10월	「佛祖三經跋」	연세대, 문화재청
10	우왕 11년 7월	「太古語錄序」	국립중앙도사관
11	우왕 12년	「文殊寺利無生戒經跋」	문화재청
12	우왕 13년	「(川老)金剛般若波羅密經跋」	문화재청
13	우왕 13년	「大慧普覺禪師書跋」	연세대
14	우왕 13년	「大方廣佛華嚴經普賢行元品別行疏跋」	문화재청
15	창왕 1년	「藏乘法數跋」	동국대
16	태조 4년	「人天眼目跋」	연세대, 동국대

남동신, 「목은 이색과 불교 승려의 시문(詩文) 교유」, 『역사와 현실』 62(한국역사연구회, 2006); 곽승훈, 『고려시대 전적 자료집성』(혜안, 2021).

466 이색은 무학 자초(1327~1405)의 『印空唫』의 서를 썼고(『목은집』 文藁 권13, 「題溪月軒印空吟」), 무학이 간행한 대장경의 발문을 썼다(『동문선』 권121, 비명; 『춘정집』 속집 권1, 「朝鮮國王師 妙嚴尊者塔銘」).

467 『목은집』 文藁 권7, 「傳燈錄序」.

468 박문열, 『譯註 『佛祖直指心體要節』』(청주고인쇄박물관, 1996).

469 『문수사리무생계경(文殊師利無生戒經)』.

470 『백운화상어록(白雲和尙語錄)』, 「序」.

471 『목은집』 文藁 권9, 「普濟尊者語錄後序」.

472 『태고화상어록(太古和尙語錄)』, 「序」.

473 『목은집』 文藁 권13, 「跋黃蘗語錄」.

474 『목은집』 文藁 권13, 「跋護法論」.
475 『묘법연화경(妙法蓮華經)』; 『목은집』 詩藁 권15, 「李三宰求跋蓮經, 因有所感」; 최영호, 『우왕 9년 法弘山 白蓮庵에서 조성된 『妙法蓮華經』의 역사·문화적인 성격』, 『석당논총』 28(동아대학교 석당학술원, 2020).
476 『대반야바라밀다경(大般若波羅密多經)』 권10, 「跋」(우왕 7년 9월).
477 『목은집』 詩藁 권6, 「煎茶卽事」; 文藁 권4, 「幻庵記」.
478 『불조삼경(佛祖三經)』.
479 許英仙, 「金剛般若波羅密經 漢譯諸板에 대한 書誌的 研究」(성균관대학교 석사학위논문, 1973).
480 『천노해 금강반야바라밀경(川老解 金剛般若波羅蜜經)』.
481 『대혜보각서(大慧普覺書)』; 李智冠, 「大慧書狀」, 『韓國佛敎所依經典研究』(가산불교문화연구원 출판부, 2005).
482 『대방광불화엄경보현행원품별행소(大方廣佛華嚴經普賢行元品別行疏)』.
483 김미경·강순애, 「圓覺經 版本의 계통과 書誌的 特徵에 관한 研究」, 『서지학연구』 46(한국서지학회, 2010).
484 『대방광원각수다라료의경(大方廣圓覺修多羅了義經)』.
485 『장승법수(藏乘法數)』.
486 『인천안목(人天眼目)』.
487 尹炳泰 編, 『韓國古書年表資料』(국회도서관, 1972); 金煐泰, 『韓國佛敎古典名著의 世界』(민족사, 1993).
488 『목은집』 詩藁 권15, 「自嘆」; 권30, 「韓公見和一首, 末句云却憶年前此時節, 蓮花處處賞亭亭, 讀之興動, 又吟三首錄呈」.
489 『목은집』 文藁 권7, 「送徐道士使還序」.
490 『장자』, 「內篇 逍遙遊」.
491 『목은집』 詩藁 권7, 「引逸吟」.
492 『목은집』 詩藁 권3, 「鳳山十二詠, 子通臨行索賦 百尺楸」.
493 『목은집』 詩藁 권11, 「鴟夷子歌」; 권30, 「牧翁 十一月初四日」.
494 『목은집』 詩藁 권15, 「抱朴子」; 文藁 권5, 「石犀亭記」.
495 『목은집』 詩藁 권21, 「近承佳作, 唱和多矣…」; 권24, 「山中吟」; 권32, 「急雨」.
496 『목은집』 詩藁 권12, 「進讀秘錄 有旨司天臣馳馹相視 明日發行」; 권27, 「有感」.
497 『목은집』 詩藁 권2, 「南新店」.
498 『한비자』의 「說難」(권18, 「雜詠」)(이상현 옮김, 『국역 목은집5』(민족문화추진회, 2003), 78쪽, 주 215), 「喩老」(권20, 「有感」)(같은 책, 198쪽, 주 19), 「內儲說」上(권32, 「同柳巷觀燈西峯…」)(같은 책, 10쪽, 주 29)이 인용되어 있다.
499 『목은집』 文藁 권7, 「雪谷詩藁序」.

500 『목은집』 文藁 권7, 「傳燈錄序」; 권9, 「選粹集序」.
501 『목은집』 文藁 권8, 「栗亭先生逸藁序; 권9, 「選粹集序」.
502 『목은집』 詩藁 권9, 「卽事」.
503 『목은집』 詩藁 권8, 「讀玉屑卷末」.
504 『목은집』 詩藁 권14, 「思鄕」.
505 『목은집』 詩藁 권7, 「卽事 二首」.
506 『목은집』 詩藁 권6, 「稼亭所畜唐詩中有韋蘇州集, 兒時愛讀之, 後爲人借去不還. 游燕時, 又得一本於吳宗道縣尹, 東歸而又爲人借去, 今未知在誰氏也. 吟成一首」.
507 『목은집』 詩藁 권8, 「讀樊川集題其後」.
508 『목은집』 詩藁 권10, 「東吳八詠, 沈休文之作也. 宋復古畫之, 載於東坡集. 予少也讀之, 而忘之矣. 今病餘悶甚, 偶閱東坡詩註, 因起東吳之興, 作八詠絶句」.
509 『목은집』 詩藁 권22, 「夏日, 坐讀李艾谷詩集. 其孫慶尙道按廉使左尹復始辱書惠. 欣然題一首以寄」.
510 장인진, 「원나라 劉辰翁 평점본의 조선전기 출판 현상」, 『한국학논집』 77(계명대학교 한국학연구원, 2019).
511 『목은집』 詩藁 권7, 「偶題」(우왕 4년 1월).
512 『목은집』 詩藁 권19, 「六言三首」.
513 『목은집』 文藁 권7, 「傳燈錄序」; 권9, 「贈金敬叔秘書詩序」.
514 『목은집』 文藁 권7, 「傳燈錄序」.
515 白壽彛, 金裕哲 譯, 「文獻通考의 歷史觀」, 『中國의 歷史認識』 上(창작과 비평사, 1989); 高國抗, 『中國古代史學史槪要』(廣東高等敎育出版社, 1985); 오상훈·이개석·조병한 옮김, 「제3장 원대사학과 마단림」, 『중국사학사』 상(풀빛, 1998); 조성을 옮김, 『중국사학사』(혜안, 2009).
516 『목은집』 文藁 권5, 「石犀亭日記」.
517 『목은집』 詩藁 권12, 「自詠 三首」; 권13, 「復用圓齋詩韻, 聊以述懷」; 권15, 「自詠 二首」; 권17, 「自詠」; 권18, 「有感 三首」; 권21, 「圓齊讚用前韻」; 권21, 「圓齊又以風字韻詩投僕, 其序曰 …」; 권22, 「人有自平州回者, 聞州名有喜」; 권27, 「謝判三司洪令公見訪 永通」; 권28, 「鵲巢」; 권31, 「閏月廿又四日, 廣平侍中, 請耆老諸公, 設醼于興國里第, 晩歸高詠」; 권33, 「中秋初夜陰, 而中夜月明如畫, 悔之何及, 姑待來年」; 권33, 「有感」.
518 『목은집』 詩藁 권10, 「奉憶光岩靜坐更參山海經」.
519 『목은집』 詩藁 권20, 「恭惟我太祖置八關兩會, 未知所本. 或曰, 載於珠琳傳關八邪也, 明日雪, 喜而有作」.
520 『목은집』 詩藁 권13, 「曉起卽事」; 文藁 권10, 「直說三篇」.
521 『목은집』 詩藁 권7, 「奉懷恩門益齋先生」.

522 『목은집』詩藁 권8, 「偶吟」.
523 『목은집』詩藁 권10, 「寄贈金敬叔少監」; 권16, 「用前韻」.
524 『목은집』詩藁 권24, 「新樓上」.
525 『목은집』詩藁 권3, 「有感」.
526 『송조표전총류(宋朝表牋總類)』는 1403년(태종 3)에 송에서 황제에 아뢰던 表文, 牋文을 유별로 구분하고, 奏議者의 글을 집록하여 참용에 편리하도록 엮은 것이다. 千惠鳳, 「癸未字本《宋朝表牋總類》解題」, 『奎章閣』16(서울대학교 규장각한국학연구원, 1993).
527 『어시책(御試策)』은 1315년부터 1366년까지 16차례 실시된 원 제과의 殿試의 문제인 策問과 답안인 對策의 모음을 蒙古色目人, 漢人南人으로 구분하여 모아 고려에서 간행한 것이다. 千惠鳳, 「朝鮮朝의 乙亥小字體 活字本《御試策》」, 『書誌學硏究』15(한국서지학회, 1998); 도현철, 『이곡의 개혁론과 유교 문명론』(지식산업사, 2021).
528 『신간류편력거삼장문선대책(新刊類編歷擧三場文選對策)』(권72, 10책)은 1341년에 간행된 원나라 과거시험 답안지이다. 권5에 전시 시험 답안인 御試策(殿試)이 있다. 고려본 『신간류편력거삼장문선대책』은 元本이 간행된 1341년에서 명 태조의 조칙으로 명에 과거 응시생이 파견된 1370년 사이에 간행되었는데, 원 전시에 급제한 몽골인, 색목인, 한인을 엮어 과거시험 학습용으로 활용되었다. 조병순, 『高麗本新刊類編歷擧三場文選對策硏究』(韓國書誌學會, 2006), 16-19쪽, 78-92쪽.
529 『고려사』에 의하면, 공민왕이 남쪽으로 피난을 떠날 때 春秋史籍과 典校祭享의 儀軌를 땅에 파묻어 감췄다. 적이 평정되어 다시 발굴했는데, 군졸들이 함부로 버리고 수습하지 않은 것이 많았다. 임박이 柳珣·李玖와 함께 나라의 典籍을 인멸시킬 수 없다고 생각하고 살피고 검사하여 거두어 모은 것이 열에 둘뿐이었다고 한다. 『고려사』, 「列傳」, 林樸.
530 송과 원의 공식 실용문 학습에 활용된 문선집으로 『聖宋名賢播芳續集』과 『聖元名賢播芳續集』이 있다. 『성송명현파방속집』은 남송 때인 1190년에 魏齊賢과 葉棻이 100권으로 간행했다. 表, 啓, 書, 箚子, 疏 등 奏議類 산문이 전체 60퍼센트 이상을 차지한다. 『성원명현파방속집』은 『성송명현파방속집』을 모방하여 원대 문인들의 글을 모은 것이다. 전체 6권으로, 권1-3이 表(171)이고, 권4는 牋(36), 권5는 詔(30), 권6은 啓敕(29)이다. 전체 6권 중 권5가 주의류 산문이고, 권1이 조령이다. 『성원명현파방속집』은 1373년(공민왕 22)에 간행되고, 『성송명현파방속집』은 1424년(세종 6)에 간행되었다(『세종실록』, 6년(1424) 1월 11일). 1542년(중종 37)에 두 책이 간행되었다. 류화정, 「조선전기 문선집 『宋播芳』·『元播芳』小考: 자료 소개를 중심으로」, 『韓國漢文學硏究』51(한국한문학회, 2013).
531 『목은집』詩藁 권16, 「柳開城, 安佐郎來饋. 適庸夫政堂過問. 獻酬旣畢. 哦成一首」(우왕 5년 윤6월).

532 『목은집』 詩藁 권24, 「謝南京令公年送新米」.
533 王定保 지음, 金長煥 옮김, 『唐摭言』 上·下(學古房, 2013).
534 『목은집』 詩藁 권29, 「自戱 又作自責以自解云」; 권30, 「法華寺南小池有蓮…」; 권35, 「孟縣還京」; 文藁 권19, 「雞林府尹謚文敬公安先生墓誌銘」.
535 〈표 6〉 이색의 도서 목록

분류	도서 목록
경	『대학』·『논어』·『맹자』·『중용』·『역경』·『시경』·『서경』·『춘추』·『예경』·『소학』·『근사록』·『사서통』
사	『사기』·『한서』·『후한서』·『삼국지』·『진서』·『신당서』·『신서』·『자치통감』·『자치통감강목』
자	『화엄경』·『능엄경』·『유마경』·『금강경』·『원각경』·『묘법연화경』·『전등록』·『백운화상어록』·『보제존자어록』·『유교경』·『위산경책』·『도덕경』·『장자』·『소서』·『참동계』·『황정경』·『한비자』
집	『문수』·『문선』·『문장궤범』·『당백시가선』·『번천집』·『동파집』·『산해경』·『회남자』·『설원』·『성원명현파방집』·『조표전총류』·『당척언』·『옥해』·『통지』·『책부원귀』·『문헌통고』

536 『고려사』, 「世家」, 충숙왕 1년(1314) 6월 8일.
537 『고려사』, 「世家」, 충숙왕 1년(1314) 가을 7월 2일.
538 『고려사』, 「世家」, 공민왕 13년(1364) 6월 23일; 『고려사』, 「列傳」, 白文寶.
539 李泰鎭, 「『海東繹史』의 學說史的 檢討」, 『震檀學報』 53·54(진단학회, 1982); 李泰鎭, 「15·16세기 新儒學 정착의 社會經濟的 배경」, 『朝鮮儒敎社會史論』(지식산업사, 1989); 文喆永, 「朝鮮初期 儒學思想의 歷史的 특징」, 『韓國思想史大系』 4(한국학중앙연구원, 1991).
540 『목은집』 文藁 권9, 「周官六翼序」.
541 『목은집』 詩藁 권16, 「朴叢尙書談三敎, 旣去, 吟成三篇」.
542 『목은집』 文藁 권5, 「無隱菴記」.
543 『목은집』 文藁 권1, 「麟角寺無無堂記」.
544 『고려사』, 「列傳」, 李穡.
545 『목은집』 文藁 권3, 「澄泉軒記」.
546 『목은집』 詩藁 권9, 「絕礪倫公見訪」(우왕 4년).
547 『목은집』 詩藁 권15, 「題聰無聞卷 卷首有懶翁山水」(우왕 5년).
548 『목은집』 詩藁 권20, 「無分發」(우왕 5년).
549 『목은집』 詩藁 권35, 「長湍吟 初七日途中」(창왕 1년, 1389).
550 『목은집』 文藁 권6, 「五臺上院寺僧堂記」.
551 『목은집』 詩藁 권30, 「得無說書」(우왕 7년 8월).

552 『목은집』 詩藁 권17, 「憶幻菴」.
553 『목은집』 詩藁 권18, 「戲南溪聰首座」(우왕 5년).
554 조주는 종심선사(778~897)로 당나라 임제종 승려이다. 趙州 사람이고, 성은 郝씨, 이름은 從諗이다. 조주의 관음원에 있었으므로 조주라 했다.
555 임정기 옮김, 『국역 목은집1』(민족문화추진회, 2000), 1책, 204쪽, 주 139; 6책, 197쪽; 趙明濟, 『高麗後期 看話禪 硏究』(혜안, 2004).
556 『목은집』 詩藁 권35, 衿州吟(공양왕 4년), 「請竹菴設菲食」.
557 『목은집』 詩藁 권28, 「聞報法老僧燒身」(우왕 6년).
558 『목은집』 詩藁 권15, 「半夜歌」(우왕 5년).
559 『주역』, 「文言」, 閑邪存誠; 『心經附註』 권1, 「易」, 閑邪存誠.
560 『목은집』 詩藁 권20, 「君子」; 권33, 「因事有感」.
561 『목은집』 詩藁 권19, 「有感」; 권22, 「古風」; 文藁 권7, 「送徐道士使還序」.
562 文明淑, 「蘇軾詩에 나타난 思想」, 『中國語文學』 11(영남중국어문학회, 1986), 132쪽.
563 『도덕경』, "視之不見, 名曰夷, 聽之不聞, 名曰希, 搏之不得, 名曰微."
564 『목은집』 詩藁 권11, 「有感」(우왕 2년 1378 4월).
565 徐慶田, 「道家의 教化論」, 『도교문화연구』(한국도교문화학회, 1991), 16쪽.
566 『목은집』 詩藁 권5, 「次林椽所贈詩韻 三首」.
567 『목은집』 詩藁 권11, 「即事」.
568 『목은집』 詩藁 권20, 「曉吟」.
569 『장자』, 「內篇 大宗師」.
570 藤吉慈海, 「坐禪と坐忘について」, 『東方學報』 36(교토대학 인문과학연구소, 1964).
571 『장자』, 「內篇 人間世」.
572 『목은집』 詩藁 권30, 「石房寺夜聞泉聲」.
573 『목은집』 詩藁 권17, 「絶句」.
574 『목은집』 詩藁 권29, 「獨吟 三首」.
575 『도덕경』, "修之於身, 其德乃眞."
576 夏乃儒 主編, 『中國哲學 三百題孫』(上海古籍出版社, 1988), 황희경·황성만 공역, 『중국철학 문답: 중국 철학을 어떻게 학습할 것인가』(한울아카데미, 1991), 80-84쪽.
577 『고려사절요』, 공민왕 19년(1370) 4월.
578 『목은집』 詩藁 권19, 「有感」; 권22, 「古風」.
579 『목은집』 文藁 권7, 「送徐道士使還序」.
580 『목은집』 文藁 권10, 「可明說」; 권6, 「平心堂記」.
581 『목은집』 文藁 권1, 「流沙亭記」.
582 『목은집』 文藁 권1, 「南陽府望海樓記」.
583 『목은집』 文藁 권10, 「直說三篇」.

584 『목은집』 文藁 권6, 「平心堂記」.
585 『목은집』 文藁 권5, 「寶蓋山石臺菴地藏殿記」.
586 『목은집』 文藁 권2, 「天寶山檜巖寺修造記」.
587 『익제난고』 권3, 「廬山三笑」.
588 都賢喆, 「元天錫의 顔回的 君子觀과 儒佛道 三敎一理論」, 『東方學志』 111(연세대학교 국학연구원, 2001).
589 『운곡행록(耘谷行錄)』 권3, 「會三歸一」.
590 『운곡행록』 권3, 「三敎一理幷序」.
591 『고려사』, 「列傳」, 崔承老.
592 『고려사』, 「列傳」, 金子粹.
593 李鍾殷, 「고려 후기 한시의 도교적 양상」, 『한국의 도교문학』(태학사, 1999), 176쪽, 202쪽.

3장

심성·수양 중시의 성리학과 한국사 이해

1
심성·수양 중시의 성리학과 유불동도론

1) 심성·수양 중시의 성리학과 수양 치중의 예론

이색은 유학자로서 성리학을 수용하고 유학을 오교(吾敎), 오도(吾道)[1]라 했다.

원래 성리학은 성명의리지학(性命義理之學)의 줄인 표현으로, 송나라의 학문인 사공학·류서학·육학 등 송학의 하나였다. 성리학은 리(理)를 통하여 우주 자연의 질서와 그 운행 원리를 설명했고, 현실 세계에 대한 보편성과 법칙성을 제시하여 현실에 대한 긍정적인 견해를 갖추고 있다. 송대 사대부는 천리 자연의 이법을 체득하여 현실 세계를 주관하고 책임지는 담당 주체로서 등장했다. 성리학은 북송의 주렴계(周濂溪, 1017~1073)와 소강절(邵康節, 1011~1077)·장횡거(張橫渠, 1020~1077)·정명도(程明道, 1032~1085)·정이천(程伊川, 1033~1107)을 거쳐 남송의 주희(朱熹, 1130~1200)에 의하여 집대성되었다.

고려 후기에 이러한 성리학을 수용했다. 당시 성리학은 정주학(程朱學)·성학(聖學)·도학(道學)으로 표현되었다. 정주학은 성리학의 대표적인 학자인 정자와 주자의 학문을 표현한 것이다. 성학은 성인이 되기 위한 학문, 요·순·주공의 요법(要法)을 체득해서 왕도와 인정을 실현하기 위한 학문이다. 성학은 도학의 다른 표현으로, 격물성정지학(格物誠正之學)으로 요약되어, 학자는 수기(修己) 과정을 거쳐 성인 즉 도덕적 완성자가 되어 하·

은·주 삼대와 같은 이상 정치를 실행하는 학문이다. 격물(格物)과 치지(致知)로 선을 밝히고 성의(誠意)와 정심(正心)으로 몸을 닦아서 안에 온축하면 천덕(天德)이 되고 밖으로 정사에 베풀면 왕도가 되는 것이 도학이다.

『고려사』에 보이는 성리학 관련 표현은 조선 초기 『고려사』 편찬자의 이해가 반영된 것으로 당대의 자료인 문집과 금석문이 1차 자료서의 성격이 크다. 보이는 성리학 관련 표현으로 성리지학(性理之學)[2]·동방성리지학(東方性理之學)[3]이 있고, 성학(聖學)·도학(道學)이 있다.[4] 성리학 텍스트로 성리서(性理書)[5]를 표현하는 성리지서(性理之書)·정주씨지서(程朱氏之書)·염계이정주회암지서(濂溪二程朱晦菴之書) 등이 있다.

이러한 성리학은 주희가 주석한 사서오경(四書五經)이 중요한 텍스트인데, 고려와 원의 긴밀한 관계를 반영하여 왕족과 귀족의 자제로 숙위 역할을 담당한 뚤루게[禿魯花]와 정동행성 관원, 제과 응시자를 중심으로 수용되었다. 안향은 뚤루게로 원에 가 성리학을 배우고, 백이정(白頤正)·권보(權溥)·우탁(禹倬)에게 전했으며,[6] 백이정은 충선왕을 따라 북경에서 머무른 10년 동안 다수의 정주성리학 관련 서적을 구해 돌아왔고, 정주학을 이제현(李齊賢)·박충좌(朴忠佐)에게 전했다.[7] 우탁은 특히 정자(程子)의 『역전(易傳)』을 연구하여 생도를 가르치니 의리의 학을 펼쳤다.[8] 권보는 『사서집주』를 판각, 보급하여 학자들에게 도학이 있음을 알게 했다.[9] 최문도(崔文度)는 정이천과 주희의 글을 읽고 깊이 연구하여 마음에 체득하고 실천하고자 했다.[10] 1367년(공민왕 16)에 성균관에서 사서오경제가 만들어져 정주성리학이 크게 일어났다[11]고 한다. 이색은 고려 과거시험의 좌주인 이제현으로부터 성리학을 배우고 원 국자감과 제과 응시를 통하여 사서오경을 중심으로 하는 성리학을 익혔다.

이색은 성리학의 핵심 개념인 태극(太極)·성(性)·리(理)·체(體)·용(用)·중화(中和)·천리(天理)와 인욕(人欲) 등을 자유롭게 구사하며 우주와 자연, 인간과 사회를 설명했다.[12] 그는 "리(理)는 형체가 없고 사물에 깃들어 있어서 사물의 형상에 따라 리가 나타난다"[13]고 하여 성리학의 리를 이해했다. 그리고 주렴계(자는 무숙, 호는 염계, 이름은 돈이)[14]의 『태극도설』의 '무극이태극(無極而太極)'을 기초로 "하늘의 본체는 태극에 근본을 두고 만물에 흩어져서 맥락이 정제되어 그 밝음이 크다. 그러나 사람의 신령스럽고 어둡지 않은 것이 마음속에 있으나 하늘과 더불어 조금의 차이도 없다"[15]고 하여 '태극이 본래 하나의 무극'[16]이라고 했고, '어떻게 하면 원도와 태극을 후세에 전할까'[17]라고 말했다. 우주의 형이상자로서 존재 원리 혹은 도덕 원리로 태극을 설명했던 것이다.

이색은 인도(人道)·천도(天道)·천성(天性)에 대하여 설명했다. 하늘이 명한 것이 성(性)이고, 성에 따르는 것을 도(道)라고 하며, 도를 닦는 것을 교(敎)[18]라고 하는 『중용』을 인용하여 성은 하늘이 사람의 마음에 부여한 절대적인 것이고 선한 것이므로, 이 성(性)을 따라야 한다[19]고 보았다. 인간을 하늘로부터 부여받은 선한 본성을 자각하도록 가르치고 인도해야 한다는 것이다.[20] 모든 인간은 본래부터 평등한 천성(天性)을 지녔지만, 어질고 못남과 지혜롭고 어리석은 사람의 차이가 생긴다. 이는 기질이 천성을 가리고 뒤에서 물욕이 천성을 막기 때문이다. 사람은 태어나면서부터 아는 것이 드물기 때문에 힘써 배워 역행해야 한다. 그리고 장차 실천하려면 반드시 삼달덕(三達德)[21]으로부터 시작해야 하고, 삼달덕을 실천하려면 성(誠)의 도에 따라야 한다[22]고 주장했다.

이때 이색은 유학의 입장에서 마음[心]을 이해했다. 그는 마음이 우주를 포괄하고, 만물을 대하여 어떠한 것도 간섭할 수 없으며,[23] 마음의 씀은 지극히 커, 천지를 경륜하고도 여력이 있고, 털끝만큼이라도 마음 밖으로 빠져나가지 않아, 천지도 마음의 역량을 다 포용할 수 없다[24]고 했다. 또한 그는 마음을 인심과 도심으로 구분했다. "인심과 도심은, 다만 움직이는 것에 찾아야 하니, 본성이 발한 것은 바로 본원이요, 욕심이 생김은 지류의 흐름이라, 물은 하나뿐인 것인데, 내가 또 무엇을 걱정하랴"[25]고 하여 인심과 도심을 전제하는 가운데 본성이 본원이지만, 욕심이 지류로서 생기는데 이는 마치 물이 사방으로 갈라지는 것과 같다고 했다. 그는 사람의 마음이 신령스럽고 어둡지 않아 방촌(方寸) 사이에 있더라도 하늘과 털끝만큼도 다를 것이 없다[26]고 했다. 본원으로서 마음을 중시하고 움직일 때마다 생기는 욕심과 같은 인심을 경계하며, 또 이를 방지하기 위한 수양법을 제시했다.

이색은 인성을 본연의 성과 기질의 성을 구분하고, 기질과 물욕에 의해 가려진 본연의 선을 회복해야 한다고 했다.[27] 그리하여 성학(聖學)은 천리를 보존하고 기질과 물욕의 사사로움을 제거하는 것으로, 이른바 '존천리(存天理) 알인욕(遏人欲)'을 제시했다.[28] 이색은 천리를 보존하고 인욕을 제거하는 바를 극기복례로 설명했다. 즉 공자가 사사로움을 이기고 예로 돌아가는 것이 인이고 예가 아닌 것을 행하지 말라고 한 것[29]은, 인간 본래의 모습을 회복하는 공부[復初]이며 이로써 사욕을 없애고 천리를 회복할 수 있다[30]고 했다. 수양[修己] 공부는 주경(主敬)·강학(講學)을 통해서 사물의 기미(幾微)를 올바로 분별하여 천리를 보존하고[存天理], 인욕을 막는[遏人欲] 일이라는 성리학을 재확인하고 있다.

원래 주희의 심(心)은 본성[性]과 구별된다. 마음은 기(氣)로서 지각하고 외물에 응할 수 있는 주체이고, 본성은 심이 지각하여 리(理)가 내재한다. 전자는 심즉기(心卽氣)로서 표현하고, 후자는 성즉리(性卽理)로서 파악된다. 마음이 지각할 수 있는 그 까닭[所以然]은 성(性)이다. 사람의 마음은 신령하여 어둡지 않고 모든 이치를 갖추고서 만사에 대응한다. 마음은 맑고 깨끗한 순수 기로서 지각 작용을 하여 깨닫는 것은 마음속에 내재되어 있고 객관 사물 속에 있는 리(理)이다.[31] 그리하여 성리학에서 마음[心]의 실체는 리(理; 天理·本然之性)로서의 본성과 기(氣; 人欲·氣質之性)로서의 정욕을 함께 포괄한다. 이때 내 마음 가운데 있는 사물의 지극한 이치를 깨닫기 위해 궁리(窮理)·격치(格致) 공부를 해야 한다고 주장했다. 인성(人性)을 물질

(관능)·욕망의 추구와 도덕·규범의 지향이라는 두 측면으로 나누어 전자를 천리의 공정(公正)과 선으로, 후자를 인욕의 사사(私邪)나 악으로 규정하고, 이 모든 작용은 마음[心]의 저러한 속성에 기인하는 것이므로 사람은 인욕의 사(私)를 버리고 천리의 공(公)으로 돌아가야 한다고 했다.[32]

이색은 성인의 도가 이어진 밀지(密旨)인 16자 심법(心法)의 계승 관계를 설명하는 도통론을 견지했다.[33] 원래 도통론(道統論)은 유가 학문의 요지인 "인심유위(人心惟危) 도심유미(道心惟微) 유정유일(惟精惟一) 윤집궐중(允執厥中)"[34]의 16자가 전수해간 내력으로, 요·순·우·탕·문·무의 제왕(帝王)과 주공(周公)으로 이어진 후 공자가 이것을 계승했고, 이것이 다시 안자와 증자를 거쳐 자사, 맹자에게 전해졌다는 것이다.[35] 이색은 이러한 도통을 전제하며,[36] 유교의 도가 요와 순을 거쳐 주나라의 공자와 맹자, 송의 주렴계와 정이천을 거쳐 원의 허형에게 이어졌다고 보았다.[37]

그는 마음공부에서 『대학』의 정정(靜定)과 지어지선(止於至善)을 중시했다.[38] 이색은 고요히 앉아서 마음을 가라앉히고 도리를 파악하는 유학적 수양 자세인 정좌(靜坐)에 충실했다.[39] "향을 피우고 조용히 앉아 충효를 생각한다",[40] "백발 노인 조용히 앉아 마음을 챙기노니",[41] "차 끓이고 정좌하니 떠오르는 매일 세 번씩 반성하는 것이요",[42] "조용히 앉아 향 사르고 거문고를 타노라",[43] "문을 닫고 고요히 앉아 천심에 합하네",[44] "조용히 앉아서 태극도를 깊이 연구하노니"[45] 등과 같은 표현을 통해 이색이 정좌를 추구한 모습을 볼 수 있다. 이색에게 정좌는 남들로부터 방해받지 않고 고요한 곳에 정숙히 앉아 독서하며 이치를 탐구하는 의미와 마음을 안정시키기 위해 고요히 앉아 명상을 하는 것이다. 온갖 감각 기관이 열린 가운데 사물을 완상하고, 새소리나 바람 소리를 들으며 사유하기도 하고 읊조리며 시를 짓기도 하고 떠가는 구름을 바라는 등의 활동을 한다. 경(敬)처럼 당연의 이치를 견지하며 평상시에도 도덕을 몸에 갖추고 마음으로 이 세상을 경륜하는 생각이다. 이색에게 정좌는 마음을 붙잡고 기르는 수양

의 한 방법이라고 하겠다.⁴⁶

주희는 정좌를 유학의 수양으로, 도가의 좌망(坐忘)이나 불교의 좌선(坐禪)과 구별된다고 했다. 주희에 의하면, 정좌는 우두커니 앉아 있는 것이 아니고 사람의 마음을 수습하고 헛된 생각을 그치게 하는 것이다. 이때 사려(思慮)가 없을 수 없는데, 사려가 있더라도 헛된 생각이 없어야 하고, 헛된 생각은 도리를 분명하게 알아야 없어진다. 즉 사려가 많으면 마음이 흩어지고, 흩어진 마음을 수습하는 데 정좌가 필요하다. 사려를 끊는 것이 아니라 도리로 수렴하는데, 정좌 방법을 제시했다.⁴⁷

또한 이색은 "일찍이 들으니 지지(知止)에 심오한 뜻이 있다는데,『대학』공부는 언제 성취할 수 있는지",⁴⁸ "증자 문하에 누구의 귀가 가장 신통했던고, 1장(章)의 그칠 줄 안 다음에 뜻이 정해지게 된다는 것 매우 분명하구나",⁴⁹ "만 권 서책을 읽어서 또한 어디에 쓰랴, 인륜 본체 밝혀서 충효를 실천할 뿐이네. 우선『대학』한 부의 책에 마음을 두어서, 정정(靜定)을 한 다음 나머지를 구하라. 격물·치지·제가·평천하가 다 여기 있거니, 타일에 내가 한 말을 경솔히 여기지 마라"⁵⁰고 했다.『대학』의 "그칠 줄을 안 다음에야 뜻이 정해지고, 뜻이 정해진 다음에 마음을 평온할 수 있으며, 평온해진 후에 생각할 수 있고, 생각한 후에 얻을 수 있다"⁵¹는 말을 활용하여 당연한 이치를 파악한 후에 평온해질 수 있다고 했다. 곧『대학』의 정정(靜定)을 통하여 사물에 대한 이치 탐구[格物·致知]로부터 시작하여 이를 기초로 제가·치국·평천하로 진전시켜 나가야 한다고 했다.⁵² 이는 인간의 성장 과정을 단계적, 계기적, 통일적으로 파악하고 설명한 것이다.

여기에 바른 마음을 찾는 수양 방법이 제기된다. 마음 이해와 마음을 안정시키는 방법론 논의는 바른 마음[正心]을 갖기 위한 것이라고 할 수 있다. 이색은 스스로 바른 마음을 갖도록 노력했으며,⁵³ 손자 이맹균(李孟畇)에게 마음가짐을 바르게 하는 것이 우선이고 문장을 잘하는 것은 그다음의 일이니, 군자다운 유자[君子儒]로 우뚝 서서 우리나라를 빛내도록 하

라고 당부했다.[54]

특히 그는 마음에 관한 『맹자』의 존심(存心)과 조심(操心)·조수(操守)의 개념을 활용하여 설명했다. 이색은 학문은 놓친 마음을 찾는 것이라고[55] 하여 존심하는 것이 방심을 구하는 근본임을 제시했다.[56] 도심의 마음을 보존하고 지키는, 즉 마음을 굳게 잡아 간직하고, 확고한 신념이 있어야 한다고 했다. 빈궁과 부귀에 흔들림 없이 자신의 신념을 고수해야 한다는 의미이다.[57]

또한 그는 "마음은 모든 이치를 밝게 분석하고, 넓은 세계의 근원을 궁리하며, 동할 때와 정할 때가 있는 줄 알아, 잡으면 보존한다는 이치를 새로이 점검해 보니, 사물마다 하나의 태극을 지녀, 천지의 문 안으로 들어가고 있다"[58]고 했고, "조심하기는 맹자와 같다"[59]고 했으며, 이인복이 맹자의 마음을 잡는바 곧 신념을 굳게 지켰다[60]고 했다. 『맹자』에서 "공자는 가지면 보존되고 놓으면 없어져서, 일정한 때가 없이 드나들며 향하는 곳도 알 수 없는 것은 오직 마음을 두고 말한 것이다"[61]라는 글을 활용했다.

또한 그는 마음을 기르는 심법(心法, 養心之術)으로 맹자의 과욕(寡欲)[62]을 제시했다.[63] 과욕하면 마음을 보존하고,[64] 차마 하지 못하는 마음을 가지며[65] 마음 닦는 공부를 거울 닦듯이 연마하고[66] 조심하라고[67] 여러 차례 반복하며 마음을 굳게 다지고자 했다.

이색은 마음에 사악함이 없도록 하는 것[思無邪][68]을 목표로 삼았다. 그는 어려서부터 시를 읽었지만, 그 맛을 알지 못했는데, 공자가 취한 사무사(思無邪)라는 한마디 말에 대해서만 비슷한 경지를 머릿속에 떠올리고는 늙어서도 잊지 못하고 있었다.[69] 그는 시문을 아름답게 꾸미는 일에만 매달리는 학자들을 비판하고, 경서를 통해 성명(性命)의 근원을 탐구하고 심성 수양에 힘 쏟을 것을 강조했는데, 시가 갖는 성정(性情) 도야의 의미도 인정했던 것이다.[70] 이색은 시(詩)·부(賦) 짓는 것을 마음공부, 성정 닦기의 일환으로 생각했다. 이색은 공자가 『시경』을 사무사로 해석한 것처럼,[71] 시를 성정을 닦고 마음공부를 하는 단서로 보고, 처음 시 짓는 법을 배울 적엔 바른 성정만 구했다고 술회했다.⁷² 이색은 초에 눈금을 긋고 촛불이 눈금까지 타는 동안 시를 짓는[刻燭賦詩] 것에 참가하여 20차례나 장원을 했지만 '잘된 것은 하나도 없고 한두 연구가 다른 사람보다 나을 뿐이다. 시 짓는 것은 회포를 푸는 일, 성정을 가다듬어 마음을 안정시키는 일'이라고 했다.⁷³

이러한 사무사는 『주역』 건괘(乾卦)⁷⁴와 『논어』에서 제시된 사악함을 막아[閑邪] 바른 마음을 갖게 하는 것이기도 했다.⁷⁵ 그는 1379년 어느 겨울 한밤중에 "환옹 스님이 도의 경지를 들었는데, 어떻게 하면 정좌하고 선화(禪話)를 듣고, 삼생(三生)을 관찰해 보고자 하지만, 이단인 불교가 나를 그르칠까 하여, 사심을 막아 나의 성을 보존코자 한다"⁷⁶고 했다. 선한 것은 사람의 선한 마음을 감발(感發)시킬 수 있고, 악한 것은 사람의 방탕한 뜻을 징계시킬 수 있어서, 끝내 사람으로 하여금 성정의 바름을 얻게 하는 것이다.

이와 관련해서 주목되는 것은 내송(內訟)과 자송(自訟)을 통한 자기반성이 보인다는 점이다. 그는 스스로를 되돌아보고, "어찌 나의 덕이 거짓되는가", "어찌 나의 행실이 부정한가", "어찌 나의 말이 거짓되는가", "어찌 나의 학문이 거친가", "어찌 나의 정사가 흠이 많은가", "어찌하여 일찍 반관(反觀)하지 못했는가"⁷⁷라고 자신을 꾸짖고 책망하고 있다. 『논어』에서 "어찌할 도리가 없구나, 나의 잘못을 저지르고도 마음속으로라도 잘하고 잘못됨을 판단해내는 사람을 보지 못했노라"⁷⁸고 했다.⁷⁹ 마음속으로 자신의 잘잘못을 판단해 되돌아보는, 보다 객관적이고 철저한 자기성찰을 보여준다. 이색에게서 자학에 가까운 자기비하, 자기부정이 나타나는 것은 역으로 자기완성에 대한 그의 강렬한 지향을 보여주는 것이다.⁸⁰

이색은 성리학을 수용하여 유학자로서 심과 수양론에 힘쓰는 사상 경향을 보여주었다. 당시 고려는 불교 국가로 불교의 수양론이 널리 퍼졌으며,

유학과의 공존이 모색되었다. 이색이 불교적 교리, 수양론에 관심을 보인 것은 고려의 국가 이념인 불교의 영향력이 큰 시대 배경에서 현실의 불교와 새로운 사상인 성리학과의 조화를 추구한 결과라고 할 수 있다.

이색의 심성·수양 중시의 성리학은 경(敬)과 같은 수양 치중의 예론(禮論)으로 이어진다. 이색은 예에서 중요한 것은 본질과 내실이라고 했다.

> 공자가 일찍이 "'예(禮)요 예(禮)요'라고 하는 것이 옥백(玉帛)을 두고 하는 말이겠는가. '악(樂)이요 악(樂)이요'라고 하는 것이 종고(鍾鼓)를 두고 하는 말이겠는가"라고 했다. 제도가 오래되고 오래되지 않은 것은 급한 것이 아니다. 하늘의 명령을 받들어 만물을 다스리되, 때에 따라서 제도를 만들고 강상을 잡으며 풍화를 넓히는 것, 이와 같은 것이 급선무일 뿐이다.[81]

공자는 예악에 형식만 있고 그에 부합되는 내용이 없음을 비판했는데,[82] 이색은 이를 기초로 제도가 오래되고 오래되지 않은 것이 문제가 아니라 하늘의 명령을 받들어 만물을 다스리되, 때에 따라 제도를 만들고 강상(綱常)을 잡으며 풍화를 넓히는 것, 이것이 급선무라고 했다.

원래 예는 하늘에 제사를 지내고 하늘의 계시를 받아 이를 실천한다는 의미로 초월적 존재에 대한 의식 절차였다.[83] 예는 점차 종교적 색채가 엷어지고 사회적으로 확산되고 정치적 의미가 강해졌다. 예는 유교가 정치 이념으로 정착되면서 사회 질서를 떠받치는 이론적 근거가 된다. 예에는 신분과 시대를 초월해서 관철되어야 할 공통의 보편적 이념이 있고, 신분의 차이에 따라 역할과 위상을 분별하는 차별적 규범이 존재한다. 공자는 이를 문(文)과 질(質)로 표현했다. 질은 예의 보편적 이념·정신을 가리키고, 문은 질이 구체적 상황 속에서 형식화된 차별적 덕목을 가리킨다. 이 둘이 조금의 간격도 없이 융화되었을 때만 예는 그 기능을 다하게 되는데,[84] 공자는 문보다 질이 중시되어야 한다고 보았다. 주희 역시 이를 계승하여 "모든 사물의 이치는 먼저 질(質)이 있은 뒤에 문(文)이 있으니, 질이 바로 예의 근본이다"⁸⁵라고 했다. 이색은 "본질인 도는 천하의 큰 근본으로, 예의 삼백 가지와 위의 삼천 가지의 아름답고 큼도 모두 여기에서 연유한다"⁸⁶고 했다.⁸⁷

고려 후기에 성리학이 수용되고 이러한 예론이 본격적으로 이해된다. 원 국자감에서 수학하고 원 제과에 합격한 이색은 예에 대한 본령을 파악하고, 외형적인 형식보다 참된 마음에서 우러나오는 행동을 중시했다. 이색은 당시의 세태에 대해 다음과 같이 말했다.

> 『논어』에서 "실질적인 본질이 형식보다 앞서면 거칠고 형식이 본질을 이기면 겉만 번지르르하다"고 했다. 본질(바탕)은 형식의 근본인데, 외관에 너무 지나친 지 오래되었다. 그리하여 온화한 아름다움과 충신한 독실함이 없어져버려 비록 좋은 바탕이 있어도 모두 타락해버리고 유행하는 세속에 벗어 나오는 자가 없으니, 형식의 폐해가 극도에 달했다고 할 만하다.⁸⁸

이색은 『논어』에서 "본질이 형식을 이기면 거칠고 형식이 본질을 이기면 겉치레만 번지르르하게 된다"고 했다. 하지만 형식에 너무 치우쳐 온화한 아름다움과 충신한 독실함이 없어져버렸다. 아무리 좋은 바탕이 있어도 휩쓸려 타락해버린다고 했다.

이에 그는 유학의 본질에 충실하기 위하여 경(敬)과 같은 수양 방법을 강조했다. 그는 경을 주일무적(主一無適)으로 보고,⁸⁹ 주일(主一)은 지키는 바가 있음을 말하고 무적(無適)은 옮겨감이 없는 것이라고⁹⁰ 하여 경으로 마음속에 참된 생각을 갖도록 했다. 그는 『예기』의 "공경하지 않음이 없다"와 『서경』의 흠(欽)⁹¹을 인용하여⁹² 예의 근본을 경(敬)으로 이해하고, 도를 배우는 자는 경으로 성정(誠正)에 이르며, 정치하는 것 역시 경으로 치국과 평천하에 이른다고 했다. 부부 사이나 들과 밭에서 혹은 조정에서, 향촌 마을에서 경이 가장 기본적인 덕목이라고 했다.⁹³ 1371년(공민왕 20) 이색이 지공거일 때 응시자였던 류경(劉敬)에게 맹의(孟儀)라는 자(字)

를 붙여주면서 요전(堯典)의 흠(欽)과 문왕을 말하는 경(敬)에 힘써야 한다고 했다.[94] 요컨대 이색은 심성·수양[경] 위주로 성리학을 해석한 것과 동일한 맥락에서 경을 중심으로 예론을 전개했던 것이다.

이색이 경과 같은 수양 중시의 예론을 전개한 것은 도덕 실천에 있어서 인간의 주체적이고 자발적인 행위를 중시했음을 의미한다. 경은 도심(道心)과 천리(天理)를 체득하는 실천 원리이고, 도덕적 본성을 자각하고 함양하는 방법론이기 때문이다.

이색은 경을 중시하는 실천 수양론을 강조하면서 유학자의 역할을 내세웠다. 군자다운 유자[君子儒]를 지향하는 유학자들은 경과 같은 수양법과 마음의 자세, 방법론을 체득하여 군자·대인이 되고 현실을 이끌어가는 담당 주체가 되기를 기대했던 것이다. 이색은 다음과 같이 말했다.

> 지금 배우는 자들은 말하기를 요순과 문왕은 모두 태어나면서부터 아는 성인이니 감히 바랄 수 없다고 한다. 그렇다면 세도가 날로 낮아지고 인심이 날로 박해지는 것이 당연하다 할 것이다. … 삼백 가지 예의와 삼천 가지 위의의 넉넉하고 큰 것이 어찌 반드시 그 사람을 기다린 연후에 행해질 것이냐. 그 때문에 집집마다 표창할 수 있다고 한 것이다. 그러나 먼 곳을 가려면 가까운 곳에서부터 시작해야 하고, 높은 곳에 오르려면 낮은 곳에서부터 시작해야 한다. 뜰 안을 물 뿌리고 쓰는 것은 곧 백성으로서의 법이요, 닭이 울면 일어나서 부지런히 해야 하는 것으로는 그 의관을 바르게 하고 그 보는 것을 높게 하라고 하지 않는가.[95]

이는 『중용』의 "크도다 성인의 도여. 무럭무럭 만물을 발육시키고 높고 큼이 하늘에까지 이르렀도다. 넉넉하고 크도다. 예의(禮儀) 삼백이요, 위의(威儀) 삼천이로다. 이는 그런 사람이 나오기를 기다린 연후에 이루어지는 것이다"[96]라는 말을 인용한 것이다. 그런데 이색은 『중용』의 이해와는 달리 예제를 이해한 사람을 기다릴 필요 없이 유학자 스스로가 이를 터득해야 한다고 했다. 즉 예적 질서를 실행하는 주체인 유학자가 이를 체득해서 정치에 반영할 때 나라는 잘되고 백성은 안락하게 살 수 있다고 본 것이다.

권근은 스승인 이색의 경 수양법을 이어 중시하고, 경세 의식과 연결시켰다.[97] 그는 "예의 삼백 가지 큰 절목과 위의 삼천 가지의 많은 항목의 요체를 쉽게 말할 수는 없지만 무불경(毋不敬) 한마디에 있을 뿐이다",[98] "군자가 예를 행함에 있어 안으로 경을 주로 하여 엄약(儼若)하므로 배움의 공이 이루어지고 예의 근본이 서게 된다"[99]라고 하여 경을 중시했다. 그리고 이러한 경은 백성의 편안함으로 이어진다고 본다. 군자의 경 공부는 말과 용모로 나타나 그 쓰임이 백성을 편안하게 하는 데 이른다[100]는 것이다. 경세 의식, 민(民)에 대한 책임 의식을 뒷받침하는 근거로 경 중시의 수양론을 제시한 것이다.[101]

경 중시의 예론과 유학자의 책임론은 후술하는 정치사회를 보는 견해에 그대로 투영된다. 수기·수양 공부를 통하여 군자가 관료가 되어 윤리, 도덕이 확립된 이상사회를 지향하고, 그러한 사회에 도달하기 위한 인간 본성을 중시하는 정치론을 전개하게 된다. 말하자면 경 중시의 예 인식에 기초한 교화의 실현, 사회질서의 핵심은 인간 본성의 수양 여하에 좌우된다고 보는 것이다. 그리하여 이러한 입장에서는 사회변동을 법과 제도의 개폐와 같은 구조적이고 체제적인 문제보다는 인간의 윤리 도덕을 회복하는 방향에서 해결하려고 한다.

2) 유불동도론과 불교식 교화 활용

이색은 성리학을 수용하고 유학을 바른 학문인 정학(正學)으로 보고 불교를 이단으로 파악했지만, 유교와 불교가 추구하는 목표가 근본적으로 동일하다는 유불동도론(儒佛同道論)을 전개했다. 고려시대에는 유학이 자신의 학문에 대한 정통과 그에 대한 이단 의식이 약했는데, 유학을 철학화, 체계화한 성리학의 수용으로 불교를 유교에 대한 이단으로 규정했다. 유학자 최해(崔瀣, 1287~1340)가 불교를 이단으로 제시한 것이 시기적으로 제일 앞선다.[102]

그런데 성리학 수용 초기인 이 시기에는 유교의 불교에 대한 이단 의식과 그를 통한 구분이 강하지 않았다. 오히려 유교와 불교의 유사점에 주목했다. 이제현은 불교의 자비를 유교의 인, 불교의 희사(喜捨)를 유교의 의(義)의 일이라고 했다.[103] 이곡은 유교의 살리기를 좋아하는 덕은 불교의 살생하지 말하는 계율이고, 같은 인애, 같은 자비라고 했다.[104] 유교와 불교의 목표는 같은 것이라고 말한다. 궁극적으로 유교와 불교가 추구하는 이상은 맑고 참된 본연의 세계라고 본다. 그리하여 이색이 유교와 불교는 조금도 차이가 없다고 한 것이고,[105] 동시대의 최해가 같은 말을 했으며,[106] 승려인 함허 득통은 유·불·도 삼교가 도는 하나라고 했다.[107] 이는 당시 유교와 불교, 도교에 대한 삼교동귀(三敎同歸),[108] 유불동원(儒佛同源)[109]의 인식을 그대로 반영하고 있는 것이다. 고려 초 최승로가 유교는 치국의 원리, 불교는 수신의 근본이라고 하여 그 역할을 구분했던 것과 달리,[110] 유학이 치국의 논리뿐만 아니라 수신, 수양의 방법도 제시한다고 보는 것이다.

이색은 유교와 불교의 추구가 근원적으로 상통한다는 유불동도론을 전개하면서 성리학의 학문 방식을 정당화했다.

> 『논어』에서 말하기를 "그림을 그리려면 바탕이 희어야 한다"고 하였다. 희다는 것은 바탕에 무늬가 없는 것을 말한다. 그것은 능히 다섯 가지의 채색을 받을 수 있기 때문이다. 이것을 성(性)에 비유한다면 침착하여 움직이지 않고 순수하여 섞이지 않아서 오상(五常)의 전체(全體)가 되는 것이다. 성이란 내가 마땅히 길러야 할 바로서 유교나 불교나 조금도 다름이 없다. … 그 계(戒)로 말미암아 정(定)으로 들어가고 정(定)으로 말미암아 그 혜(慧)를 발하여 전체 대

용(大用)이 순수하고 깨끗하여 부처와 더불어 같은 것이다. 어찌 무엇을 의심하겠는가.[111]

유교나 불교에서는 인간의 본성(本性)을 모두 깨끗하고 순수한 것으로 본다. 단 물욕과 더러움을 끊는 방법에 있어서, 유교가 『대학』의 8조목을 제시했다면, 불교는 계-정-혜를 말했다. 유교와 불교의 목표는 궁극적으로 같고 수양 방법이 다르다는 것이다. 유교에서 격물치지로부터 시작하여 치국평천하에 이르는 것과, 부처가 잡념을 제거하고 반야의 지혜로 응하는 징념(澄念), 지관(止觀)의 수행을 통해 깨달음의 세계, 즉 적멸(寂滅)의 경지에 들어가는 것은 서로 상통한다는 것이다.[112] 앞서 언급한 유교의 수양 방법인 정좌는 불교의 좌선과 기능이 서로 같다고 했다. 그 취지는 불교의 수행 방식에 의존할 필요 없이 유교의 학문 방식을 통해 마음의 안정을 실현할 수 있다는 뜻이었다. 따라서 "면벽을 한다고 어찌 좌선을 배울 수 있으리오"[113]라고 했다. 성리학의 수양법인 정좌는 외물에 응접하기 전에 마음을 전일하게 하는 수행법이라는 점에서 좌선 수행과 같다. 하지만 정좌는 마음을 전일하게 하여 인륜이 갖추어진 바른 상태를 견지하는 것, 거경(居敬)에 중점을 둔다. 반면에 좌선은 인륜 등 일체를 마음에 두지 않고 마음을 분란시키는 생각을 내지 않는 무념(無念)에 중점이 있다. 따라서 불교의 선정 수행에는 인륜과 같은 이치나 도리의 개념이 없다. 경과 좌선은 고요히 앉아서 마음을 가라앉히고 안정시키는 수양 방법이라는 점에서 일치하지만, 둘은 마음을 이해하는 방식에서 본질적으로 다르다. 이색은 한편으로 유교의 거경을 위한 정좌를 불교의 좌선과 같은 측면을 들어 유불동도를 말하면서도, 인륜의 본성을 보전하여 실천하는 성리학의 맥락에서 거경의 정좌 수행을 함으로써, 불교의 좌선이 도달한 효과를 낼 수 있다고 보았다.

그리고 『대학』의 강령은 정정(靜定)에 있는데 이것이 불교의 적(寂)이라 했고, 『중용』의 요체는 계구(戒懼)에 있는데, 이것 역시 적이라 했다. 더욱 계구는 경(敬)이고 정정 역시 경이라고 할 수 있다. 경은 주일무적(主一無適)으로, 주일(主一)은 지키는 바가 있음을 말하고 무적(無適)은 옮겨감이 없는 것을 말하는데, 지키는 바가 있고 옮겨감이 없는 것을 적(寂)이라고 할 수 있다고 했다. 그리하여 적에 기초하여 정사를 행하면 치평(治平)의 밝은 효과가 나타나고, 도덕을 닦아나가다 보면 위육(位育)의 큰 효험이 드러나게 된다[114]고 했다. 유학의 정정과 계구를 불교의 적과 동일시함으로써 수양 방법의 유사성을 내세우고 있다. 더욱 그는 "성문(聖門)의 심학(心學)이 어찌 헛되이 전해졌겠는가. 경[115] 공부는 좌선과 흡사하다"[116]고 했다. 원래 성리학과 불교는 세계와 인간에 대한 이해가 다르고 공부 방법론도 다르지만,[117] 이색은 유교의 수양법인 경과 불교의 수양법인 좌선을 같은 차원에서 이해했다.[118]

이색의 유불동도론은 불교가 유교에 의해 유래되었다는 생각과 연관된다. 즉 이윤(伊尹)은 필부(匹夫)·필부(匹婦)라도 요·순의 혜택을 입지 못하면 마치 자기가 그를 밀쳐서 도랑 가운데로 넣은 것처럼 여겼는데,[119] 이는 천하를 자기 책임으로 여긴 것이었다.[120] 이러한 이윤의 뜻은 중국과 서역에까지 미치게 하여 부처가 그 뜻을 얻어 이를 미루어 확대하여 불교를 만든 것으로 보았다.[121] 불교가 요·순의 교화 결과 그 뜻을 얻은 석씨(釋氏)에 의해서 시작되었다는 것이고, 유학자의 입장에서 불교의 탄생을 설명한 것이다. 최해도 이러한 견해를 가지고, 이단인 불교의 마음을 밝게 하여 본성을 깨닫는다[明心見性]는 설은 유교의 학설을 본받아 만든 것으로, 달인(達人)·군자들이 버리지 못하고 즐거워한다[122]고 했다. 두 사상이 모두 인간 본성, 마음을 다룬다는 점에서 같은 것이라고 할 수 있다.

이색은 불교의 교리나 수양론이 사람들의 호감을 얻는다고 보았다. 불교의 화복(禍福)과 인과(因果)의 설은 당시 사람의 마음을 움직여 믿음을 주고 의지할 수 있는 신념을 주어, 불교가 세상에서 존경을 받는 것은 이

상할 것이 없었다.[123]

이색에게 고요히 앉아서 마음을 가라앉히고 도리를 파악하는 유학적 수양 자세인 정좌(靜坐)[124]는 가부좌하고 무념무상의 상태에서 조용히 앉아 마음을 내려놓고 깨달을 추구하는 수행법인 좌선과 유사했다. "고요함 속의 공부가 참선과 흡사하다",[125] "주일(主一) 경(敬) 공부는 좌선과 흡사하다"[126]고 했다. 전술한 대로 정좌와 좌선과 유사한 점이 있지만 둘은 본질적으로 다르다. 정좌는 고요히 앉아서 정신을 집중하여 마음을 하나로 모아 도리를 파악한다면 좌선에는 바른 생각 곧 이치 탐구나 도리의 개념이 없다. 다만 정좌와 좌선은 고요히 앉아서 마음을 가라앉히고 안정시키는 수양 방법이라는 점에서 같다고 보는 것이다.

그런데 이색은 불교에 관심을 가지고 불교식 수양법을 알았지만 유학자로서의 정체성을 잃지 않았다. 그는 유학의 도통에 입각한 16자 심법을 마음에 새기고 사악한 마음을 막아 나의 성을 보존하고자 한다[127]고 했다.

이색은 유학자로서 불교를 이단으로 보았지만, 유불동도론에서 불교와 불교 승려를 존중했고, 불교를 긍정한 유학자를 인정했다. 그는 송대 학문의 중심 인물인 소식과 왕안석 등의 사상과 문장을 읽으며, 유학자이면서 불교 비판에 온건한 왕안석[128]과 장천각·소식[129]을 높이 평가했다. 그는 왕안석(호: 半山)의 절의와 문장은 천지처럼 홀로 뛰어났다[130]고 했고, 장천각[131]의 『호법론(護法論)』 중간본에 발문을 쓰며 이 불교 서적이 혼탁한 세상을 바로잡기[132]를 바랐다.[133] 주희는 성리학을 확립하는 과정에서 정통과 이단을 엄밀히 구별했으며, 불교에 온건한 사이비 유학을 비판하고, 왕안석과 소식을 비판했다. 이들이 불교와 노장에 미혹되어 유학을 잡되게 하고,[134] 사회개혁을 단행하면서 변화의 동력을 인간의 마음이 아닌 법과 제도라는 인간의 밖에서 찾았다고 비판했다.[135] 그러나 이색은 유학에 이단인 불교도 효·충과 같은 윤리 기능이 있고 현실을 바로잡는 데 기여한다고 보았다.

이색은 성리학을 수용하고 『주자가례(朱子家禮)』의 예제를 수용했는데, 고려의 불교식 예제도 존중했다. 그는 유교의 예제[冠婚喪祭] 가운데 상례(喪禮)에서 삼년상제[136]를 실시해야 한다고 했다. 그는 1350년(충정왕 2)의 아버지 이곡의 상(喪)과 1371년(공민왕 20)의 어머니상에 삼년상을 치렀다.[137] 1357년(공민왕 6)에 삼년상[138]제를 시행하도록 건의했다.[139] 유교에 기초한 예제를 실현하고 예적 질서를 확립하는 것을 목표로 삼지만, 불교국가인 고려는 불교식 예제를 인정하고, 오랫동안 지속되어온 불교의 예제 특히 상제(喪制)를 행했다. 고려는 초기부터 삼년약상제(三年略喪制)·단상제(短喪製)가 행해졌다.[140]

이색은 당시 삼년상이 시행되지 못하는 이유로 휴가와 결합된 기복제(起復制)[141]의 문제점을 제시했다.[142] 곧 당시 관인이 부모상을 당하여 삼년상을 행하려고 해도 벼슬을 그만두는 해관(解官)을 하지 않고, 정해진 휴가를 얻어 상(喪)을 치르고 관직에 복귀[起復]한다는 것이다. 고려의 오복제도에서 부모상에 대한 삼년상제를 정하되, 100일의 휴가[百日給暇]를 정하므로, 공무를 보면서 귀가하여 복(服)을 입도록 했는데, 이는 관직 생활을 보장하여 생활의 안정을 유지하게 하려는 뜻[143]이라고 한다. 이색은 100일의 휴가 후에 기복이라는 명목으로 공무를 보기 때문에 무직자나 서민까지 삼년상을 중지한다[144]고 보았다. 10일 휴가와 그로 인한 기복제가 효를 실행하는 삼년상의 취지에 맞지 않는다고 보는 것이다.

이색은 삼년상을 행하기 위하여 여묘(廬墓)제가 시행되어야 한다고 했다. 자식으로서의 지극한 심정을 극진히 다하는데, 삼년이 지난 뒤에야 부모의 품을 벗어난 은혜[145]를 갚을 수 있다[146]고 보는 것이다. 여묘는 부모님이 돌아가시면 묘에 안장하고 상주가 묘 근처의 여막에서 3년간 묘를 지키는 것인데, 관직을 그만두는 해관을 전제한다. 원래 사람이 죽으면 혼백의 결합이 해체되어 혼기(魂氣)는 하늘로 돌아가고 형백(形魄)은 땅으로 돌아가고, 묘(廟)는 강림하는 조상의 영혼을 맞이하는 장소이고 묘(墓)는 대지로 돌아가는 죽은 사람을 보내는 장소이다. 묘에 체백(體魄)을 모시고 떠돌아다니는 정신(혼)을 집의 가묘(家廟)에서 제사하도록 했는데, 여묘는 이러한 이해에서 벗어나는 것이다.[147] 이색은 가묘에 모실 수 없게 된 경우라도 정신은 두루 돌아다니므로, 어디든 자손이 의지하고, 자손이 있는 곳이 신이 의지하는 곳이니, 아침저녁으로 곡을 하고 제사를 올리는 일을 집에서 하지 않고 산야(山野)에서 해도 된다[148]고 하여 여묘는 효의 실천이라는 큰 의리에 위배되지 않는다고 보았다.

당시 윤귀생·정습인·정몽주 등 선진적인 유학자들이 삼년상을 포함한 『주자가례』를 행했지만,[149] 잦은 병란과 경제적 어려움, 무엇보다도 강고한 고려의 불교 예제의 존속이 이를 어렵게 만들었다. 예를 들면 홍건적의 침입으로 홀적(忽赤)·충용(忠勇)·삼도감(三都監)·오군(五軍) 등의 군직(軍職)이 삼년상제에서 제외되었고,[150] 불교의 영향으로 100일상·역월제(易月制)·화장(火葬)이 행해지며, 빈소를 사원 내에 두고, 사원에서 제례가 행해지고 있었다.[151]

이색은 이러한 시대적 배경에서 1357년에 삼년상제의 시행을 건의했고, 공민왕은 이에 부응해서 삼년상제를 시행하고자 했다.[152] 그리하여 1361년에 이부낭중 이강(李岡)에게 대간으로서 직무를 소홀히 한 자를 쫓아내고 현명한 인재로 초야에 묻혀있는 자를 추천하며, 부모의 상(喪)을 마친 자들도 또한 발탁하여 등용하라[153]고 했다.

이색은 『주자가례』에 입각한 예제를 적극 권장하면서도 사은(私恩)과 실정(實情)을 긍정하고 형편에 따른 예제의 가변성을 인정했다. 이는 이색이 토지개혁을 논하면서 구법(舊法)은 가벼이 고칠 수 없다[154]고 하듯이, 예제에서도 그 뿌리가 깊고 튼튼히 박혀 있으므로 갑자기 개혁하기 어렵다는 현실 인식이 반영된 것이다.[155] 이색은 고려의 지배 질서와 이념을 옹호했듯이 고려의 예제를 승인했던 것이다.[156]

뿐만 아니라 이색은 가묘에서 신주(神主)보다는 영정(影幀)을 사용했다.

불교 승려의 영정을 마주하며 회상에 적기도 했다.¹⁵⁷ 공민왕을 평가하면서 그는 천지를 경외(敬畏)하여 하늘과 땅에 대한 제사를 정성껏 올렸고, 조종(祖宗)을 공경하여 시절(時節)에 따른 제사를 친히 봉행했으며, 적전(籍田)을 경작하여 농부들의 모범이 되었고, 여러 산릉(山陵)을 수리하여 조상의 덕을 추모했으며, 영정(影幀)과 진당(眞堂)을 모두 새롭고 완전하게 했다¹⁵⁸고 했다.¹⁵⁹

송대 사마광(司馬光)은 가묘(家廟)에서 영정(影幀)·소상(塑像)·화상(畵像)보다는 신주(神主)를 두도록 했다.¹⁶⁰ 불교적 색채를 느끼게 하는 영정·소상보다는 위패나 신주를 사당에 모시고 제사지내는 것이 유교의 본래적인 의식에 부합하는 것이라고 본 것이다. 따라서 『주자가례』의 수용에 따라 높은 고승의 영정을 모시는 영당(影堂)보다 신주를 모시는 가묘(家廟)가 보급되어야 했다. 이색은 불교를 존중하는 가운데 영당에 대하여 아무런 의문을 제기하지 않았다. 그는 천보산 회암사를 재건할 때 건물의 구성에서 설법전의 동쪽에 영당이 있다¹⁶¹고 했고, 거제현 우두산 견암선사(見菴禪寺) 중수기에서 절 동쪽 모퉁이에 나옹 선사의 영당을 세워 추모하는 뜻을 드러냈다¹⁶²고 했다. 또 명의 건국을 칭송하는 글에서 정월 초하루에 양부(중서문하성과 추밀원)의 재상이 세사(歲事)를 왕륜사(王輪寺) 영당에 고한 사실을 알리고 있다.¹⁶³ 주자서(朱子書)를 도입한 안향은 "만년에 항상 회암(晦庵, 주희) 선생의 초상화를 걸어두고 그를 사모하여 드디어 자기 호를 회헌(晦軒)이라 지었다."¹⁶⁴ 안향은 승려가 부처에 예불하는 것처럼 주희의 화상에 예불하는 태도를 취했다.¹⁶⁵ 이색은 유불동도 혹은 유교와 여러 종교의 병존의식을 바탕으로 성리학을 수용했는데, 이는 불교식 예제를 긍정한 가운데 성리학적 예제를 받아들인 것이다.

이색은 불교가 은혜의 소중함을 알고 풍속을 바로잡고 강상을 세우는 데 도움이 된다고 보았다. 유학의 이단인 불교는 부모와 임금에 대하여 사람의 도리를 다하는 윤리 기능을 수행한다는 것이다. 이색은 여러 고승의 묘지명을 지으면서 불교가 유교에서 말하는 교화에 기여하는 바를 말했다. 그는 혜근 나옹 스님이 "세교가 쇠퇴하니 스님께서 불도를 넓히려는 것은 배나 더 어려운 실정이다. 비견하고 개종한들 어찌 따라갈 수 있으랴. 그러나 세교를 중흥케 함은 신하가 임금을 대하듯 자식이 부모를 섬기듯 또한 제자가 그 스승을 섬기듯 해야 하니, 모두가 마치 각지가 그의 스승 나옹을 받들며 나옹 또한 그의 스승인 지공을 공경하는 것과 같이 한다면, 가정이나 국가 모두 중흥하게 될 것이다. 이러한 도리를 의지하여 행하면 천하가 태평하게 될 것이다"[166]라고 하여 세상의 교화가 쇠퇴한 시기에 스님의 교화는 신하가 임금을, 자식이 부모를, 제자가 그 스승을 섬기듯 하여 가정이나 국가 모두 중흥하게 될 것이라고 했다. 고승을 통한 불교 교화를 역설하고 이는 유교가 지향하는 교화를 말하는 것이기도 하다.

1379년(우왕 5) 공민왕 능인 현릉(玄陵)의 원당인 광통보제사(廣通普濟寺)에 사급전을 지급하자, 이색은 "은혜 갚는 전토는 삼보에 보시하거니와, 도를 배우는 기관은 결코 이승이 아니라네. 다시 원컨대 보제사 스님은 내 뜻을 알아서, 우리 임금에게 장수를 백성에겐 복을 빌어주오"[167]라고 하여 불교 승려들은 임금에게 장수를 염원하고 백성들에게 복을 주도록 하라고 했다. 불교의 기능, 효험을 긍정하고 있는 것이다. 또한 이색은 휴 스님이 "사중은(四重恩, 부모, 중생, 국왕, 불법승 삼보의 은혜)을 갚겠다고 하니, 우리 유학과 크게 다르지 않는다. 지금은 풍속이 무너져서 아비와 자식이 서로 마음을 상하게 하고 형과 아우가 서로 탓하며, 역신(逆臣)이 계속 나와 완악한 백성이 자주 난리를 꾸미는데, 천륜을 무시하는 불교가 도리어 중한 은혜를 갚을 줄 안다"[168]고 했다. 또 다른 글에서 불교가 이단이지만 부모를 사랑하고 군자를 아끼며[169] 강상을 바로잡는다[170]고 했다. 지금 예교가 옛날과 같지 않아 인륜이 무너져, 불교가 비록 자신의 몸 하나만 선하게 유지하려고 하지만, 그 풍도로도 쇠퇴한 세상의 기풍을 오히려 격려할 수가 있다[171]고 했다.

이색은 연화문을 작성하여 재물 보시(報施)를 통한 불교의 진흥에 적극적이었다.[172] 1380년에는 각운(覺雲) 스님이 경상도 김천 황악산에 있는 직지사를 증수하기 위한 연화문을 지었고, 같은 해 6월에 승려들이 충남 논산의 관촉사 미륵석상 용화회를 열고자 이색에게 기문 작성을 요청하여 써주었다. 지난날 어머니를 모시고 금강 어귀의 진포에서 배를 타고 올라오다가 이 절의 법회에 참여한 일과 계묘년(1363, 공민왕 12)에 향을 내려 법회를 열게 했던 일을 기억했다.[173]

　연화(勸緣, 勸化, 化緣, 寡化)는 불사에 필요한 재원을 시납하도록 유도하는 권유문이라고 할 수 있다. 연화에 참여하는 것은 불교를 신앙으로 받들고 현세의 복리나 내세를 위한 불교를 인정하는 것이다. 불교의 가르침은 복전(福田)과 이익을 말하므로 지극한 은혜에 본받고자 하는 인인(仁人)·효자가 불교에 귀의하지 않을 수 없다[174]고 보았다. 또 보덕굴 승려의 공양을 위하여 연화문을 지어주었다. 이색은 연화문을 써주고 불사가 완료된 후에는 성거산의 문수사(文殊寺)와 보개산 석대암(石臺庵) 지장전(地藏殿)의 기문을 작성해주었다.[175] 불법으로 인연 있는 자들을 권하여 보시를 유도하는 것이다. 불교의 기능을 인정하지 않고서는 할 수 없는 행동이라고 할 수 있다.

　또한 이색은 불교의 보시(布施), 즉 자비심으로 재물을 나누어주거나 불법을 베풀도록 했다.[176] 불교는 자비와 희사를 근본으로 하는데, 자비는 인(仁)에 관한 것이고 희사는 의(義)에 관한 것이었다.[177] 성리학자들은 보시를 불교의 중요한 근본 교설이고 의(義)와 관련된 것으로 본다. 권근은 「공덕보응지설(功德報應之說)」을 통하여 보시는 공덕을 쌓는 일이며 응보가 있다[178]고 했다. 불교의 보시 활동과 보시에 관한 교설은 세속인들에게 깊은 영향을 주고 마음을 움직이고 안정시키는 역할을 한다. 이는 사람과 하늘이 서로 축복하고 귀신과 사람이 서로 의지하며 이익과 혜택을 무궁하게 미루어 나아가고, 복록(福祿)을 영원히 이어가서, 나라와 더불어 모두가

편안하고 만세 뒤에도 더욱 튼튼할 것을 진실로 기필할 수 있다.[179]

그런데 고려 말이 되면서 불교의 사회적 기능이 약화되고 있었다.[180] 승정(僧政)이 공적으로 운영되기보다는 개인 승려의 독단이 강하게 작용하여 처리되고, 승과 시험이 줄었으며 불교 교설의 활발한 소통과 전수가 부진했다. 승려들이 사원에서 여러 사람들과 문답하며 불교 경전을 공부하고 참선 수행을 하던 것이, 고려 말기에 오면 승려들의 공동 수행이 적고, 홀로 고립해서 수행하는 예가 많아졌으며 제자 양성도 원활하지 않았다. 여기에 글자를 모르는 승려들이 증가했다. 1391년 여름에 권근이 양촌(충주)에 있을 때 승려 혜진(惠眞)이 와서 글 배우기를 청했다.[181] 종전에는 승려가 속인을 가르치는 일이 많았는데, 오히려 승려가 속인에게서 배움을 청하는 것이다. 불교 교화가 한계를 보이는 것이라고 할 수 있다. 하지만 태조 이성계가 불교의 자비하고 만물을 사랑하는 것이 국가를 이롭게 할 수 있다고 보고, 존숭하고 찬양하던 법을 그냥 지키고 큰 법도를 세우고 계책을 끼쳐 후손에게 전했다[182]고 권근은 말했다. 불교가 갖는 교화적 성격, 예컨대 인과설을 통하여 선을 인도하고 빈민구제 사업이나 병 치료, 기타 보시 활동을 통하여 백성들이 선한 생활을 하고, 부모나 높은 사람 나아가 국가 질서에 순응하게 하는 역할은 변함없다고 하겠다.

이색은 유교 이외의 다른 사상을 이학(異學)과 이설(異說)으로 보았지만, 성리학의 원론에 충실한 정통과 이단의 이분론적인 인식은 아니었다. 이단은 성인의 도와 구별되는 유교와 다른 종교사상일 뿐이었다. 불교나 도교와 같은 유교와 다른 사상도 윤리 도덕의 실현에 기여하고 사회통합과 지배 질서의 유지에 기여한다고 보았다. 이색은 불교를 고려왕조를 유지하는 지배 이념으로 보고 불교와 도교 같은 이단의 효용을 긍정했고 유불동도론, 유불절충적 예제를 주장하여 오랫동안 이어진 지배 이념을 존중했다. 그리고 유불동도론과 유불도 삼교 동일 인식과 이에 기반한 지배 질서를 옹호하게 된다.[183] 말하자면 이색은 현실에 존재하는 지배 이념 혹은 지배 관계를 전제하는 가운데 성리학의 예제를 수용했다고 할 수 있다.

결국 불교의 윤리 기능 긍정은 유교가 지향하는 문치 사회 실현에 도움이 되는 것이다. 유교의 문치 사회란 인간의 도덕적 신뢰를 바탕에 두고 대화, 설득, 자각을 통한 합리적이고 이성적인 도덕 사회를 말한다. 불교의 효(孝)·충(忠)의 윤리적 기능은 문치 사회를 이루는 데 기여한다고 본다. 하지만 불교의 효는 출가를 허용했고, 불교 사상 자체에 성리학에서 제시하는 성즉리(性卽理)의 도리 개념이 없으므로 성리학은 이를 용납할 수 없게 된다. 이 시기에는 유교 문치 사회를 실현해가는 과도기로서 불교식 문치와 유교식 문치가 병존하는 모습을 보여준다고 하겠다.

유교와 불교의 상호 존중과 공존은 고려의 체제 안정에 기여한다. 유교와 불교는 평화롭고 행복한 인간의 삶을 지향하는데, 모두 마음의 평온을 지향하며 이를 통하여 가족, 사회, 국가의 안정과 번영을 도모한다. 불교의 깨달음이라는 지향점으로 마음의 수양과 효와 충으로 상징되는 가족과 사회의 질서를 가져오게 한다. 불교의 가르침이 유학 중심의 현실 정치를 보완하는 기능이 있게 되는 것이다. 유학에서 사계절이 순환하면서 만물을 생성하는 것처럼, 성인이 가르침을 세워 세상을 교화하는 것은 유교와 불교의 가르침이 조화롭고 서로 보완을 이룰 때 최대의 효과를 가져오게 된다고 보는 것이다.[184]

말하자면 이색의 유교 입장에서 불교와 조화하려는 입장은 불교의 윤리 기능을 활용하여 윤리 도덕 사회를 실현하면서 고려 국가 체제를 유지하려는 것이다. 곧 불교의 영향력이 강한 시대에 유교의 윤리와 유사한 불교의 윤리 기능을 긍정하는 것은 이단인 불교를 배척하는 성리학의 원론을 수용하되, 고려가 불교 국가라는 현실 상황을 충분히 참작하는 가운데 문치 사회를 실현하는 또 다른 방법을 모색하는 것이라고 하겠다.

2
성리학적 역사관과 한국사 이해

1) 성리학적 역사관과 『춘추공양전』의 형세 중시론[185]

이색은 성리학자이면서 사관으로 활동했다.[186] 그는 1353년(공민왕 2)에 과거에 합격하여 1363년(공민왕 12) 밀직제학(密直提學)·동지춘추관사(同知春秋館事)를 맡았다. 1354년에 원 제과에 합격하고 원의 응봉한림문자승사랑(應奉翰林文字承仕郎)·동지제고(同知制誥)·국사원편수관(國史院編修官)이 되었다. 이색은 태사(太史)직에 있다[187]고 스스로 생각했고, 다른 사람도 이색을 역사가로 이해했다.[188] 이색은 이인복과 함께 정가신이 쓴 『금경록(金鏡錄)』을 중수할 것을 명을 받았고,[189] 이숭인과 더불어 『통감강목』에 기초하여 실록을 편찬하도록 왕명을 받았다.[190]

이색은 유학의 합리사관을 견지했다. 그는 괴력난신(怪力亂神)을 꺼리는 유학의 역사관[191]에 입각해 사실에 근거해서 서술하고 주술적이고 괴이한[怪] 설명을 비판했다. 그는 중국의 요순시대에 해당하는 우리나라 역사는 상고하기 어렵다[192]고 하고, 단군이 우리나라에 임금이라는 말을 신비로우면서도 괴이한 것[秘怪]으로 보았다.[193] 이러한 객관적인 역사관은 앞서 이곡이 부여의 낙화암·조룡대·호암·천정대 등의 전설에 대해 "역사책에 이 일들이 기록되어 있지 않고 상고할 만한 비석도 남아 있지 않으며 내용 또한 괴이한데, 지방 사람들의 말을 믿어야 할지 말지 모르겠다"[194]라고 한 역사관을 잇는 것이다. 그리고 이는 조금 후인 권근이 "삼국시대 시조의 출생이나 알영(閼英)과 탈해(脫解)의 출생도 또한 모두 괴이하고 정상이 아니다"라는 역사관으로 계승되었다.[195] 곧 이색의 역사관은 성리학 수용을 통하여 역사 서술의 객관성을 중시하는 시대적 분위기를 반영하는 것이라고 할 수 있다.

그는 성리학적 역사관과 주희의 강목적 역사 인식을 전개했다.[196] 그는 속수(涑水: 산서성의 사마광의 살던 곳)와 고정(考亭: 복건성으로 주희가 살던 곳)의 역사관이 각각 따로 있다[197]고 하여 사마광과 주희의 역사 인식의 차이를 파악하고 의리와 명분에 입각한 유학의 정통론에 찬동했다. 사마광은 『자치통감』을 찬술했는데, 주희는 이를 계승하면서 『춘추』의 대의와 명분을 기준으로 강(綱)과 목(目)으로 나누어 포폄(褒貶)을 행한 『자치통감강목』을 저술했다.[198]

이색은 의리와 명분을 중시하는 주희의 역사 인식에 공감했다. 그는 주희의 도연명에 대한 강목적 역사 인식을 수용하여, "… 곧바로 벼슬하지 않은 선비인 처사(處士)라 쓰고 또 진나라 사람이라고 썼으니, 밝고 밝은 강목 그 필법 새롭기만 하여라"[199]고 했다. 도연명(陶淵明, 365~427)은 동진(東晉)의 팽택현령(彭澤縣令)을 사직하고 고향으로 돌아갔다.[200] 420년에 신하였던 류유(劉裕)가 진나라의 마지막 황제 공제(恭帝)를 유폐하고 황제가 되어 국호를 송(宋)이라 했다. 주희는 『자치통감강목』에서 도연명이 현령을 지냈음에도 '진징사(晉徵士)'라고 기록하여 진(晉)에 대한 그의 절의를 높이 평가했다.[201] 도연명은 처음부터 출처의 의리에 분명한 사람이었고, 남조 송나라의 류(劉)씨 왕조의 시대에 끝내 벼슬하지 않았다는 것이다. 주희는 도연명이 명절(名節)을 잘 보전한 '진나라의 온전한 사람[晉全人]'이었다고 평가했던 것이다.[202]

이색은 원·명 교체에 대하여 주희의 강목적 역사 인식에 근거해서 평가했다. 명나라가 중국 북경을 점령하고 원나라가 요동 지역으로 쫓겨가는 역사적 현실에서, 원을 천자국으로 인식하고 원 제과에 합격하여 원 한림원에서 관료 생활을 한 이색은 원나라에서 명나라로의 교체에 혼란함을 느꼈다.[203] 하지만 시간이 지나면서 명을 천자국으로 파악하고 주희의 엄정한 사필(史筆)이 자신의 입장임을 분명히 밝혔다.[204]

고려시대에는 송대의 역사서가 일찍부터 수용되었다. 송과의 학문 교류가 빈번한 예종과 인종 대 이래 중국의 유교 경전과 역사서를 비롯한 다양한 서적과 사마광과 왕안석 등 송나라의 사상이 이해되었다.[205] 사마광의 『자치통감』은 명종 대에 간행되어 주현에 배포되었고,[206] 『자치통감강목』도 알려졌다. 충숙왕은 윤선좌에게 『자치통감』을 강의하게 했고,[207] 민지(閔漬, 1248~1326)는 충선왕의 명을 받아 1317년(충숙왕 4)에 『본조편년강목(本朝編年綱目)』을 지었다.[208] 민지의 『본조편년강목』은 강목체의 형식을 빌렸지만 고려의 전통 예제, 설화적 내용을 담아 주희의 도의 중시의 역사 인식과 거리가 있었다. 『고려사』 찬자는 이를 비판했다.[209] 이제현·안축(安軸)·이곡(李穀)·안진(安震)·이인복 등은 민지의 『본조편년강목』을 증수하여 『증수편년강목』[210]을 완성했다. 윤회종(尹會宗)은 신씨(辛氏)을 제거하고 공양왕을 즉위시킨 것을 정통의 확립으로 보았는데, 이를 주희가 『자치통감강목』을 지어, 위나라의 조조를 정통으로 파악한 『자치통감』의 견해 대신에 촉나라의 유비로 바로잡은 것에 비유했다.[211]

고려는 무신집권기와 원 간섭기를 거치면서 그 권위가 실추되고 지배 질서가 동요하고 있었다. 무신에 의한 왕의 폐위와 즉위, 강화도 천도, 왕정복고의 과정을 거치면서 국가 존립의 위기를 맞고 있었다. 왕실의 권위를 회복하고 지배 질서를 안정시키는 일이 그 무엇보다도 급선무였다. 그리하여 이제현은 『역옹패설(櫟翁稗說)』·「김공행군기(金公行軍記)」·『충헌왕세가(忠憲王世家)』·『국사(國史)』 등 당대사에 관심을 기울이면서 현실 문제 해결에 주안점을 두었다. 그리하여 모범적인 왕의 정치, 국가를 위해 목숨을 바친 공덕, 개인의 선행 등을 드러내면서, 사적인 이해보다 공적인 의리를 우선한 행위를 높이 평가했다.[212] 특히 「김공행군기」에서 위기 상황

으로부터 국가를 구해낸 인물로 김취려를 강조하여 충의의 관료상을 제시했다.[213]

이색은 이러한 시대적 배경과 지적 분위기에서 의리와 명분에 충실한 주희의 역사관을 받아들여 고려 왕실의 권위를 회복하고 지배 질서를 확고히 하려고 했다. 도덕 규범과 실천 윤리를 중시하고 주어진 직분과 분수를 강조함으로써, 현존하는 지배 관계, 예를 들면 천자와 제후, 군주와 신하의 상하 관계를 옹호했던 것이다.[214] 이는 인간이 당연히 지켜야 할 도리로서의 천리(天理)를 내세워, 군에 대해서는 신, 부에 대해서는 자, 천자에 대해서는 제후로서 주어진 직분과 분수에 충실한 것이 자연의 이치라고 규정하는 성리학과 성리학적 역사관에 기초한 것이었다.[215]

이색은 원 관학의 핵심인 주희 주석의 사서오경의 성리학을 익혔고, 『춘추』를 강조했다. 이색은 엄정한 말과 바른 의리를 천명한 『춘추』[216]의 역사관에 따라 지난날의 역사를 평가하고 오늘을 경계하고자 했다. 『목은집』 시고(詩藁)에서 『춘추』를 활용하며,[217] 자신의 뜻은 『춘추』에 있다[218]고 했다. 그는 노나라의 영토를 넓힌 환공(桓公)과 혼란을 수습한 장공(莊公)에 관하여 즐겨 읽었다.[219]

『춘추』는 공자가 난신적자를 없애고 대의명분을 천명한 역사서이다. 전국시대를 통일한 진나라는 법가를 중시하고 분서갱유를 행했고, 유교 경전을 없애고자 했다. 진나라를 이은 한나라는 유교를 국교로 삼아 유교 경전을 복구하려고 했고, 이 과정에서 금문학과 고문학 사이에 경전의 진위를 둘러싼 논쟁이 제기되었다. 금문학과 고문학은 문자의 차이라는 구분을 뛰어넘어 이념적 지향에 차이가 있다.[220] 『춘추』 역시 복원되어 『춘추』 삼전 곧 『춘추좌씨전』·『춘추공양전』·『춘추곡량전』이 만들어졌고, 고문학의 입장에서는 『춘추좌씨전』, 금문학의 입장에서는 『춘추공양전』을 지지했다. 그 후 당나라 『오경정의(五經正義)』 이후 『춘추』 삼전 가운데 『춘추좌씨전』이 춘추학의 정통으로 파악되었다. 하지만 주희는 천리인성(天理人性)에 근거한 바른 도의가 역사관의 기본 토대라는 의리적 역사관을 견지하며 『춘추좌씨전』이 도의를 우선하고 공리를 배척하는 입장이 명확하지 않다고 보았고,[221] 『춘추』 삼전이 모두 공자의 뜻을 반영한 것으로 보고 『춘추』 삼전의 경전상의 의의를 인정했다.[222]

유교가 수용된 이래 삼국시대부터 『춘추』에 대한 이해가 있었다. 신라의 국학이나 독서삼품과 과목으로 『춘추좌씨전』이 설정되어 있었고,[223] 최치원은 『춘추좌씨전』을 인용했다.[224] 고려시대에는 인종 대 식목도감에서 학식을 정할 때, 국자학에서 『주역』·『상서』·『주례』·『예기』·『모시(毛詩)』·『춘추좌씨전』·『춘추공양전』·『춘추곡량전』을 각각 1개의 경(經)으로 하고 『효경』과 『논어』는 반드시 익히도록 했다. 학생은 『효경』과 『논어』를 합하여 1년을 기한으로 하고, 『상서』와 『춘추공양전』·『춘추곡량전』은 2년 반을 기한으로 하며, 『주역』과 『모시』·『주례』·『의례』는 각각 2년씩, 『예기』와 『좌전』은 각각 3년씩으로 기한을 정하여 익히도록 했다.[225] 학자들의 『삼국사기』나 묘지명처럼 글의 전거로 『춘추』가 활용되었다.[226] 『사기』를 비롯한 『한서』,[227] 『후한서』[228] 등 중국의 정사(正史)가 들어오고 국자감에서 『춘추』 삼전이 읽혀졌으며,[229] 1109년(예종 4) 7월에 칠재(七齋)에 둘 때 『춘추』를 양정(養正)이라 했다.[230] 이훤(李暄)은 『춘추』를 배운 무리로서 사람의 선악을 기록하지 않을 수 없으니, 하나는 대부(大夫)의 행적을 기리기 위해서이며, 둘째는 효자의 마음 씀씀이를 가상히 여기기 때문이라고[231] 했다.

고려와 원이 긴밀해지면서 원으로부터 성리학이 수용되고 『춘추』 이해는 보다 강화되었다. 원나라가 과거시험인 제과에서 사서오경을 시험과목으로 정하고[232] 고려의 과거에서 이를 수용했으며,[233] 성균관에서 사서오경을 기본 과목으로 정함으로써 명분, 의리, 도덕을 강조하는 『춘추』적 역사 인식이 확산되었다. 이색은 원 국자감에서 산재(三齋) 가운데 상양재(上兩齋)에서 『역』·『시』·『서』·『춘추』·『예』를 익혔다.[234] 원 제과를 준비하던 안축은 모의 문제와 답안에서 『춘추』는 공자가 주나라 말기에 도가 행해지지 않음을 탄식하고 후세의 난을 염려해서 직필로 왕법을 실어 난신적자가 두려워하고, 사람들이 선을 본받고 악을 경계할 수 있게 한다[235]고 하여 유교 경전상의 의의를 설명했다.[236]

이색은 유학적 역사관이 집약된 『춘추』를 중시하고, 분서갱유 이후의 유교 경전에 대한 두 관점의 차이를 분명하게 인지했으며, 『춘추』를 복원한 『춘추』 삼전을 알고 있었을 뿐만 아니라[237] 여러 번 읽었다.[238] "『춘추』의 세 가지 전의 차이가 있지만, 필삭한 마음 정미하니, 모든 왕의 모범이로세"[239]라고 했고, "공자의 옛집 벽에서 『춘추』가 나왔다"[240]고 말하기도 했다.

이색은 『춘추』 삼전 가운데 『춘추공양전』에 치우쳐 이해했다. 이색은 시문을 지으면서 『춘추』 삼전을 모두 활용했는데,[241] 『춘추』 삼전의 진위 문제를 파악했고, 이에 대한 옳고 그름을 가리고자 했다.[242] 그리하여 "공양씨의 깨끗함은 『춘추전』에서 빛났다"[243]고 했다.

이색이 『춘추공양전』을 중시한 것은 고려와 원의 긴밀한 관계에서 원의 학문의 영향을 받은 결과였다.[244] 이제현은 소목의 차례를 정하는 의례에 관련된 문제를 『춘추공양전』에 근거해서 설명했다.[245] 특히 민지의 소목 이해와 관련하여 "처음 소목을 말할 때는, 소(昭)는 체천(遞遷)되어 목(穆)이 되어야 하고 목은 체천되어 소가 되어야 한다고 하여 주희를 비난했는데, 지금 『세대편년(世代編年)』을 상고해보면 소목은 만세토록 바꾸지 않는 것이라고 하고 있다"고 했다. 즉 민지의 주장은 앞뒤의 글이 모순이라는 것이다.[246] 이색의 제자인 이숭인 역시 『춘추공양전』에 경도되었다. 이러한 사실은 "예의는 지금의 태숙, 사학은 옛날의 공양이다"라고 하거나[247] 동료인 이급(李及)의 자(字)를 지어주면서 『춘추공양전』을 인용한 것을[248] 통해서도 확인할 수 있다.

고려 후기 유학자들은 이민족 국가 원나라의 중국 통일을 긍정하고 당대를 태평성대로 이해하며 원 중심의 국제질서를 존중했다. 원 국자감에서 수학하고 원 제과에 합격하여 원 관료 생활을 한 이색은 당연히 원의 중국 지배를 정당화했다. 그리고 그러한 것이 『춘추공양전』 이해로 이어졌다.

이색은 '대일통'의 논리를 통해서 원나라의 중국 통일을 『춘추공양전』으로 설명했다.

> 『춘추』는 성인이 기록한 글이다. 기린이 양물(陽物)인데 붙잡히자 성인이 매우 마음이 아팠기 때문에 『춘추』를 지었고, 춘왕 정월이라고 하였다. 이를 풀어 쓴 자는 "대일통의 뜻이 그 속에 담겨 있다"고 하였다. 이 세상에 태어나서 때를 만나지 못한다면 그만이지만, 때를 얻는다면 천자의 대일통을 도와서 사해에 양춘(陽春)이 펼쳐지게 해야 할 것이다.[249]

이색은 "춘왕 정월의 표현에, 대일통의 뜻이 그 속에 담겨 있는 것으로 보았다"고 했는데, 춘왕정월을 대일통으로 해석한 것은 공양고(公羊高)이다.[250] 『춘추공양전』은 한나라가 처한 시국 상황, 역사적 과제와 관련하여 미언대의(微言大義)의 역사의식을 보여주는데,[251] 이색은 이를 통해 원의 중국 통일과 지배를 설명했다. 그는 『춘추공양전』에서 '춘왕정월'을 주목했다. 『춘추』 경문 은공조에 "은공 원년, 봄, 왕의 정월, 3월 공이 주나라의 의보와 더불어 멸에서 맹약했다"[252]고 했다. 이때, '봄 왕의 정월'이란 주나라의 역법에 따라 1월 1일을 봄의 첫날이라고 했기 때문에 정월에 특히 기사가 될 만한 사건이 없어도 "이번 달은 주왕의 역법에 따라 신춘 정월이다, 축하한다"는 취지를 설명한 것이다.[253] 이는 '원년·춘·왕·정월·공 즉위'라는 다섯 가지의 제례를 통하여 군주의 통치는 항상 천의(天意)를 받들어 이에 순종하며, 자연 현상의 시작인 봄의 아래에 왕의 정사가 놓이고 우주의 원리인 원(元, 天)의 통어(統御)를 받는다는 것을 상징했다.[254] 통일된 중국을 통하여 천자, 제후의 명분 관계를 바르게 하려는 뜻을 보여준다고 하겠다.

한나라 유학자들은 공자를 소왕(素王)이라고 했고, 『춘추좌씨전』을 지어 공자의 도를 기술하고 『춘추』의 법을 천명한 좌구명을 소신(素臣)이라고 불렀다.255 이색은 좌구명(左丘明)이 '왕(王)' 자 위에 다시 '춘(春)' 자를 쓰지 않았다는 것을 이유로 소신임을 믿지 못하겠다고 했다. 이색은 "좌구명이 참으로 소신임을 못 믿겠어라, 모름지기 왕자 위에 다시 '춘' 자를 썼어야지, 기린 얻고 공자의 눈물 한번 흘린 후로는, 산더미 같은 사책에 먼지만 가득 쌓였네"256라고 했다. 이는 좌구명이 『춘추좌씨전』을 쓰면서 공자가 죽은 노 애공 16년까지만 경문과 함께 춘왕(春王)이라고 기록하고, 17년부터 27년까지는 경문을 기재하지 않은 채 '왕' 자를 빼고 '춘' 자만 썼기 때문이었다. 이색은 '왕' 자 위에다 '춘' 자를 썼어야 했다257고 했다.

천하통일을 달성하고 지배체제의 안정을 추구한 한나라의 『춘추공양전』과 세계 제국을 건설한 원의 춘추학은 『춘추』의 대일통 의식을 핵심으로 하고 있다는 점에서 공통적이다. 『춘추공양전』은 하나된 중국 천하의 일원적 지배를 합리화하는 데 유용하기 때문이다. 『춘추공양전』은 한나라가 중국을 통일하고 화(華)와 이(夷)를 구분하는 기준을 형세와 도의의 유무, 풍속과 제도라는 문화에 둔 시대적 배경에서 완성되었다. 융(戎)은 금수이고 융적(戎狄)은 승냥이라고 구분하여 화이의 구별이 근원적인 혈통상의 차이, 사람과 금수의 차이라고 보는 『좌씨춘추』식의 기술이 『춘추공양전』에는 보이지 않는다. 『춘추공양전』에는 화(華)와 이(夷)의 구별이 문화적인 우열에 한정될 뿐 사람과 금수를 격절적으로 이해하는 관념은 보이지 않는다. 『춘추공양전』은 이적(夷狄)도 문화적으로 향상되면 화하(華夏) 사회의 일원으로 들어갈 수 있다고 보기 때문이다. 화이의 구별이 문화의 높고 낮음에 의한 것이라면, 이적도 진화 향상되면 중화 사회로 들어갈 수 있다는 것은 논리적으로 추론 가능하다. 바로 이 점에서 『춘추공양전』의 화이관은 덕화주의와 표리 관계에 있다. 뛰어난 문화의 소재인 화하를 동경하여 왕자의 덕교를 경모하여 내조하는 것은 당연하기 때문이다.258

『춘추공양전』은 이민족 몽골족인 원나라에서 자주 활용되었다. 종족과 관계없이 문화를 기준으로 화이를 구분하는 논점은 자신들의 중국 지배를 정당화할 수 있는 사상적 근거가 될 수 있었기 때문이다. 성리학을 관학화한 원은 화이론(華夷論)을 통하여 중국과 주변 지역을 사상적으로 통일하고 지배하려고 했다. 그 과정에서 성리학은 한족(漢族)을 중심으로 한 지배 이념이므로 논리적 변용이 필요했다. 원은 화(華)인 천자국으로서의 위상을 확립하기 위하여, 종족(種族) 중심의 화이(華夷) 개념을 약화시키고 새로운 기준의 화이론을 제시했다. 원 사대부들은 정통의 기준으로, 중국 천하를 지배했느냐의 여부 곧 형세(形勢)259와 문화를 내세웠다. 특히 이들은 도통이란 치통(治統)에 있다고 규정하고, 요가 이것을 순에게 전했고 순은 이것을 우·탕·문·무·주공·공자·맹자에게 전했으며, 다시 주렴계·정이천·주희에게 전했다가, 주희가 죽은 뒤에는 원의 허형에게 이어졌다고 보았다.260 이는 중국 중원을 지배하고 있을 뿐만 아니라 유교 교화를 실현하여 도통을 계승한 원나라에 의해 치통(治統)이 달성되었다고 보는 것이다. 한유가 "공자가 『춘추』를 지을 때에 제후가 이적의 예법을 사용하면 이적으로 취급하고 이적이 중국으로 나아가면 중국이 된다"261고 하거나 "중국이 오랑캐의 예를 행하면 오랑캐가 되고 오랑캐가 중국에 들어오면 중국이 된다"262고 말한 것도 그러한 의미였다. 원나라는 이를 통해 정복왕조로서의 정통성을 합리화시킬 수 있었고 중국 역대 왕조의 일원으로 참여할 수 있었다. 이것은 송대의 종족에 의한 화이관과 구별되는 형세와 문화를 중심으로 하는 화이관이라고 할 수 있다. 이처럼 금(金)과 요(遼)와의 항쟁 과정에서 형성되었던 성리학의 종족 중심의 화이관은 형세와 문화 중심의 화이관으로 바뀌게 되었다.263

원은 스스로 천자국임을 내세우는 데 주력했다. 무력으로 중국을 통일했지만 한화(漢化) 정책 곧 유교문화를 수용하고 중국화하여 명실상부한 중화(中華)인 천자국이 되었다는 것이다. 여기에는 『맹자』의 이적(夷狄)도

본래 선왕의 후예였다고 하거나, 순이 동이(東夷) 사람이고, 문왕은 서이(西夷) 사람으로 두 지역은 천여 리 떨어져 있고, 천여 년 차이가 나지만, 뜻을 얻어 중국에서 왕도를 행함은 부절을 합한 듯이 같고, 앞뒤 성인으로 같다는 것이 활용되었다.[264] 곧 오랑캐[夷]도 중국에 동참했으므로 당연히 화(華)로 간주되어야 한다는 것이다. 원은 이러한 이(夷)에서 화(華) 전환의 논리를 기초로 주변 이민족에 대한 지배를 합리화하고, 화이일가(華夷一家), 일시동인(一視同仁)이라는 구호를 내세워 중국 주변 지역에 대한 천자국으로서의 우위를 계속 유지하려고 했다.[265]

이색은 원나라와 고려의 사대 관계를 존중했고 원을 문명국가로 파악했다. 그는 몽골족 이민족인 원나라가 천하를 차지하여 사해가 하나가 되고 중화와 변방 먼 곳의 차이가 없어졌다[266]고 했다. 『춘추공양전』의 문화와 형세를 중시하고, 천자국의 조건을 유교의 문명 개념을 염두에 둔 결과였다. 원래 유교 문명은 문리(文理)·문치(文治)·우문(右文)[267]·인문(人文)[268]으로 표현되어, 인간의 도덕적 본성을 전제로 인간 상호 간의 신뢰와 존중으로 인륜 도덕 사회를 실현하는 것이다. 부국강병을 지향하는 공리적 국가나 형정 위주의 국가 운영에 대비해서 성인의 도를 실현하기 위하여 교화를 넓히고 학술 진흥과 문물 정비에 반영하여 국가를 운영하는 것이다.

이러한 유교 문명은 성인의 도의 전수 과정인 도통론으로 설명되는데, 이색은 원나라가 그러한 유교 문명을 이었다고 보았다. 이색은 젊은 시절 원 국자감에 유학하여 원나라에 전해진 유교의 학문과 유교 문명을 접하고 화풍(華風)을 본받고자 했고,[269] 유교의 도가 요·순을 거쳐 주나라의 공자와 맹자, 송의 주렴계와 정이천 그리고 원나라의 허형에게 이어졌다고 보았다. 그리하여 원나라는 건국하고 백 년이 지나면서 문치가 행해져 사방의 학사들은 자신의 재능을 발휘하는 한 시대의 성황을 이루고 있다[270]고 했다. 원나라가 유교의 문명을 계승하고 있다고 보는 것이다.

그리하여 『춘추공양전』의 대일통 의식과 '춘왕정월'을 받아들이고, 중국과 오랑캐가 다 왕춘(王春)을 함께한다[271]고 하여 원 중심의 세계 질서를 긍정했다.[272] 앞서 언급했듯이 이색은 도통론을 통하여 원을 정당화했다. 그는 공자 이래의 도통이 한유, 주렴계, 정이천을 거쳐 북쪽으로 허형에게 전해져 세조 쿠빌라이의 중흥 정치가 이루어졌다고 했다.[273] 원이 중국을 통일하고 한화정책을 통하여 중국의 정통왕조를 잇고 있다고 보는 것이다. 정통 성리학을 변용한 원 성리학을 수용한 이색은 원이 중국의 정통왕조의 일원으로 참여하고 중국 지배에 유리한 『춘추공양전』을 받아들인 사실을 중시했고 이민족 왕조인 원을 긍정했다.

또한 이색은 원이 이민족으로 중국 중원을 지배한 형세의 논리로 중국이 천자국임을 인정했다.

이색은 우창비왕설(禑昌非王說)을 인정하더라도 대외적 위기 속에서 기존의 지배 질서를 받아들일 수밖에 없다고 했다.

> 이색은 일찍이 사람들에게 말했다. 진나라 원제가 (다른 성씨로) 들어와 대통을 이었을 때, 치당 호씨가, "원제의 성이 우씨로 진나라의 종실[司馬氏]을 함부로 이었는데도, 진의 군신이 그것을 편안하게 받아들이고 바꾸려 하지 않은 이유는 무엇인가. 반드시 오랑캐가 번갈아 침입해 들어와 강좌(江左, 남쪽으로 간 晉)가 미약하므로 만약에 구업에 의지하지 않으면 어찌 인심을 안정시킬 수 있었겠는가. (원제를) 버리고 새로 세운다면 어려움과 쉬움이 뚜렷할 것이다. 이 또한 형세에 따라 일을 처리하면서 어쩔 수 없어서 그렇게 한 것이다"라고 하였다. 내가 신씨를 세우는 것에 대하여 다른 이론을 제기하지 않은 것은 이 때문이었다.[274]

원래 진나라는 사마씨(司馬氏)가 왕의 성씨였지만 우(牛)씨인 원제(元帝)가 대통을 이었다. 이에 대하여 치당(致堂) 호씨(胡氏)는 진나라는 호갈(胡羯)의 침입 때문에 비록 왕의 성씨가 다르더라도 구업에 의지하지 않으면 인심을 안정시킬 수 없었다고 했다. 이색은 이를 근거로 당시의 위급한 상황을 고려할 때 신씨(辛氏)를 세우는 것에 대하여 다른 이론을 제기할 수 없었다고 했다. 이는 형세에 따라서 일을 처리할 수밖에 없다는 상황 중시의 논리인 것이다.

이색이 언급한 치당 호씨는 『치당독사관견(致堂讀史管見)』을 쓴 호인(胡寅, 1098~1156)이다. 『호씨춘추전』을 쓴 호안국(胡安國)의 동생의 아들이고, 호굉(胡宏)은 그의 아우이다. 이색은 춘추사관을 익혔고 『자치통감강목』의 역사 인식을 견지했지만, 형세상 부득이한 상황도 고려하는 유연하고 현실적인 태도를 가지고 있었다. 이색이 호인의 『치당독사관견』의 사론을 주목하여[275] 우창비왕설에 대응한 것도 이런 맥락에서 이해할 수 있다.

이색은 왜구와 홍건적의 침입이라는 대내외적 위기와 정치사회 변동 속에서 고려의 질서를 유지하는 대안을 생각했고, 송대 호인의 『춘추』 인식을 받아들였다. 성리학을 수용했지만, 의리, 명분과 같은 정통 주자학의 완고한 입장보다는 급변하는 현실 변화에 능동적으로 대처할 수 있는 상황 중시의 현실 타개책을 구상한 것이다. 이는 정도전이 호안국의 『춘추』를 기반으로 대의멸친, 명분론 등의 정통 주자학적 입장을 천명한 것과 구분된다고 할 수 있다.

위화도 회군 이후 정도전 등은 우왕비왕설을 내세워 공양왕을 즉위시켰고 반대파 사대부를 제거하기 시작했다. 우창비왕설[276]은 우왕[277]이 공민왕의 아들이 아니고 신돈과 그 비첩(婢妾) 반야(般若)의 소생 혹은 다른 사람의 자식으로,[278] 우왕의 즉위는 고려 왕씨의 왕위 계승을 끊어버리는 것이라는 설이다.[279] 이는 우왕의 아들인 창왕을 옹립한 이색과 같은 사대부를 난신적자로 비판하는 근거로 활용되었다. 공자는 『춘추』를 지어서 난신적자를 주살하고 토벌했으며,[280] 형벌 중에서 찬역이 가장 큰 죄인데, 우왕과 창왕을 옹립한 것은 왕씨를 끊어버리는 것으로 난적 가운데 괴수라고 비판했다.[281] 특히 정도전은 『자치통감강목』과 호안국의 『춘추』를 통하여 대의멸친, 명분론 등을 주장하면서[282] 우왕의 왕위계승을 『춘추』의 대의명분을 저버린 행위로 규정하고 이를 용납한 이색 계열의 사대부를 비판했던 것이다.283 이색은 정도전 등의 우창비왕설에 대하여 중국 역사의 사례를 들어 그 불가함을 주장했다.

여기에는 공민왕의 유명(遺命)이 작용했다. 이색은 "선왕인 공민왕이 우왕을 강녕대군(江寧大君)으로 삼았고 중국의 승인을 받았으므로 왕의 즉위를 인정하지 않을 수 없다"284고 했고, 1377년(우왕 3)에 지은「광통보제선사비명병서(廣通普濟禪寺碑銘幷書)」에서 공민왕의 업적으로 원자를 세워 나라의 대통을 바로잡은 것을 들었다.285 이색은 선왕인 공민왕의 유지에 따라 우왕을 고려왕조의 정통을 잇는 군주로 인정했다.

말하자면, 이색은 고려의 역사적 전통과 현실 상황을 충분히 참작하는 가운데 주자학적 역사관을 받아들였다. 도통론을 통하여 원을 인정하면서 단군을 시원으로 하는 역사 인식을 견지한 것과 우창비왕설에 대한 대응 등은 상황을 중시하는 이색의 춘추사관을 보여주는 것이다.

2) 단군·기자 인식과 한국사 이해

이색은 유교의 역사관에 입각해서 한국사를 체계적으로 인식했다. 그는 유교가 갖는 괴력난신을 꺼리는 합리적인 역사관에 입각해 주술적이고 황당무계한 사실에 비판적인 입장을 견지했다. 그는 우리나라를 고려라고 표현했지만, 동방(東方)·동국(東國)·삼한(三韓)·구한(九韓)286이라고도 지칭했다. 그는 단군과 기자에서부터 시작하여 삼국과 고려에 이르는 한국사 체계를 제시했다.

우리나라는 요 임금의 무신년에 처음 나라가 세워져, 대대로 치난을 거듭하다가 삼국으로 나뉘어졌다. 우리 태조에 이르러 천명을 받아 비로소 삼국을 통일했으니 이제 400여 년이 되었다.287

내가 생각건대, 조선씨가 나라를 세운 것은 요 임금의 무신년이었다. 비록 대대로 중국과 교류했지만, 중국이 신하로 대한 적은 없었다. 그 때문에 주 무왕이 은나라 태사 기자를 조선에 봉할 때도 신하로 삼지 않았다. 그 뒤 신라와 백제와 고구려 세 나라가 대치하여 자웅을 다투었고, 진나라와 한나라 이후로는 중국과의 교류가 통하기도 끊어지기도 했다. 그러다가 우리 태조가 크고 원대한 재략으로 당나라 말기에 일어나서 마침내 삼국을 통일하고 이 땅의 제왕이 되었는데, 오대 이후 지금에 이르기까지 거의 500년의 세월이 흘렀다. 습속이 이미 다르고 언어가 통하지 않아 본래 중국이 동등하게 여기지 않은 바였다. 하지만 시서와 예악의 풍도가 아직도 없어지지 않아서 중국을 존중할 줄 알았다.[288]

이색은 우리나라의 역사는 요 임금의 무진년 조선씨가 나라를 세운 이후로 시작된 것으로 보았다. 조선씨는 다른 글에서 단군을 구체적으로 언급하거나,[289] 요 임금 시대의 무신년에 시조를 칭했다는 기록[290] 등을 보면 단군을 의미한다.[291] 단군이 세 아들을 시켜 성을 쌓게 했다는 삼랑성(三郎城)을 거론한 것도 이색이 단군의 존재를 분명하게 인식하고 있었음을 보여주는 증거이다.[292]

원래 단군은 고려 이전부터 평양과 구월산 일대의 지역 수호신으로 알려져 왔다. 이색은 "단군의 영걸함은 여러 영웅 가운데 으뜸이었다"[293]고 하여 서경의 군웅 중에 단군이 으뜸이었다고 했다. 서경의 군웅이란 서경에서 모셔지고 있던 평양신(서경신)·기자·목멱·교연(橋淵)·도지암(道知巖)·동명왕·고려 태조 등 여러 신을 말한다. 이색은 단군이 여러 신격 가운데 역사적 연혁이나 전통에서 단연 앞서 있다고 말한 것이다. 종래 평양 선인과 선인왕검 등 평양신은 고려 후기에 평양군으로 변화하던 신격(神格)으로 단군을 지칭한다. 이는 묘청의 팔성당에 모셔진 구려평양선인(駒麗平壤仙人)[294]과 『삼국사기』에서 선인왕검(仙人王儉) 등에서 보이고,[295] "평양의 출발인 선인왕검은 삼한에 앞서 있었는데, 그 나이는 천여 년을 넘었다"296라는 기록에도 나타난다. 이색은 이러한 전승을 파악하는 가운데 단군이 종래 평양신(서경신) 또는 평양군으로 불리며 지역적 성격에서 벗어나, 신격으로서 구체적인 정체성을 담아냈다고 할 수 있다.297

이색은 『삼국유사』와 『제왕운기(帝王韻紀)』298 이래 단군을 인정했지만, 고조선의 건국 시조로서 단군을 제시하지 않았다. 이색은 조선씨가 건국한 나라의 이름이나 시조가 누군지에 대해서는 언급하지 않았다. 또한 순 임금과 요 임금의 시대에 있었으나 사서가 전해지지 않아 상고하기 어렵다299 했고, 단군이 우리나라에 임금이 되었는데, 이는 삼분(三墳: 복희·신농·황제)의 신화와 함께 신비로우면서도 괴이한 것이라고 했다.300 또한 단군이 세 아들을 시켜 성을 쌓게 했다는 삼랑성을 거론했는데,301 참성단이 단군이 제천하던 장소라는 사실은 "하늘에서 쌓은 것이 아님이 분명한데 누가 쌓았는지 정확하게 알지 못하겠다"302고 했다. 그는 분명하게 삼랑성을 단군과 연결시키지 않았다.303 단군에 관한 이야기를 객관적이고 실증적인 유학의 합리사관에서는 받아들이기 어려운 점이 있었다.

고려 후기에는 『삼국유사』와 『제왕운기』 이래 단군과 고조선에 대한 이해가 있었다. 이곡과 고려 과거시험의 동년이면서 시문을 주고받는 등 생각을 공유한 백문보(白文寶, 1303~1374)는 "단군으로부터 지금까지 3,600년이 되었다"304고 하여 단군기원설을 제시한 바 있다. 그러나 이색의 아버지 이곡은 단군에 대하여 언급하지 않았다.305 이곡은 부여의 낙화암·조룡대·호암·천정대 등의 전설에 대하여 "역사책에도 이 일들이 기록되어 있지 않고 상고할 만한 비석도 남아 있지 않으며 내용 또한 괴이한데, 지방 사람들의 말을 믿어야 할지 말지 모르겠다"306고 했다. 이곡은 유교의 합리사관에 충실하고 역사 서술의 객관성을 중시하는 입장에서 신화적이고 설화적인 내용을 사실로 인정하지 않았던 것으로 보인다.

단군을 역사서에서 언급한 것은 『삼국유사』와 『제왕운기』이다. 『삼국유사』에는 우리 역사가 단군이 건국한 고조선에서부터 시작하여 마한, 진한, 변한의 삼한, 고구려 백제 신라의 삼국, 그리고 고려로 이어지는 것으로 기술되고 있다. 아울러 고기(古記)를 인용하여 요 즉위 50년인 경인년에 도읍하고 조선이라고 칭했다고 하면서, 세주에 요 즉위 원년은 무신년이므로 50년은 경인년이 아니고 정사년이라고 했다.[307] 『제왕운기』에는 우리 역사를 단군이 세운 전조선, 후조선, 위만 사군, 삼한, 신라, 고구려, 백제, 후고려, 구백제, 발해, 고려의 계열로 설정했다. 그리고 단군이 요 임금과 같은 무신년에 나라를 세웠다고 했다.[308]

이색은 한국사를 단군조선부터 시작하여 기자조선, 삼국, 고려로 이어지는 계승 관계로 설정했는데, 단군의 성립을 무진년 요 임금 때로 본 것은 『제왕운기』의 인식을 따른 것이다. 이색은 이승휴(李承休)의 『동안거사집(動安居士集)』의 서문을 쓴 바 있으므로,[309] 단군 인식도 이승휴의 생각을 받아들였던 것이다. 여말선초 사서(史書), 예컨대 『동국통감(東國通鑑)』[310]의 경우에는 단군의 기원과 관련해서 『제왕운기』의 설을 따르고 있다. 이색은 이와 같은 사서의 일반적 인식을 수용한 것이라고 하겠다.[311]

이색은 단군에 이어 기자와 기자조선[312]을 파악했다. 이색은 우리나라의 교화가 기자로부터 시작되어 『서경』의 홍범구주가 행해지고,[313] 삼한의 제도가 쇠락하지 않은 것은 기자의 교화 덕분이고,[314] 기자의 유업을 이은 덕분에 고려의 운수는 무궁할 것이라고 했다.[315] 기봉(箕封) 또는 기국(箕國)·기자국·기역(箕域)으로 불린 고려[316]는 기자로 인하여 유교 문명을 통하여 태평성대를 이루고 사대 관계를 유지하는 힘이라고 본 것이다.[317] 원과 명 등 중국과의 관계에서 기자는 고려를 지탱하는 존재였다. 이런 측면에서 1379년의 시에서는 평생토록 자랑할 만한 일이 기자 사당의 향기 곧 기자 문명에 은혜를 입었다[318]는 것이었다.

이색은 공민왕이 죽고 시호를 청하는 글에서 기자의 강역을 평화롭게 다스려서 자손만세에 전하고 한의 번방이 되겠다고 했고,[319] 기자가 주나라로부터 분봉을 받으면서 교화가 시작되고, 삼국시대를 거쳐 태조 왕건이 고려를 건국했으며, 광종이 과거제도를 실시하여 문학이 성해졌다고 했다.[320] 다만 이승휴의 견해를 따라[321] 인용문에서 볼 수 있듯이 중국이 조선을 신하로 대한 적이 없었고, 주 무왕이 은나라의 태사(太師)인 기자를 조선에 봉할 때 역시 신하로 삼지 않았다고 함으로써 중국과 구별되는 독자성을 염두에 두었다.[322] 은나라가 망하고 주나라가 건국되자 조선으로 와 고조선의 왕이 된 기자를 주나라 무왕이 조선에 봉했지만 신하로 삼지 않았다.[323] 기자를 통해 중국의 유교 문명이 조선에 전해졌지만, 중국의 소국이 아닌 독립국이라는 점이 명시되었다. 곧 이색은 사대 관계를 전제하면서 천자의 신하보다는 고려왕의 신하를 내세웠고 이는 고려의 역사공동체를 중시한 결과라고 할 수 있다.[324]

이색의 세계관과 역사관을 볼 때 이색은 단군과 기자로 이어지는 역사 계승의식을 견지했다고 볼 수 있다. 그는 몽골족 이민족인 원이 천하를 차지하여 사해(四海)가 하나가 되고 중화와 변방 먼 곳의 차이가 없어졌다[325]고 하여, 중국과 구별되는 독자적인 고려의 보편사를 긍정했다. 그는 단군의 국가 성립을 전제하고 기자로의 계승 관계를 천명했다. 단군의 자손인 고려인이 기자의 중화 문명을 전유함으로써 도가적, 역사적 정체성을 형성했다고 보는 것이다.[326] 이는 조선 건국의 주체 세력의 인식으로 이어진다. 1392년(태조 1)에 조박(趙璞, 1356~1408)이 "단군은 우리나라에서 처음으로 천명을 받은 임금이고, 기자는 처음으로 교화를 일으킨 임금"[327]으로 파악했다. 고려 후기에 중국의 역사가 반고에서 시작하여 금나라에 이른 것과 비교해서, 우리나라는 단군에서 출발하여 고려에 이르렀다고 했다.

이색이 중국사나 한국 고대 역사에 대해 언급한 것은 많지 않다. 다만 중국 유학길이나 기문을 써주면서 관련 지역의 역사를 언급했다. 이색은 중국 신화의 천지개벽의 창제신인 반고(盤古)[328]로부터 시작하여 요·순·

우·탕 등 중국의 역사를 이해하고 있었고,[329] 요 임금의 무신년에 조선씨가 나라를 세웠다고 했다. 상(은)나라[330]와 주나라 시대, 특히 은나라 말기의 충신인 백이·숙제가 기자에 대한 이해를 깊게 했다. 이색은 백이·숙제의 절의를 높이 평가했다.[331]

1350년(충정왕 2) 가을에 일시 귀국하는 여정에 유림관(산해관)[332]에 묵으면서 당나라 태종 정관(貞觀) 시대를 읊었고,[333] 중국이 삼한을 공격하는 것은 잘못이라고 지적하면서 당 태종의 고구려 침공과 양만춘이 안시성 전투에서 당 태종에게 눈 부상(애꾸)을 입힌 것[334]을 상기했다.[335] 이때 이색이 유림관에서 당 태종과 안시성 전투를 회고한 것은 당 태종이 유림관을 통해 유주로 돌아왔기 때문이라고 한다.[336] 1356년(공민왕 5) 1월에 모친 봉양을 이유로 원 벼슬을 그만두고 고려로 돌아올 때,[337] 해주를 지나가면서 발해의 옛 성을 돌아보며 옛 풍속을 회상했다.[338]

이때 이색은 요동 지역을 고구려의 영토로 보았다.[339] 원나라 제과 합격 후 귀국길에 요동을 지나면서 "산천은 참 좋지만 우리의 땅이 아니다"[340]라고 했다. 이색의 좌주인 이제현은 태조 왕건이 고구려 동명왕의 옛 강토를 우리나라의 영토로 보고 회복하려 했다[341]고 했고, 충선왕은 고려왕과 심왕을 겸하면서 요동 지역에 대한 지배권을 확보하려고 했다.[342] 조선 건국 직후 정도전도 남은과 결탁하여, 사졸이 이미 훈련되었고 군량이 갖추어졌으니 동명왕의 옛 영토를 회복할 만하다고 하여 요동 정벌 계획을 세운 바 있다.[343] 고려 후기에는 만주 요동 지역에 대한 역사적 연고권을 가지고 있었고, 이제현의 제자인 이색 역시 요동 지역이 고구려의 영토로 과거 우리 땅이었지만, 지금은 아니라고 생각했다.

신라에 대해서는 경상도 안렴사로 나가는 송명의(宋明誼)를 전송하는 글에서 언급했다. 경상도는 신라의 영역이었고, 산천의 풍기(風氣)가 오래도록 쌓여 새어 나가지 않아 백성들의 선한 풍습이 아직까지 보존되어 있다. 다스릴 지역이 넓고 처리할 업무가 많지만, 백성을 부리기가 쉬워 일을 쉽게 처리할 수 있어서 다른 도와 비견할 수 없다344고 했다. 또한 1379년에 남산종 통도사 주지인 월송(月松)이 통도사에 있던 석가여래의 사리(舍利)를 왜구의 위협에서 벗어나기 위해 개경에 옮긴 사실을 적으면서, 사리가 통도사에 있던 것은 성덕대왕 때부터라고 했다.345

신라·고구려·백제는 주 무왕이 은나라 태사 기자를 조선에 봉할 적에도 신하로 삼지 않았는데, 세 나라가 솥발처럼 대치하여 자웅을 다투고 진나라와 한나라 이후로 중국과의 교류가 통하기도 하고 끊어지기도 했다가, 태조 왕건이 크고 원대한 재략으로 당나라 말기에 일어나서 삼국을 통일하고 이 땅의 제왕이 되었다고 했다. 그리고 광종이 과거제도를 실시하여 문학이 성해졌다고 했다.346

이색은 "원나라가 일어난 지 백 년이 지나면서 문치가 퍼져 사방의 학사들은 자신의 재능을 발휘하려고 한 시대의 성황을 이루고 있다",347 "기자가 봉한 태평한 오늘날, 사대 충성 영원하길 맹세하네"348라고 하여 원과 긴밀한 당시를 태평성대로 보았다. 이는 유학자 지식인들의 일반적인 생각이었다. 최해는 "지금 황원이 위에 있어 지극한 인과 풍성한 덕을 베풀어 천하를 기르고 있으며, 고려는 첫 번째로 귀부했기 때문에 대대로 혼인했고, 엄격한 법도를 잘 지켜 상하가 서로 즐거워하며 변경에 조그만 경계도 없고 풍년이 들고 있으니, 실로 천년에 오는 태평성대"349라고 했다. 이제현은 "세조가 이미 사해를 통일하고 나서 단아한 선비를 등용했으므로, 헌장과 문물이 모두 중화의 옛 모습을 회복했다"350고 했다. 이들은 『중용』의 수레바퀴의 폭이 같듯이 문물제도가 일정하고 한자라는 문자가 같으며 오륜이라는 윤리 도덕의 기준이 통일되어 있다351는 동문(同文)의식을 견지했다.352 세계 제국 원의 성립을 통하여 천하가 통일되고 일시동인, 천하동문이라는 유교문화가 보편화되고 있는 한자문화권의 유교 문명 의식을 전제하고 있는 것이다.

다만 역사에는 치세와 난세의 시기가 있다고 보았다.353 이색은 치세의 기준을 군주가 어질고 능력 있는 신하를 등용하여 민망을 얻는 일이라고 했다. 이색은 충혜왕과 충정왕이 재위하던 시기를 인재가 등용되지 않은 난세의 시대로 파악했다. 1339년 8월 충숙왕이 죽고, 조적 등이 심왕 왕고를 옹립하려는 기묘의 변란(己卯之變)을 일으켰는데,[354] 충혜왕은 원에 의해 압송되고 급기야 게양현(揭陽縣)으로 귀양 가던 중에 죽는 악양의 화[岳陽之禍]를 당했다. 이에 대하여 이색은 "충혜왕은 군소배를 가까이했고",[355] "권세가들이 유가(儒家)의 도를 헐뜯어 비방하여, 유자들이 고립무원의 상황"[356]이었다고 했다. 이색은 이인복의 조부 이조년이 군소배와 유희에 빠진 충혜왕에게 간언하다가 받아들여지지 않자, 벼슬을 버리고 향리로 돌아간 것을 아쉬워했다.[357] 충정왕 대 최유(崔濡)는 왕에게 불만을 품고 대들며 배전(裵佺)을 구타했고, 민사평이 그를 꾸짖자, 다시 민사평에게 성을 내며 때렸다. 최유의 동생인 최원(崔源)이 왕을 원망하며 불손한 말을 하자, 순군옥에 가두고 우정승 손수경에게 왕명을 국문하게 했는데, 최유·최원 형제가 원나라로 도망갔다.[358] 이색은 최원의 행동을 개가 주인에게 짖는[359] 형국[360]으로 비판했다. 이색은 충혜왕과 충정왕 대에 국왕과 신하의 무질서한 정치 행태를 군자가 등용되지 못하고 소인배들이 날뛴 결과로 보았다.

반면에 이색은 어진 유학자를 등용한 충목왕 대를 치세의 시대로 파악했다. 충목왕은 즉위하면서 유신(儒臣)을 예우했고, 이인복을 등용하면서 자신을 숭문의 군주로 비유했으며, 고려 전기 조종의 법인 구법(舊法)에 따라 정방을 혁파한 뒤 문무의 인사를 각각 전리·군부에게 일임했다. 그 결과 1348년(충목왕 5)은 조정과 민간이 맑고 조용하여 선비는 즐거워하고 백성은 국왕에 귀의했던 소강(小康)의 시대라고 했다.[361] 이색은 유교 정치에서 국왕의 통치가 잘 이루어진 치세를 이상사회인 대동 사회의 전 단계 즉 소강[362]이라 정의했는데,[363] 충목왕의 시대를 소강의 시대로 파악했다.

이색은 공민왕과 그 시대를 긍정했다. 1370년(공민왕 19) 무렵 명나라가 건국되자, 이색은 "지금은 중원이 안정을 되찾아 사방에 걱정할 일이 없게 되었으니, 이른바 치세라고 일컬을 만하다"364고 했고 중원에서 많은 일이 일어난 후 우리나라는 유교를 숭상하고 문치를 내세워 태평성대와 다름이 없었다365고 했다. 이색은 공민왕이 천자를 존중하고 조상을 공경히 모셨으며 선대 국왕을 잘 섬겨 예와 효에 충실했으며, 원자를 세워 나라의 근본을 세우고, 외적의 침입을 막았다고 했다. 또한 형옥을 완화하고 백성에게 진휼하며 아악(雅樂)과 복장(服章)·조의(朝儀)를 정돈하여 예속을 일으켜 안정된 세상을 만들었다고 했다. 그리고 공민왕을 자신을 길러준 하늘이라 하고, 자신은 공민왕의 업적을 도와 예를 잘 닦아 인문을 넓혔다366고 했다.367 이색은 1379년에 공민왕과 노국대장공주의 비문을 찬술하고 공민왕의 추모 사업으로 진행된 대장경 간행 사업에 참여했다.368 이보다 앞서 1377년에는 「광통보제선사비명병서」를 지어 원자를 세워 나라의 대통을 잡은 점, 홍건적 등 외침의 격퇴, 형옥과 부세에서의 인정(仁政), 유교 질서에 입각한 문물제도의 정비 등을 통하여 왕조의 태평과 흥성을 가져왔다는 점을 거론하면서 공민왕과 노국대장공주를 기리는 비문369을 지었다.370

물론 이색은 고려에 반란을 일으킨 반역자인 조일신(趙日新)371과 기철(奇轍)372을 비판했다. 그리고 신돈에 대해서는 궁중을 출입할 때에는 승려의 신분을 내세우면서 속으로는 간교한 속임수를 품고 있었다373고 부정적으로 보았다.374 신돈을 간신,375 역적376이라고 하거나 취성(鷲城, 공민왕이 신돈에게 내린 봉호가 취성부원군)이 처형되자 조정이 청명해졌다377고 했다.

이색은 우왕 대 역시 고려 국가의 안정기로 보았다. 『주역』의 "천지 음양의 기운이 조화되지 못하면 어진 사람이 몸을 숨긴다"378는 말을 인용하여, 현실이 아주 혼란한 시기라면 현자가 몸을 숨기는 것이 당연하지만, 당시는 밝은 임금과 어진 신하가 서로 만나서 옳고 그른 것을 논의하여 물고기가 천(川)에 나가고 새가 구름을 날아가는 듯하다379고 했다. 사회가 태평성대와 다름이 없고380 갱화(更化)의 시기로서 나라의 생기가 넘치고

있다고 보았던 것이다.[381]

이색은 고려 후기에 중국의 역사가 반고에서 시작하여 금나라에 이른 것과 비교해서, 우리나라는 단군에서 출발하여 고려에 이르렀다고 했다.[382] 고려와 원의 긴밀한 관계를 통한 태평성대 인식과 원을 통한 유교 선진문화를 지향했고, 단군 이래의 역사를 성리학의 역사관으로 정리하여 한국사를 보다 합리적이고 체계적으로 설명했다.

3장 주석

1. 『목은집』 詩藁 권7, 「讀漢史」; 권7, 「讀春秋」; 권7, 「有感」.
2. 『담암일집(淡庵逸集)』 권2, 「文憲公 霽齋先生行狀」(공민왕 20년, 1371).
3. 『양촌집』 권40, 「牧隱先生李文靖公行狀」.
4. 『역옹패설』, 「前集」 2; 『근재집(謹齋集)』, 「襄陽新學記」.
5. 『목은집』 詩藁 권13, 「卽事」.
6. 『담암일집』 권2, 「文憲公 霽齋先生行狀」(공민왕 20년, 1371).
7. 『고려사』, 「列傳」, 白文節 白頤正.
8. 『고려사절요』, 충렬왕 34년 10월 24일.
9. 『역옹패설』, 「前集」 2.
10. 『익재난고』 권7, 「有元高麗國匡靖大夫·都僉議理·上護軍·春軒先生崔良敬公·墓誌銘」; 『졸고천백』 권1, 「春軒壺記」; 『가정집』 권2, 「春軒記」.
11. 『고려사』, 「列傳」, 李穡.
12. 金忠烈, 『高麗儒學史』(고려대학교 출판부, 1984); 都賢喆, 「牧隱 李穡의 政治思想 硏究」, 『韓國思想史學』 3(한국사상사학회, 1989); 鄭載喆, 「牧隱 李穡의 思惟樣式」, 『漢文學論集』 12(근역한문학회, 1994); 尹絲淳, 「목은 이색의 사상사적 위상」, 『牧隱 李穡의 生涯와 思想』(一潮閣, 1996); 琴章泰, 「牧隱 李穡의 儒學思想」, 『朝鮮前期의 儒學思想』(서울대학교 출판부, 1997); 최영진, 「목은(牧隱) 시대정신의 철학적 기반」, 『민족문화논총』 50(영남대학교 민족문화연구소, 2012).
13. 『목은집』 文藁 권3, 「葵軒記」.
14. 이색은 송 성리학자 가운데 주돈이를 사숙하여 그의 태극과 主靜, 「애련설」을 깊게 받아들였다. 곽신환, 「이색과 이이의 주돈이 이해와 추존」, 『율곡학연구』 36(율곡연구원, 2018).
15. 『목은집』 文藁 권10, 「可明說」.
16. 『목은집』 文藁 권3, 「養眞齋記」; 詩藁 권13, 「正月」; 권18, 「使丘從往視駱駝橋水, 云涉者腰以上, 於是, 縮坐又吟」(우왕 5년 6월); 권21, 「近承佳作, 唱和多矣. 皆浮言戲語, 不可示人, 後二篇, 志於功名, 自傷之甚也. 嗟, 夫士生於世, 功名而已乎. 直述所懷, 爲圓齋誦之」.
17. 『목은집』 詩藁 권18, 「使丘從往視駱駝橋水, 云涉者腰以上, 於是, 縮坐又吟」(우왕 5년 6월).
18. 『중용』.
19. 『목은집』 文藁 권5, 「樗亭記」.

20　市川安司, 『朱子: 學問とその展開』(評論社, 1975).
21　천하에 통용되는 知·仁·勇의 세 가지 덕을 말한다. 『중용』.
22　『목은집』 文藁 권10, 「韓氏四子名字說」; 권10, 「可明說」.
23　『목은집』 文藁 권1, 「流沙亭記」.
24　『목은집』 文藁 권10, 「直說三篇」.
25　『목은집』 詩藁 권6, 「自傷學之未至也, 求諸日用中吟成二首, 以致其力焉」.
26　『목은집』 文藁 권10, 「可明說」; 詩藁 권35, 「長湍吟 心詩一首 寄呈松軒」.
27　『목은집』 文藁 권10, 「可明說」; 권6, 「平心堂記」.
28　『목은집』 文藁 권10, 「伯中說贈李狀元別」.
29　『논어』, 「顏淵」.
30　『목은집』 文藁 권10, 「子復說」.
31　『대학』.
32　金駿錫, 「17세기 正統朱子學派의 政治社會論」, 『東方學志』 67(연세대학교 국학연구원, 1990), 106-110쪽.
33　『목은집』 文藁 권9, 「贈金敬叔秘書詩序」; 詩藁 권32, 「遣興」.
34　『서경』, 虞書, 「大禹謨」.
35　金駿錫, 「17세기 畿湖朱子學의 動向: 宋時烈의 道統繼承運動」, 『孫寶基博士停年紀念韓國史學論叢』(지식산업사, 1988), 352-354쪽.
36　『목은집』 文藁 권10, 「仲至說」; 詩藁 권7, 「讀書」; 권7, 「讀虞書」; 권8, 「有感」; 권8, 「讀史」; 권11, 「讀中庸有感二首」; 권16, 「進講三年學, 不志於穀, 不易得也一章」.
37　『목은집』 文藁 권9, 「選粹集序」.
38　곽신환, 「목은(牧隱) 이색(李穡)의 정정(靜定)공부와 지선론(止善論)」, 『율곡학과 한국사상의 심층연구: 台巖 黃義東敎授 停年紀念 論叢』(책미래, 2014).
39　『목은집』 詩藁 권19, 「靜坐偶記九齋都會, 刻燭賦詩. 第其高下, 激厲諸生, 亦一勸學方便也…」(우왕 5년 1379); 권26, 「日西」; 권34, 「靜坐」.
40　『목은집』 詩藁 권28, 「奉簡韓尙書」.
41　『목은집』 詩藁 권34, 「靜坐」.
42　『목은집』 詩藁 권30, 「曆訪安大夫 李開城 李雞林 各設酌 醉歸」.
43　『목은집』 詩藁 권21, 「監進色來請, 至則李三宰, 權商議又來, 商議文字, 以酒相獻酬, 僕以病雖屢辭, 亦醉歸而有作」.
44　『목은집』 詩藁 권10, 「冬至」.
45　『목은집』 詩藁 권8, 「有感」.
46　최석기, 「고려말 이색(李穡)의 정좌에 대한 인식」, 『조선 선비의 마음공부, 정좌』(보고사, 2014), 18-25쪽.
47　이상돈, 『주자의 수양론』(문사철, 2013), 309-312쪽.

48 『목은집』詩藁 권31,「聞鶯 三首」.
49 『목은집』詩藁 권9,「詠鶯」.
50 『목은집』詩藁 권17,「題宗孫詩卷」.
51 『대학』.
52 『목은집』文藁 권10,「孟周說」.
53 『목은집』詩藁 권12,「自詠三首」; 권18,「雨餘縮坐」; 권20,「又吟」.
54 『목은집』詩藁 권34,「示孫孟畇敬童」.
55 『맹자』,「告子章句上」.
56 『목은집』詩藁 권16,「初十日 進講仁以爲己任…」.
57 『목은집』詩藁 권8,「初八日, 丁祭膰肉至, 作詩以記」; 권11,「卽事」; 권14,「少年行」; 권16,「消災法席輟講」; 권16,「初十日 進講仁以爲己任…」; 권17,「晨興」; 文藁 권2,「漁隱記」.
58 『목은집』詩藁 권33,「有感」.
59 『목은집』詩藁 권8,「讀杜詩」.
60 『목은집』文藁 권15,「有元奉議大夫·征東行中書省左右司郞中·高麗國端誠佐理功臣·三重大匡·興安府院君·藝文館大提學·知春秋館事·謚文忠公樵隱先生李公墓誌銘(幷序)」(우왕 6년).
61 『맹자』,「告子章句上」.
62 『맹자』,「盡心章句下」.
63 『목은집』文藁 권3,「養眞齋記」.
64 『목은집』詩藁 권20,「獨吟」.
65 『목은집』詩藁 권5,「讀禁殺內旨 觳觫堂前不忍心」.
66 『목은집』詩藁 권10,「望川寧」; 권20,「曉吟」.
67 『목은집』詩藁 권5,「觀射」; 권6,「稼亭所畜唐詩中有韋蘇州集」; 권9,「古意」; 권11,「予年二十八拜內書舍人」; 권11,「古意」; 권15,「晨興」.
68 『논어』,「爲政」.
69 『목은집』文藁 권13,「書陶隱詩稿後」.
70 백문보는 시는 뜻을 말함으로써 흥기할 수 있고, 觀感할 수 있고, 가깝게는 아비와 멀리는 임금을 섬길 수 있는 것인즉, 性情에서 우러나야 시라 할 수 있다(『금암집』,「서」(백문보))고 했다.
71 『목은집』詩藁 권6,「茶後小詠」; 권7,「有感」; 권7,「讀詩遺興」; 권7,「讀詩」; 권8,「述古」; 권13,「次圓齋韻」; 권16,「午雞」; 권19,「雀聲篇」; 권19,「有感」; 권22,「紀事」; 권22,「自戲」; 권25,「謁西隣吉昌公小酌, 歸而高詠」; 권28,「錄筆語」; 권30,「清風詩」.
72 『목은집』詩藁 권23,「古風」.

73 『목은집』詩藁 권19,「靜坐偶記, 九齋都會, 刻燭賦詩, …」.
74 『주역』,「乾」;『心經附註』권1,「易」, 閑邪存誠.
75 『목은집』詩藁 권6,「自詠」; 권12,「偶題」; 권15,「半夜歌」(우왕 5년); 권20,「君子」; 권33,「因事有感」.
76 『목은집』詩藁 권15,「半夜歌」(우왕 5년).
77 『목은집』詩藁 권1,「自訟辭」.
78 『논어』,「公冶長」.
79 『목은집』詩藁 권17,「已矣乎歌」.
80 이숭인에게도 자송의 글이 있다(『도은집』권1,「自訟」). 성리학을 익히고 위기지학을 추구한 유학자들의 수양론을 견지하면 자연스럽게 생각할 수 있는 마음 자세이다.
81 『목은집』文藁 권9,「周官六翼序」.
82 『논어』,「陽貨」.
83 禮는 상천이 日·月·星으로 천문현상을 보여 길흉을 계시하는 示와 고대의 祭器인 豊의 합성어이다.
84 『논어』,「雍也」.
85 『논어』,「八佾」.
86 『목은집』文藁 권4,「陶隱齋記」.
87 琴章泰,「牧隱 李穡의 儒學思想」,『朝鮮前期의 儒學思想』(서울대학교 출판부, 1997).
88 『목은집』文藁 권10,「韓氏四子名字說」.
89 『논어』,「學而」, "子曰 道千乘之國 敬事而信…", "(注) 敬者, 主一無適之謂."
90 『목은집』文藁 권6,「寂菴記」.
91 『서경』,「堯典」.
92 『목은집』文藁 권10,「伯共說」.
93 『목은집』文藁 권10,「韓氏四子名字說」.
94 『목은집』文藁 권10,「孟儀說」.
95 『목은집』文藁 권10,「孟儀說」.
96 『중용』.
97 윤상수,「『서천견록』을 통해 본 권근의 서경관: 근엄(謹嚴)과 흠(欽)을 중심으로」,『태동고전연구』46(한림대학교 태동고전연구소, 2021).
98 『예기천견록』권2,「曲禮」下.
99 『예기천견록』권2,「曲禮」下.
100 『예기천견록』권1,「曲禮」上.
101 琴章泰,「牧隱 李穡의 儒學思想」,『朝鮮前期의 儒學思想』(서울대학교 출판부, 1997).
102 『졸고천백(拙藁千百)』권2,「問擧業諸生策二道」.
103 『익재난고』권5,「金書密敎大藏序」.

104 『가정집』 권6, 「金剛山長安寺重興碑」.
105 『목은집』 文藁 권3, 「澄泉軒記」; 권6, 「雪山記」.
106 『졸고천백』 권1, 「送盤龍如大師序」.
107 『유석질의론(儒釋質疑論)』.
108 『가정집』 권15, 「次韻題李僧統詩卷」.
109 『동안거사집(動安居士集)』, 「雜著 上蒙山和尙謝賜法語」.
110 『고려사』, 「列傳」, 崔承老.
111 『목은집』 文藁 권6, 「雪山記」.
112 『목은집』 文藁 권3, 「澄泉軒記」.
113 『목은집』 詩藁 권35, 「衿州吟」(공양왕 4년), 「請竹菴設菲食」.
114 『목은집』 文藁 권6, 「寂菴記」.
115 『논어』, 「學而」.
116 『목은집』 詩藁 권21, 「有感」.
117 성리학의 성즉리에서는 心과 性을 구별하여 心에 있는 理가 性이라고 한다. 성리학은 마음속에 갖추어져 있는 이치를 외계 사물을 통하여 밝히고 이를 기초로 사물의 완성을 이루도록 한다[修己治人, 成己成物]. 반면에 불교는 心이 곧 이치이고 본체이며 心의 작용인 性은 空으로 일체의 작용이 허망하다고 파악한다. 유교와 불교는 궁구하는 이치와 성격이 다른데, 유학 입장에서 보면 불교는 마음을 갈고 닦아 본체만을 터득하는 것으로 본다. 그리하여 마음 작용에만 기초한 일체 행위는 그 객관적 정당성[理]을 확보하기 어렵다. 따라서 불교는 도덕적 원리로서의 天理를 心 속에서 밝혀내지 못하게 되어 도덕적 원리[天理]를 어기는 일도 정당화된다. 秦家懿, 「朱子と佛敎」, 『朱子學入門』(명덕출판사, 1974); 韓正吉, 「朱子의 佛敎批判: '作用是性'과 '識心'說에 대한 비판을 중심으로」, 『東方學志』 116(연세대학교 국학연구원, 2002).
118 한 연구에서는 『대학』의 靜定과 戒懼를 敬과 寂에 포함시키고, 적을 경과 동일시하는 것은 정주학의 사고에 부합하지 않는다고 한다. 정이천의 경은 주렴계의 靜의 수양법을 극복하여 나왔고, 寂은 정이천과 주희가 불교적인 수양법으로 배척한 것이었으며, 궁극의 理로 해석되던 태극도 寂의 근본이라고 한 것 역시, 성리학과 별개의 사고라고 한다. 주희는 이 견해를 이색 특유의 사상이라 비판할 것이 분명하다고 했다. 윤사순, 「제12장 유불 교체기의 성리학 경향: 이색의 사상을 중심으로」, 『한국유학사: 한국 유학의 특수성 탐구』(지식산업사, 2013).
119 『맹자』, 「萬章章句上」.
120 이윤은 탕을 보좌하여 하나라의 걸을 쫓아내고 은(상)나라 건국에 기여한 인물이다. 이윤에 대한 경전에서 이해 차이가 있다. 『서전』(「咸有一德」)에서 "이윤이 탕을 보필하여 상나라를 세웠고, 이윤이 탕왕의 손자로서 왕위에 오른 태갑을 桐宮으로 추방했다가 태갑이 잘못을 뉘우치자 정권을 돌려주고 왕으로 만들었다"고 했다. 『맹자』(「告

子章句下」,「公孫丑章句上」)에서는 "이윤이 다섯 번이나 탕에게 나아가고 다섯 번이나 걸에게 나아가, 나라가 태평하든 어지럽든 출사한다"고 했다.

고려 전기에는 이윤과 태갑의 자료에서 군주 추방의 요소는 없고, 신료의 직분 완수 및 군주에 대한 간언이라는 측면만 강조된다. 고려 후기에는 신하의 직분 강조와 함께 군주의 추방 기사가 활용된다. 충혜왕의 원나라 압송에 대하여 재상과 國老들은 "원 황제에게 왕의 사면을 요청하자고 했으나, 권한공은 은나라 태갑이 부덕하여 이윤에 의해 쫓겨났다가 반성한 후에 다시 돌아왔다는 고사를 인용하여, 왕이 무도하여 천자에게 벌을 받으므로 그를 구할 수 없다"고 했다. 권근은 "太甲이 군주의 도를 잃게 되자 이윤이 글을 지어 간언한 연후에 태갑이 잘못을 후회하고 착한 일을 하여 은의 훌륭한 왕이 되었다"(『고려사』,「列傳」, 權旺 權近)고 했다. 남은은 "옛날 상나라의 왕 태갑은 제멋대로 법도와 예를 무너뜨리고, 방종했기에 이윤이 그를 桐宮으로 내쫓았는데, 얼마 후에 태갑이 인의를 실천하게 되자 이윤은 다시 태갑을 맞이하여 성왕과 탕왕의 왕업을 잇게 했다"(『고려사』,「列傳」, 南誾)고 했다.

121 『목은집』 文藁 권6,「覺菴記」.
122 『졸고천백』 권1,「頭陀山看藏庵重營記」.
123 『목은집』 文藁 권1,「麟角寺無無堂記」(공민왕 11년).
124 『목은집』 詩藁 권19,「靜坐偶記九齋都會, 刻燭賦詩. 第其高下, 激厲諸生, 亦一勸學方便也. …」(우왕 5년); 권26,「日西」; 권34,「靜坐」.
125 『목은집』 詩藁 권15,「抱朴子」(우왕 5년).
126 『목은집』 詩藁 권21,「有感」.
127 『목은집』 詩藁 권15,「半夜歌」(우왕 5년).
128 왕안석은 『三經新義』를 저술하면서도 『首楞嚴經注』·『維摩經注』·『金剛經注』·『華嚴經注』처럼 불교의 주요 경전에 주를 달았다. 東一夫,「王安石의 政治理念과 信仰生活」,『王安石新法の硏究』(風間書房, 1970).
왕안석에 대한 최근의 연구로 다음이 참고된다. 이근명,『왕안석 평전』(신서원, 2021).
129 이색은 소식을 흠모하여 본받으려 했다(『목은집』 詩藁 권4,「梁州謠寄梁州任使君」; 詩藁 권17,「吾生」). "나는 東坡의 시를 사랑하는데 호탕한 기상이 속세를 뛰어넘기 때문이라네"(詩藁 권33,「述懷」)라고 했다. 주희는 소식을 학문에 순일하지 못하고 成佛을 논하여 老莊을 주장했다고 하고 왕안석보다 그 폐해가 더 크다고 했다. 『주자대전』 권30,「答汪尙書(4書)」; 권24,「與汪尙書書」; 권41,「答程允夫」.
130 『목은집』 詩藁 권13,「紀事」.
131 장천각(1043~1121)은 이름은 商英, 蜀州 新津 사람이다. 神宗조 章惇의 천거를 받아 왕안석에 의해 발탁되었고, 蔡京을 이어 재상이 되고 신법을 추진했으며(『송사』,「列傳」, 張天覺;『王安石事典』, 國書刊行會, 1980),『호법론』을 지어 한유와 구양수를 비판하고 유불일체론을 주장했다. 安藤智信,「宋の張商英について」,『東方學』

22(1961).
132 곽승훈,「고려말 환암 선사의『호법론』간행 배포와 그 영향」,『한국민족문화』40(부산대학교 한국민족문화연구소, 2011).
133 『목은집』文藁 권13,「跋護法論」.
134 『주자대전』권30,「答汪尙書」.
135 『주자대전』권70,「讀兩陳諫議遺墨」; 권30,「答汪尙書」; 三浦國雄,『王安石』(集英社, 1985), 181-202쪽.
136 『논어』,「陽貨」;『맹자』,「滕文公上」.
137 『양촌집』권40,「牧隱先生李文靖公行狀」.
138 『고려사』,「列傳」, 尉紹.
139 『고려사』,「禮志 凶禮 五服制度」;『고려사』,「世家」, 공민왕 6년(1357).
140 오복제도에서 삼년상을 규정하고 있기는 하지만 100일 동안의 여가를 주도록 하고 있다. 이는 삼년상을 지내되 100일 휴가로 집에서 상복을 입고 남은 기간은 귀가하여 복을 입도록 한 것이다. 三年略喪制가 허용된 오복제도의 취지는 관직 생활을 통해서 생활의 보장을 받을 수밖에 없는 班族의 여망에 부응하려는 것이었다. 李弼相,「高麗時代 服制의 硏究」,『한국사론』2(서울대학교 국사학과, 1975), 174-179쪽.
141 起服(奪情)은 苫塊 즉 土塊를 베개로 삼고 草席에서 잔다는 父祖의 居喪에서 몸을 일으켜 官職에 복귀한다는 것이다. 춘추전국시대에 兵亂과 같은 국가가 위급한 사태에서 유래했는데, 후대에는 兵亂이 아니더라도 급박한 국사를 거상 중에 당하면 관인은 출사할 수 있었다. 고려에서는 성종 대 이후 유교적 정치이념이 확대되면서 시행되었다. 처음에는 해당 소재 관사나 왕명에 의해서 시행되었으나 여말에 와서는 기복령을 무시하고 출사한 예가 있었다. 李熙德,「起復慣行에 대하여」,『高麗儒敎政治思想의 硏究』(일조각, 1984), 208-215쪽.
142 황향주,「고려 起復制와 14세기말 起復論爭」,『한국사론』57(서울대학교 국사학과, 2011).
143 李弼相,「高麗時代 服制의 硏究」,『한국사론』2(서울대학교 국사학과, 1975), 174-179쪽.
144 『목은집』文藁 권7,「贈金判事詩後序」.
145 『논어』,「陽貨」.
146 『목은집』文藁 권7,「贈金判事詩後序」.
147 三浦國雄,『朱子と氣と身體』(平凡社, 1997); 미우라 구니오 지음, 이승연 옮김,『주자와 기, 그리고 몸』(예문서원, 2003); 이용주,『주희의 문화이데올로기』(이학사, 2003); 이종서,「高麗後期 이후 '同氣' 理論의 전개와 血緣意識의 變動」,『東方學志』120(연세대학교 국학연구원, 2003); 박상규,「주자의 귀신론」,『東方學志』121(연세대학교 국학연구원, 2003).

148 『목은집』文藁 권7, 「贈金判事詩後序」; 이상민, 「고려시대 여묘의 수용과 효 윤리의 변천과정」, 『역사와 실학』 48(역사실학회, 2018).

149 『고려사』, 「列傳」, 鄭習仁; 『고려사』, 「列傳」, 尹龜生; 『고려사』, 「列傳」, 鄭夢周.

150 『고려사』, 「禮志 五服」, 공민왕 8년(1359) 12월.

151 柳洪烈, 「朝鮮 祠廟發生에 대한 一考察」, 『韓國社會思想史論攷』(一潮閣, 1982), 4-9쪽; 許興植, 「佛敎와 融合된 社會構造」, 「佛敎와 融合된 王室의 祖上崇拜」, 『高麗佛敎史硏究』(일조각, 1986); 박진훈, 「고려 사람들의 죽음과 장례: 官人 가족을 중심으로」, 『한국사연구』 136(한국사연구회, 2006); 박진훈, 「고려시대 官人層의 임종 장소와 그 변화상에 대한 고찰」, 『동방학지』 172(연세대학교 국학연구원, 2015); 박진훈, 「고려시대 관인층의 장례기간 분석: 묘지명 자료를 중심으로」, 『역사교육논집』 59(역사교육학회, 2016); 박진훈, 「고려시대 官人層의 火葬: 墓誌銘 자료를 중심으로」, 『역사학보』 229(역사학회, 2016); 박진훈, 「고려시대 관인층의 빈소 설치장소와 그 변화상」, 『한국사학보』 62(고려사학회, 2016); 박진훈, 「고려시대 관인층의 매장지 표기 및 매장지 분석: 묘지명 자료를 중심으로」, 『역사와 실학』 71(역사실학회, 2020).

152 『고려사』, 「禮志 凶禮 五服制度」; 『고려사』, 「世家」, 공민왕 6년(1357).

153 『고려사』, 「選擧志 銓注 選法」, 공민왕 10년(1361).

154 『고려사』, 「列傳」, 李穡; 『고려사』, 「列傳」; 『고려사』 食貨志 田制.

155 『고려사』, 「列傳」, 李詹.

156 이색의 유학자로서 불교와 도교 인식에 대해서는 다음의 글을 참고하여 새롭게 추가 정리했다. 도현철, 『고려말 사대부의 정치사상연구』(일조각, 1999), 62-76쪽.

157 『목은집』 詩藁 권6, 「對普濟影口號」.

158 『목은집』 文藁 권14, 「廣通普濟禪寺碑銘幷序」.

159 1365년(공민왕 14)에 왕이 문수회를 열었을 때 이색과 이인복은 불상에 절하지 않았다. 『고려사』, 「列傳」, 李仁復.

160 上田春平, 「朱子の家禮と『儀禮經典通解』」, 『東方學報』 54(京都大學 人文科學硏究所, 1982), 225-233쪽.

161 『목은집』 文藁 권2, 「天寶山檜巖寺修造記」.

162 『목은집』 文藁 권2, 「巨濟縣牛頭山見菴禪寺重修之記」.

163 『목은집』 文藁 권11, 「受命之頌」.

164 『고려사』, 「列傳」, 安珦.

165 梶村秀樹, 「家族主義の形成に關する一試論」, 『朝鮮史の構造と思想』(硏文出版 1982), 42쪽.

166 이지관 역, 「영변 안심사 지공 나옹 사리석종 비」, 『교감역주 역대고승비문』(고려편 4)(가사불교문화연구원, 1997).

167 『목은집』 詩藁 권20, 「賜給田納玄陵願堂廣通普濟寺」.

168 『목은집』文藁 권8, 「贈休上人序」.
169 『목은집』文藁 권5, 「無隱菴記」.
170 『목은집』文藁 권5, 「送月堂記」.
171 『목은집』文藁 권6, 「覺菴記」.
172 이병희, 「고려시기 승려의 연화 활동」, 『이수건교수정년기념한국중세사논총』(대동문화인쇄소, 2000); 이병희, 『고려시기 사원경제연구』(경인문화사, 2009).
173 『목은집』詩藁 권24, 「僧有辦來壬戌(1382년)歲灌足寺彌勒石像龍華會者, 求緣化文, 旣筆以與之. 因記舊日陪慈堂自鎭浦浮舟而上, 獲與是寺法會. 癸卯(1363)冬, 降香作法, 皆如夢中, 作短歌以記之」.
174 『동문선』권103, 「諸經跋尾」(姜碩德).
175 〈표 7〉『목은집』에 보이는 이색의 연화문 작성 사례

번호	내용	시기
1	詩藁 권21, 「前內願堂雲龜谷在白蓮社, 與普門社主, 將重營黃岳山直指寺, 書報老人, 求緣化文」	우왕 6년 3월
2	詩藁 권24, 「僧有辦來壬戌歲灌足寺彌勒石像龍華會者, 求緣化文, 旣筆以與之, 因記舊日陪慈堂自鎭浦浮舟而上, 獲與是寺法會. 癸卯冬, 降香作法, 皆如夢中, 作短歌以記之」	우왕 6년 6월
3	詩藁 권24, 「普德窟僧, 求坐禪供養緣化文」	우왕 6년 6월
4	詩藁 권25, 「寄甫城李子修判事大藏, 緣化比丘請也」	우왕 6년 8월
5	文藁 권4, 「聖居山文殊寺記」	우왕 3년 10월
6	文藁 권5, 「寶蓋山石臺庵地藏殿記」	

176 이병희, 「고려시기 불교계의 포시활동」, 『선문화연구』4(한국불교선리연구원, 2008); 이병희, 『고려시기 사원경제연구』(경인문화사, 2009); 이병희, 「고려시기 거사의 생활양식과 그 의미」, 『사학연구』116(한국사학회, 2014); 이병희, 『고려시기 사원경제연구Ⅱ』(경인문화사, 2020).
177 『익재난고』권5, 「金書密敎大藏序」; 『가정집』권6, 「金剛山長安寺重興碑」; 『양촌집』권12, 「演福寺塔重創記」.
178 『양촌집』권12, 「犬灘院樓記」; 권12, 「演福寺塔重創記」.
179 『양촌집』권12, 「演福寺塔重創記」.
180 이병희, 「고려시기 사원에서의 교학 활동」, 『한국사연구』155(한국사연구회, 2011); 이병희, 『고려시기 사원경제연구Ⅱ』(경인문화사, 2020).
181 『양촌집』권11, 「拙齋記」.
182 『양촌집』권12, 「演福寺塔重創記」.
183 고려 말 권력 변동기에 정도전 등은 고려왕조를 유지하는 체제 이념 곧 先王成典을

삼강오륜이라고 했고(『고려사』, 「列傳」, 鄭夢周), 이색 계열의 왕조를 유지하려는 인물은 先王成典을 불교 숭상이라고 했다(『고려사』, 「列傳」, 李詹;『고려사절요』, 공양왕 3년(1391) 8월).

184 박경환, 「유불논쟁」, 『논쟁으로 보는 한국철학』(예문서원, 1995), 104쪽.
185 이색의 역사 인식에 대해서는 기왕의 글과 최신의 연구를 참고하여 새롭게 정리했다. 도현철, 『목은 이색의 정치사상연구』(혜안, 2011), 198-225쪽.
186 김남일, 「이색(李穡)의 역사의식(歷史意識)」, 『청계사학』 11(청계사학회, 1994); 도현철, 「李穡의 性理學 歷史觀과 公羊春秋論」, 『역사학보』 185(역사학회, 2005); 馬宗樂, 「牧隱 李穡의 生涯와 歷史意識」, 『진단학보』 102(진단학회, 2006); 박종기, 「이색의 당대사(當代史) 인식과 인간관: 묘지명을 중심으로」, 『역사와 현실』 66(한국역사연구회, 2007); 김성환, 「목은 이색(1328~1396)의 형세문화론적 화이관과 삼한사(三韓史) 인식」, 『동방학지』 201(연세대학교 국학연구원, 2022).
187 『목은집』 文藁 권6, 「淸州牧濟用財記」.
188 『목은집』 文藁 권6, 「報法寺記」;『懷德黃氏大同譜』;『彌勒院南樓記』(우왕 7년).
189 『고려사』, 「世家」, 공민왕 20년(1317) 5월 22일;『목은집』 詩藁 권9, 「七夕」(우왕 4년).
190 『고려사』, 「列傳」, 鄭夢周.
191 『논어』, 「述而」.
192 『목은집』 文藁 권8, 「賀竹溪安氏三子登科詩序」.
193 『목은집』 詩藁 권23, 「雜興」.
194 『가정집』 권5, 「舟行記」.
195 『동국통감』 권1, 「三國紀」, 新羅始祖 赫居世 元年; 전덕재, 「『동국사략』의 편찬과 권근(權近)의 고대사 인식」, 『태동고전연구』 52(태동고전연구소, 2024).
196 『목은집』 詩藁 권7, 「詠史有感」.
197 『목은집』 詩藁 권6, 「卽事」.
198 麓保孝, 「朱子の歷史論」, 『朱子學入門』(明德出版社, 1974); 鎌田正, 「朱子と春秋」, 『朱子學入門』(明德出版社, 1974); 張立文, 「心術, 王覇, 道統的 唯心史觀」, 『朱熹思想硏究』(中國社會科學出版社, 1981); 三浦國雄, 「氣數と事勢: 朱熹の歷史意識」, 『東洋史硏究』 42-4(동양사연구회, 1984); 柳仁熙, 「朱熹의 歷史哲學」, 『哲學』 23(한국철학회, 1985); 陳芳明, 「宋代 正統論의 形成과 그 內容」, 『中國의 歷史認識』 下(창작과 비평사, 1985); 呂謙擧, 「宋代史學의 義理論」, 『中國의 歷史認識』 下(창작과 비평사, 1985); 文錫允, 「朱熹에서의 理性과 歷史」, 『泰東古典硏究』 16(태동고전연구소, 1999); 趙誠乙, 「朱熹와 李瀷의 歷史理論 比較」, 『韓國史硏究』 122(한국사연구회, 2003); 余英時, 『朱熹的歷史世界』(新華書店, 2004), 이원석 옮김, 『주희 역사세계』(글항아리, 2005).

199 『목은집』 詩藁 권8, 「讀歸去來詞」.
200 『진서』, 「列傳」, 陶潛; 『송서』, 「列傳」, 陶潛; 『남사』, 「列傳」, 陶潛.
201 『자치통감강목(資治通鑑綱目)』(2) 권24하, 591면, "晉徵士陶潛卒"(보경문화사, 1987).
202 임정기, 『국역 목은집2』, 226쪽, 주 172.
203 우왕 연간에는 명과 원을 천자국으로 파악하는 양면이 보이지만, 이색은 "명의 성인의 출현을 목도한 사람들이 모여 슬픔과 기쁨이 교차한다"고 하여 원의 쇠퇴를 슬픔으로, 명의 건국을 기쁨으로 표현했다(『목은집』 詩藁 권26, 「禮泉君…」). 정서적으로 천자국 원에 대한 기억이 있지만, 명을 천자국으로 파악했다(김성환, 「목은 이색(1328~1396)의 형세문화론적 화이관과 삼한사(三韓史) 인식」, 『동방학지』 201(연세대학교 국학연구원, 2022), 58-59쪽).
204 『목은집』 詩藁 권17, 「已矣乎歌」(우왕 5년).
205 文喆永, 「麗末 新興士大夫의 新儒學 수용과 그 특징」, 『韓國文化』 3(서울대학교 규장각한국학연구원, 1982); 文喆永, 『고려 유학 사상의 새로운 모색』(경세원, 2005).
206 『고려사절요』, 명종 22년(1192).
207 『가정집』 권21, 「高麗國·匡靖大夫·僉議評理·藝文館大提學監春秋館事·上護軍致仕·尹公墓誌銘」.
208 『고려사』, 「世家」, 충숙왕 4년(1317) 4월 4일.
209 『고려사』, 「列傳」, 閔漬.
210 『고려사』, 「世家」, 충목왕 2년(1345) 10월 16일; 『고려사』, 「列傳」, 李齊賢.
211 『고려사』, 「列傳」, 尹會宗.
212 鄭求福, 「李齊賢의 歷史意識」, 『震檀學報』 51(진단학회, 1981); 박종기, 「원 간섭기 역사학의 새로운 경향: 當代史 연구」, 『한국중세사연구』 31(한국중세사학회, 2011).
213 金仁昊, 『高麗後期 士大夫의 經世論 硏究』(혜안, 1999).
214 『목은집』 文藁 권9, 「周官六翼序」.
215 李佑成, 「朝鮮時代 社會思想史」, 『韓國文化史新論』(중앙학술연구원, 1975); 文喆永, 「麗末 新興士大夫의 新儒學 수용과 그 특징」, 『韓國文化』 3(서울대학교 규장각한국학연구원, 1982); 周采赫, 「元 萬卷堂의 設置와 高麗儒者」, 『孫寶基博士停年紀念 韓國史學論叢』(지식산업사, 1988); 金勳埴, 「麗末鮮初 儒佛交替와 性理學의 定着」, 『韓國 古代 中世의 支配體制와 農民』(金容燮教授停年紀念韓國史學論叢 2)(지식산업사, 1997).
216 『목은집』 詩藁 권16, 「書筵進講 君子所貴乎道者三 至有司存 退而志之」.
217 『목은집』 詩藁 권1, 「山中辭」; 권2, 「讀春秋」; 권2, 崇德寺奮寓僧房雜詠」; 권3, 「新入院述懷」; 권6, 「記聞」; 권6, 「夏日謾題三首」; 권7, 「讀春秋」; 권7, 「詠史有感」; 권11, 「吟詩有感」; 권11, 「卽事」; 권12, 「卽事」; 권12, 「讀史」; 권14, 「自詠」; 권16, 「詠

懷」; 권16,「朴叢尙書談三敎 旣去 吟成三篇」; 권16,「書筵進講君子所貴乎道者三 至有司存 退而志之」; 권17,「旣賦 … 是吟得鳳鳴麟趾二篇」; 권31,「早起」.

218 『목은집』 文藁 권4,「朴子虛貞齋記」; 詩藁 권23,「有感」.

219 『목은집』 詩藁 권6,「齊桓公」; 권14,「自詠」.

220 금문학과 고문학의 경학상의 차이에 대해서는 다음의 글에 잘 정리되어 있다. 張東宇,「『周禮』의 經學史的 位相과 改革論」,『한국중세의 정차사상과 周禮』(혜안, 2005).

221 『주자어류』 권83,「춘추」(中華書局, 1982).

222 鎌田正,「朱子と春秋」,『朱子學入門』(明德出版社, 1974), 248-261쪽.

223 『삼국사기』,「雜志 職官上」.

224 鄭景柱,「羅末麗初 典據文獻에 대하여」,『坂田金戊祚博士華甲紀念論叢』(1988); 郭丞勳,「崔致遠의 中國史 探究와 그의 사상 動向: 四山碑銘에 인용된 中國歷史事例의 내용을 중심으로」,『韓國思想史學』17(한국사상사학회, 2001).

225 『고려사』,「選擧志 學校」.

226 『삼국사기』에서는 『春秋左氏傳』은 9번,『春秋公羊傳』은 4번이 활용되고 있다. 李康來,『三國史記典據論』(民族社, 1996), 320쪽, 327쪽.

227 『고려사』,「列傳」, 金審言;『고려사』,「列傳」, 鄭克永;『고려사』,「列傳」, 權敬中; 김용선,『역주 고려묘지명집성(하)(240)』(한림대학교 출판부, 2012),「최계방묘지명」,「안보묘지명」,「한수묘지명」.

228 『고려사』,「列傳」, 廉信若.

229 『고려사』,「選擧志 學校」; 朴贊洙,『高麗時代 敎育制度史硏究』(경인문화사, 2001), 122쪽.

230 『고려사』,「選擧志 學校」, 예종 4년(1109).

231 김용선,『역주 고려묘지명집성(하)(240)』(한림대학교 출판부, 2012),「오잠묘지명」.

232 『원사』,「選擧志 科目」.

233 1334년(충목왕 즉위) 8월에 과거 과목의 초장에 六經義, 四書疑가 시험과목으로 정해진 바 있다.『고려사』,「選擧志 科目」, 충목왕 즉위년(1344) 8월.

234 『원사』,「選擧志 學校」.

235 『근재집(謹齋集)』;『책문(策文)』;『동인책선(東人策選)』.

236 안축이 쓴 모의 과거시험 문제는 당나라 開元 연간(713~741)에 토번의 使者가『시경』·『춘추』·『예기』를 요구한 것에 대한 대처 방안을 질문한 것이다. 이에 대하여 于休烈은 東平王이 漢의 懿親으로 사마천의『사기』와 諸子의 書를 청했을 때도 주지 않았는데, 하물며 吐蕃國은 나라의 원수로 이에 의지해서 모략을 도모하여 변란을 일으킨다면 중국에 해가 될 것이라 하면서 책을 주는 것에 반대했다. 반면 裵光庭 등은 吐蕃은 사물에 어둡고 완악하며 오랫동안 배반하다가 새로이 복종했으니『詩』·『書』를 주어 그들을 훈도하고 덕화가 미치게 할 것을 주장했다. 황제는 배광정의 의견에

따라 토번이 요구하는 책을 주었다. 도현철, 「안축의 대책문과 이민족 대책」, 『한국사상사학』 38(한국사상사학회, 2011).

237 『목은집』 詩藁 권13, 「次圓齋韻」.
238 『목은집』 詩藁 권2, 「讀春秋」; 권7, 「讀春秋」.
239 『목은집』 詩藁 권7, 「讀春秋」.
240 『목은집』 詩藁 권12, 「讀史」; 권13, 「次圓齋韻」; 권17, 「旣賦 … 是吟得鳳鳴麟趾二篇」.
241 '衣裳'(『목은집』 詩藁 권6, 「齊桓公」)은 『穀梁春秋』 莊公 27년 제 환공이 제후들과 禮로 회합을 가졌던 것에서 온 말이고, '微辭'(詩藁 권10, 「對友自詠三首」)는 『公羊春秋』 定公 1년에 은근하게 넌지시 일깨우는 말에서 따온 것이며, '葛藟'(詩藁 권12, 「奉上舅氏金密直致仕尊侍」)는 『左氏春秋』 文公 7년에 칡덩굴은 근본을 보호하기 때문에 군자가 그것을 종족에 비유하는데, 군주야 말할 것도 없다는 말에서 온 것이다. 임정기 옮김, 『국역 목은집』(민족문화추진회, 2000).
242 『목은집』 詩藁 권2, 「讀春秋」.
243 『목은집』 詩藁 권7, 「詠史有感」.
244 崔順權, 「高麗前期 五廟制의 運營」, 『歷史敎育』 66(역사교육연구회, 1998).
245 『고려사』, 「禮志 諸陵」, 공민왕 6년(1357).
246 『역옹패설』 前集一.
247 『도은집』 권2, 「悼金太常」.
248 『도은집』 권5, 「中原判官李君及字說」.
249 『목은집』 文藁 권3, 「陽村記」.
250 『춘추공양전』, 「隱公」.
251 대일통에는 춘추시대에 천하의 통일을 모색하는 유교의 문화적 대일통의식과 법가의 군사적 통일의식이 병존한다. 權正顔, 『春秋의 根本理念과 批判精神에 관한 硏究』(성균관대학교 박사학위논문, 1990).
252 『춘추』, 「隱公」.
253 竹內照夫 저, 이남희 역, 『四書五經』(까치, 1991), 107-112쪽.
254 戶口芳郎·蜂屋邦夫·溝口雄三 저, 조성을 역, 『儒敎史』(이론과 실천, 1990), 78쪽.
255 素王은 빈손의 왕, 무관의 제왕을 의미한다. 단 한 필의 붓으로 천자와 같이 충신효자를 상주고, 난신적자를 벌해 도의를 밝히고 질서의 엄격함을 나타냈다는 의미이다. 竹內照夫 저, 이남희 역, 『四書五經』(까치, 1991).
256 『목은집』 詩藁 권10, 「有感」.
257 『목은집』 詩藁 권10, 「詠麟」.
258 『춘추공양전』에 대해서는 다음이 참고된다. 候外廬 저, 박완식 역, 『宋明理學史』(이론과 실천, 1995); 周桂鈿 저, 문재곤 역, 『강좌중국철학』(예문서원, 1992); 日原利國,

『春秋公羊傳の硏究』(創文社, 1976); 日原利國, 『漢代思想の硏究』(硏文出版, 1986), 김동민 옮김, 『국가와 백성 사이의 漢: 한 제국, 덕치와 형벌의 이중주』(글항아리, 2013); 佐川修, 『春秋學論考』(東方書店, 1983); 이해임, 「허형과 정몽주의 화이관 연구」, 『태동고전연구』 46(한림대학교 태동고전연구소, 2021).

259 『원사』, 「列傳」, 劉整; 『王忠文公集』 권4, 「正統論」(王禕)(影印文淵閣四庫全書 集部 165, 1226권).

260 『철경록(輟耕錄)』, 「正統辯」(影印文淵閣四庫全書 子部 346, 1040권).

261 『고문진보후집(古文眞寶後集)』 권2, 「元道」.

262 『원문류(元文類)』 권32, 「正統八例總序」(楊奧)(影印文淵閣四庫全書 集部 306, 1367권).

263 金陽燮, 「遼·金·宋 三史 編纂에 대하여」, 『中央史論』 6(중앙사학연구소, 1988), 261-265쪽; 김성환, 「정몽주의 화이론적 역사관: 自國史를 중심으로」, 『포은학연구』 2(포은학회, 2008); 이해임, 「허형과 정몽주의 화이관 연구」, 『태동고전연구』 46(한림대학교 태동고전연구소, 2021).

264 『맹자』, 「離婁章句下」.

265 李成珪, 「中華思想과 民族主義」, 『哲學』 37(한국철학회, 1992).

266 『목은집』 文藁 권7, 「益齋先生亂藁序」.

267 『목은집』 文藁 권8, 「贈宋子郊序」; 詩藁 권25, 「閔子復來言, '已得廟學碑石, 將置館中'. 予曰, 朝廷右文之美如此, 斯文其興乎. 吟爲一首. 八月十九日也」.

268 『목은집』 詩藁 권15, 「自和」; 권22, 「一上人爲僕淨書, 亂道間被選書大藏, 追福玄陵也. … 以副國家追福玄陵之意. 吟成一首以誌」.

269 『목은집』 詩藁 권13, 「紀事」; 권21, 「自敍. 錄呈圓齋」.

270 『목은집』 文藁 권13, 「書上札補正雪菴大字卷後」.

271 『목은집』 詩藁 권4, 「扶桑吟」.

272 이색은 명의 성립도 '王春'으로 역시 정당화했다. 『牧隱集』 詩藁 권32, 「有感」. 형세를 중시하고 문화를 중시하는 입장은 명의 중원 지배를 유교의 천명사상으로 받아들일 수 있었다.

273 『목은집』 文藁 권9, 「選粹集序」.

274 『고려사』, 「列傳」, 李穡 공양왕 2년(1390) 봄2월.

275 『치당독사관견(致堂讀史管見)』 권7, 「晉紀」, 元帝(『續修四庫全書』 史部 史評類 上海古籍出版社).

276 우창비왕설에 대해서는 다음이 참고된다. 李相佰, 『李朝建國의 硏究』(을유문화사, 1949); 朴亨杓, 「朝鮮 建國에 대한 是非」, 『學術志』 8(1967); 尹斗守, 「禑昌非王說의 研究」, 『考古歷史學志』 5·6(동아대학교 박물관, 1989).

277 우왕은 공민왕이 신돈의 侍婢인 般若와 관계해서 아들을 낳았다고 말함으로써 알려

졌다. 그 후 처음 이름인 牟尼奴를 禑로 바꾸고 江寧府院大君에 봉했으며 백문보를 사부로 삼았다. 『고려사절요』, 공민왕 20년(1371) 7월, 22년 7월.

공민왕은 禑를 궁인 韓氏의 소생으로 삼고, 한씨의 3대와 그의 외조에게 벼슬을 추증했다. 공민왕이 죽자 이인임의 추대로 10세로 즉위했다. 『고려사절요』, 공민왕 23년 (1374) 9월.

278 『고려사』, 「列傳」, 辛禑.
279 우창비왕이라는 표현은 조선시기 역사서인 『東國通鑑』・『東國史略』・『麗史提綱』・『海東繹史』에서 우왕・창왕을 각각 辛禑・辛昌이라고 하여 고려 왕실의 정통에서 제외시켰다. 『東史綱目』에서는 凡例 統系에서 우왕・창왕을 왕씨로 인정하고 본문에서 前廢王禑・後廢王昌이라 하여 그의 정통성을 인정했다.
280 『고려사』, 「列傳」, 李琳.
281 『고려사』, 「列傳」, 鄭道傳 공양왕 3년(1391) 5월.
282 김창현, 「고려말 유자세력의 유교사상」, 『한국중세사연구』 18(한국중세사학회, 2005), 204-206쪽.
283 정도전은 호안국의 말(『胡氏春秋傳』 권7, 「莊公上」, 1년 3월 夫人孫于齊)을 인용하여 "춘추시대 齊 文姜이 魯 桓公을 시해하고 哀姜이 두 임금을 시해하는 데 관여했으므로, 성인이 예에 따라 '孫'이라 기록하여 가고 돌아오지 않은 것처럼 하여 깊이 끊어버렸으니 이것은 恩情은 가볍고 義理가 무겁다는 것을 나타내기 위함이다"라고 했다. 그는 호안국이 문강과 애강을 비판한 논거로서 이색과 우현보를 춘추대의를 무너뜨린 자로 처벌해야 한다(『고려사』, 「列傳」, 鄭道傳(공양왕 3년 5월))고 했다. 또한 정도전은 齊나라의 陳恒이 자신의 임금을 시해했는데, 공자는 진항이 자신의 임금을 시해했으니 討罪하자고 했고, 삼자(孟孫・叔孫・季孫)에게 똑같이 토죄하라고 했으니, 시역한 역적은 사람마다 討罪해야 하니 천하의 악은 같다고 했다. 또 『춘추』에 衛人이 州吁를 죽였다고 했는데, 호안국은 衛人의 人字는 衆의 말로, 州吁를 죽인 것은 석작이 도모해 우재추에게 죽이게 한 것인데, 人으로 고친 것은 토죄의 마음을 갖고 사람마다 죽일 수 있기 때문에 衆으로 말한 것으로, 亂臣賊子는 친고귀천을 막론하고 모두 죽여야 한다고 했다(『胡氏春秋傳』 권2, 「隱公中」, 4년 9월 衛人殺州吁于濮). 혹 진항과 주우는 시역을 했고, 이색과 우현보가 시역한 적이 없는데, 과도한 것이 아닌가에 대하여, 정도전은 호안국의 말을 인용해서 임금을 시해하고 다른 임금을 맞이하는 것은 오히려 종묘는 멸망하지 않는데, 그 종묘를 옮기고 나라의 성씨를 고치는 것은 나라가 멸망하는 것이니, 시해하는 것보다 심하다고 했다. 곧 이색과 우현보가 우왕과 창왕을 옹립한 일은 왕씨의 종사를 끊어버린 것이므로 그 죄가 어떤 죄역보다 크다(『고려사』, 「列傳」, 鄭道傳 공양왕 3년(1391) 5월)고 했다.
284 『고려사』, 「列傳」, 鄭道傳 공양왕 3년(1391) 5월.
285 『목은집』 文藁 권14, 「廣通普濟禪寺碑銘幷書」(우왕 3년 10월).

286 九韓은 안홍의 『東都成立記』를 인용한 『삼국유사』 황룡사구층탑조에 나오는 말로, 이웃 나라의 침입을 막기 위하여 황룡사 9층탑을 짓고자 했는데, 제1층은 일본, 제2층은 中華, 제3층은 吳越, 제4층은 托羅, 제5층은 鷹遊, 제6층은 靺鞨, 제7층은 丹國, 제8층은 女狄, 제9층은 濊貊이라고 했다는 데에서 유래한다. 전진국, 「'九韓'의 용례와 '韓高'에 대한 인식」, 『신라사학보』 36(신라사학회, 2016).
 이색은 구한을 우리나라를 지칭하는 표현으로 썼다. 『목은집』 詩藁 권16, 「宗埰朴判書 宗孫李政堂 携酒見訪」; 권20, 「左侍中請撰水陸齋疏語」; 권30, 「爲都令公作」; 권30, 「欲出」; 권35, 咸昌吟 「尙州敎授官李汝信來訪, 吾門生也」.
287 『목은집』 文藁 권9, 「周官六翼序」.
288 『목은집』 文藁 권9, 「送偰符寶使還詩序」(공민왕 18년 5월).
289 『목은집』 詩藁 권3, 「西京」; 권23, 「雜興三首」.
290 『목은집』 詩藁 권3, 「婆娑府」.
291 『제왕운기』, 『삼국유사』 등에 단군조선에 대한 기록이 있고, 백문보의 檀君紀元說이 존재하는 점 등으로 미루어 볼 때, 朝鮮氏라고 하여 건국자가 조선이라는 것인지 국호가 조선이라는 것인지 불분명한 점은 있으나 단군을 우리나라를 세운 인물로 파악했다. 金南日, 「李穡의 歷史意識」, 『淸溪史學』 11(청계사학회, 1994), 40-41쪽.
292 『목은집』 詩藁 권4, 「傳燈寺」.
293 『목은집』 詩藁 권3, 「西京」.
294 『고려사』, 「列傳」, 叛逆 妙淸(인종 8년, 1130).
295 『삼국사기』, 「고구려본기」, 동천왕 21년(247).
296 김용선, 『역주 고려묘지명집성(하)(221)』(한림대학교 출판부, 2012), 「조연수묘지명」.
297 김성환, 「高麗時代 平壤의 檀君傳承」, 『문화사학』 10(한국문화사학회, 1998); 김성환, 『高麗時代 檀君傳承과 認識』(경인문화사, 2002).
298 일연(1206~1289)이 『삼국유사』를 1285년(충렬왕 11)에 지었고, 이승휴(1224~1301)는 1287년(충렬왕 13)에 『제왕운기』를 충렬왕에게 올렸다. 『제왕운기』는 1360년(공민왕 9) 경주에서 간행되었다.
299 『목은집』 文藁 권8, 「賀竹溪安氏三子登科詩序」(우왕 4년 4월).
300 『목은집』 詩藁 권23, 「雜興」.
301 『목은집』 詩藁 권4, 「摩尼山紀行 傳燈寺」.
302 『목은집』 詩藁 권4, 「摩尼山紀行 次韻上作」.
303 이는 『삼국유사』와 『제왕운기』의 고조선 건국 신화와 다른 것으로, 그것은 "檀木 아래로 내려온 神人 단군을 나라 사람들이 추대하여 왕이 되었다"(『양촌집』 권1, 「始古開闢東夷主」)는 권근의 응제시 유형이 만들어지는 과정에서 이해된다고 할 수 있다. 김성환, 「목은 이색(1328~1396)의 형세문화론적 화이관과 삼한사(三韓史) 인식」, 『동방학지』 201(연세대학교 국학연구원, 2022).

304 『고려사』, 「列傳」, 白文寶.
305 김성환, 『고려시대의 단군 전승과 계승』(경인문화사, 2002); 최봉준, 「李穀의 箕子 중심의 국사관과 고려 원의 전장조화론」, 『한국중세사연구』 36(한국중세사학회, 2013), 315-318쪽.
306 『가정집』 권5, 「舟行記」.
307 『삼국유사』, 「紀異 古朝鮮」.
308 『제왕운기』 권하, 「前朝鮮紀」.
309 『목은집』 文藁 권8, 「動安居士李公文集序」.
310 『동국통감』 권1, 「外紀」, "우리나라[東方]에는 처음에 君長이 없었는데, 神人이 檀木 아래로 내려오자 國人이 세워서 임금으로 삼았다. 이가 檀君이며 國號는 朝鮮이었는데, 바로 唐堯 戊辰年이었다. 처음에는 平壤에 도읍을 정했다가 뒤에는 白岳으로 도읍을 옮겼다. 商나라 武丁 8년(서기전 1317) 乙未에 阿斯達山에 들어가 神이 되었다"고 했다.
311 그는 중국사를 盤古로부터 시작하여 요·순·우·탕 그리고 진·한·당·송·원의 계승 관계로 이해했다. 『목은집』 文藁 권6, 「古巖記」; 詩藁 권2, 「出鳳城」; 권11, 「後扶桑絲吟」.
312 『목은집』 詩藁 권28, 「卽事」.
313 『목은집』 文藁 권9, 「贈金敬叔秘書詩序」; 권8, 「賀竹溪安氏三子登科詩序」(우왕 4년 4월).
314 『목은집』 詩藁 권28, 「卽事」.
315 『목은집』 詩藁 권18, 「十六日, 順正王太后韓氏忌旦也, 設齋于王輪寺, 奉都評議使公緘, 助以加供, 吟成一首」.
316 『목은집』 詩藁 권2, 「奉送奇集賢歸覲」; 권19, 「述懷」; 권26, 「海東」; 권28, 「代權四宰作」.
317 『목은집』 詩藁 권20, 「迎賓館樓上 進獻使李評理以詩留別 宰樞次韻拜送」.
318 『목은집』 詩藁 권17, 「自詠」.
319 『목은집』 文藁 권11, 「請贈諡表」.
320 『목은집』 文藁 권8, 「賀竹溪安氏三子登科詩序」; 권9, 「贈金敬叔秘書詩序」; 권9, 「送偰符寶使還詩序」(공민왕 18년 5월).
321 이승휴(1224~1300)는 원과의 사대 관계로 왕조를 중흥시키고자 했다. 그는 국가의 공적 질서를 정상화하기 위한 방법으로 유교 윤리를 강화하여 명분이나 직분을 강조하고, 충의 덕목을 활용하여 군신 관계를 공고히 하려고 했다. 그는 단군·기자와 고조선·삼국·통일신라·고려로 이어지는 역사를 체계적으로 정리함으로써 중국과 구별되는 독자적인 역사관을 제시하고 요하 동쪽의 지역이 중원 국가들의 역사 공간과는 구별되는 독자적인 천하로 파악했으며, 그 나라는 天孫이 건국하고 발전시켰다고 하면

서도 『尙書疏』를 인용하여 기자가 주나라 무왕으로부터 제후로 봉작 받았지만 역으로 洪範九疇와 인륜을 무왕에게 가르쳐 주었다(채웅석, 「『제왕운기』로 본 이승휴의 국가의식과 유교 관료정치론」, 『국학연구』 21(한국국학진흥원, 2012))고 했다.

322 중국이 우리나라를 신하로 삼지 않았다는 기록은 1352년(공민왕 2)에 이색이 쓴 대책문에서도 확인된다. 『동인책선』.

323 『사기』, 「世家」, 微子.

324 고려 후기 사대부는 '不改土風'을 원칙으로 하는 世祖舊制를 존중했고(李益柱, 『高麗·元 關係와 高麗後期 政治體制』(서울대학교 박사학위논문, 1996)), 중세적 보편성과 함께 고려 국가의 정체성과 역사를 중시했다(채웅석, 「원 간섭기 성리학자들의 화이관과 국가관」, 『역사와 현실』 49(한국역사연구회, 2003)).

325 『목은집』文藁 권7, 「益齋先生亂藁序」.

326 김기봉, 「역사의 거울에 비춰본 한국인 정체성」, 『한국사학사학보』 21(한국사학사학회, 2010), 155-157쪽.

327 『태조실록』, 1년(1392) 8월 11일.

328 중국사에서는 신화의 시대인 盤古로부터 시작하여 女媧·神羿·嫦娥·삼황(수인씨·복희씨·신농씨)·오제(황제·전욱·제고·요·순), 그리고 夏(B.C.21~16, 禹-桀)·殷(B.C.16~12, 湯-紂)·周(B.C.1027~256, 文·武 …)·春秋(B.C.770~481)·戰國(B.C.481~256)·秦(B.C.221~202)·漢(B.C.202~220)으로 설명한다.

329 『목은집』文藁 권6, 「古巖記」; 詩藁 권11, 「後扶桑絲吟」.

330 『목은집』詩藁 권18, 「十六日, 順正王太后韓氏忌旦也, 設齋于王輪寺, 奉都評議使公纈, 助以加供, 吟成一首」.

331 『목은집』詩藁 권4, 「孤竹吟 盧龍縣作」; 권6, 「牧丹山」.

332 森平雅彦, 「牧隱 李穡의 두 가지 入元 루트: 몽골시대 高麗-大都 간의 육상 교통」, 『震檀學報』 114(진단학회, 2012).

333 『목은집』詩藁 권2, 「讀唐史」.

334 당 태종이 안시성에서 눈에 화살을 맞고 돌아갔다는 이른바 玄花落白羽의 주장은 이색 외에는 언급되지 않았는데 조선시대 당-고구려 전쟁과 안시성 전투를 회고하는 가장 중요한 기억으로 전승된다고 한다. 김철웅, 「고려시대 안시성 위치 인식과 당 태종 눈 부상설의 검토」, 『軍史』 109(국방부군사편찬연구소, 2018), 339쪽.

335 『목은집』詩藁 권2, 「貞觀吟 楡林關作」.

336 김철웅, 「고려시대 안시성 위치 인식과 당 태종 눈 부상설의 검토」, 『軍史』 109(국방부군사편찬연구소, 2018), 330쪽.

337 『목은집』文藁 권20, 「白氏傳」.

338 『목은집』詩藁 권4, 「海州」.

339 宋容德, 「고려-조선전기 백두산 인식」, 『역사와 현실』 64(한국역사연구회, 2007); 宋

容德, 「高麗後期 邊境地域 변동과 鴨綠江 沿邊認識의 형성」, 『歷史學報』 201(역사학회, 2009).

340 『목은집』 詩藁 권3, 「山驛」.
341 『익재집』 권9, 「太祖史論」; 『고려사절요』, 태조 26년(943) 5월.
342 이정신, 「충선왕의 요동 회복 의지와 고려왕·심왕 분리 임명」, 『한국인물사연구』 21(한국인물사연구소, 2014).
343 『태종실록』, 5년(1405) 6월 27일, 조준 졸기.
344 『목은집』 文藁 권7, 「送慶尙道按廉宋都官序 明誼」.
345 『목은집』 文藁 권3, 「梁州通度寺釋迦如來舍利之記」(우왕 6년 6월).
346 『목은집』 文藁 권9, 「贈金敬叔秘書詩序」.
347 『목은집』 文藁 권13, 「書上札補正雪菴大字卷後」.
348 『목은집』 詩藁 권20, 「迎賓館樓上, 進獻使李評理以詩留別, 宰樞次韻拜送」.
349 『졸고천백』 권1, 「海東後耆老會序」.
350 『역옹패설』, 「後集」 2.
351 『중용』, "今天下, 車同軌, 書同文, 行同倫."
352 『가정집』 권3, 「趙貞肅公祠堂記」.
353 박종기, 「이색의 당대사(當代史) 인식과 인간관」, 『역사와 현실』 66(한국역사연구회, 2007), 352-358쪽.
354 『목은집』 文藁 권15, 「有元奉議大夫征東行中書省左右司郞中·高麗國端誠佐理功臣·三重大匡興安府院君·藝文館大提學·知春秋館事·謚文忠公樵隱先生李公墓誌銘(幷序)」(우왕 6년).
355 『목은집』 文藁 권19, 「烏川君謚文貞鄭公墓誌銘 幷序」; 김용선, 『역주고려묘지명집성(하)』, 「민사평묘지명」 이달충(한림대학교 출판부, 2012), 976쪽.
356 『목은집』 文藁 권17, 「鐵城府院君李文貞公墓誌銘」.
357 『목은집』 文藁 권15, 「有元奉議大夫征東行中書省左右司郞中·高麗國端誠佐理功臣·三重大匡興安府院君·藝文館大提學·知春秋館事·謚文忠公樵隱先生李公墓誌銘(幷序)」(우왕 6년).
358 『고려사』, 「列傳」, 叛逆 崔源.
359 『사기』, 「列傳」, 淮陰候.
360 『목은집』 文藁 권19, 「烏川君謚文貞鄭公墓誌銘 幷序」.
361 『목은집』 文藁 권19, 「烏川君謚文貞鄭公墓誌銘 幷序」.
362 『예기』 권9, 「禮運」.
363 이색은 고려 후기 사회를 소강의 시대로 파악했다. 『목은집』 詩藁 권23, 「發嘆」; 권28, 「謹成長句四韻三首 奉呈鐵原侍中座下」; 권29, 「天陰喜賦」; 권31, 「金光秀院使, 邀曲城·漆原兩侍中及鄭月城·權吉昌·韓政堂·永寧君·順興君·少韓政堂及穡, 設

盛饌作樂, 而康平章坐主人之右. 內官金實主人之養子也, …」; 권31, 「三月十二日六友…」.

364 『목은집』 文藁 권1, 「西京風月樓記」.

365 『목은집』 文藁 권8, 「贈宋子郊序」.

366 『목은집』 詩藁 권22, 「一上人爲僕淨書, 亂道間被選書大藏, 追福玄陵也. 僕欲請於提調諸公, 得一上人, 以畢吾稿, 而旣自念曰, "追福玄陵, 稿日夜望之者也, 不能助之, 而反擾之, 非稿之志. 書員出於各宗, 一上人不出, 則南山無人矣. 書僕稿, 雖勞而無所報, 書大藏則國家必錄其功, 此雖上人之所不以爲意, 然在僕則亦不可徑情而直行也." 於是, 不敢發一言於提調所, 但勸上人加工書大藏, 以副國家追福玄陵之意. 吟成一首以誌」.

367 이와 달리 정도전은 공민왕이 즉위 초에는 정성을 다하여 정치에 힘썼는데 노국공주가 죽은 후에 신돈에게 정사를 맡겨 현인을 내쫓고, 토목의 역사를 일으켜 백성의 원망을 샀으며, 다른 사람의 자식을 후계자로 삼고 이를 모면하고자 패륜적인 행위를 했다고 했다. 『삼봉집』 권12, 『經濟文鑑別集』 下 「高麗國」, 恭愍王;『고려사절요』, 공민왕 23년(1374) 9월;『고려사』, 공민왕 23년 9월; 도현철, 「조선 건국 과정에서 역사 기록의 상이한 평가와 해석」, 『역사학보』 248(역사학회, 2020).

368 『도은집』 권5, 「驪州神勒寺大藏閣記碑」(우왕 9년 7월).

369 『목은집』 文藁 권14, 「廣通普濟禪寺碑銘幷書」(우왕 3년 10월).

370 박종기, 「이색의 당대사(當代史) 인식과 인간관」, 『역사와 현실』 66(한국역사연구회, 2007), 352-358쪽.

371 『목은집』 文藁 권15, 「有元奉議大夫征東行中書省左右司郞中·高麗國端誠佐理功臣·三重大匡興安府院君·藝文館大提學·知春秋館事·諡文忠公樵隱先生李公墓誌銘(幷序)」(우왕 6년).

372 『목은집』 文藁 권15, 「高麗國·忠誠守義同德論道輔理功臣·壁上三韓三重大匡·曲城府院君·贈諡忠敬公, 廉公神道碑」.

373 『목은집』 文藁 권18, 「有元·高麗國·忠勤節義贊化功臣·重大匡·瑞寧君·諡文僖·柳公墓誌銘」.

374 이 시기 유학자들은 신돈을 부정적으로 보았다. 이달충은 신돈을 비판하다가 관직에서 물러났다(『고려사』, 「列傳」, 李達衷). 이인복은 "신돈이 단정한 사람이 아니고 후일에 반드시 변고를 일으킬 것이니 가까이하지 마십시오"(『목은집』 文藁 권15, 「有元奉議大夫·征東行中書省左右司郞中·高麗國端誠佐理功臣·三重大光·興安府院君·藝文館大提學知春秋館事·諡文忠公·樵隱先生李公墓誌銘」;『고려사』, 「列傳」, 李仁復)라고 했다. 이제현은 "신돈의 골상은 옛날 흉인의 것과 같아 후환을 끼칠 것이니 가깝게 하지 마십시오"(『고려사절요』, 공민왕 17년(1368) 4월), 한수는 "신돈은 바른 사람이 아니어서 어지러움에 이를까 두려우니 바라건대 왕께서는 이를 생각하소서.

신이 아니면 누가 감히 말하리요"(『고려사』, 「列傳」, 韓康, 附脩)라고 했다. 또한 신돈은 재상의 반열에 있지 않고 왕과 함께 앉거나 임금만이 恩賞과 형벌을 줄 수 있는데 은상과 형벌을 내리자, 유학자들은 "나라에 두 왕이 있는 것"이라고 비판했다(『고려사절요』, 공민왕 15년(1366) 4월; 『고려사』, 「列傳」, 鄭瑎). 윤소종은 "신돈이 권력을 잡은 후로 현인이 물러나 소인이 아첨하고 대간이 입을 닫고 있어서, 신돈이 조종 능묘의 송백을 베어도 왕은 모르고 있으니, 통탄할 일이다"(『고려사절요』, 공민왕 15년(1366) 4월)라고 했다.

375 『목은집』 詩藁 권27, 「成壯元來言, 歲前游合德, 拜掃外舅墳墓而歸, 因懷思菴, 走筆以寓一哀」.
376 『목은집』 文藁 권7, 「江陵道按廉使金先生詩序」.
377 『목은집』 詩藁 권22, 「兩朝文學歌」.
378 『주역』 권2, 「坤」.
379 『목은집』 文藁 권4, 「陶隱齋記」.
380 『목은집』 文藁 권8, 「贈宋子郊序」.
381 『목은집』 文藁 권7, 「送江陵道按廉金先生詩序」.
382 邊東明, 『高麗後期性理學受容研究』(일조각, 1995); 金成煥, 『高麗時代의 檀君 傳承과 認識』(경인문화사, 2002); 金成煥, 『마니산 제사의 변천과 단군전승』(민속원, 2021).

4장

유학적 경세론과 형세·문화적 화이관

1
유학적 경세론과 관료의 자율 정치 지향

1) 군자유 지향과 유학적 경세론

 이색은 스스로를 학문하는 유자(사군자)로 자부하고 공자와 맹자의 도를 배워 위기지학(爲己之學)에 힘쓰는 군자다운 유자인 군자유(君子儒)[1]를 지향했다.[2] 이는 당대의 흐름을 반영한 것이다.[3] 이제현은 전녹생(田祿生)이 군자유가 되기를 원했다[4]고 했고, 최해는 오덕인(吳德仁)에게 군자유가 되라[5]고 했으며, 이숭인은 학교의 학생들이 군자유가 되기를 희망했다.[6] 군자유는 기존 『논어』에 있던 기존의 유(儒) 개념에 군자를 결합시킨 것이다. 『사서집주』에서 유는 학자를 총칭하는 말이고, 군자유는 자신을 위하여 공부하는 것이고, 소인의 학자는 명예를 얻기 위하여 공부한다[7]고 했다. 그리고 군자와 소인의 구분은 의리와 이익의 차이[8]라고 했다. 이 시기에는 군자와 소인을 구분하고 전자를 지향해야 할 인물상으로, 후자를 피해야 할 대상으로 시비선악의 기준이 정해졌다.[9]

 이색은 수기(修己)·수양(修養)을 군자가 되는 데 필요한 덕목으로 제시했다. 그것은 치인(治人)의 방법으로 인격적, 도덕적 완성을 위한 끊임없는 수련 과정이었다. 군자는 천명을 알아나아감에 신중해야 하고[10] 본래의 뜻을 굳게 지키며,[11] 수양법으로 경(敬)을 말하여[12] 경전을 공부하여 성인의 도를 체득하고 실현하는 학자의 자세를 제시했다. 그리고 군자와 반대되는 소인을 경계한다. 『목은시고』에는 앞서 조존(操存)과 내송(內訟)에서 보여주듯이 자기성찰의 차원에서, 스스로를 속유(俗儒)·부유(腐儒)·소인(小人)으로 표현하는 내용이 많다. 홍건적이나 왜구의 침입에 대하여 "썩은 선비는 위급할 때 쓸모가 없다"[13]고 스스로를 자책하거나, 백이를 생각하며 병으로 누워 먼 하늘을 바라보는 스스로를 한탄하기도 하고,[14] 푸르른 소나무에 붙은 매미,[15] 삼한의 한 썩은 선비라고 자조하면서[16] 반성하기도 한다.[17] 스스로를 조롱하면서 자신이 과연 소인인가 군자인가를 자문하기도 했다.[18]

군자유를 새롭게 이해하고 『대학』의 수기치인론을 지향하는 유자 이해는 고려 전기 유가가 병가(兵家), 의가(醫家)처럼 제자백가의 하나였던 것[19]에서 그 의미가 달라진다. 고려시대에 유자는 시서예악을 알고 문장을 지으며 특히 유교 경전에 밝은 박학한 지식인을 의미했다.[20] 당시에 유자는 문장을 짓는 문사(文詞)를 맡는 것을 중시했다.[21] 성종 대 인재를 구하면서 박식한 선비[儒]를 얻어 나의 정치를 돕게 할 것이라 하고, 직접 지은 경찬시(慶讚詩)를 보이며, 유신(儒臣)에게 창화(唱和)하도록 한 데에서도[22] 그를 확인할 수 있다. 숙종은 직접 시를 짓고, 내시와 유신에게 창화하도록 했다.[23]

이 시기에는 글 짓는 능력으로 과거에 합격하고 관직에 나아갈 것을 희망했다. 최유청(崔惟淸)은 "유자는 마땅히 옛것을 익혀서 관직에 들어가야 하는 것이니, 배우지 않으면 담장을 쳐다보는 것과 같습니다"[24]고 했다. 문장을 짓는 임무[文辭之任][25]나 문장 짓는 신하[詞臣]가 유자의 지극한 영광이 되었다. 이규보는 보문각 대제(待制)를 사양하면서 사신(詞臣)으로서 자격이 부족하지만 유자의 영광으로 여겼고,[26] 유공권(柳公權)은 임금을 가까이 모시고 한림원에 재직하는 것을 유자의 영예[27]라고 했다. 유자의 최고의 영광은 글을 잘하여 사명(詞命)의 직책을 맡고 문장과 시문을 중시하는 청요직을 맡는 것이었다.[28]

고려 전기에 문장 짓는 것을 중시한 것은 이 시기 문장의 성격인 변려문과 연관된다. 변려문은 중국 위진 연간에 글을 짓는 자가 윗사람에게 글을 올릴 때에 읽어보기 쉽게 하기 위하여, 구절을 나누어 넉 자씩 나란히 하고 여섯 자씩 짝을 지어 사륙체(四六體)로 만들고, 표(表)·전(牋)·계(啓)·장(狀)을 지었던 문체이다. 과거제가 실시되고 부와 책이 시험과목으로 부과되자 변려문은 더욱 정교한 수사로 화려한 형식미를 추구하게 되었다. 고려시대에는 외교 문서나 기타 문서 행정이 필요했고, 과거 합격자로 이를 충당하려고 했기에 과거시험에는 변려문에 대한 이해가 필요했다. 특히 중국과의 사대 외교문서가 중시되면서 천자와 왕, 군과 신의 문장과 상하 위계를 갖춘 문장이 강조되었다.[29] 이른바 사장학(詞章學)이 발달했다. 최약(崔瀹)은 문종에게 제왕은 경술을 좋아하여 날마다 유학들과 경전과 역사를 토론하고 다스리는 이치를 자문해야 하는데, 아이들처럼 글을 꾸미는 작은 기예를 일삼아 경박한 글을 짓는 신하들과 어울려 음풍농월을 하면서 하늘이 준 천성을 상하게 하지 말라고 했다. 이에 문장을 짓는 사신이 최약은 시를 잘 짓지 못하여 남들과 창화하는 것을 좋아하지 않기 때문에 그러한 말을 한 것이라 하자, 문종은 최약을 춘천부사로 좌천시켰다.[30] 예종 대 사신(詞臣)은 왕 주변에서 문한을 담당하는 관리를 범칭하는데, 왕과의 시문 창화, 공식적인 문서, 외교문서를 담당했다.[31] 고려시대에는 변려문을 중심으로 하는 문장 짓기가 강조되고 과거시험 역시 형식적인 사장이 중시되었으므로, 후대와 같은 고문은 보편적인 지식인의 글쓰기가 아니었다.

무신이 문신을 대신해서 정치권력을 장악한 무신집권기에는 이러한 유자의 개념이 지속되었다. 무신정권의 무신들은 유학자의 문재(文才)와 식견(識見)을 정치의 도구로 활용하고, 수양 중심의 선종 불교로 이념적 기반을 마련하려고 했다. 유학은 능문(能文), 능리(能吏)의 자질을 함양하는 도구적 학문이 되었다. 최우는 관원을 선발할 때 문장 능력을 중시했다. 문장 짓기에 능하고 행정 능력이 있는 인재를 관원으로 충당했다. 종래 문벌 귀족들을 대신하는 지식인 관원을 충당했다.³² 무신집권기에도 국가 운영의 필요성 때문에 유학은 활용되고 있었다.³³

그런데 무신집권기 유자들은 그 이전과 달리 변려문의 형식주의와 그것의 기반이 되는 과거시험의 문장[應用問學, 俳優之說]을 비판하고 고문(古文)을 모색했다. 임춘은 과거시험에 성률(聲律)이나 기교에 속하는 자구 배열로서 우열을 가리는 폐단을 비판했다.³⁴ 이인로(李仁老)는 문장은 천성에서 얻은 것으로 문장만이 귀천 빈부의 고하로 정할 수 없다고 했다. 그는 학자들이 경서·사서·제자백가의 책을 읽고 뜻을 얻어 도를 전하며, 그 말을 익히고 그 문체를 본받아서 마음속에 간직하여 시를 지을 때 마음과 입이 서로 들어맞는 뜻을 구상하여 문장을 만들라고 했다. 지금 후배들이 독서는 하지 않고, 과거에 나온 문장을 익혀서 요행히 급제를 바라고, 급제해도 학업에는 힘쓰지 않고 대구를 맞추는 것에 힘쓴다³⁵고 비판했다. 이규보(李奎報)는 당시의 글쓰기가 문장을 다듬는 것에 치중함을 비판하고, 옛 사람의 문체나 시어를 본받는 용사(用事)와 대구를 위주로 한 변려문보다는 신어(新語)로 신의(神意)를 창출하여 자기의 생각과 말로써 고문을 쓰도록 했다. 최자(崔滋)는 변려문과 과문(科文)의 형식주의를 비판하고, 문장은 도를 밟아가는 문이라 전제하고³⁶ 문장이 도를 담고 있어야 함을 강조했다.

무신집권기 유자들은 문이재도(文以載道)의 고문을 중시하면서 문인의 사회적 역할을 따져 묻고 유학자 지식인의 존재 가치를 생각하게 되었다. 유교 경전에 보이는 군자와 소인의 의미나 염치와 도덕과는 연관관계가 보이지 않지만, 송의 고문가인 소식, 왕안석과 같은 문학자의 영향으로 고문과 그에 따라 유학의 도를 파악하는 계기를 마련하고 있었다.³⁷

말하자면, 고려 후기의 유자는 고려 전기에 유자가 시와 글을 잘 짓는 지식인으로 국왕과의 시문 창화, 외교 문서 작성 등의 문장을 짓는 것에 치중했던 것과는 그 의미가 달라진 것이다.

고려 후기에 성리학을 수용하고, 치인의 전제로 수기를 중시하고 군자가 되기 위한 수양론이 제시되었다. 이색은 성리학의 인간론에 기초하여 인성을 본연의 성과 기질의 성으로 나누었다. 본연의 성은 원래 선한 것이었으나 기질과 물욕에 의해 이것이 가려진다고 보고, 이를 해소하기 위한 방법론으로 경(敬) 수양법을 제시했다. 그리하여 천리를 보존하고 기질과 물욕의 사사로움을 제거하는 것이 성학(聖學)에 이르는 길이라고 했다.[38]

이색은 물질적 욕망을 자제하고, 도덕규범을 지향할 것을 주장했다. 사람은 이목구비를 갖게 되는 이상 성색취미(聲色臭味)의 욕심이 생긴다. 가볍고 따뜻한 것은 몸에 편리하고, 기름지고 달콤한 것은 입에 적합하며, 여유 있기를 원하고 결핍되는 것을 싫어하는 것은 오방(五方)의 사람도 그 성품이 똑같다. 하지만 성인은 인의를 근간으로 법과 제도를 만들었다고 했다. 인의를 근본으로 하여 제도를 만든 것이 성인의 뜻이며, 백성이 경중을 알지 못하고 인을 해치고 제도를 파괴하는 것은 그들의 죄가 아니라고 했다. 그것은 본성을 잃는 것으로 생각했다.[39] 그리하여 인간 본래의 선한 본성을 되찾는 것이 중요하며, 이를 위한 수양이 선행되어야 한다. 이색은 "마음을 기르는 방법으로는 욕심을 적게 하는 것보다 좋은 것이 없다"[40]는 말을 들어 과욕(寡慾)을 마음을 기르는 제일로 삼아야 한다[41]고 했다.

1378년 8월에 이색이 나옹 선사의 사리부도탑에 기문을 짓자 나옹의 문인이 이색에게 예를 행하면서 윤필료(潤筆料)를 건넸다. 그러자, 이색은 "스님은 선왕의 스승이었고, 나는 선왕의 신하였다. 내가 선왕의 신하된 몸으로 선왕의 스승에게 명(銘)을 지은 것이니 예법으로 볼 때 이렇게 해서는 안 된다. 만약 선왕이 살아계시어 나에게 예물을 내려주어도 나는 사양했을 것이다. 더구나 돌아가신 공민왕 영혼이 내려다보고 있는데 내가 감히 염치없이 재물을 탐내어 물욕에 빠져야 되겠는가" 했다. 그리고 "스승의 은혜를 갚고자 한다면, 퇴락한 절을 수리하여 국가에 보탬이 되게 하고 승도를 편안하게 거처하도록 하게 되면, 글 값을 치르지 않더라도 나옹의 은덕을 더욱 윤택하게 하여 다른 이에게 그 은혜를 나눌 수 있을 것"[42]이라고 했다. 유교와 불교의 차이 없이 스승의 은혜를 생각하고, 이익이라는 물질적 가치보다는 의리를 중시하는 군자의 모습[43]을 보여준다고 하겠다.

군자에 대한 의리를 중시하는 모습은 원 간섭기에 잘 나타난다. 원에서 충혜왕을 압송할 때 동조한 고용보(高龍普)와 신예(辛裔)를 비판할 때, "고용보야 소인이라 그렇지만, 신예는 유자인데 어찌 이 지경에 이르렀는가" 하는 여론이 있었고,[44] 오사충(吳思忠)은 반대파를 공격할 때 이숭인을 소인유(小人儒)로 비판했다.[45] 1391년에 성균생원 박초(朴礎)는 맹자가 양주(楊朱)·묵적(墨翟)의 설을 배격하고 공자를 높인 이래 한나라의 동중서, 당나라의 한유, 송나라의 정이천과 주희는 모두 이 도를 옹호하고 이단을 배격하여 천하 만세의 군자가 되었고, 왕안석과 장천각은 불교를 제창하고 풍속을 바꾸어 천하 만세의 소인이 되었다고 평가했다.[46] 여기에서 군자는 긍정적인 인물로, 소인은 부정적인 인물로 묘사되었다. 이는 원나라의 사서(四書)를 중시하는 성리학을 수용한 결과이다. 즉 『송사』를 편찬하는 과정에서 도학을 바른 학문[正學]으로 보고, 군자소인론에 의해 인물 평가의 기준을 마련한바 있고,[47] 그 이전에 진덕수(陳德秀)는 『대학연의』에서 군자소인론에 입각하여 신하를 간신(姦臣)·참신(讒臣)·취렴지신(聚斂之臣)으로 나누어 평가하면서 특히 왕안석을 세 가지 모두에 해당하는 송대의 소인으로 파악한 바 있었다.[48]

여기에서 개인의 수양은 덕행을 닦는 사람을 의미한다. 민지(閔漬)는 김순(金恂)의 묘지명을 쓰면서 "옛말에 군자는 덕행을 말하는 것이고, 공업(功業)을 말하는 것이 아니다"라고 했다. 덕행으로 사람이 마음을 닦을 수 있으나 공업은 하늘이 주는 때에 달려 있다는 이유에서였다. 그리하여 사람이 닦을 수 있는 것을 닦으면 군자라고 했다.[49] 이때 군자가 시서(詩書)나 일삼는 것이 아니라 법률처럼 현실에 유용한 학문을 갖게 하여야 한다[50]고 했다. 군자는 덕행을 닦아 나라를 편안하게 하고 백성을 위하는 구체적인 일을 해야 한다고 본다. 이곡은 당시 염치가 훼손되고 윤리 도덕이 부진한 상황을 해결하기 위하여, 군자의 역할을 강조했고, 한 집안이 어질면 한 나라가 어질어지는 것이니 군자는 자기의 본분을 다하라고 했다.[51] 종래 유자가 제자백가의 일원으로 문장에 능한 지식인이라는 의미에서, 군자라는 의에 밝고 덕행을 수행한 지식인으로 의미가 변화하고 있었다.

이색은 이러한 군자를 지향하며 수기·수양을 기초로 치인 곧 제가와 치국, 평천하로 나가야 한다고 했다.

> 우리 유자들은 마음을 공평하게 쓰고 기운을 평이하게 다스리려고 노력하는데, 그렇게 하는 목적은 수신과 제가의 과정을 거쳐서 평천하를 이루려는 것이다.[52]

> 사군자는 어려서 배우고, 장성해서는 배운 것을 행하여 집에서부터 시작해서 천하를 다스리는 데 미치어 임금을 인도하여 백성에게 혜택이 돌아가게 하고 잘못된 풍속을 바로잡아 반드시 그 요·순과 같은 사람으로 만들고, 요순시대처럼 만들어야 한다.[53]

이색은 마음을 공평하게 하고 기운을 평이하게 다스리는데 이는 수신·제가·평천하를 이루기 위한 것이라 했고, 다른 글에서는 불교와 비교하는 가운데, 우리 유가에서 격물치지(格物致知)와 성의(誠意)·정심(正心)을 통하여 수신·제가·치국·평천하를 이룬다[54]고 했다. 수신과 제가는 격물·치지에서 출발해야 한다[55]고 한 것도 같은 취지의 글이다. 이색은 『대학』의 수기치인론을 수용하여[56] 사물에 대한 이치 탐구를 통하여 그렇게 된 이치[所以然]와 마땅히 해야 할 인간의 도리[所當然]를 파악하고, 이를 기초로 제가·치국·평천하로까지 확산되어야 한다는 것으로, 인간의 인격적 성장 과정을 단계적, 계기적, 통일적으로 파악하고 설명하고 있다. 이러한 입장은 성리학의 핵심 텍스트인 사서(四書) 가운데 하나인 『대학』의 이해와 조금도 차이가 나지 않는다. 그리고 구체적인 평천하의 내용은 임금을 인도하여 백성에게 혜택이 돌아가게 하고 잘못된 풍속을 바로잡아 바꾸려고 하여 요·순 시대를 만드는 것이었다.

이색은 선비가 이 세상에 태어나서 때를 만나 뜻을 펼 수만 있다면 천자의 일을 도와 통일을 이루어, 온 천하에 따뜻한 봄기운[陽春]을 펼치도록 하여야 한다[57]고 했고, 이정보(李廷俌)에게 주는 글에서 선비가 비록 자신의 위상이 미미하더라도 천하의 일을 자임하는 것은 천자를 보좌하여 그 뜻을 행함으로써 자신이 배운 것을 베풀어보려는 마음이 있기 때문이라고 했다.[58] 또한 『예기』[59]를 인용하여 유자는 석상의 진귀한 보배처럼 자신의 덕을 갈고닦으면서 임금이 불러주기를 기다린다[60]고 했다.

이색보다 조금 앞선 최해 역시 집안에서 출발하여 국가로 확대하는 수기치인(修己治人)을 유자의 학문이라고 했다. 맹자가 "어려서 배우는 것은 장성하여 실행하기 위한 것이다"[61]라고 했는데, 먼저 가까운 데에서부터 시작하여 배운 바를 천하와 국가의 뜻에 두는 것이라 했다.[62] 이곡 역시 사람이 어려서부터 배우는 까닭은 장성해서 그것을 행하기 위해서라는 것이 유학의 지향이라고 했고,[63] 권근은 "군자의 경 공부는 말과 용모로 드러난다. 이처럼 내외를 서로 길러 털끝만큼도 소홀함이 없으므로 그 효용이 백성을 편안하게 하는 데까지 이르게 된다"[64]고 했다. 이는 군자의 수양 공부를 통하여 안민(安民)이 가능하다고 본 것이다. 수기치인의 성리학을 익힌 이들은 나라를 다스리는 경세 의식, 민에 대한 책임 의식을 견지하게 되었다.

이색은 또한 불교 승려인 천태 장노를 평하면서 뜻을 실행에 옮기는 유자[吾儒有志行者]와 견줄 만하다는 말을 했는데, 여기에서 경전에서 배운 뜻을 실천하는 유학자를 지향하고 있음을 알 수 있다.[65] 이색은 『대학』의 공부론을 통하여 성학을 익히고 세상을 교화하며 백성을 구제할 것을 생각했다. 수기·수양을 거쳐 가(家)뿐만 아니라 천하에까지 그 배운 바를 펼쳐 백성을 이롭게 하고 풍속을 바르게 해야 한다는 것이다. 수기·수양을 통해 군자(대인)가 되고, 완성된 인간형을 바탕으로 현실 정치에 참여하여 세상을 바로잡는 유자의 전형적인 경세론을 보여준다고 하겠다.

고려 후기에 등장하는 군자유의 유학자상은 경학에 밝고 행실을 닦은 경명행수(經明行修)의 선비였다.[66] 이제현은 충선왕과의 대화에서 시부장구에만 매달려 벌레를 아로새기듯이 문장 다듬기만 하는 조충전각(雕蟲篆刻)의 무리를 비판했다. 그가 생각한 선비상은 경학에 밝고, 인륜[五倫]을 현실 사회에 밝히는,[67] 말하자면 유교 경전을 익혀서 성인의 도를 체득하고, 이를 현실 정치에 반영하는 유학자 관료였다. 여기에서 경학 공부는 사장학을 대신하는 실용적이고 실재적인 학문인 실학(實學)[68]으로 격치(格致)·성정(誠正)의 도를 익히는 것이다. 이제현은 충목왕에게 『효경』·『논어』·『맹자』·『대학』·『중용』을 학습해 격물(格物)·치지(致知)·성의(誠意)·정심(正心)의 도를 익히고 윤리 도덕을 밝히라고 했고,[69] 이색은 문장과 시구를 조탁하지 말고, 성의·정심의 공부를 하라[70]고 했다. 권근 역시 학교는 모두 인륜을 밝히던 곳이고 육경의 글도 그 도를 밝힌 것으로, 인륜을 두텁게 하고 신하가 되어서는 충성을 다하고 아들이 되어서는 효도를 다하여 장유(長幼)·붕우(朋友)에 이르기까지 각각 그 직분을 다하는 것이 유자의 실학이라고 했다. 그리고 이는 한갓 장구에만 매달려 몸과 마음은 다스리지 아니하고 문사만 호화롭게 꾸며 이득과 영달을 바라는 것과 대비되는 것으로 파악했다.[71]

고려 후기에 '경학에 밝고 행실을 닦은 선비[經明行修의 士]'는 경학을 통해 사물의 이치와 인간의 도리를 터득해서 윤리 도덕을 실현하는 것, 구체적으로는 권귀의 발호, 정치 기강의 이완, 왜구와 홍건적의 침입이라는 현실 변화에 효과적으로 대응할 수 있는 인물이었다. 그리하여 고려는 이들을 국가에 필요한 인재상으로 제시했다. 공민왕은 산림이나 향촌에 경명행수의 선비가 있으면 안렴사는 전리사와 군부사에게 보고하여 임용하라[72]고 했다. 당시 공민왕은 "경서에 능통한 사람을 시관으로 삼고자 했는데, 신돈은 감찰대부 손용을, 환관인 이강달이 이무방과 권사복를 추천하자, 감시(監試)는 동몽(童蒙)들이 응시하는데 경명행수의 선비가 아니므로 국가에 보탬이 없다고 감시를 폐지했다."[73] 조준(趙浚)은 당시 학교가 황폐화하여 경명행수의 선비를 얻을 수 없으니 국가의 이상 정치를 행하기 어렵다[74]고 했고, 서연(書筵)에서 세자 공부를 담당하는 인물 역시 경학에 밝고 행실을 닦은 선비를 천거하도록 하고 있다.[75] 말하자면 사서와 같은 경학에 능통하고 행실을 닦은 선비를 어려운 현실을 타개하고 새로운 사회를 열어나갈 주체로 파악했다.

한편 이곡은 불교와 비교하면서 사람들이 강상(綱常)의 아름다움과 예의의 정대함을 알아서 금수의 지경으로 떨어지지 않게 되는데, 이는 본원을 생각해서 그 은혜에 보답하려는 공씨를 배우는 유자들이라고 했고,[76] 겉으로는 유자의 행색을 하고 있지만 속으로는 묵자(墨子)의 도를 따르는 것을 비판했다.[77] 정몽주는 유자의 도는 일상의 평범한 일, 예컨대 먹고 마시는 것에 지극한 이치가 있어, 행동이 조용하고 말이 묵묵하여 그 바름을 얻게 되면 곧 이것이 요순의 도[78]라고 했다.

수기가 치인의 전제가 되는 유자상은 당시 유학자에 대한 비판과 자각을 배경으로 한다. 유자들은 자존의식과 염치를 상실하고 사장학에 몰두하여, 일반 사람들에게 웃음거리가 되었다. 최해는 선비 중에 염치를 닦는 이가 적고 집집마다 겸병을 다투어 풍속이 섞여 사람마다 원한을 품게 되어 비록 원통함이 있어도 호소할 데가 없다[79]고 했다. 이제현은 당시의 세태를 꼬집어 말하기도 했다. 근래에 어떤 고관이, 봉지련(鳳池蓮)이란 늙은 기생을 희롱하면서 "너희들이 돈 많은 중[僧]은 따르면서 사대부가 부르면 왜 그렇게 늦게 오느냐?" 하니 그 기생은 "요즈음 사대부들은, 돈 많은 장사치의 딸을 데려다가 두 살림을 꾸리거나 아니면 그 종[婢子]으로 첩(妾)을 삼는데, 우리가 진실로 치소(緇素)를 가린다면 어떻게 아침저녁을 지내란 말이오?" 하므로 좌중이 부끄러운 표정을 지었다[80]고

한다. 유교에서 말하는 교화의 부진과 염치의 훼손, 윤리 도덕의 해이 현상이 나타났다.

이곡은 1345년(충목왕 1)에 새로운 정치를 지향하며, 당시를 풍속은 무너지고 형정은 문란해져서 백성들이 도탄에 빠져 나라가 나라답지 못한 상황[國之不國]이라고 진단했다. 즉 재물이 있으면 능력이 있고 권세가 있으면 지혜가 있고, 심지어 조복(朝服)을 입고 유관(儒冠)을 쓰는 것을 배우가 잡극에서 연기하는 것으로 간주하며, 직언과 정론을 민간의 허튼 이야기로 여겼다. 따라서 군자를 등용하여 사직을 안정시키고 백성을 편안하게 하라고 했다.[81]

그런데 당시 공부하려는 사람들은 유학을 익히며 현실에 실현하려고 해도 학문하는 자세와 태도에 문제가 있다고 이색은 보았다. 그 한 부류가 자만하는 자이다. 1357년에 급제한 이서(李舒)에게 자(字)를 써주면서 "지금 학자는 조금 지식이 생기면 반드시 순은 어떤 사람이고, 나는 어떤 사람인가[82]라고 한다"[83]고 했다. 요즘 배우는 자들이 조금 안다고 해서 자만하고 요순과 같은 성인의 도에 나아가고 있다고 생각한다는 것이다. 반대로 다른 한 부류는 스스로를 비하하는 자들이다. 이색은 "지금 배우는 자는 요와 순, 문왕은 태어날 때부터 아는 성인이어서 감히 바랄 수가 없다"[84]고 했다. 요·순과 문왕과 같은 성인은 타고난 사람으로 도달할 수 없다고 스스로를 비하하고 과소평가한다는 것이다. 이 두 부류는 현실을 직시하고 현실 문제를 해결하는 유자의 모습이 아니라고 이색은 보았다. 유자는 요·순과 같은 성인을 본받고 당대를 요순시대가 되도록 만들어야 한다는 것이다. 이색이 과거에 장원 급제한 유백유(柳伯濡)에게 요나 순은 성인이어서 내가 지향하기에는 불가능하다고 자포자기하지 말도록 권유한 것도 이런 맥락에서 이해할 수 있다.[85]

이색은 후학 제자들에게 성리학의 성학(聖學)·성인가학(聖人可學)을 통하여 현실개혁 의지를 북돋고 성인이 되는 수양·수기에 힘쓸 것을 당부했다.

학문은 태어날 때부터 이루어지지 않으며 학문에 힘써 얻어지고,[86] 『맹자』에서 보이듯이[87] 하늘이 그 사람에게 큰 책임을 맡기려면 반드시 그 몸을 굶주리게 하고 그 행동을 어지럽게 해서 능하지 못한 바를 더욱 능하게 한다[88]고 했다. 주체적·실천적 의지를 갖고 현실의 어려움을 극복하는 자만이 성인과 대인이 될 수 있다고 본 것이다.

이색은 주나라의 이상 정치는 유학자 지식인으로 실현될 것으로 보고, 이들이 천하의 일을 자임하고 천자를 도와 그 뜻을 행하여 배운 것을 베풀라[89]고 했다. 또한 공자가 "만일 나를 등용하는 자가 있다면 동쪽의 주나라를 만들겠다"라는 말을 인용하면서 후진들에게 "주나라의 도를 우리나라(동방)에서 일으키는 것이 지금 있지 않은가"[90]라고 했다. 곧 유학자 지식인들이 현실을 이끌어갈 주체로서 책임을 다하도록 요구했다.

이색이 주장하는 현실의 경세 의식, 책임 의식을 견지한 유학자들이 당연히 등용되어 국가의 일을 처리해야 한다고 보는 것이 성리학 수용자들의 공통된 생각이었다. "정치를 행하는 요체는 적합한 사람을 얻는 데 있다",[91] "군자를 나아가게 해야 사직이 편안하고 인민이 병들지 않는다. 이것이 고금의 이치이다. 그런즉 사람을 등용하는 것이 정치를 행하는 근본이다",[92] "하늘이 대인에게 벼슬을 준 것은 백성을 구제하고자 함이다. 곤궁하여 하소연할 곳 없는 사람을 보고 태연히 부끄러워하지 않는다면 어찌 하늘이 책임을 부여한 본뜻이겠는가"[93]라고 하여 완성된 인간형인 군자·대인이 관리가 되어야 한다고 했다. 즉 사직을 편안하게 하고 민을 안정시키는 데 적합한 인물이 등용되어야 하고 그 인물은 유교적 기준에 기초한 군자·대인이어야 한다[94]는 것이다.[95]

이색은 경세 의식을 갖는 유학자들이 유교적 이상사회를 건설해야 할 것으로 보았다. 그는 요·순, 하은주(唐虞 三代)를 지향하며,[96] 요·순과 같은 성인을 본받고 당대를 요·순의 시대로, 백성들을 요·순의 백성으로 만들고자 했다.[97] 특히 이색은 요·순·우·탕·무왕[二帝三王]을 성인 군주로 파악했다.[98] 이들 중국 고대 성왕은 요·순처럼 성인으로 군주가 되어 왕의 자리[南面]에만 앉아 있어도 정치가 행해졌다. 이색은 "천자는 남쪽을 향하여 앉아 의상을 입고 편히 있었네"[99]라 했고, "하지 않아도 다스린 이는 순임금이다. 몸을 공손히 하고 바르게 남면하셨을 따름이다",[100] "황제와 요순은 의상만 입고 앉아 있어도 천하가 잘 다스려졌다"[101]와 같이 성인 군주의 모습을 상정했다.[102]

이색은 유교적 이상사회를 실현하기 위하여 나라와 천하에 나아가 세상의 풍속을 바르게 하고 백성을 구제할 것을 기약했다. 곧 경세제민(經世濟民)[103]·경방제세(經邦濟世)[104]를 위한 계책을 강구했다.[105] 그는 경제의 구체적인 내용으로 치군택민(致君澤民)[106]을 설명했다. 치군(致君)은 군주를 바르게 인도하여 이상 정치를 실현하는 것이고, 택민(澤民)은 백성을 윤택하게 하는 문제이다.[107] 이색은 『맹자』에서 지적하고 있듯이[108] 임금을 바로잡는 것을 유학자의 주요한 책무로 제시했다.[109] 택민은 민생 문제로서 앞선 이제현과 이곡 등의 논의를 받아[110] 『맹자』의 정전제와 항심(恒心)·항산(恒産)을 검토했고,[111] 민생과 직결되는 국가 재정 문제를 언급했다. 경제(經濟)를 통하여 민생을 안정시키고 나라를 부강하게 만드는 국용과 민생 문제를 제시했던 것이다.[112] 그리하여 그는 뜻을 같이하는 동지(同志)들과 국가의 정체와 풍속 그리고 현실 문제를 논의했다.[113]

결국 이색은 당시 학도들이 수기·수양을 통해 군자(대인)가 되고 경세의식, 책임 의식을 견지하며 관료가 되어 나라를 편안하게 만들고 민생을 안정시키는 유교적 이상사회를 건설하기를 바랐다.[114] 곧 성리학을 익혀 군자가 되고 사물의 이치를 파악하여 변화하는 현실 사회에 대응하여 세상을 바로잡아 유교의 도를 실현하려는 유학자의 전형적인 경세론을 보여준다고 하겠다.[115]

2) 고려의 중흥과 관료의 자율 정치 지향

이색은 유학 이념에 충실한 책임 의식을 바탕으로 유교 정치 이념에 입각한 합리적 정국 운영을 통하여 고려의 정치체제, 집권 관료제를 정상화하여 왕조의 중흥을 도모했다. 선왕지법(先王之法)·고제(古制)·구제(舊制) 등으로 표현되는 고려의 제도를 회복하고 공적인 국가 질서를 유지하려고 했던 것이다. 1356년 현안에 대한 8가지를 지적한 이색의 상서는 모두 받아들여졌다.[116] 이색은 무신집권기와 원 간섭기를 통해 무너진 고려의 옛 관제와 제도를 복구하려 했다. 그는 정도전 계열 사대부와 첨예하게 대립할 때, 고려의 법과 제도를 고수하는 입장에 있었다.

당시 고려 말에는 무신집권기와 원 간섭기를 거치면서 정치기구가 만들어지고 관직 체계가 문란하여, 개혁을 추진하고 관제를 개편했으나 그를 뒷받침하는 각종 법령과 규례, 지침 등의 매뉴얼이 마련되지 못했다. 여기에 재상의 수가 늘고 권세가의 파행적인 정치 간섭으로 도당 중심의 정치 운영이 제대로 되지 못했다. 고려 초기의 삼성육부 중심의 정치가 혼선을 빚고 시대에 맞지 않는 정치가 행해졌다.

공민왕은 반원 개혁을 단행하고 여러 부분에서 개혁 정치를 추구하며 고려의 왕정을 복구하려 했다. 그 가운데 1356년의 관제 개혁은 문종 대의 구제(舊制)를 회복하려는 것이었다.[117] 그런데 덕음(德音)과 조령(條令) 등으로 행해진 관제 개혁은 유사(有司), 즉 관리들의 호응을 얻지 못해 제대로 시행되지 못했다. 우현보가 지적하듯이 개혁 조치를 담은 법을 형식적인 문구로 여기고 구폐를 따랐다.[118] 그 이유는 국왕의 중요한 제안이 일방적 지시나 명령으로 처리되어 재상을 비롯한 고위직에서 하위직까지 국정에 대하여 언급하지 않았기 때문이다. 기본 정책, 정강의 입안 및 추진 전략을 국왕이 홀로 결정하고 관료들은 그저 따르는 것 이외는 별다른 역할을 할 수 없었던 것이다.[119]

또한 1356년 이후 6부 개편을 4번이나 행했으나 개혁이 효율적으로 추진되지 못했다. 예부는 원래 1290년(충렬왕 1)에는 이부와 함께 전리사로 병합되었다가 공민왕 때 복구되고, 예의사(禮儀司)로 다시 바뀌었다. 1365년(공민왕 14) 예조정랑 박상충(朴尙衷)은 향사는 예의사에서 주관했는데 의례를 기록해둔 전범이 없어서 자주 착오를 일으킨다고 보고, 옛날의 의례를 참고하고 고증하여 항목대로 정리한 뒤 손수 써서 제사의 준칙[祀典]으로 삼았다.[120] 1369년(공민왕 18)에는 홍건적의 침입으로 인한 안동으로의 파천 이후에 예문(禮文)이 끊기고 퇴락하여 석전(釋奠)의 의식이 법식에 맞지 않게 되어, 이색이 그 잘못을 바로잡고 생도에게 가르치려 예법제도를 바로잡게 했다.[121]

또한 공무가 공적 절차에 따라 행해지지 않고 권세가가 자의적으로 처리했다. "관직제도의 개혁이 여러 번 있었으나 관제와 관련된 책을 저술한 사람은 없었다. 그래서 관직에 임기만 채우면 바로 떠나고 혹시 그 어떤 일을 하는지 물으면 '나는 모른다' 하고 그 녹봉이 얼마나 되는지 물으면 '나는 약간의 녹봉을 받았는데 지금 벌써 몇 해가 되었다'"라고 할 뿐이었다.[122] 1371년(공민왕 20)에 나주목사 이진수(李進修)의 상소에 의하면, 관직과 봉록[官爵]은 어질고 능력자에게 주는 것인데, 관원들은 권문에 청탁하고 품관은 재상의 종처럼 일한다고 보고, 반당(伴倘)·기종(騎從)·상선(常選) 외에 도감들이 여러 경로로 추천장을 올리는 것을 금지하고, 여러 기관의 공사(公事)에 업무 보고를 하는 것은 합좌소(合坐所)에 진달해야 한다[123]고 했다. 여러 관청의 관원들이 공무를 공적 절차를 통해 처리하기보다는 권세가에 의지해서 처리함을 비판했던 것이다.

공민왕과 우왕 대에는 소수의 권력자가 도당을 장악하여 실질적인 권력을 행사하며 왕명 출납까지 간여했다. 6사와 중하급 관청의 기능이 발휘되지 못했고 법규대로 시행되지 못했으며, 각 기관 사이 업무상의 계통이나 서열이 무너지는 등 관제 전반이 문란했다. 당시 정치·사회의 현안을 위한 개혁을 추진하기 위해서는 관제를 개편하는 것이 중요했고, 각종 법령을 비롯한 상세한 규례나 지침을 포함한 운영체계를 새롭게 확립하는 일이 시급하게 요구되었다. 전기의 6부제 복구라는 대원칙에 바탕하면서 보다 구체적인 운영체계를 마련할 필요가 있었던 것이다.[124]

또한 고려 말에는 관직 체계가 혼란했다. 관직이 남발되고 권력 구조의 문제점과 함께 자의적인 정치 운영이 나타나 파행적으로 정치가 운영되었다. 재상의 수가 늘어나고 재상의 위상이 추락했다. 1390년(공양왕 1) 12월에 올라온 상소에 의하면, 관직과 작록은 어진 이를 기르고 선비를 대우하기 위한 것인데 노비와 전택(田宅)으로 뇌물을 바치면 그 사람이 어진지 불초한지를 따지지 않고 재신과 추밀로 발탁했고, 상의(商議)[125]가 70~80명에, 재상은 50~60명에 이르렀다.[126] 조준은 재신(宰臣)과 추밀(樞密)이 합좌하는데 도당에 앉아 국정에 참여하는 자가 60~70명이나 되고, 재상에 환관이 포함되어 이들이 묘당에 참여하여 국정을 의론하니 본래의 취지에 맞지 않는다고 했다.[127]

여기에 사적인 권력 행사가 행해져 정치 운영이 파행적으로 운행되었다. 그리하여 "권간이 나라를 훔쳐 관작이 사문(私門)에서 나오고, 인사와 행정이 무너진 지 오래되었다",[128] "사문만 알지 왕실이 있음을 알지 못한다"[129]의 상황을 초래했다. 권세가의 사권력에 의한 지배가 행해지고 국왕을 정점으로 하는 공적 운영이 이루어지지 않았다.

이색은 고려 말 혼란해진 정치기구를 정비하는 방향으로 『주관육익』의 원칙에 충실하고자 했다.[130] 1372년(공민왕 21)부터 1380년(우왕 6) 사이에 완성된 것으로 보이는 『주관육익』으로 추정되는데, 이는 여기에서 나오는 전리(典理)·군부(軍簿) 등 6부에 관한 명칭[131]이 원 간섭기와 1372년부터 우왕 대까지 사용되었다는 점과, 찬자인 김지(金祉, 敬叔)[132]가 1380년 4월에 쓴 시[133]에 『주관육익』과 『선수집』을 언급한 부분이 있기 때문이다. 이색은 당시 관제 개혁이 여러 번 행해졌지만, 각 기관의 직무가 제대로 수행되지 않았다고 보았다. 일을 맡고 있는 관원에게 무슨 일을 하고 녹봉을 얼마나 받느냐고 질문하면 명확하게 답변을 하지 못하고 있었기 때문이다. 관제의 연혁을 모르고 담당자도 임기만 채우고 이동할 뿐이며 직임의 내력이나 녹봉에 대해서는 아는 자가 없었다. 6부의 조직은 있지만, 각 사(司)와 부(府)가 설치된 이유와 수행해야 할 일을 모른다[134]고 했다. 곧 이색은 『서경』의 주서(周書)나 주관(周官), 『주례』에서 유교의 관직제도를 정리했고, 태조 왕건이 나라를 세우고 관직제도를 답습하여 400여 년을 내려왔지만, 관직에 관해 정리된 책이 없었다고 보았다. 김지는 이러한 사실을 극복하기 위하여 『주관육익』을 편찬하여 『주례』의 6전을 바탕으로 관직제도의 원리와 내력을 밝혀 관리들이 맡은 일을 충실히 수행하기를 바랐다고 한다. 즉 『주관육익』은 무너진 고려의 정치체제를 『주례』 6전을 통해 재정리함으로써 관직 체계를 정상화시키려는 의도로 저술되었다.

이색은 김지의 의도에 공감했고, 무신집권기 이래 변형된 정치기구나 관제의 복구에 힘썼다. 그는 정방(政房, 무신기에 설치한 인사행정 담당 기구)의 혁파와 이부와 병부에 의한 인사권의 회복을 주장했다.[135] 이는 이색의 성균시 좌주인 김광재가 충정왕에게 "문반의 인사는 이조가, 무반은 병조가 맡았는데, 정방에서 총괄하는 것은 권신이 시작한 것으로 옛 제도를 따르는 것이 좋겠습니다"[136]라고 건의하여 실행하게 한 것, 또 이제현이 정방은 고제(古制)가 아니므로 마땅히 폐지하여 인사권[銓注權]을 이부[典理]·병부[軍簿]의 두 관서에 맡기자고 한 견해[137]에 찬동하는 것으로 표출되었다.

정방은 혁파되었지만 곧 복설되어 관리 임용의 중요한 수단으로 이용되었다. 정방을 기반으로 한 사문(私門)·권신의 반발과 저항이 강했기 때문이다. 1352년 정방 혁파에 반대한 조일신은 이부[典理]·병부[軍簿]가 인사를 맡게 된다면 담당 관리가 법조문에 구애되어 벼슬을 주는 것이 지체된다는 이유에서 정방 폐지에 반대했다.[138] 권세가들은 정방을 통하여 인사권을 장악하고 자신의 기반을 재생산할 수 있었으므로 쉽게 포기할 수

없었던 것이다.139

공민왕에 이어 우왕이 즉위하고 고려의 정치 운영은 왕권이 약화된 가운데 사적인 권력을 행사하는 도당에 의해 이루어졌다.140 소수의 권력자가 실질적인 권력을 행사하며 왕명 출납까지 간여했다. 6사와 중하급 관청의 기능이 발휘되지 못했고 법규대로 시행되지 못했으며, 각 기관 사이의 업무상의 계통이나 서열이 무너지는 등 관제 전반이 문란했다. 당시 정치 사회의 현안을 위한 개혁을 추진하기 위해서는 관제를 개편하는 것이 중요했고, 그와 함께 각종 법령을 비롯한 상세한 규례나 지침을 포함한 운영체계를 새롭게 확립하는 일이 시급하게 요구되었다. 전기의 6부제 복구라는 대원칙에 바탕을 두고 구체적인 운영체계를 마련할 필요가 있었다.141

이색의 고려 관제 복구 지향이 담긴 『주관육익』의 내용은 우선, 왕씨의 세계(世系)와 삼한 및 삼국 시대의 역사를 서술하고 있다.142 『고려사』 세계에 의하면 고려의 조상은 당 숙종이었는데, 숙종은 선종의 잘못이라고 했다.143 진위 여부를 떠나서 『주관육익』은 왕건의 세계와 관련이 있다는 당 선종의 전포(錢浦) 설화를 언급하고 있다. 김관의의 『편년통록』은 의종 때 산악 신앙과 용(龍) 신앙에 기대어 왕권을 신성화하며 미화하고 귀족 세력의 발호를 막아보려는 의도로 저술되었는데144 같은 맥락에서 『주관육익』은 여말이라는 시대 상황에서 왕씨의 세계를 밝힘으로써 고려왕조의 건재함을 과시하려고 했던 것이다. 또한 『주관육익』은 미질부성(彌秩夫城)과 그 성주 훤달(萱達)의 내항을 언급하면서 태조 왕건의 건국 과정을 설명하고 있는데,145 고려의 성립 과정과 그 내력을 서술하여 고려왕조 성립의 필연성, 성립의 의의를 밝히고 그 존립 근거를 재확인하고 있다.

둘째, 『주관육익』은 『주례』의 6전을 바탕으로 하면서 『통전』·『문헌통고』의 체제를 원용했고,146 그 배열 순서는 『주례』가 아닌 『고려사』 「백관지(百官志)」의 순서를 따랐다.147 이는 이색이 고려의 삼성 육부제(三省六部制)에 반영된 『주례』에 입각한 6부의 행정체계를 복구하여 고려의 관제 운영을 정상화하려는 것이다. 또한 고려의 행정 운영의 중심인 6부가 그 아래의 중·하급 관청과 계통상의 연결을 바로잡아 상하 행정체계를 확립하려던 것이다.[148] 곧 무신집권기나 원 간섭기 이래 무너진 관제를 복구함으로써 지배 질서를 공고히 하려는 것이었다.

6전에 입각한 제도 개혁 방안은, 『주례』를 기반으로 전반적인 개편을 주장하는 정도전, 조준 등에게 큰 영향을 주었다.[149] 당시의 실정에 맞도록 전체를 6전으로 나누어 강(綱)으로 설정하고 세부 내용은 목(目)으로 삼아, 전체와 부분을 통일된 체계로 연결되도록 하고 하나의 운영체계로 구체화시킨 점이 체제 개편을 염두에 둔 이들에게 영향을 미쳤던 것이다. 개혁을 진행하기 위해서는 문물제도에 대한 정리 작업이 필요했을 것이므로 더욱 그러했을 것이다.[150]

셋째, 『주관육익』은 전국 각 지방의 지역적 산물을 총망라했다. 『주관육익』은 고려의 각 지방의 산물(産物)·성씨(姓氏) 등 인문 지리지의 내용까지도 포함하고 있다.[151] 지지(地志)처럼 행정[연혁(沿革)·소관(所管)·사경(四境)·월경처(越境處)·해도(海島)]·경제[공부(貢賦)·토질(土質)·약재(藥材)·토의(土宜)·토산(土産)·염소(鹽所)·어량(魚梁)·제언(堤堰)·자기소(磁器所)·도기소(陶器所)·조세수납(租稅輸納)·간전(墾田)·호구(戶口)]·군사[성곽(城郭)·험조(險阻)·관방(關防)·요해(要害)·목책(木柵)·목장(牧場)·역(驛)·봉화(烽火)·수영(水營)·진(鎭)·군정(軍丁)] 등 지방의 세부 사항을 모두 기록했다. 이는 중앙집권화가 진전되어, 중앙에서 지방을 지배하고, 특히 부세(賦稅)와 과역(課役)의 합리화 필요성이 증대된 결과였다. 고려 문물제도에 대한 체계적 정리 작업을 통하여 고려의 정치질서를 회복하고 왕조를 재건하려고 했음을 보여주는 것이다.

『주관육익』에 의한 국가체제 구상은 고려의 정치체제를 존중하는 것이다. 고려는 『주례』와 당나라 정치제도를 참작하여 3성 6부 중심의 정치제도를 유지했고, 중서문하성의 재부(宰府)와 낭사(郎舍), 중추원의 추신(樞臣)과 승선(承宣) 등 정치기구가 상·하 2중으로 구성되었다. 5도 양계로 구성된 지방제도는 남도 지역과 양계 지역 그리고 경기 지역으로 다원화되어 있고, 통치 내용도 지역에 따라 달랐다.[152] 중앙집권적 정치체제를 지향했지만, 통일적인 지배구조, 권력구조를 이루지 못하여 관료의 자의적인 지배와 사원이나 유력자들의 독자적인 세력 형성을 용인했다. 이러한 정치체제에서는 집권적 국가를 지향하면서 사원이나 귀족 그리고 이들과 연결된 지방 세력의 사적 지배를 용인하게 되었다.[153]

이색은 고려 정치체제의 특성을 인정하는 가운데 왕조를 중흥하려 했다. 그는 『주관육익』을 통하여 고려의 정치체제가 『주례』의 6전적 정치 운영의 취지에 맞고 시대와 사회 변화에 부합한 규정을 재정립하는 가운데 합리적인 정치 사회 운영을 꾀했다. 물론 그는 시의(時宜)에 따른 개혁의 필요성을 인정했고,[154] 인의(仁義)를 근본으로 하여 제도를 만든 것이 성인의 뜻이며 백성이 경중(輕重)을 알지 못하고 인의를 해치고 제도를 파괴하는 것은 백성의 죄가 아니라고 했다. 그것은 백성을 둘러싼 제 관계, 민산(民産)을 어떻게 조정하고 왕도를 실현하느냐의 문제로 생각했다.[155] 이색은 조종(祖宗)의 성헌(成憲)이 현실에 적중된 제도는 곳곳에 이르렀으나 400여 년이 지나 말폐가 나타났다고 했다. 이때 그 말폐는 태조 이래의 선왕지제(先王之制)·조종지법(祖宗之法)의 제도 자체가 아니라 무신집권기와 원 간섭기를 통해 자의적으로 만들어진 제도, 정치기구에 기인하는 것이었다.[156] 그의 개혁안은 고려 옛 제도를 복구하거나 제도 운영상의 문제를 시정하는 것이었다.

말하자면, 이색은 고려의 법과 제도 자체보다는 그 운영상의 문제에 주안점을 두게 되어, 국가 제도 운영의 주체인 관리의 역할을 강조하게 된다. 그 관리는 수기가 전제로 군자·대인이 되어야 함은 물론이다. 관리는 유학적 경세 의식과 책임 의식을 견지하며 고려의 주어진 법과 제도 안에서 양식(良識)과 재량에 의하여 합리적으로 정치 사회를 이끌어야 한다고 보는 것이다.[157]

이색이 왕조의 정치체제를 존중하고 고려의 법과 제도를 전제하는 가운데 관료의 자율적인 정치 사회 운영을 꾀하는 것은 그의 각 부분별 설명에서 파악할 수 있다. 이색은 유학의 경세론 가운데 교육·교화 문제를 보다 중시했다. 이색은 인간의 본성과 도덕적 실천을 중시했고, 이를 위한 윤리 도덕 교육을 강화하고자 했다. 그는 인간의 본성을 천리(天理)로서 재확인하고 그 본성의 발현에 관심을 집중했다. 하늘이 백성을 낳음에 떳떳한 도리를 갖게 했으므로, 백성의 본성은 하늘이 부여한 바대로 선하다. 그런데 하늘이 부여한 인간의 선한 본성은 기질이나 인욕에 의해 가려져 욕망에 빠지기 쉽다. 즉 인간은 욕망을 절제하고 자각하여 본래 갖고 있는 마음을 보존케 해야 한다. 정치는 백성을 편안하게 하는 것인데, 백성의 편안함은 인간 본래의 선한 성정을 보존하고 기르는 데 있다.[158] 그 점에서 백성을 훈도하고 이끄는 위정자의 역할이 생기게 된다. 이색은 백성의 어른 된 자가 교육·교화를 행하여 백성의 본성을 되찾아주어야 한다고 주장했다. 즉 군자 혹은 선각자가 백성을 가르쳐주고 이끌어주어야 한다는 것이다. 이색은 강원도 간성의 지방관인 박인을(朴仁乙)에게 자(字)의 기를 써주면서, 사람의 마음 보존에 있어 인의 역할을 강조했다.

> 사람에게 있어서 마음을 보존하는 것을 인(仁)이라고 한다. 집에 거처할 때 사랑하고 효도하며 정치를 할 때 측은한 마음을 갖는 이것이 인을 미루어 나가는 것이다. … 백성들이 교화에 순종하는 것이 마치 봄바람 앞에 서 있는 것 같아서 온화한 기운이 사방으로 도달하여 끝없이 흐르는데, 하물며 한 고을이야.[159]

백성들이 교화에 순종하는 것이 마치 봄바람 앞에 서 있는 것 같아서 온화한 기운이 사방으로 도달하여 끝없이 흐른다고 하여, 치자(治者)가 솔선수범하여 백성은 자연스럽게 따라오도록 했다. 『논어』는 바람으로 의제된 군자의 솔선수범에 의해, 풀로 의제된 소인은 자연히 눕게 된다고 설명한다.¹⁶⁰ 백성은 바람에 나부끼는 풀과 같은 존재여서 군자로 비유되는 바람에 크게 영향을 받는다. 즉 백성은 지배층의 솔선수범에 의하여 감화된다는 것이다. 여기에서 백성을 교화시키는 주체로서 군자와 대인의 역할이 필요해진다. 이색은 백성을 교화·교육시키는 담당 주체로서 군자와 대인을 제시하고 그들에게 현실에 대한 강한 책임 의식을 요구한다.

이색은 유교 교화를 위하여 농민 생활의 안정이 필요하다고 생각해 이를 위해서 농업생산력 향상과 농업 기술의 진전에 관심을 가졌다. 그는 이암이 가져온 원나라의 농서인 『농상집요』에 후서를 썼다.¹⁶¹ 이색은 고려 백성들이 경제생활에서 어떤 곡식이 중요한지, 무슨 가축을 길러 어떻게 사용해야 하는지, 옷감을 만들기 위한 작물 간의 경작 비중을 어떻게 정해야 하는지를 모르면서 목숨을 위협하는 사냥과 말타기를 서슴없이 한다고 했다. 그래서 이색은 이를 본심을 잃고 의를 손상시키는 것이라고 보았다. 인의에 기반한 성인의 적절한 제도를 시행하는 것이 왕도정치의 실현이고, 이는 민산(民産)을 다스리고 왕도를 일으키는 것이라고 했다. 즉 "풍족하지만 사치스럽지 않고 검소하지만 누추하지 않으며, 인의를 근본으로 하여 표준[度數]을 만든 것은 성인의 적절한 제도이니 사람이 아름답게 되는 까닭이다"라고 했다. 즉 검소한 것은 바람직하지만 인의라는 가치를 몰각하면 비루하게 되고, 풍족한 때에 인의를 잊으면 사치스럽게 되는 것이다. 바람직하고 적절한 상태를 유지할 수 있도록 조절하는 기제가 인의인 것이다. 이는 『맹자』가 제민지산(制民之産)¹⁶²을 말하면서 풍년과 흉년을 동시에 거론하고 인의를 잊어 항심이 없는 결과로 '방탕하고 편벽되고 사악하고 사치스러운 일[放辟邪侈]'에 이른다고 한 발언과 조응한다. 맹자에게 있어 물질적 수요의 충족은 어디까지나 백성을 선으로 끌어가기 위한 조건으로서, 방벽사치(放辟邪侈)로 이어지지 않도록 일정한 제한이 가해져야 하는 것이다. 이러한 사유를 담은 맹자의 말에 근거함으로써 농업은 인의에 의한 통제 아래에 놓여야 하는 것이 되었다.¹⁶³ 이색은 이암이 『농상집요』

를 간행하여 중시해야 할 곡식이 무엇인지 가르치고 가축들을 어떻게 활용하는지를 보여주며 솜과 목화를 가지고 따듯한 옷을 만드는 방법을 알려주어, 백성들의 의식을 풍족하게 하더라도 반드시 인의와 연관하여야 한다고 했다. 농사를 가르치더라도 인의를 염두에 두고 그에 의한 기준에 따라 적절한 방향으로 인도하는 것이 이색이 말한 민산의 내용이다. 곧 이색이 말하는 민산은 단순한 물질적 수요를 충족하는 것에 국한되는 것이 아니라, 인의를 근본으로 하는 것임을 보여준다.[164]

이색은 심성·수양 중심의 성리학을 견지한 것과 같은 맥락에서 학교의 설립과 이를 통한 교화를 강조했다. 이색은 백성의 의사에 순응하는 교도(敎導), 백성의 도덕적 본성을 계발하는 인성, 도덕 교육을 요구하는 것과 같은 맥락에서 향교·학교의 역할을 강조했다. 그는 학교가 풍화의 근원이고 인재 양성의 요람[165]이라고 보았고, 학교의 중요성을 강조하며 학교가 폐해지는 현실을 개탄했다. 그는 1352년 2월에 국왕 교서[166]에 이어 올린 복중상서에서 학제 개선책을 제시하고 이를 과거제와 관료제와 연계하는 학제 개편안을 올린 바 있다.[167] 1367년(공민왕 16)에 성균관이 다시 지어지고 학교 교육이 강화되어 열정적으로 연구하고 교육했으나, 공민왕 말년과 우왕 초년에 들어 생도가 흩어지고 학관이 텅 비어 잡초가 무성할 정도로 성균관 교육이 쇠락했는데[168] 이색은 「반궁수조비문(泮宮修造碑文)」을 지으라는 우왕의 명을 '공민왕의 성덕으로 학교를 일으키고 인재를 양성하는 뜻을 잇는 것'으로 높이 평가하고,[169] 권근이 성균관 교관이 되고 학교가 장차 흥성하게 될 것이라는 말을 듣고 기뻐하며 시를 지었다.[170]

이색은 풍속을 교화하고 인간의 도덕적 본성을 실현하는 윤리 도덕 교육을 지향했다. 고려는 초기부터 유교적 정치이념과 학교 교육에 힘썼고, 개경에 국자감과 오부학당, 지방에도 향교가 성립되었지만, 활성화되지 않았다. 원으로부터 성리학이 수용된 이후 개경에서의 학교 진흥과 지방 학교의 설립이 보다 본격적으로 모색되었다.[171]

이색은 전국적으로 학교 설립이 미비한 현실을 감안하여 개별 지방관이 자율적으로 학교를 세우고 교화를 주도하기를 바랐다. 이색은 1344년에 진사가 된 구사평(丘思平)이 경상도 선산의 화곡(華谷)에 서재(書齋)를 두고 생도 30여 명을 가르치는 일을 듣고 시를 지었고,[172] 강원도 통주의 학장 장자의(張子儀)가 "글방에서 유풍(儒風)을 떨침이 무엇보다 어여쁘다"[173]고 했다. 즉 이색은 학교의 설립을 국가 차원에서 정책적, 제도적으로 시행하는 것을 염두에 두면서도, 지방관이 지방의 유력자와 함께 자율적으로 학교를 세우는 것을 칭찬했다.

이색과 뜻을 같이하는 학자들은 지방의 사립학교인 서재(書齋)·서당(書堂)·학당(學堂)을 설립하여 활동했다. 원천석은 정도전과 같이 국자감에 합격한 동년으로 진사가 된 후 원주로 내려가 후생을 교육했다.[174] 이숭인은 옛사람들이 학문할 경우, 서울에 대학이 있고 작은 고을에는 상(庠)이 있으며, 큰 고을에는 서(序)라는 학교가 있고 집에는 숙(塾)이 있었는데, 서숙이 없어진 후 재사(齋舍)가 만들어졌다[175]고 했다. 이숭인은 이러한 서재에서 서울에 있는 친구가 생각나서 시를 짓고[176] 이를 서재 벽에 쓰기도 했다.[177] 길재는 "제자들과 더불어 서로 읍하기를 마친 뒤 경서를 강론했는데, 반드시 정주(程朱)의 뜻에 맞도록 노력했다"[178]라고 했다.[179] 원 간섭기 이후 중앙 정계에서 벗어나 향리로 낙향하는 지식인들이 속출했다. 중앙에서 실직을 얻지 못한 산관(散官)층이 지방에 내려가 한량·품관이 되어 서재를 열어 교육에 전념했던 것이다.

성리학을 수용하여 군자를 지향하고 인성을 강조하며 도덕 교화를 확산하는 분위기에서 관학이 미진한 가운데 사적인 학교인 서재가 만들어지고, 흥학 활동이 전개되고 있었다.[180] 중앙정부 차원에서 제도적으로 학교를 설립하고 운영하는 것이 아니라 의식 있는 지방관의 판단과 지방 지식인의 노력에 의해 학교 교육이 이루어지고 있었다. 이색은 이를 인정하고, 군자적 자질을 갖춘 관리 혹은 지식인이 학교를 설립하여 민의 도덕적 본성을 계발하는 인성과 도덕 교육에 힘쓰도록 했다.

위화도 회군이 조준 등의 개혁 상소에서는 학교가 풍속 교화의 중심이라는 전제하에 국가 차원에서 학교를 설립하고 교관을 임명하고자 했고,[181] 개경에 오부 및 서북면의 부(府)·주(州)와 각 도의 목(牧)·부(府)에 유학교수관을 두었다.[182] 이는 조선 건국 후 제시된 태조의 즉위교서에 반영되었다. 중앙의 성균관, 지방에는 향교에 생도를 두고 강학에 힘쓰게 하여 인재를 양성하게 했다. 중앙에는 성균정록소(成均正錄所)가, 지방에는 안렴사가 학교에서 경학에 밝고 덕행을 닦는 사람을 단계적으로 선발하여 임용하도록 했다.[183] 우수한 교관을 충원하도록 하여 경전에 능통하고 노성한 선비를 골라 교수에 충당하고 수령이 그 부지런하고 태만한 것을 고찰하도록 했다.[184] 정도전 역시 국가의 운영 방침을 정하면서 학교 진흥의 원칙을 제시했다.[185] 조선 초기에는 '일읍일교(一邑一校)'의 원칙이 확립되어 서울뿐 아니라 지방에도 학교의 설립이 확산되어 갔다. 고려시대와 달리[186] 수령칠사(守令七事)에 '학교를 밝게 다스리는[修明學校]' 항목을 넣어 수령의 학교 설립과 권학을 독려하도록 했고,[187] 이는 조선의 고과법으로 정해져『경제육전(經濟六典)』과『경국대전(經國大典)』에 수록되었다.

조선 건국 후 관학의 설립이 추진되었지만, 실행은 쉽지 않았다. 건국 초의 조선왕조는 국가의 재정적 한계로 전국적인 차원의 학교를 건립하기 어려웠고, 가르칠 유학 교수관·학장·교도(敎導)도 구하기 어려웠다. 이에 지방관은 지방의 부로(父老)들과 협력하여 재정을 마련하고 학교를 세우며 교관을 모셔왔다. 1403년(태종 3) 이천에서는 처음에 감무(監務) 이우(李愚)가 생도를 모으고 학장을 두어 안흥정사라는 불교 사찰에서 교육했다. 하지만 새로 부임한 변인달(邊仁達)이 승려들의 집을 학교로 쓸 수 없다고 하여 관아 서북쪽에 터를 잡아 공무의 여가에, 이졸(吏卒)을 부려 벌목하고 향화회도(香火會徒, 불교 신앙으로 조직된 신도)를 동원하고 승려들을 활용하여 향교를 완성했다. 이에 권근은 이우와 변인달 두 지방관은 참으로 백성에게 어른 노릇하는 도리를 안 사람들이라고 했다. 이제부터 부로 된 사람은 착한 정사에 감화되고, 자제가 된 사람은 착한 교화에 젖어들어, 먼저 그 마음을 바로잡아 집에서는 자효(慈孝)에 독실하고 일에 처해서는 충신(忠信)을 주로 하게 되어, 온 고을이 예의(禮義)에 흥기하여 이들 중에 장상(將相)이 되어 국가를 바로잡고 보필하여 문명(文明)의 정치를 세우게 될 사람이 배출될 것이라고 권근은 말했다.[188]

조선왕조가 건국되고 유학 이념을 표방하며 공적인 학교 교육을 지향하지만, 현실적으로 지방관과 지식인의 양식과 의지로 사적 학교인 서재와 학당이 만들어졌다.[189] 권근은 당시 학교를 언급하면서 "전조(고려)에서는 외방에 한량(閑良)·유신(儒臣)이 사적으로 서재를 두어 후진을 교육하고 스승과 생도가 각기 편안함을 얻어서 학업을 이루었다"[190]고 했고, 허조는 한량·유사(儒士)들이 사사로이 서재를 설치하고 어린아이를 가르쳤다[191]고 했다. 이색이 견지한 지방관과 지식인 자율의 학교 설립의 전통을 계승한 것이다. 이에 조선왕조는 일읍일교의 교육, 교화 정책이 당장 실현하기 어려운 상황에서 사학인 학당의 설립과 운영을 도모했다. 지방의 지식인들이 교육활동을 국가 차원에서 긍정했던 것이다.[192]

말하자면, 이색은 고려 국가가 다수의 속현이 존재하는 상황에서 뜻있는 지방관이나 유학자들이 자율적으로 학교를 세우고 농민을 교화해야 한다고 생각했는데, 이는 정도전과 조준 등이 군현제를 정비하고 군현에 학교를 설립하여 전국적인 단위의 향촌 교화, 농민 지배를 제시한 것과는 대비된다고 하겠다.

이색이 생각한 지방관의 자율 운영 방안은 토지 문제 해결에서도 드러난다. 그는 고려 말기에 논란이 된 토지 문제에서 과전제도 자체는 그대로 두고 운영상의 폐단만을 시정하려고 했다. 기왕의 연구에 의하면, 농업국가 농민의 불안정은 토지제도의 문란에 있었고, 그 원인은 사전(私田)의 가산화(家産化)와 대토지 소유화 곧 농장이 발달하는 사전 문제에 있었다고 한다. 즉 무신정변 이후 수조권에 의한 토지 점유와 전객(佃客) 지배가 존재하면서 그 수수(授受) 관리는 무너져갔다. 사전 소유자는 사전을 사적으로 관리하면서 세습했고 다른 수조지를 겸병했다. 수조지의 세습과 겸병에는 불법과 침탈이 포함되었고, 특히 전객에 대하여 수조권를 강화했다. 사전에는 규정된 조율(租率)이 있었지만 수조권자가 답험수조법(踏驗收租法)에 의하여 답험(踏驗)을 실시하여 풍년과 흉년을 결정하고 직접 수조하도록 되어 있었다. 농민들은 잡세와 운반비 등을 부과하여 규정된 이상의 조세를 부담해야 했다. 또한 수조지 겸병으로 농민들은 한 토지에 3~4번 혹은 8~9번까지 전조(田租)를 부담해야 했다. 이에 따라 전주(田主)에 대한 전객 농민의 불만은 높아갔다.[193]

이색은 토지 겸병과 농민 몰락을 수조권 문제로 파악했다. 소유권 문제 곧 소유지의 겸병과 소유 불균의 문제로 대처하려는 입장과 차이가 있었다. 그리하여 그는 수조지의 점유상 분쟁이나 농민 수탈의 가중·중복을 개선하고자 했다. 그는 농민들이 곤궁한 이유가 전주가 여러 명이고 수차의 조세 수취에 있다고 보았다. 그리하여 이색은 갑인주안(甲寅柱案, 갑인년인 1314년에 실시된 양전사업의 공문서)을 위주로 하고 공문주필(公文朱筆, 수조지 점유의 증빙문서를 붉은색으로 표시한 것)을 참작해서 쟁탈되고 있는 수조지의 전주를 명백히 가려내야 한다고 했다.[194] 그는 현재의 사전 및 그 점유상황은 큰 문제가 아니고, 점유상의 분쟁이나 여기에서 야기되는 농민 수탈의 과중·중복을 개선함으로써 토지를 둘러싼 쟁탈이 바르게 되고 경작하는 농민이 안정[195]될 것이라고 보았다.

이색은 고려의 토지제도 자체는 긍정했다. 그는 제도를 운영하는 주체인 관리나 수조권자의 양식과 도덕성에 의해 토지 문제를 해결할 수 있고, 백성에 대한 과도한 수탈을 제어할 수 있을 것으로 보았다. 그리하여 관리이면 수조권자인 전주의 도덕성과 이에 의한 전객 지배와 보호를 통해 양 주체(전주와 전객) 간의 화합을 꾀해야 하고, 이를 통해 고려왕조의 부흥을

염원했다.[196]

한편 이색은 의창을 통한 진휼책을 염두에 두었다. 그는 고려의 진휼책을 유지하되 당시 성장하는 유학자 관리의 양식에 의해 농민들이 구휼되기를 원했다. 고려의 구휼제도는 무상으로 식량이나 종자(種子)를 분급하기도 하고 환납할 것을 전제로 분급했다. 그런데 이 시기에는 상설적인 구휼기관인 의창은 유명무실화되고, 구휼 활동이 임시적이고 산발적으로 이루어지고 있었다. 당시 국가 재정은 몽골과의 전쟁과 원의 요구 등으로 고갈되어 의창곡은 비어 있었고, 흉년에 굶주린 농민들의 구제를 위한 구체적인 방도가 마련되지 못했다.[197] 더욱 국가의 과렴이 심해지고 농민들은 권세가에 의한 고리대로 남녀와 자녀를 파는[전매남녀(轉賣男女), 매기자녀(賣其子女)] 지경에 이르렀다.[198]

이색은 『맹자』[199]를 염두에 두면서, 하소연할 곳 없는 민들을 우선적으로 구제해야 하는 인정(仁政)을 우선해야 할 것으로 보았다. 이색의 문인이며 과거급제자인 이무방[200]은 1373년에 계림부윤(鷄林府尹)으로 부임하여 어염(魚鹽)을 판매하여 얻은 미곡으로 의창을 설립했다.[201] 이색은 이무방처럼 지방관 개인의 양식과 도덕성으로 의창곡을 마련하며 궁핍한 민(民)을 구휼하기를 기대했다. 곧 이색은 국가적이고 제도적인 차원보다는 군자유를 지향하는 유학자 지식인이 개별 지방관이나 유력자가 자율적으로 의창곡을 마련하기를 바랐다.

민에 대한 유학자 지식인 혹은 지방관의 자율적인 대응책은 부세 납부와 백성의 부담을 줄이려는 구체적인 노력 속에서 드러났다. 남원부와 청주목에 설치된 제용재(濟用財)에 대한 이색의 기문(記文)에서 이를 알 수 있다.[202] 제용재는 지방 관아의 대표적인 재정 용도인 조세 충당과 빈객 접대를 위한 재원을 효과적으로 확보하기 위한 재단이었다. 남원의 제용재는 이제현의 손자로서 이색과 함께 1357년 염철별감의 폐단을 지적한 바 있던 이보림이 설치했는데, 남원부 속현의 부세를 충당하고 남원부에 왕래하는 빈객 사신의 접대 비용을 충당할 때 생기는 폐단을 시정하려는 두 가지 목적으로 설치되었다.[203] 전자의 남원부의 지현에 할당된 부세를 원활하게 충당할 재원으로 마련한 것이 포세(逋稅)의 징수, 안렴사의 보조, 노비 소송과 관련된 수입 등에서 확보한 포 650필이고,[204] 후자의 남원부에 오가는 빈객 접대 비용을 확보하기 위하여 만들어진 재원은 안렴사가 보조한 포(布)·적미(糴米) 약간, 자리(恣吏)에게 방치되었던 둔전(屯田)의 경영을 통해서 얻은 미(米) 100석, 두숙(豆菽) 150석, 새로운 개간 토지에서 거둔 70석이다.[205] 청주목 제용재도 부세 납부와 빈객 접대 비용의 합리적 운영을 위하여 만들어진 것이었다.[206] 청주목의 경우는 재원 조달 방법에 대한 언급이 없지만 남원부와 비슷한 방법으로 이루어졌을 것으로 이해된다. 제용재는 남원부와 청주목 모두 지방의 재정 운영에 있어서 지방관의 조세 납부를 원활히 하고 백성을 괴롭히는[虐民·厲民] 것을 시정하고자 하여 만들어진 것이었다.

부세 납부를 원활히 하고 민의 부담을 줄이는 이색의 방안은 국가적이고 전국적인 규모로 시행하고자 한 것이 아니라, 의식 있는 지방관이 개별적이고 자율적으로 기금을 마련하여 운영하자는 것이었다. 고려의 전부(田賦)와 토공(土貢)의 징수, 그리고 부세(賦稅)의 감면은 군현 단위로 이루어졌고, 그 책임은 지방관(수령)이 맡고 있었다. 이들은 지방관이 자신의 직무에 충실하고 현실 문제 해결에 좀 더 주체적이고 적극적으로 대응하기를 기대했던 것이다. 제도적 차원에서 구조적으로 문제를 바라보기보다는, 주어진 조건 속에서 최대한의 합리성과 효율성을 높이는 방안을 제시한 것이었다. 이는 생산 기반이 불안정한 민을 근본적으로 보호해주고 육성하는 것이라고 보기 어려웠다.

이색은 백성을 안집시키기 위하여 인성 교육과 학교 설립을 통한 교화에 주력했고 부세 납부를 원활히 하고 민의 생업 안정을 위해 제용재를 마련했다. 그런데 이러한 것들은 일전일주(一田一主)의 방식에 의한 토지제도 개선안에서와 마찬가지로, 지방관에 맡기는 개별적이고 자율적인 해결 방식이었다. 이는 당시 왜구와 홍건적의 침입 등 대외적인 위기와 기근·유망(流亡)·유이(流移) 등 대내적인 불안으로 말미암아 민은 불안정하고 생산 기반이 붕괴되던 시기에, 국가적이고 제도적인 차원에서 민의 생산 기반을 마련해주기보다는, 군자유를 지향하는 유학자의 양식(良識)에 기댄 것이었다. 기왕의 제도를 타파하거나 개혁하는 것이 아닌 유학자 관리가 합리적으로 운영하는 가운데 민의 고통을 해결하려고 했던 것이다. 고려 말의 사회적 폐단을 비판하고 집권체제를 정상화해야 한다는 개혁에서 두 가지 흐름이 있었다. 하나는 중앙 권력을 강화하면서 공적 지배와 관리를 강조하는 것이고, 하나는 지방의 유력자 개인의 자율적 노력을 중시하는 흐름이었다.[207] 이색은 후자에 속한다고 하겠다.

2
유교 문명론과 형세·문화적 화이관

1) 유교 문명론과 소중화

이색은 유교적 이상사회인 중국 고대의 하·은·주 삼대를 지향했다.[208] 그는 이를 인수(仁壽)의 나라 곧 어질고 장수하며 편안히 사는 군자의 나라로 보는데, "우리나라는 인수의 군자 나라로서, 당요의 무진년에 처음 시조가 탄생했네"[209]라고 하고, "우리나라는 인수의 군자 나라"[210]라고 하여 우리나라가 이러한 인수의 나라임을 자부했다. 여기에서 인수는 『논어』의 "인을 좋아하는 사람은 장수를 한다"[211]는 말이나, 『한서』의 "한 세상의 백성들을 몰아서 인수의 영역으로 인도한다면, 풍속이 어찌 태평성대를 이룬 주나라 성왕(成王)과 강왕(康王) 때처럼 되지 않을 것이며, 수명이 어찌 고종 때처럼 되지 않겠는가"[212]라는 말에서 유래하는데, 사람들이 장수하며 편안하게 살 수 있는 태평성대를 의미한다.[213] 이색은 유학의 인(仁)을 통하여 풍속 교화가 이루어진 사회를 이상사회로 제시했던 것이다.

이색은 이상사회를 유교의 성왕이 행한 덕화로 "집집마다 표창을 받을 수 있다"는 의미의 비옥가봉(比屋可封)을 설정했다. "세상의 도가 평화롭고 안락할[平康] 때에는 집집마다 표창을 할 만할 테니, 성인께서 굳이 하실 일이 무엇이 있겠는가. 바르고 곧게 하면서 그 상도(常道)를 따를 뿐이니, 옷자락을 늘어뜨리고서 행한 무위(無爲)의 정치를 볼 수 있을 것이다"[214]고 했고, "하늘이 스승과 임금을 선정한 뒤 사람이 본연의 선한 성품을 회복하여 세상이 평화롭게 되고 백성이 편안하게 되었다. 사람의 윤리와 사물의 법칙이 겉과 속이 되어 예의와 위의(威儀)가 행해져 요 임금 시대에는 백성들이 모두 성인의 덕화를 입어 훌륭했으므로, 어느 집이든 다 표창할 만했다"[215]라고 했다. 사람이 본래의 성품을 발현하고 백성의 삶이 넉넉하여 명덕을 밝힐 수 있어서 집집마다 표창할 수 있고,[216] 집집마다 표창하는 것은 성인의 덕화로 이루어진 교화가 실현된 사회이며, 이것이 곧 요순 정치의 귀결이라고 보았던 것이다.[217]

그리하여 이색은 이러한 중국의 유교 문명을 모델로 송[218]을 거친 원나라의 선진문화와 유교 사상을 수용하여 고려 사회를 유교 문명사회로 전환시키고자 했다.[219] 1378년 경상도 함창에 있던 외숙인 김요(金耀)가 기문을 요청하자, 그는 다음과 같이 말했다.

> 외삼촌 중추(中樞) 치정공(致政公, 김요)이 작은 못에 연꽃을 심고 곁에 정자를 세우려고 정자의 이름과 기문을 물어왔다. 나는 병들어 주렴계의 광풍제월을 생각하고 그리워하며, "향기가 멀수록 더욱 맑다"는 말을 취하여 그 뜻을 서술하고자 한다. 하늘과 땅이 처음 나누어질 때 가볍고 맑은 것이 위에 있게 되는데, 인물이 생겨날 때 이 기운을 온전히 부여받은 자는 성인이 되고 현인이 되며, 다스리는 도는 그윽한 향기가 신명(神明)을 감동케 하니 옛날 삼대(三代)의 융성했던 시대를 볼 수 있다. 주렴계가 송나라의 문명시대에 5대의 어둡고 막힌 혼란한 재앙을 애도하여 성인이 전해온 태극의 본지를 미루어 밝혀 공자, 맹자의 도통을 이었는데 그의 좋아하는 것이 바로 이 연꽃 속에 있으므로 애련설(愛蓮說)을 지어 밝혔고, 더욱 미진하다고 여겨 특별히 마무리에 "연꽃을 나처럼 사랑한 사람이 몇이나 될까?"라고 했으니, 아득하고 적막한 천년의 세월 속에서 후학을 깨우치고 격려한 것이 깊고 크다고 하겠다.[220]

이색은 성인으로 추앙하는 주렴계[221]의 광풍제월의 의미를 새기며, 중국의 당나라가 망하고 5대(후량·후당·후진·후한·후주) 시대의 어둡고 막힌 혼란한 정치를 청산하고 송나라의 문명의 시대를 맞아 공자와 맹자의 도통을 계승했다고 했다.[222] 다른 글에서 그는 유교의 성인 사이에 도가 전수해간 내력을 말하는 도통론에서 주렴계를 공자와 맹자로 이어지는 도통의 계승자로 이해했다.[223] 특히 그는 애련설(愛蓮說)을 짓고, 맑은 달과 온화한 바람과 같은 주렴계의 군자다운 삶을 동경하며[224] 유교의 이상적 인간형을 제시했다. 연꽃은 진흙 속에서 자라나 결코 그것에 물들지 않으며, 맑은 물결에 씻어도 요염하지 않고, 속이 통하고 밖이 곧으며, 덩굴지지 않고 가지가 없다. 연꽃의 향기는 진흙과 거리가 멀수록 더욱 맑아, 우뚝 깨끗이 서 있는 군자를 상징하기에 충분하다. 연꽃을 군자로 비유하고 연꽃을 좋아한다는 것은 마음속이 맑고 깨끗하며, 세파 속에서도 흔들리지 않고 정도와 위엄을 지키며 도의를 실천하려는 의지를 천명하는 것이라고 할 수 있기 때문이다. 주렴계는 군자라는 유교적 이상향을 지향하면서, 군자다운 면모를 갖춘 연꽃을 통해 자신의 인간적 완성을 꾀했다고 할 수 있다. 이색은 유교의 도통과 주렴계의 연꽃으로 상징되는 군자론을 통하여 유학의 문명론을 제시했다.

원래 유교 문명의 문(文)은 인문의 문으로 본체이고,[225] 명(明)은 그 발현 형태에 해당한다.[226] 즉 태양의 빛이 세상을 밝게 비춰 개명해지는 형국이고 문이 고도로 실현된 상태이다. 문은 문장이기도 하고 예악제도이기도 하다. 주희는 "도가 표현된 상태를 문이라 하는데 예악제도를 가리킨다"[227]고 했다. 이때 도와 문은 하나로서 예악제도라는 세상을 다스리는 경세론으로 이어지고, 다시 천하의 질서를 바로잡는다는 경위천지(經緯天地)를 의미하게 된다. 곧 유교 문명은 도가 표현된 예악제도[文]가 태양의 빛이 세상을 밝게 비춰[明] 세상에 실현되는 것을 말한다. 문명사회는 유가의 도가 계승되고 예악제도가 실현되어, 인간의 도덕적 신뢰를 바탕에 두고 대화, 설득, 자각을 통한 합리적이고 이성적인 도덕 사회를 만들어가도록 한다.

이색은 유교 문명을 도통의 실현 과정으로 보았고, 유교의 도가 요·순·공자·맹자·주렴계·정이천을 거쳐 원의 허형에게 이어진 도통이 이민족 원나라로 계승되었다[228]고 보았다. 원나라가 성리학을 관학화하고 공맹의 도를 계승하여 송을 거쳐 원으로 이어졌고, 명시적으로 언급하고 있지는 않지만 그러한 도통이 그것을 배운 학자들을 통해 고려로까지 전해졌다고 보았다. 그리하여 이색은 원나라가 문치를 행하여[229] 유교의 문치, 문명의 본령을 계승하고 있다고 보았다. 그는 고려에 귀국한 후 원나라 유학 시절[230]과 구양현[231]·소천작[232]·류인[233] 등의 학자들을 자주 떠올렸다.

이색은 이러한 문명, 인문 개념에 충실하여 이를 유교의 예로 설명하고, 예악 교화가 실현된 유교의 문치, 문명 사회를 지향했다. 여기에서 유교 문명은 유교의 하은주 삼대가 행한 윤리 도덕 사회를 의미한다. 곧 문리(文理)[234]·문치(文治)·우문(右文)[235]·인문(人文)이 행해진 사회라고 할 수 있다. 문치는 주 문왕의 통치를 표현한 것으로, 부국강병을 지향하는 공리적 국가나 형정 위주의 국가 운영에 대비해서 학술 진흥과 문물 정비를 통해 국가를 운영하는 것을 가리킨다. 문교를 숭상하여 교화를 넓혀 성인의 도를 실현한다는 것이다. 특히 인문은 문명의 상징으로 유교에서 말하는 인간의 도가 행해지는 것을 의미한다. 이색은 "인간 문명[人文]이 어찌 삼천년에 그치랴마는",[236] "어찌하면 인문(人文)이 예전보다 빛나서, 소중화의 풍속이 중원과 같아질 수 있을까"[237]라고 했다.

이색은 유교의 문치, 문명 사회를 염두에 두면서, 공민왕과 우왕 대의 문치적 성격을 강조했다. 그는 고려 왕실의 권위를 회복하고 유학 및 문물제도의 정비를 통해 인문을 넓힌 공민왕과 우왕의 공적을 평가했다. 이색은 자신이 공민왕을 도와 예를 잘 닦고 인문을 넓혔다[238]고 했고, 우왕의 시대를 유학을 숭상하고 문치를 지향한 태평성대로 평가했다.[239] 문치와 문교가 이루어져 글을 숭상하고[240] 문교를 숭상하여 교화를 드높였다는 것이다.[241] 이색의 제자 이숭인은 강회백(姜淮伯)이 대언이 된 것을 축하하는 글에서, 우왕이 총명하고 계고(稽古)의 힘을 발휘하여 인재를 등용하면서 빠진 자가 있을까만을 염려하므로 문교의 다스림이 크게 일어났다고 했다.[242] 이는 이색이 공민왕과 우왕을 평가하면서 도가 잘 닦여져 예악과 문물이 넓어진 시대 즉 경학을 숭상하고 인재를 양성하는 시대를 이상으로 본 것과 연관되는 것이다.[243]

이러한 문치론은 정도전에게 계승된다. 정도전은 1388년(우왕 14)에 명나라가 중국을 통일하고 문치를 행하여 예악을 제정하고 인문을 닦아 천지의 질서를 바로잡을 이때가 문치 사회를 실현할 적기라고 보았다.

> 해·달·별은 하늘의 문이고 산천초목은 땅의 문이며, 시서예악은 사람의 문이다. 그러나 하늘의 문은 기(氣)로써 되고 땅의 문은 형(形)으로써 되지마는 사람의 문은 도로써 이룩되는 까닭에, 문(文)을 "도를 싣는 그릇이다"라고 하니, 그 도만 얻게 되면 시서예악의 가르침이 천하에 밝아지고 해·달·별이 순조롭게 행하고 만물이 골고루 다스려져, 문의 성대함이 여기에 이르렀음을 말한다. 선비가 천지의 사이에 나서 빼어난 기운을 받아 문장으로 그를 나타내는데, 혹은 천자의 뜰에서 드날리고 혹은 제후의 나라에서 벼슬을 한다. … 명나라가 천명을 받아 그 황제가 천하를 차지하게 되자, 덕을 닦고 무를 지양하면서 문자와 제도가 통일되었고, 예악을 제정하고 인문을 육성하여 천지의 질서를 바로잡고 있다. 지금이 바로 그때이다. …[244]

인간의 문명 상태인 인문(人文)은 천문(天文)과 지문(地文)과 다르다. 해·달·별의 천문과 산천초목의 지문과 달리 인간의 도인 시서예악이 드러난 것이 인문이다. 천문, 지문은 자연 그대로이지만 인문은 인간의 작위 즉 인공이 가해진 문이다. 문은 도를 싣는 그릇이 되는 것이다. 도만 얻게 되면 시서예악의 가르침이 천하에 밝아서 해와 달, 별이 순조롭게 행하고 만물이 골고루 다스려지므로, 문의 극치는 여기에 이르러야 이룩되는 것이다. 이때 선비가 천지의 사이에 나서 빼어난 기운을 받아 문장으로 그를 표현한다. 즉 사(士)는 천지 사이에 생을 영위하고 그 빼어난 기를 모아 문장으로 발휘하여 혹은 천자의 조정에서 드날리고 혹은 자기 나라에서 국가 운영을 맡기도 한다. 문장에 대한 정도전의 생각은 주렴계의 문소이재도(文所以載道)와 유사하게 문장은 재도지기(載道之器)라고 하여, 사장을 배격하고 도덕을 중시하는 성리학의 문이재도적 문학관을 견지했다. 정도전은 천자국이면서 문명국인 명이 중국을 통일한 이때가 유교 문명으로 천하를 일신하여 인문으로 천지의 질서를 세울 때라고 판단했다. 성리학의 수용으로 유학만을 바른 학문[正學]으로 파악하고, 유학에서 제시하는 문리·문치·우문·인문 이념을 현실에 실현하려고 했던 것이다. 위화도 회군을 통하여 새로운 변화를 모색하는 시점에 유교 문명이 실현되는 이상사회를 지향하는 입장을 밝혔던 것이다.[245]

이색은 젊은 시절 원 국자감에 유학하여 원나라에 전해진 유교의 학문과 유교 문명을 접하고 화풍(華風)을 본받고자 했다.[246] 그는 중국 수도인 연경의 방문을 『주역』의 '관광(觀光)' 구절을 이용하여[247] 표현했다. 이색은 옛날 원나라 수도에서 학교에 다닐 때 원 유학자들이 집집마다 문집을 쌓아두고 연구하고 시를 짓는 모습을 연상하며 김지에게 책 편집을 격려하고,[248] 숙손통(叔孫通)이 노나라 유생을 초빙하여 한나라 예를 제정하여 질서를 바로잡은 것이나, 한나라 문제 때 장군 주아부(周亞夫)가 군령을 엄격히 한 것을 두루 관광하라고 했다.[249] 앞서 이곡이 문명국가인 원을 모델로 삼는 관광을 위하여 원에 온 생도와 함께 여경의 서산을 노닐었다.[250] 그리고 1335년 3월 정동행성의 일을 보고 원으로 돌아가는 이곡에게 보낸 안보의 송시에는 원의 관원이 되어 원의 문명을 살펴보라는 덕담이 담겨 있었다.[251] 이숭인[252]이나 정도전[253] 역시 원나라의 유교문화를 고려 사회에 실현해야 할 문명으로 이해했다.

이러한 생각은 이색만이 아니라 원을 통하여 성리학을 받아들인 유학자들에게는 공통적인 것이었다. 이제현은 도당에 올리는 글에서 "『중용』의 천하 국가를 다스리는 자에게 구경(九經, 9가지 기본 준칙)이 있는데 그것을 행하는 소이는 하나이다. 끊어진 세대를 이어주고 망하는 나라를 일으켜 주며, 어지러운 것을 다스리고, 위태로운 것을 붙잡아주며, 보내는 것을 많이 하고, 받는 것을 적게 하는 것이 제후를 회유하는 방법"이라고[254] 했다. 또한 "번성한 시기를 만나 천하가 같은 문자를 쓰게 되어 집마다 정주의 책을 갖추고 성리학을 익히며 교화의 도가 갖추어졌다"[255]고 했다. 『중용』의 동문 의식, 한자와 삼강오륜이라는 윤리관을 지향했고, 리(理)에 의한 성리학적 세계관을 견지했던 것이다.

이곡은 동년인 김동양(金東陽)의 "원나라는 무력으로 중국을 통일했지만 이제는 문화로서 사해를 다스린다"[256]는 말에 동의했고, 당시를 "원나라가 육합(六合)을 통일하고 문궤(文軌)를 함께하는 시대 … 이(夷)와 하(夏)가 처음으로 하나로 통합된 시대"[257]라고 했고, 최해는 "지금 원나라가 위에 있어 지극한 인과 풍성한 덕을 베풀어 천하를 기르고 있으며, 고려는 첫 번째로 귀부했기 때문에 대대로 혼인했고, 엄격한 법도를 잘 지켜 상하가 서로 즐거워하며 변경에 조그만 경계도 없고 풍년이 들고 있으니, 실로 천년에 오는 태평성대"[258]라고 했다.[259] 세계 제국 원의 성립을 통하여 천하가 통일되고 일시동인, 천하동문(天下同文)이라는 유교문화가 보편화되고 있는 점을 이 시기 유학자들은 유의하고 있었다.

이색은 『맹자』의 '용하변이(用夏變夷)'는 중화의 법을 써서 오랑캐의 미개함을 변화시킨다거나,[260] 『논어』의 '오랑캐에게도 군주가 있으니 중화의 여러 제후국에 없는 것과 같지 않다'[261]는 말을 인용하여 이를 설명했다. 이색은 공자가 "만일 나를 써주는 자가 있다면 내가 동쪽 주나라를 만들겠다. 주나라의 도를 동방에 일으킬 시기는 오늘이 아니겠느냐"[262]라고 함으로써 주나라의 도를 동방에 일으키려는 의사를 분명히 했다. 예를 의논하고 법을 제정함으로써 크게 중국의 문명을 열고, 의리를 사모하고 풍화를 좇음으로써 궁벽하고 비루한 곳을 변화시키고자 했던 것이다.[263] 이는 한족(漢族)이 중심이 된 문화, 문명국이 미개한 오랑캐 나라를 교화한다는 의미로서, 중국 정통왕조는 주변의 이민족 국가에 대해 이러한 입장을 견지했고, 용하변이를 내세웠다.264 그리하여 이색은 이(夷)인 우리나라를 문화국인 화(華)로 전환시킬 수 있다고 생각한 것이다. 이는 후술하는 이(夷)일 수밖에 없는 자신을 화(華)로 변경할 수 있다는 형세·문화적 화이관을 동시에 제시한 것이다. 형세와 문화를 중시하는 화이관은 종족과 관계없이 중국 중원의 지배 여부와 문화·문명을 중시하는 천하관이지만, 결국 이민족이라도 중국의 유교문화를 받아들여 중국화할 수 있다는 사실이 전제되어 있다. 그러므로 이러한 화이관은 문화·문명이 중심이 되는 중국관으로 귀착된다고 할 수 있다.

이색의 유교 문명 지향은 고려의 소중화 의식으로 나타났다. 이색은 우리를 소중화로 자칭하여 중원의 풍속과 같아지려 한다265고 했고, 중원이 우리의 문풍을 부러워한다266고 했다. 신라 이래로 고려는 중국의 변방 이민족[夷] 가운데서는 가장 문화적으로 우월하고 인물이 많아 중화와 비견된다고 파악해왔는데, 이를 긍정한 이색은 중국 다음가는 문화국·문명국으로 고려를 자부하고 있었다. 당시 유학자들도 이에 공감했다. 이달충(李達忠)은 경주에서 읊은 시에서 스스로 고려를 소중화라고267 했고, 박초는 무신난 이전에는 통달한 유자와 이름난 선비가 중국보다 많아서 당나라에서는 군자의 나라라고 했고, 송나라에서는 문물과 예악이 발달한 나라라고 하면서 우리나라 사신들이 유숙하는 곳을 소중화지관(小中華之館)이라 한다268고 했다.

처음 중국에서 신라와 고려를 문화 국가, 군자의 나라로 파악했다. 당 현종이 신라에 보낸 조서에서 "삼한(신라)은 좋은 이웃이니 인의(仁義)의 땅이라 했고, 대대로 공훈(功勳)과 현덕(賢德)의 업(業)을 나타냈다. 그 문장과 예악은 군자의 풍도를 나타냈고 … 참으로 번방의 중요한 땅이요 충의의 의표이니, 어찌 다른 지방과 같이 말할 수 있겠는가"269라고 했다. 또한 당나라 사신 호귀후(胡歸厚)가 귀국하여 재상들에게 시문에 뛰어난 신라왕과 마주해야 하는 사신을 뽑을 때, 무인[武夫]을 보내지 말라[270]고 할 정도로 신라의 문장 능력을 평가했다. 송나라 역시 고려의 문화적, 문명론 특성을 높이 평가하여 소중화라고 했다. 이규보는 중국 사람들이 우리를 소중화라고 말한 것은 진실로 채택할 만하다[271]고 했고 박인량은 고려 스스로도 문물이 융성하여 중국에 견줄 만하여 소중화라고 한다[272]고 했다.

당시 송과 금·요의 자원적 국제관계에서,[273] 고려는 문화적으로 송을 지향하는데, 사마광의 구법당과 왕안석의 신법당의 사상 가운데, 전자는 김부식 등이, 후자는 윤언이·의천 등이 고려 사회에 적용 여부를 타진했다.[274] 또한 유교를 상징하는 기자를 존중하여 1102년(숙종 7)에 서경에 설치된 기자의 사당[箕子祠]을 수리했다.[275] 송 문화와 사상을 고려 입장에서 수용하려는 자기 인식 과정에서 소중화 의식을 견지했다.[276] 소중화 의식은 중국인에 의해서 형성되었지만, 국제 관계에서 고려가 문화적 우월성을 견지하고 자존하는 방편으로 활용했던 것이다.

고려와 원이 밀접한 시기에도 소중화를 통한 문화적 자부심은 유지되었다. 이승휴는 『제왕운기』에서 유교 사관에 입각해 이상 군주상을 제시했고, 천자국의 조건을 종족보다는 중원의 지배 여부로 파악하여 원을 긍정했다.[277] 그는 단군조선-기자조선-위만조선의 계승 관계를 설정하고, 특히 기자가 세운 후 조선부터 중국과 동질적인 문명을 견지하고 교화와 예의가 기자로부터 시작되었다고 했다. 기자는 먼저 건국한 다음 나중에 제후로 봉해진 것이며, 그것도 무왕이 멀리서 왕으로 봉작하는 조서를 보내왔기 때문에 예의상 사례하지 않을 수 없어서 입근(入覲)했다고 서술하여, 기자조선의 자주성을 강조했다. 또한 중국인이 우리 고려를 소중화라고 했다[278]고 했고,[279] 당시 최고 문명의 표준인 유교 문명을 통한 자존의식을 드러냈다. 당시 몽골 중심의 세계 질서를 인정하고 고려왕이 친조하지 않을 수 없는 상황에서, 원을 중화, 문명국가로 긍정하고 제후국으로서 국제적 위상에 걸맞은 소중화로서 자존의식을 견지한 것이었다.

이색의 소중화 의식 역시 그 이전 시기부터 이어온 문화적 자존의식의 연장선상에 있는 것이다. 원으로부터 성리학을 비롯한 선진문화를 수용하여 개혁 정치를 추진하면서 고려의 전통문화를 바탕으로 유교 문명사회론을 실현하려는 것의 표현이다. 원 간섭기에는 성리학을 통한 원의 유교 문명을 적극 도입하고자 했다. 당시 충선왕과 이제현은 고려 문화를 중화와 비견되는 사회로 지향해갔다. 세조 쿠빌라이의 한화(漢化) 정책에 부응하여 원나라의 과거제에 참여하도록 고려에 응거시(應擧試)를 만들고 만권당을 설치하여 성리학을 익혔다. 복위한 뒤에는 원제에 따른 군민의 구별과 동성 결혼 금지, 전농사 설치 등을 주장했다.[280]

또한 고려는 유교문화의 상징으로 기자를 추숭했다. 충숙왕은 고려로 돌아온 후 국정 쇄신의 일환으로 풍속을 개혁하여 유신의 덕화를 이루기 위하여 예제, 유교 제사와 관련한 조치를 취했고, 기자묘[箕子祠] 제사를 재개하여 고려의 풍속을 유교의 제도를 근간으로 혁신해가려고 했다.[281] 이때 유교 문명의 상징인 기자를 높이고 기자가 갖는 의미를 부각시켰다. 이로써 기자를 임금에게 간언한 현인에서, 조선에 홍범을 전수한 교화자(전달자), 조선 삼한 문물의 창시자, 왕도와 명분과 의리를 체득한 인격자, 조선에 삼대 정치를 구현한 존재로 그 의미를 확대, 발전시키려는 것이었다.[282] 기자로 상징되는 중화문화를 적극적으로 수용하려는 것이다.

원의 과거시험에 합격하고 원 관료였던 이색은 이러한 시대적 흐름에 조응해서 유교문화의 상징인 기자를 추앙했다. 그는 우리나라의 교화가 기자로부터 시작되어 『서경』의 홍범구주가 행해지고,[283] 은나라 태사인 기자의 덕으로 삼한의 제도가 유지되었으며,[284] 기자의 유업으로 고려의 운수는 장구할 것이라고 했다.[285]

기자 숭배는 고려의 지향과 연동된다. 이색은 기자를 통하여 유교문화를 받은 것을 은혜로 생각하고,[286] 유교문화의 수용에 주력했다.[287] 그는 원으로부터 유교의 선진문화를 수용하고 개혁 정치를 추구하며 유교 예제가 수용된 문치, 문명 사회를 고려에 실현하고자 했다.[288] 그러한 생각이 고려에 유교문화, 문명을 전래한 기자를 존중하고, 고려를 소중화로 표현했던 것이다.[289]

이색은 원 제과에 합격하여 진사가 됨을 자랑스러워했고,[290] 임박과 함께 중국의 제도를 수용하여[291] "기유년 이후로 중국 제도를 모방하여, 향시와 전시를 중서성 규례대로 치르고"[292]라고 하여 중국의 과거제도를 수용하려고 했다. 또한 궁극적으로 『주자가례』의 실현을 목표로 하면서 삼년상을 실시하고자 했다. 그는 "옛 학문은 규모가 특별하다는 것을 알지만, 우리나라 풍속[鄕風]은 뜻과 기운이 쇠약하네"[293]라고 하여 우리나라 풍속의 미약함을 지적하고 옛 중국 성인의 학문을 본받고자 했다.

이색은 중국 문명 수용에 적극적이면서 한편으로는 전통적인 고유 사상, 풍습을 존중했다. 그는 중국(中國·中朝)의 제도와 풍속[華風]에 대비되는 향풍(鄕風)[294]·향속(鄕俗)[295]·오속(吾俗)이라는 우리나라의 전통적인 풍습을 존중했다. 전해오는 병 치료 방식을 긍정하여, "불침으로 종기 트는 건 우리나라의 풍속인데, 나쁜 병근이 속에 남아 있지 않다"[296]고 했고, "우리나라의 풍속은 나이를 중히 여기고"[297] 윗동서 민근의 아들인 민중립이 사위를 맞이할 때 자신을 초청한 데 대해 시골 풍속이 여전한 것이 새삼스레 기뻤다[298]고 했다. 이색은 전통적으로 팥죽[299]을 먹는 것과 관련해 시에서, "우리나라 풍속에 동지(冬至)에 팥죽을 짙게 쑨다"[300]고 했다. 그리고 그러한 우리나라의 풍속[鄕風]은 이만하면 인수(仁壽)의 나라[301]로 중국의 유교문화와 유사하다고 파악했다.[302]

유교 문명사회 지향과 기자 인식은 소중화 의식과 연동되어 나타났다.[303] 이색이 전통문화를 바탕에 두면서 유교 문명을 모델로 유교적 이상사회를 지향하기 위한 상징으로 기자를 내세우고 소중화를 제시한 것이라고 할 수 있다.

이색이 소중화 의식을 견지했다는 것에는 상반된 의미가 함축되어 있다. 우선 소중화 의식에는 당시 최고의 유교 문명국가인 중화를 전제로 문명 전환을 꾀하면서, 고려가 비록 화(華)는 아니지만 다른 변방 이민족[夷] 가운데서는 가장 우월하고 중화와 비견된다고 파악하는 것이다. 이런 입장에서 우리나라는 중국 이외의 다른 나라에 대하여 '사대'의 '대(大)'의 입장에서 누렸다.304 중화는 아니지만 중화에 버금가는 문화민족, 유교 문명국가임을 견지하는 것이다.305

한편 이와 달리 소중화 의식에는 유교의 화이론이 전제되어 문명과 미개라는 구분 속에서 중국 중심의 세계 질서를 인정하게 되고, 중국을 천자국, 문명국으로 하고, 고려는 중화를 지향하는 작은 중화(소중화), 제후국으로 설정된다. 곧 천자와 제후의 상하, 예속의 명분 관계에 근거하여 고려는 조공·책봉을 주 내용으로 사대 관계를 맺게 되어, 비록 조공·책봉 관계가 형식적이고 의례적이라 하더라도 상하, 종속적 성격임을 부인할 수 없게 된다. 이는 중국 중심의 유교 문명 질서 속에서 제후국의 명분으로 고려를 보위하고 문화의 독자성을 견지하는 외교 양식의 일환이라고 이해할 수 있다.306

2) 형세·문화적 화이관과 이민족 교화론

이색의 유교 문명론과 소중화론에는 형세·문화적 화이관이 연관되어 있다.307 이색은 중국을 천자국, 고려를 제후국으로 파악하는 조공·책봉 관계, 사대 외교를 지향했다. 이색은 중국 중심의 세계관을 받아들였고,308 중국을 천자국으로 고려를 제후국으로 하는 유교의 명분에 충실한 사대 의식을 견지했다. 그에 의하면 하늘을 대신해서 일을 행하는 자를 천자, 천자를 대신해서 봉해진 땅을 다스리는 자를 제후로 이해하고, 천자는 천지에 제사를 지내고 제후는 산천에 제사를 지내며, 사대부는 오사(五祀)에 제사를 지낸다[309]고 했다.

이색의 중국 중심의 세계관은 형세와 문화를 중시하는 형세·문화적 화이관이라고 할 수 있다. 이색은 천자국, 화(華)의 기준으로 사세(事勢, 形勢)와 문화를 제시하여 이민족 원나라를 천자국[華]으로 파악했다.[310] 이색은 1366년에 충렬왕과 충선왕의 이름[諱]을 고친 사례를 근거로 공민왕의 이름을 왕기(王祺)에서 왕전(王顓)으로 고쳐줄 것을 원 황제에게 요청했다. 이때 원을 천자국으로 설정하고 유교의 사대의 예에 근거하여 정중한 표문을 지었다.[311] 얼마 후 1369년에 명이 중원의 새로운 지배자로 등장하자, 중원 지배를 축하하는 표문을 지어 명이 중국의 정통을 회복하고 화하(華夏)의 문명을 열었다[312]고 칭송했다. 몽골족인 원나라도 천자국으로, 정통 한족인 명나라도 천자국으로 이해했던 것이다. 이는 천자국의 기준을 종족과 관계없이 형세, 곧 중국 중원의 지배 여부로 파악했음을 보여준다.

화이론은 중국 중원의 지배자인 한족이 주변 지역을 복속해가는 과정에서 형성되었다. 원래 화이론은 문화·종족·지리의 3측면으로 구성된다. 화이론은 중국 문명이 발전하는 과정에서 자기 문화에 대한 우월의식을 근거로 주변 이민족에 대한 지배를 정당화하는 논리였다. 한족 중심의 문화·종족에 대한 우월감은 자신들이 거주하는 곳이 세계의 중심이라는 생각과 연결되었다. 한대에 유교가 국교화되면서 유교문화는 화이론의 핵심적인 준거 틀이 되었다. 유교문화의 수용 여부와 그 정도는 화(華)와 이(夷)를 판별하는 기준이 되었고, 문화를 기준으로 한족이 자국을 중화(中華)·화하(華夏)라고 칭하면서 주변 제국을 이만융적(夷蠻戎狄)으로 야만시했다.[313] 천자국인 한족은 사해일가(四海一家)와 일시동인(一視同仁)의 관념으로 이민족에게 인의 도덕을 전파하게 되었고, 이민족은 선진적인 중국 문화를 수용하는 데 적극적이었다. 주변 이민족은 천자의 명을 받은 제후국으로 등장했고, 제후국이 지켜야 할 사항은 예로서 규정되게 되었다.

고려는 성립 당초부터 유교를 정치이념으로 표방했다. 천자·제후의 조공·책봉 관계를 외교의 기축 형식으로 받아들이고 책봉국의 연호를 사용하고 그 나라가 중심이 된 국제질서를 존중했다.[314] 고려는 다원적 세계관을 견지하며[315] 안으로는 천자, 황제의 위상을 가지면서도[316] 대외적으로는 제후국으로 자처했다.[317] 이는 중국을 포함한 북방 민족의 군사적 우위를 인정하면서 문화적, 경제적 실리를 고려하는 실용적인 외교 논리이다. 이에 따라 고려는 의례적이고 형식적인 측면이 강한 책봉과 조공,[318] 중국 연호 사용[319] 등을 행했다.[320]

그런데 한족이 아닌 이민족으로서 중국 중원을 지배한 정복왕조는 한족 우위의 화이론을 변화시켰다. 거란[遼]·여진[金]·몽골[元]의 정복왕조는 무력으로 중국을 통일하고 중국을 지배했다. 이때 이들은 지배 질서를 유지하기 위해 유교를 채용하고 중국 고유의 문물제도를 받아들였다. 원나라는 한화(漢化) 정책을 추진하고 유교를 국교화했다. 즉 정복왕조는 무력 곧, 형세로 중국을 지배했지만, 문화(유교)를 통하여 중국화함으로써 명실상부한 천자국[中華]이 되려고 했다. 그러므로 정복왕조 원의 화이관은 형세적 관점과 문화적 관점이 결합되어 나타난다.

이민족 몽골족이 이룬 원은 중국 중원의 지배자가 되고 중국 문화를 받아들인 한화 정책을 추진하여, 중국의 전통 왕조를 계승하고 있었다. 당시 원의 사대부들은 형세와 문화를 기준으로 삼는 정통론(正統論)을 내세웠다.

> 류정이 또 말하기를, 옛부터 제왕들이 사해를 일가로 통일하지 못하면 정통(正統)이 되지 못했습니다. 성조가 지금 천하의 7~8할을 차지하고도 한쪽 모서리에 어떤 나라가 있는지 묻지 않으시니 스스로 정통을 버리려 함이 아니겠습니까.[321]

> 송이 남쪽으로 간 뒤에는 천하라고 할 수 없었다. … 금이 요를 병합하고 원이 금을 병합하며 남송을 병합했다. 그런 연후에 천하의 바른 자리에 앉았고 천하를 하나로 통일한 후에 그 정통을 바르게 했다.[322]

원나라 유학자들은 정통의 기준으로 중국 천하를 지배했느냐의 여부 곧 형세를 내세웠고, 이를 통해 원은 정복왕조로서의 정통성을 합리화시켰고 중국 왕조의 일원으로 참여하고자 했다. 원나라 유학자들은 문화를 정통의 기준으로 내세워 원조의 정당성을 주장했다. 이들은 원이 형세를 통하여 중국을 통일한 후 문화를 통하여 중국의 정통을 계승했다고 보았다. 이적(몽골)이 유교문화를 적극 도입하는 등 중국의 한법(漢法)을 사용하여 중국 문화의 주인공이 되었다는 것이다. 원 관학 성리학자 허형은 인재 양성과 학교 설치 그리고 성인의 도를 지향하는, 말하자면 중국의 전통적인 유교의 한법을 사용하여 천자국(문명국)으로의 전환을 모색하려 했다.[323]

당시 원나라 유학자들은 "중국이 오랑캐 예를 수용하면 오랑캐가 되고, 오랑캐가 중국에 들어오면 중국이 된다"[324]라는 논리를 통하여 유교의 도덕, 예와 덕의 실행 여부가 문명국 화(華)의 변별 기준이 된다고 했다. 그것은 송대의 종족에 의한 화이관이 아니라 문화를 중심으로 하는 화이관이었다. 금나라와 요나라와의 항쟁 과정에서 형성되었던 주자학의 종족 중심의 화이관은 형세적 화이관과 문화적 화이관으로 변화하게 되었다. 그리하여 이들이 『요사』·『금사』·『송사』를 서술할 때 송과 요나라, 금나라의 대치 국면을 무통(無統)으로 단정하여 대일통(大一統)을 달성한 원나라의 정통성을 더욱 선명히 하려고 했다.[325]

형세와 문화가 결합된 화이관은 중국에 정복왕조가 들어설 때마다 제기되었다. 고려 초기 거란과 여진족의 흥기는 송나라 일변도의 대외정책에 수정을 가하도록 했다. 고려는 중국의 정통왕조인 송나라와 천자·제후의 관계를 맺지만, 요나라와 금나라와의 대치 속에서 정치적, 군사적, 경제적 상황에 따라 실리외교를 전개하면서 원만한 국제 관계를 유지했다. 고려는 요와 전쟁을 치르고 거란으로부터 책봉을 받고 있었는데,[326] 송이 3차례(1103년, 1110년, 1123년) 고려에 책봉을 받을 것을 제안했다. 고려는 송의 제안에 응하지 않고 사태를 관망하는 자세를 취했다.[327] 고려는 요에 사대하는 입장을 취했는데, 공식적인 조공과 사행 무역만을 인정했다.328 당시 요는 송과 위구르족 등 내륙 루트를 통한 동서 간의 국제 교역을 행했고, 거란 문자를 만들고 대장경을 간행하는 등 문화 수준을 높이려고 했다. 1063년(문종 17)과 1071년(문종 25) 두 차례에 걸쳐 고려에 대장경이 전해지기도 했다.329 문종이 중화를 사모하고 꿈을 꾸고 지었다는 시가 송에 알려졌다. 요에 가 있던 고려인 역시 그곳에 사신으로 갔던 송인과의 접촉을 통하여 문종이 중국을 향모하고 있다는 사실이 전해졌다고 한다.330

고려는 흥기하고 있던 금에 대하여 사대 관계를 맺었고 금과의 관계를 고려하여 송이 제시한 연려제금책(聯麗制金策, 고려와 송이 연대해 금을 제압하자는 대책)을 거절했다. 1126년(인종 4)에 백관회의에서 금나라에 대한 사대를 결정했고 거란으로부터 돌려받았던 보주(保州) 지역에 대한 고려의 영유권을 확약받았다.331 이자겸과 척준경이 중심이 되어 이를 결정했는데,332 이자겸이 숙청된 다음에도 이는 이어졌다.333 종족이나 의리에 얽매이지 않는 형세와 문화를 고려한 화이관이 작용한 결과였다. 인종을 전후한 시기에 대외정책을 둘러싸고 정치 세력 간에 의견 차이가 나타났지만, 국제관계상의 탄력적 대응은 견지되었다. 그 결과 요·금 교체에 따른 동북아시아의 급변에도 고려는 국가를 유지할 수 있었다. 고려는 왕조를 보위하고 실리적 이익을 얻기 위한 방안의 하나로 사대 외교를 지향했고, 그 기준은 종족이 아니라 형세와 문화였다. 문종 대 이래로 고려의 외교정책을 한마디로 말하면, 주변 국가의 어느 한쪽에 치우치거나 적대적인 태도를 취하지 않고 견제와 균형을 지향한 외교를 추구하면서, 요·금의 교체와 같은 정세 변화에 능동적으로 대응하는 것이었다.

무신집권기에 몽골의 침입으로 고려는 1231년(고종 18) 8월부터 1259년(고종 46)까지 전쟁 상태에 들어갔다. 처음 몽골이 침입할 때 최우는 항전론을 주장하여 강화도에 천도했지만, 대세는 강화론이었다. 당시 4품 이상의 군신들이 "저들은 군사가 많고 우리는 적습니다. 만약 사신을 맞아들이

지 않으면 저들은 반드시 쳐들어올 것입니다. 어찌 적은 것으로 많은 것들을 대적하며, 약한 것으로 강한 것을 대적할 수 있겠습니까"334라고 했다. 유승단(兪升旦) 역시 "작은 나라가 큰 나라를 섬기는 것은 이치에 맞는 일이다. 예로서 섬기고 신으로써 사귄다면 저들 역시 무슨 명분으로 매번 우리를 괴롭히겠는가"335라고 했다.336

원 간섭기에도 원에 대한 사대 외교는 지속되었고 그 기준은 형세와 문화였다. 이승휴는 정통(正統)의 중요한 기준으로 중국 중원을 차지하고 중국 대륙을 통일한 왕조라는 원칙을 제시하면서 민족은 크게 문제 삼지 않았다.337 이제현도 원 세조 쿠빌라이가 남송을 정벌하고 회군할 때, 원종이 천명의 돌아감과 인심의 복종됨을 알고 6천여 리를 멀다 하지 않고 원의 수도인 개봉까지 영접을 나갔다고 찬양하면서338 원의 남송 멸망을 천명사상에 의해 기정사실화했다.

그런데 이색은 성리학을 수용했고 한족의 종족적 우월을 중시하는 성리학의 화이관을 이해했다. 주자학을 받아들였다면 한족과 이민족을 구분하고 한족 중심의 화이관을 받아들였어야 했다. 주자학의 성립은 요·금과의 대치로 고조된 중국 민족의 국수 감정, 정치적 외압에서 오는 배외 감정과 관계가 깊었고, 주희는 주전론의 선봉으로 존왕양이를 내세우고, 한족이 아닌 이민족에 대한 강한 배외의식을 견지했기 때문이다.339

하지만 이색은 성리학을 수용하면서도 종족에 입각한 화이관이 아니라 형세와 문화에 입각한 화이관을 따랐다.340 그리고 이를 근거로 이민족인 몽골족 원을 천자국인 화(華)로 파악했다. 이색은 원이 천하를 차지하여 사해가 하나가 되고 중화와 변방 먼 곳의 차이가 없어졌고,341 원 세조가 무력을 가라앉히고 문치를 행하여, 한결같이 인의를 마음으로 삼고 왕도를 행했다고 했다. 그리하여 하늘 아래 모든 곳이 생성의 교화를 입고, 모든 백성들을 즐거이 양육하는 은혜에 젖게 되었다고 했다.342 또한 유가의 도의 학문적 전승을 상징하는 도통이 원으로 이어졌다고 했다. 공자 이래의 도통이 한유, 주렴계, 정이천을 거쳐 북쪽으로 허형에게 전해져 세조 쿠빌라이의 중흥의 정치가 이루어졌다는 것이다.[343] 이색은 문명과 미개라는 유교의 교화론을 전제로 원을 천자국이며 문명국으로 인정했고[344] 중국 역대 왕조의 일원으로 그 정통성을 인정했다. 원 국자감에 3년 동안 유학하여 원 문화의 세계성과 보편성을 체험했던 이색으로서는 당연한 생각이었다.

이색의 형세·문화적 화이관은 한족 명나라가 중국 중원의 지배자로 등장할 때도 이어진다.[345] 이색은 명이 원을 만주로 내몰고 중국 중원을 지배했다는 사실을 형세·문화적 화이관으로 승인했고, 공민왕의 향명(向明)에 찬성했다. 천자국 원에 대한 표문을 지은 바 있는 이색은 명에게도 중원의 지배자·천자국임을 축하하는 표문을 지었다.[346]

형세·문화적 화이관을 견지한 이색은 문화·문명을 중시하는 입장에서 명 사신으로 온 인물들과 교류하며 시문을 주고받았다. 1369년에 명에서 온 설사(偰斯)에 대하여 이색은 다음과 같이 말했다.

> 근래 홍건적이 요동을 침범했을 때 공은 이곳으로 피했다. 사대부들 가운데 공과 더불어 어울린 사람들은 그대를 공경하고 아껴 지난번에 떠나갔을 때 그대를 생각함이 깊었고, 이제 다시 그대가 오니 기쁨이 크다. 지금 다시 급하게 돌아가고자 하는데도 머물도록 하지 못하여 근심하고 있다. 이에 그대에게 시를 지어 준다.[347]

홍건적이 요동을 침범하자 설사는 고려에 피난하여, 사대부들과 교류하고 함께 노닐며 어울렸다. 그는 지난번에 떠나갔을 때 이색을 생각함이 깊었고, 이제 다시 이색이 오니 기쁨이 크다고 하고, 지금 다시 급하게 돌아가고자 하니 이색에게 시를 지어 준다고 했다. 명 문인과의 친밀한 교류를 보여준다. 이색이 1370년에 고려에 온 명 사신 서사호(徐師昊)를 시를 좋아하는 사람으로 묘사한 것도 이러한 사실과 부합된다.[348]

고려와 명 문인 교류는 그 이후에도 이어진다. 1369년 명에서 온 설사는 중국으로 돌아가면서 왕과 재상들의 선물을 거절하면서도 문신들의 시는 받아갔다.349 1385년 9월에 조서사(詔書使)로 국자감학록(國子監學錄) 장부(張溥)와 행인(行人) 단우(段祐), 시책사(諡冊使)로 국자감전부(國子監典簿) 주탁(周倬)과 행인 낙영(雒英)이 고려에 왔는데,350 이들은 문인으로서 고려 문인과의 수창(酬唱)과 증시(贈詩)에 적극적이었다.351 이들과 정몽주·정도전·이숭인 등이 왕래한 시가 전한다. 장부는 문묘를 참배하고 맹사성과 시에 대하여 논했고,352 우왕이 준 의복이나 안마 등은 받지 않으면서도 조정의 신하들이 준 시는 받아보고 감탄하며 동방에 사람이 있다고 칭송했다.353

이색을 대표로 하는 고려 말 문인이 명 사신과 수창하고 증시한 이른바 사행시(使行詩)의 존재는 유교문화권의 독특한 문화 양상이다. 사행시는 공리적 의미 외에 사적인 감성의 공유를 통한 외교 관계의 유지라는 의미를 갖는다. 명 태조가 권근에게 응제시를 짓도록 한 것도 같은 맥락에서 이해할 수 있다.354 사행시는 중국과 일본 등 동아시아가 공통으로 견지했는데, 중국이 중화적 사고 속에서 세계 문화의 중심임을 내세울 수 있는 방편이었다. 고려에서는 이에 부응하여 시 창작에 능한 문인을 접반사로 임명했다. 선초에 명 사신에는 환관 출신 조선인이 있기도 했지만,355 대체로는 문인 출신이 사신으로 임명되어 시문 교류를 통한 문인 외교가 이루어졌다.356 이에 따라 동방에 인물이 있음을 과시하기도 하고 문화국가로서 자부하기도 했다.

형세와 문화를 중시하는 화이관은 원칙적으로 고려가 화(華)로 전환될 수 있는 가능성을 시사해준다. 형세와 유교[漢法]에 기초한 화이관은 이(夷)라고 해도 중국 중원을 지배하고 유교 도덕을 추구한다면 화로 전환될 수 있는 가능성을 열어두고 있기 때문이다. 그러므로 이들은 유교문화에 몰두하여 그 가능성을 타진하고 있었다.

이색은 유교의 문명론, 형세·문화적 화이관으로 이민족에 대한 유학적 교화론을 전개했다. 그는 유학을 정학(正學)으로, 유학 이외의 사상을 이단으로 파악하고, 주변국을 문명과 야만, 화와 이로 구분하면서 교화의 대상으로 파악했는데, 일본 역시 이러한 교화의 대상으로 파악했다. 이색은 동서남북 사방 가운데 우리 삼한은 천하의 동쪽 끝에 있고, 다시 우리를 기준으로 보면 동쪽에는 일본이 있어 왜적이 화란을 겪고 있으며, 북쪽으로는 여진에 접해 있고, 서쪽과 남쪽은 중원에 속한 지역으로 밤에도 문을 걸지 않는다고 했다.[357]

이색은 중국 천하의 교화가 미치는 일본을 인식하고 교류에 적극적이었다. 이색은 일본의 많은 승려와 교류했는데, 가장 긴밀하게 교류한 인물은 윤중암(允中庵)이다. 이름이 수호(守允), 호는 식수암(息牧叟) 또는 매월헌이고, 학승으로 그림을 잘 그렸다. 1359년 25세에 중국에 유학하려다가 풍랑을 만나 고려에 머물렀는데, 이색을 비롯한 당대 성리학자들과 교류했다. 이색은 그가 1379년 7월경에 집을 방문하자 시를 지었고,[358] 1381년 12월 무렵에는 이집과 이숭인이 영은사(靈隱寺)에서 윤중암과의 만남을 상상하며 시를 짓기도 했다.[359] 또한 이색은 당나라 배휴(裴休)가 편찬한 『황벽전심요결(黃蘗傳心要訣)』과 『완능록(宛陵錄)』의 발문을 써주었다.[360]

이색은 성리학을 받아들였어도, 유불조화론, 유불동도론을 견지했듯이, 일본 승려에 대해서도 적대적이지 않았다. 고려에서는 일본으로의 사행에 대하여 특정 자격을 원하는지 않았지만, 이단 비판에 철저한 성리학을 내세울 때에는 곤란한 점이 나타날 때가 있었다.[361] 성리학의 예에 철저하고 『주자가례』에 입각하여 상제를 치른 정습인(鄭習仁)[362]은 1377년에 정몽주와 함께 일본 사신으로 내정되었으나, 일본에서 그가 불교를 배척한다는 이야기를 듣고 사신 교체를 요구하여 다른 사람이 대신 가게 되었다.[363]

이색은 중국 중심의 천하관, 세계관을 견지했고, 일본의 이질적인 문화를 존중했으며, 일본 승려와 자유롭게 교류했다. 유교에는 수레바퀴의 폭이 같듯이 문자를 같이 쓰고 윤리 도덕의 기준과 예의범절이 통일되어

표 8 | 이색과 유학자들의 일본 승려와의 교류364

이름	승려	출전	연도
이색	중암(中菴)	『목은집』 詩藁 권1, 「雪梅軒小賦爲日本釋允中菴作 號息牧叟」	1378년(우왕 4)
		『목은집』 詩藁 권9, 「中菴允上人見過」	1378년(우왕 4) 7월
		『목은집』 詩藁 권31, 「遁村來過云 將與陶隱 守歲靈 隱寺 中菴所居也」	1381년(우왕 7) 12월
		『목은집』 文藁 권12, 「息牧叟讚」	1372년(공민왕 21)
		『목은집』 文藁 권13, 「跋黃檗語錄」	
	만봉유일(萬峯惟一)	『목은집』 詩藁 권6, 「萬峯爲惟一上人題 日本人也 時奉使其國」	1377년(우왕 3) 9월
	천우(天祐)	『목은집』 詩藁 권8, 「送日本釋有天祐」	1378년(우왕 4) 7월
	홍혜(弘慧)	『목은집』 詩藁 권12, 「日本釋弘慧求詩」	1378년(우왕 4) 9월
		『목은집』 詩藁 권12, 「送日本釋 因有所感」	1378년(우왕 4) 9월
정몽주	영무(永茂)	『포은집』 권2, 「日本茂上人惠石硯以詩爲謝」	
		『포은집』 권2, 「贈品房日本僧永茂二絶」	
		『포은집』 권2, 「次牧隱先生韻贈日本茂上人」	
		『포은집』 권2, 「贈日本洪長老」	
		『포은집』 권2, 「謝日東僧永茂惠石硯」	
이숭인	천우	『도은집』 권3, 「日本有天祐上人饋赤城紫石硯 以詩爲謝」	1378년(우왕 4)
		『도은집』 권4, 「送日本釋有天祐上人還國序」	
정도전	영무	『삼봉집』 권2, 「次韻日本茂上人詩卷」	1390년(공양왕 2)
권근	천우	『양촌집』 권2, 「送日本釋大有還國」	1378년(우왕 4)
한수	천우	『류항선생시집』, 「贈日本僧天祐」	1378년(우왕 4)
		『류항선생시집』, 「鄭旅溪家 見去夏對雨唱和之什 依韻作 二首」	
정이오	천우	『동문선』 권92, 「送日本天祐上人還歸序」	1378년(우왕 4)
이집	중암	『둔촌잡영』, 「元日 敍懷呈安和中菴上人 兼簡住老」; 「用安和寺壁上鄭狀元韻題中菴二首」; 「訪中菴於甑山寺不遇二首」	1381년(우왕 7)
이행	중암	『양촌집』 권2, 「中菴所畫李周道騎牛圖 自註中庵日本釋守允」	1381년(우왕 7)

있다는 한자문화권, 유교 문명 의식이 전제되어 있다.365 세계는 천자의 덕화가 미치고 그 은덕을 입는 주변 국가로 구성되었으며, 주변국은 천자국의 덕화로 인의도덕을 실천하고 문명국으로 전환될 수 있다는 의식을 견

지했고, 일본에 대한 인식도 그러했다. 말하자면 이색은 유교의 문명관, 문화관에 기초하여 일본을 교화의 대상으로 보고, 일본과의 교류에 적극적이었다.

이색은 당시 고려 조정이 그러하듯이 일본과 왜를 분리해서 인식했다. 1366년(공민왕 15)의 금왜사절(禁倭使節)은 1350년(경인년) 이래 17년 만에 일본에 사신을 파견한 것으로, 일본 조정을 통하여 변방의 도적으로서의 왜를 제어하려는 의도가 담긴 것이다.[366] 1377년에 정몽주가 일본에서 돌아올 때 일본 승려 신홍(信弘)이 파견되고 이를 통하여 왜구 토벌이 논의된 것은[367] 한일 양국이 왜구를 변방의 도적으로 인식하고 있음을 보여준다. 1387년(우왕 13) 정지(鄭地)는 일본을 공격할 것을 주장하면서 "왜국은 온 나라가 도둑이 아니고 나라에서 반란을 일으킨 백성들이 대마와 일기 두 섬을 점령하여 합포와 가깝기 때문에 때 없이 들어와 도둑질하는 것이니 만일 죄를 물어 군사를 크게 일으켜 소굴을 없애면 변방 근심이 없어질 것입니다"[368]라고 했다. 왜를 일본과 동일시하지 않고 해적으로서 왜를 정벌해야 한다고 보았던 것이다.[369]

처음 몽골의 1, 2차 침입을 전후하여 일본을 왜구라고 칭하고 왜구의 침입이 빈번해지는 13세기 이후에는 약탈자로서 일본인상이 컸다.[370] 이는 몽골제국의 질서 속에 편입되기를 거절함으로써 고려의 군대가 동원되는 상황을 만든 일본에 대한 반감이 반영된 것이었다.[371] 이장용(李藏用)은 몽골이 병부시랑 흑적(黑的) 등을 파견하여 일본을 초유하라고 했을 때, "일본은 교만하고 오만하며 명분을 알지 못하는 나라"라고 했으며, 원종은 일본을 "풍속이 완민하고 사려가 없다"라고 했다.[372] 원 중심의 질서에 속한 고려의 명분론적 입장에서 일본을 인식하고 있었고,[373] 일본과 왜구를 같은 의미로 사용했던 것이다. 외교 문서에는 일본으로 표기했지만, 통상 왜(倭)·왜국(倭國)·왜인(倭人)으로 부르는 것이 일반적으로, 일본 문화의 저열성과 야만성을 전제로 한 일본 이적관을 보여주는 것이다.[374]

이색은 왜와 일본을 분리해 인식하면서 왜구의 침범[375]으로 고려 백성들이 고통을 당하고 국토가 유린당하는 사실에 분개하며, 최영과 이성계의 왜구 격퇴에 칭송을 아끼지 않았다. 당시 왜구는 해안뿐만 아니라 이색의 고향인 한산, 수도인 개성과 강화, 교동에까지 나타났다. 1358(공민왕 7) 충청도 한산에 침범한 왜구로 인하여 그는 모친의 안위를 걱정하고[376] 개경의 근처[377]·목주(木州, 목천)[378]·금주(錦州, 금산)[379]·영해(寧海)[380]에 왜구가 노략질한다는 소식에 놀랐다. 이에 왜구의 침입에 무기력한 자신을 자책하며 "썩은 선비는 위급할 때 쓸모가 없다"[381]고 했다.

그리고 이색은 관선이 왜선을 나포했다는 소식 등[382] 왜구를 소탕하는 일이 반갑지 않을 수 없었다. 특히 왜구를 격퇴한 최영을 구국의 영웅으로 추앙했다.[383] 이색은 최영이 왜적과 싸워 이긴 것을 하례하며 시를 지었다.[384] 또한 왜구를 무찌르고 개선하는 최영[385]이나 여러 장수들을 마중 나가지 못함을 아쉬워했다.[386] 최영이 판삼사사가 되어 여러 원수를 거느리고 왜적을 추격하기 위해 곧 길을 떠나려 하는데, 이색은 병 때문에 역시 마중 나가지 못함을 아쉬워했다.[387] 이색은 최영의 본관인 철원 최씨가 삼한의 세신대족으로서 충성심으로 나라를 보존한 거목이라고 칭송하고, 화상찬에서 "경인년(1350) 이래로 왜구를 격퇴하고 흥왕사의 변란을 평정하는 등 크고 작은 87차례의 전투를 치르며 고비 때마다 나라를 구하고, 황금을 흙덩어리처럼 보라는 선친의 가르침을 가슴속에 담았기 때문에 청백(淸白)한 절조가 늙어갈수록 더욱 굳어졌다"[388]고 했다. 이색은 우왕 대 최영이 사직했다는 말을 듣고 최영은 주공이 어린 성왕을 보좌하여 치세를 이루듯이 우왕을 잘 보필하여 국난을 극복했다[389]고 평가했다. 말하자면, 이색은 최영을 왜구의 침입을 막고 황하를 다시 한번 맑게 하고, 소강의 시대를 열자고 하여 고려의 태평성대를 기약한 인물로 높였다.[390]

고려 정부에서는 왜구의 침입에 대한 대응 방안을 모색하며 의견을 모으는 작업을 진행했다. 대표적인 사례가 과거시험 종장의 문제인 책문(策

間)을 활용한 것이다. 이색은 1353년(공민왕 2) 정동행성 향시의 왜구의 출몰과 대처 방안을 묻는 과거시험 대책문에서 해전(海戰)보다는 육수(陸守)에 치중했다. 즉 "그들에게 바다에서 싸우게 하면 반드시 유리한 것이 아니고, 육지에서 방어하도록 해야 항구적인 대책을 바랄 수 있다"고 하여 왜구에 대한 대책으로 수전(水戰)을 피하고 육수에 치중할 것을 제시했다.[391] 그런데 한 해 전인 1352년의 복중상서에서는 육수와 해전을 동시에 수행하여 왜적을 물리치자는 의견을 제시했다.[392] 즉 육지에서는 백성들을 징발하여 기계를 정비하고 요해처에 주둔하여 군용의 성대함을 과시해서 왜적이 접근하지 못하도록 하고, 바다에서 해전의 기술 곧 배를 움직이고 수영하는 장기를 살리고 추포사가 지휘하도록 하면 도적을 막을 수 있을 것이라고 했다. 육지를 지키는 것은 우리를 굳게 지키는 것이며, 바다에서 싸우는 것은 저들에게 위세를 보이는 것이라고도 했다.[393]

곧 이색의 왜구 방비책에서 육수와 해전의 병용이라는 대응 방식이, 육수 중심의 대응으로 바뀌었는데, 이는 복중상서와 대책문이라는 각기 상이한 글의 성격에 연유한다. 복중상서는 부친상을 치른 한산에서 왜구의 노략으로 황폐해진 현장을 목도하고 지은 것이고, 대책문은 원나라 향시에 합격하기 위하여 출제자의 요구에 부응해서 지은 것이었다. 따라서 대책문에서는 무력에 의한 패도보다는 교화를 통한 왕도를 중시하고, 육지를 우선하는 원 관학 성리학의 정치론을 중심으로 전개하여, 굳이 고려의 도서 지역 거주민을 모병하여 왜구와 해전을 벌이는 적극적인 방안을 제시할 필요가 없었을 것이다.[394]

이색은 왜구와 일본을 분리 인식하며 유교 이념에 따라 대응하고자 했다. 왜구를 일본의 정치 혼란으로 발생한 도적으로 파악했고, 유학의 화이론과 교화론으로 일본을 이해했으며, 일본 승려와 교류했다. 이색은 1375년(우왕 1) 통신사로 일본에 간 나흥유[395]가 일본 각지에서 지은 시와 일본인으로부터 받은 시를 모아 『중순당집(中順堂集)』을 출간한 것을 격려

했다. 이 책은 지금 전하지는 않지만, 총 250여 편의 시 가운데 일본 조계종 승려가 준 시 20편이 포함되어 있었다.[396] 이색은 일본에 사신으로 가는 정몽주를 보내면서 지은 글에서 일본의 천년 역사와 문화의 독자성을 인정해주고 있었다. 이색은 일본에는 국왕이 있고, 일본국의 국왕을 해 뜨는 곳의 천자라고 했으며, 그 백성들은 인의를 새기고, 목숨을 아끼지 않는다고 했다.[397] 다만 왜구의 피해가 심해지고 국가체제를 위협하게 되자, 왜구를 단속하지 못하는 일본 정부에 대한 반감을 갖게 되고, 분노하기도 했다. 하지만 이색은 당시 일본이 정치적으로 분열된 혼란으로 인하여 왜구가 발생한 것으로 보았고, 천도의 운행과 조화에 따라 일본은 곧 태평한 시대가 올 것이라고 기약했다.[398]

일본은 1333년 가마쿠라 막부[鎌倉幕府, 1192~1333]가 망한 후 남북조로 분열되어 왜구를 통제하지 못했고, 왜구들은 중국과 한반도 일대를 노략질하게 되었다. 왜구를 재물을 약탈하고 무고한 사람들을 살해, 납치해 가는 공포와 증오의 대상으로 보았지만, 이를 일본 전체와 동일시하지는 않았다. 일본을 왜구로 여겼던 인식은, 정몽주 등을 포함한 고려의 사신이 여러 차례 파견되어, 남북조로 갈리어 내전을 거듭하고 있던 일본의 국내 상황을 이해한 뒤에는 변화하기 시작했다. 왜와 일본을 구분하여 사용하기 시작한 것이다. 고려 조정은 당시 고려를 침구하고 있던 왜구가 일본 정부로서도 손을 쓸 수 없는 상태였음을 깨닫고, 일본과 협력하여 이를 금압하고자 노력했다. 일본 측은 비록 소수이지만 병력을 파견해 고려군과 함께 왜구를 토벌하거나 왜구들에 의해 잡혀간 고려인들을 돌려보내는 등 우호적인 활동을 했다.

당시 일본과의 외교 교섭에는 불교 승려가 참여했고, 승려들은 불교 수행이나 유학에 높은 관심을 가지고 있었다. 아시카가[足利, 1336~1537] 시대 일본에서 불교는 문화의 중심이었고, 승려들은 막부나 영주의 명령을 수행한 지식층이었다. 이들은 외교문서 작성이나 외교 교섭에 나섰다. 특히 이들은 고려와 외교 교섭을 진행하는 과정에서 대장경을 요구하고, 고려 유학자들과 시문을 교류하는 일도 빈번했다. 창왕 즉위년에 일본 사신 묘파(妙葩)와 관서성탐제(關西省探題) 미나모토 료슌[源了俊]이 사람을 보내 방물을 헌납하고 포로가 된 250인을 돌려보내면서 대장경을 요구했다.[399] 1392년 4월 역시 방물을 보내면서 대장경을 요구했다.[400]『대반야바라밀다경』은 이색이 1381년(우왕 7) 9월에 염흥방의 요청으로 발문을 썼는데,[401] 조선 태종 대 일본 측의 요구로 일본에 전해졌다.[402]

당시 일본이 대장경 수입에 열을 올린 것은 일본 내 사원의 수요와 관련 깊었다. 가마쿠라 시대부터 각 불교 종파들의 포교 활동이 활발해지면서 무로마치[室町, 1333~1571] 시대에 이르면 각지에 분리되어 있던 소교단이 통일되기 시작하여 교단은 사회적으로 큰 힘을 가지게 되었다. 5산 10찰이 정비되고 막부의 보호 아래 불교 특히 선종이 융성했다. 이때 대장경은 사원의 격을 높일 수 있었기 때문에 우수한 조선의 대장경에 관심을 가졌다. 대장경은 일본의 승려층, 지식층의 환심을 사기에 충분하여 귀족 지배체제를 확립하는 수단이었다. 일본은 당시 기술력, 노동력에 필요한 중앙집권력을 확보하지 못하여 체제 유지에 필요한 대장경을 조판하지 못했던 것이다.[403]

이색은 중국 중심의 천하관, 세계관을 견지했고, 일본의 이질적인 문화를 존중했으며, 일본 승려와 자유롭게 교류했다. 한자문화권, 유교의 동문(同文) 속에서 세계는 천자의 덕화가 행해지는 지역과 천자의 은덕을 입는 주변 국가로 구성되었으며, 주변국은 천자국의 덕화로 인의도덕을 실천하고 문명국으로 전환될 수 있다는 의식을 견지했고, 일본 역시 그러하다고 보았다. 말하자면 이색은 유교의 문명관, 문화관에 기초하여 일본을 교화의 대상으로 보고, 일본과의 교류에 적극적이었다.

4장 주석

1 『목은집』詩藁 권27, 「漫興 三首」; 권34, 「示孫孟畇敬童」; 권35, 「長湍吟 寄省郎諸兄」.
2 최해는 학문은 爲己(『졸고천백』 권1, 「慶氏詩卷後題」)에 있다고 했고, 이숭인은 옛사람들은 위기에 힘쓴다(『도은집』 권4, 「贈李生舘序」)고 했으며, 변계량은 신개에게 爲己에 힘쓰라(『춘정집』 권4, 「次韻獨谷詩韻 送申都觀察使」)고 했다.
3 도현철, 「고려말 유학자의 성장과 재상정치론」, 『한국사상사학』 72(한국사상사학회, 2022).
4 『익재집』 권4, 「送田祿生司諫按全羅道字孟耕」.
5 『동문선』 권4, 오언율시(최해), 「吳德仁生日」.
6 『도은집』 권2, 「示舘中僚友」.
7 『논어』 권6, 「雍也」; 권14, 「憲問」.
8 『맹자』, 「盡心章句上」.
9 『가정집』 권9, 「寄朴持平詩序」.
10 『목은집』 詩藁 권14, 「君子愼所趣」.
11 『목은집』 詩藁 권7, 「君子秉素志」.
12 『목은집』 詩藁 권15, 「君子有所思」.
13 『목은집』 詩藁 권5, 「聞金樞副遇害」; 권5, 「卽事」; 권25, 「聞倭寇在錦州」.
14 『목은집』 詩藁 권8, 「伯夷樂」(우왕 4년 7월).
15 『목은집』 詩藁 권21, 「有感」.
16 『목은집』 詩藁 권20, 「宰樞所 考閱進獻馬」; 권20, 「合坐寶源庫, 庫故政丞韓公諱渥故宅. 先王所嘗御, 而穡初拜密直處也. 今十七年矣, 復來合坐於此, 有感于懷, 吟成一首」; 권21, 「有投三韓國大夫人洪氏索闕單目者, 必誤也. 不敢受」; 권21, 「有感」; 권21, 「春晚」; 권21, 「呈圓齊」; 권27, 「卽事」.
17 『목은집』 詩藁 권13, 「自詠 三首」(5년 1월).
18 『목은집』 詩藁 권23, 「自嘲」.
19 이혜옥, 「고려시대의 家와 家意識」, 『東方學志』 129(연세대학교 국학연구원, 2005).
20 유교 경전을 익힌 관료인 儒官, 유와 관련된 품계인 儒品, 儒를 공부하면서 쓰는 모자인 儒冠, 유학하는 가문[儒門], 유가 의례 시 연주하는 거문고를 儒琴, 유를 대대로 업을 삼은 業儒, 유를 공부하면서도 벼슬이 없는 儒士, 문장가로서 유학에 능통한 文儒, 어질면서 유학에 능통한 賢儒, 학문에 능숙한 宿儒 등이 있다. 고려시대에 춘추전국시대 유행한 제자백가의 일원인 유가가 한나라 이후 국교화되어 유교가 되어 사서

오경과 같은 유교의 경전이 널리 익혀지고 고려왕조의 국가 운영, 사회생활에 영향을 끼쳤으며 이것이 사료에 반영된 것으로 보인다. 유학과 관련된 용어는 고려 사회에 유학 사상이 끼친 영향을 보여준다.

21 의주 관리는 사신이 왕래하거나 文牒이 오고가는 곳이므로 의주 관리는 문신으로 임명했고(『고려사』, 「列傳」, 宋詡), 금나라로 가는 서장관은 국학과 史館과 한림원의 유학 지식을 갖춘 관원인 儒官으로서 글재주로 명성이 있는 사람을 임명했다(『고려사』, 「世家」, 명종 12년(1182) 6월).

22 『고려사』, 「世家」, 성종 8년(989) 4월 12일.

23 『고려사』, 「世家」, 숙종 2년(1097) 2월 3일.

24 김용선, 『역주 고려묘지명집성(하)(115)』(한림대학교 출판부, 2012), 「최유청묘지명」; 『고려사』, 「列傳」, 崔惟淸.

25 『동인지문사육(東人之文四六)』 권22, 「謝直翰林院表」(박호).

26 『동인지문사육』 권11, 「謝寶文閣待制」(이규보).

27 『동국이상국집(東國李相國集)』 권29, 「柳樞密公權乞辭職表」.

28 물론 이규보는 "사가 벼슬하는 것은 구차하게 자기 한 몸의 영달만 도모하려는 것이 아니라 마음에서 배운 것을 정사에 실현하되, 경제의 정책을 올리고 왕실에 힘써 실시하여 百世토록 이름을 전하여 없어지지 않게 하려는 것입니다"(『동국이상국집』 권26, 「上崔上國詵書」)라고 했다. 하지만 당시에는 "세상에서 말하는 名儒는 문장이나 시구에 뛰어나 과거에 합격한 사람에 불과합니다"(『서하집(西河集)』 권4, 「答靈師書」)라는 말이 일반적인 모습이었다. 김인호, 「무인집권기 유학과 문장론의 전개」, 『한국중세사연구』 18(한국중세사학회, 2005).

29 김건곤, 「고려시대 변려문과 고문」, 『신라·고려 한문학의 비평과 재인식』(역락, 2021).

30 『고려사』, 「列傳」, 崔瀹.

31 김풍기, 「고려 예종대의 문단과 詞臣의 존재 양상」, 『고전과 해석』 10(고전한문학연구학회, 2011).

32 문극겸이 일찍이 曬史堂에서 최세보를 놀리며 말하기를, "儒官으로 상장군이 된 것은 나로부터 시작되었고, 무관으로서 同修國史가 된 것은 公으로부터 시작되었다"라고 하면서 함께 껄껄 웃었다. 崔連와 金富 역시 장군으로서 예부시랑이 되었으니, 무인으로 유관을 겸임한 것은 이 세 사람으로부터 시작되었다(『고려사』, 「列傳」, 崔世輔)고 했다.

33 희종은 금나라를 영접하는 궁궐 건물 내의 병풍에 각기 『서경』의 홍범과 무일편을 써서 붙이도록 했다. 『고려사』, 「世家」, 희종 2년(1206) 4월 13일.

1192년(명종 22)에 이부상서 정국검과 판비서성사 최선에게 명하여 서연의 유학자를 보문각에 모아서 『증속자치통감』을 교정하게 하고, 『태평어람』을 교정 간행했다. 『고려사』,「世家」, 명종 22년(1192) 8월 23일;『고려사』,「列傳」, 崔惟清 崔詵.
34 『서하집』권4, 書簡(18),「與皇甫若水書」;『동문선』권59, 書.
35 『보한집』권중.
36 『보한집』,「序」.
37 고려 전기의 관인상으로 문장을 잘 짓는 能文과 학문을 좋아하는 好學을 제시하는 것도 같은 맥락으로 이해할 수 있다. 현수진,「고려시대 관인상의 형성과 변화」,『한국중세사연구』51(한국중세사학회, 2017).
38 『목은집』文藁 권10,「伯中說贈李狀元別」.
39 『목은집』文藁 권9,「農桑輯要後序」.
40 『맹자』,「盡心章句下」.
41 『목은집』文藁 권3,「養眞齋記」(우왕 6년 7월).
42 『목은집』文藁 권4,「砥平縣彌智山潤筆菴記」.
43 『맹자』,「梁惠王章句上」.
44 『고려사』,「列傳」, 奸臣 辛裔;『고려사절요』, 충혜왕 4년(1343) 11월.
45 『고려사절요』, 공양왕 즉위년(1389) 冬10월.
46 『고려사』,「列傳」, 金子粹.
47 金陽燮,「遼·金·宋 三史 編纂에 대하여」,『中央史論』6(중앙사학연구소, 1988), 257-261쪽; 權重達,「中國 近世의 國家權力과 儒學思想의 變遷」,『中國近世思想史研究』(중앙대학교 출판부, 1998), 276쪽.
48 池斗煥,「朝鮮前期 君子小人論議:『大學衍義』王安石論을 중심으로」,『泰東古典研究』9(한림대학교 태동고전연구소, 1993).
49 김용선,『역주 고려묘지명집성(하)』(한림대학교 출판부, 2012),「김순묘지명(민지)」, 725쪽.
50 『가정집』권1,「策問」.
51 『가정집』권8,「送鄭參軍序」.
52 『목은집』文藁 권6,「平心堂記」.
53 『목은집』文藁 권10,「孟周說」; 詩藁 권10,「有感」.
54 『목은집』文藁 권3,「澄泉軒記」.
55 『목은집』詩藁 권14,「卽事」.
56 『목은집』詩藁 권9,「予一日, 偶思游藝之訓, 自責觀物甚淺, 蓋由玩物喪志是懼而致此耳. 夫有物有則, 豈有一物之不爲吾性內之用哉? 物之微, 莫微於尺蠖, 故作短歌以自儆」, 권14,「偶題」; 권16,「書筵, 進講君子所貴乎道者三, 至有司存, 退而志之」.
57 『목은집』文藁 권3,「陽村記」.
58 『목은집』文藁 권10,「孟周說」.
59 『예기』권41,「儒行」.

60 『목은집』 文藁 권1, 「記碁」.
61 『맹자』, 「梁惠王章句下」.
62 『졸고천백』 권2, 「問擧業諸生策二道」.
63 『가정집』 권8, 「上政堂啓」.
64 『예기천견록』 권1, 「曲禮」上.
65 『목은집』 文藁 권5, 「無隱菴記」.
66 『목은집』 詩藁 권29, 「同年吳奕臨尙書子來見 因題一首」.
67 『역옹패설』 前集1.
68 韓㳓劤, 「李朝 實學의 槪念에 대하여」, 『震檀學報』19(진단학회, 1958); 韓㳓劤, 『李朝後期의 社會와 思想』(을유문화사, 1961), 363-370쪽.
69 『고려사』, 「列傳」, 李齊賢.
70 『고려사』, 「列傳」, 李穡.
71 『양촌집』 권14, 「永興府學校記」.
72 『고려사』, 「選擧志 凡薦擧之制」, 공민왕 1년(1352) 2월.
73 『고려사』, 「選擧志 科目 國子監試」, 공민왕 17년(1368).
74 『고려사』, 「選擧志 學校」, 공양왕 1년(1389) 12월.
75 『고려사』, 「列傳」, 趙浚.
76 『가정집』 권2, 「興王寺重修興敎院落成會記」.
77 『가정집』 권15, 「次韻題李僧統詩卷」.
78 『고려사』, 「列傳」, 鄭夢周.
79 『졸고천백』 권1, 「問擧業諸生策二道」.
80 『역옹패설』, 「前集1」.
81 『고려사절요』, 충목왕 즉위년(1344) 5월; 『가정집』 권8, 「寓本國宰相書」.
82 『맹자』, 「滕文公章句上」.
83 『목은집』 文藁 권10, 「孟陽說」.
84 『목은집』 文藁 권10, 「孟儀說」.
85 『목은집』 文藁 권5, 「樗亭記」.
86 『목은집』 文藁 권10, 「可明說」.
87 『맹자』, 「告子章句下」.
88 『목은집』 文藁 권1, 「遁村記」.
89 『목은집』 文藁 권10, 「孟周說」.
90 『목은집』 文藁 권10, 「孟周說」.
91 『고려사』, 「選擧志 選法」, 공민왕 1년(1353) 2월.
92 『가정집』 권8, 「寓本國宰相書」.
93 『고려사』, 「列傳」, 李齊賢.

94 經明行修의 士를 등용해야 한다는 것은 조선 건국 후 조준의 건의(『태조실록』, 1년 (1392) 9월 24일)와 『朝鮮經國典』上, 「禮典 擧遺逸」, 『經濟六典』에 수록되어 강조되고 있다.
95 朴連鎬, 『朝鮮前期 士大夫 敎養에 관한 硏究』(한국정신문화연구원 박사학위논문, 1994), 54-76쪽.
96 김인호, 「여말선초 군주수신론과 『대학연의』」, 『역사와 현실』 29(한국역사연구회, 1998); 도현철, 『고려말 사대부의 정치사상 연구』(일조각, 1999); 정재훈, 『조선전기 유교정치사상 연구』(태학사, 2005); 강문식, 『권근의 정치사상 연구』(일지사, 2008).
97 『목은집』 文藁 권10, 「孟周說」; 詩藁 권10, 「有感」.
98 『목은집』 文藁 권10, 「直說三篇」; 권5, 「石犀亭記」; 詩藁 권16, 「初十日 進講仁以爲己任」.
99 『목은집』 詩藁 권5, 「高歌」.
100 『양촌집』 권13, 「農隱記」; 『논어』, 「衛靈公」.
101 『양촌집』 권13, 「農隱記」; 『주역』, 「繫辭傳下」.
102 도현철, 「여말선초 덕치 근본·형벌 보조의 정치론과 감흥적 교화」, 『한국사연구』 200(한국사연구회, 2023).
103 『목은집』 詩藁 권23, 「江山」; 文藁 권16, 「重大匡淸城君韓謚平簡公墓誌銘」.
104 『목은집』 詩藁 권16, 「自詠」; 권26, 「有何不可篇」.
105 이외에 조준은 경제 곧 나라를 다스리고 백성을 구제하는 것을 자신의 임무로 삼았고(『고려사』, 「列傳」, 趙浚), 私田의 폐해를 시정하는 것이 經國濟民의 일이라고 했다(『고려사』, 「食貨志 田制」). 이인복은 經濟之術을 공부한 사람으로 왕에게 진언하지 않았다고 비판받았다(『고려사』, 「列傳」, 李仁復).
106 『목은집』 文藁 권10, 「孟周說」; 詩藁 권10, 「有感」.
107 『목은집』 文藁 권10, 「孟周說」; 詩藁 권32, 「有感」.
108 『맹자』, 「離婁章句上」.
109 『목은집』 詩藁 권23, 「我將」(우왕 6년 4월); 文藁 권17, 「鐵城府院君李文貞公墓誌銘」.
110 『익재난고』 권9, 「策問」; 『가정집』 권13, 「鄕試策」.
111 『목은집』 文藁 권5, 「圃隱齋記」; 권6, 「古巖記」.
112 『목은집』 詩藁 권16, 「碧雲來言祈雨卽應」; 권18, 「興雨」; 권31, 「望白雲而作」; 권32, 「有感」.
113 『목은집』 文藁 권2, 「萱庭記」; 文藁 권7, 「送江陵道按廉金先生詩序」.
114 이색은 공양왕 대 이성계가 경제의 능력을 갖춘 인물로 평가했다(『목은집』 詩藁 권31, 「追記途中 望松山」; 권35, 長湍吟 「十八日」).
115 고려 후기 달라진 유자 개념은 정도전과 권근에 의해 보다 구체화된다. 정도전은 진유가 관리가 되는 官吏儒者 일치를 주장했다. 도덕이 몸과 마음에 온축된 자를 유자라

하고, 교화를 정사에 베푸는 자를 관리라고 하는데, 온축한 것이 바로 베푸는 것의 근본이며 그 베푸는 것도 온축한 것을 미루어나가는 것이기 때문에 도덕과 교화는 하나다. 그런데 세도가 땅에 떨어지면서 도덕은 詞章으로 변하고 교화는 법률로 바뀌어서, 유자와 관리가 갈라지게 되었다. 그 때문에 유자는 관리를 속되다고 배척하고 관리는 유자를 썩었다고 비난하므로, 세상에서 말하는 도덕과 교화는 모두 쓸모없는 것이 되고 말았다. 참된 유자인 진유가 관리가 세상을 교화해야 한다고 했다.『삼봉집』권3, 送楊廣按廉庚正郞詩序; 도현철,「정도전의 문치사회론의 성격」,『다산과 현대』7(연세대학교 강진다산실학연구원, 2014).

한편, 권근은 오징이 이민족인 원나라가 지배하는 세상에 나아가는 것을 비천한 일이라고 하고, 세상을 떠나 아무것도 하지 않는 것이 고상한 일이라는 한 말에 동의하지 않았다. 오징의 말은 유자의 말이 아니라고 했다. 伊尹과 呂尙(강태공)이 莘에서 농사를 짓고 위수에서 낚시를 하면서 숨어서 지낸 것은 자신의 한 몸만을 깨끗이 하려고 한 것이 아니고, 탕왕과 무왕을 만나서 함께 천하를 위해서 일한 것이라고 보았다. 또한 권근은 이윤이 초야에 있으면서 요순의 도를 즐기고 태공이 북해에 살면서 천하가 맑아지기를 기다린 것은 도가 실현될 때를 기다린 것으로 보았다(『주역천견록』,「蠱」, 上九). 결국 권근은 참된 유자의 길은 구체적인 현실에 참여하여 도를 실현하는 것이라고 보았다. 그는 유자에게 심신을 닦고 이치를 탐구하여 현실을 바로잡는 통유적 성격을 강조했다. 유자라면 유학뿐만 아니라 천문·지리·의약·병학·율학·字學 등을 알고 국가를 다스려야 한다고 했다. 도현철,「권근의 불교비판과 권도 중시의 출처관」,『한국사상사학』19(한국사상사학회, 2002).

116 『고려사』,「列傳」, 李穡 공민왕 5년(1356).
117 『고려사』,「百官志 尙書省」, 공민왕 5년(1356);「百官志 吏曹」;「百官志 書雲觀」.
118 『고려사』,「列傳」, 禹玄寶 공민왕 22년(1373) 5월.
119 『고려사』,「列傳」, 李詹.
120 『고려사』,「列傳」, 朴尙衷.
121 『고려사』,「禮志 吉禮中祀 文宣王廟」, 공민왕 18년(1369) 8월 5일.
122 『목은집』文藁 권9,「周官六翼序」.
123 『고려사』,「刑法志 職制」, 공민왕 20년(1371) 7월 29일.
124 朴宰佑,「高麗 恭讓王代 官制改革과 權力構造」,『震檀學報』81(진단학회, 1996); 尹薰杓,「高麗末 改革政治와 六典體制의 導入」,『學林』27(延世大學校 史學研究會, 2006), 4-11쪽.
125 어떤 일을 논의한다는 의미의 商議는 충렬왕 대 치사하거나 정치적인 이유로 실질을 갖지 못하는 관료에게 자문을 구하기 위해 설치되었다. 충선왕 대에는 식목도감에 참여하는 관직자에게 주었고, 공민왕 내에는 첨설식의 형식으로 비실직자에게 주었다. 우왕 대에는 권신이 권력을 장악하면서 상의 관직이 남발되고 재상 수와 도평의사사

회의원이 급격하게 증가되었다. 이정훈, 「원 간섭기 商議 관직의 설치와 변화」, 『한국사연구』 115(한국사연구회, 2013).

126 『고려사』, 「選擧志 銓注」, 공양왕 1년(1389); 『고려사』, 「列傳」, 禑王(창왕 즉위년(1389) 8월).
127 『고려사』, 「列傳」, 趙浚; 『고려사』, 「選擧志 銓注」.
128 『고려사』, 「選擧志 銓注」, 창왕 즉위년(1389) 8월.
129 『고려사』, 「列傳」, 李仁任.
130 이하 이색의 『주관육익』을 통한 고려의 중흥 논리는 기왕의 연구(도현철, 『고려말 사대부의 정치사상연구』(일조각, 1999), 138-155쪽)에 최신의 연구를 반영하여 정리한 것이다.
131 〈표 9〉 고려 후기 육부의 명칭 변화 일람

『고려사 백관지』	吏曹	兵曹	戶曹	刑曹	禮曹	工曹
충렬왕 1년	典理	軍簿	版圖	典法		
공민왕 5년	吏部	兵部	戶部	刑部	禮部	工部
공민왕 11년	典理	軍簿	版圖	典法	禮儀	工典
공민왕 18년	選部	摠部	民部	理部	禮部	工部
공민왕 21년	典理	軍簿	版圖	典法	禮儀	工典
공양왕 1년	吏曹	兵曹	戶曹	刑曹	禮曹	工曹

132 『주관육익』의 찬자인 金祉(敬叔)는 이색과 돈독하고 긴밀했다. 이색은 그를 典故에 밝은 노학자로서 평가하고 3개 책의 서문(『목은집』 文藁 권9, 「選粹集序」, 「周官六翼序」, 「金敬叔秘書詩序」)을 써주고, 그를 위해 시를 남겼다(『목은집』 詩藁 권10, 「寄贈金敬叔少監」(우왕 4년); 권22, 「憶金祕書祉」(우왕 6년 4월)). 이색과 김지는 고려의 문물제도를 복구하여 왕조를 재건하려고 했다는 점에서 의견을 같이했다. 花村美樹, 「周官六翼とその著者」, 『京城帝大法學論集』 12-3·4(京城帝國大學, 1934); 許興植, 「金祉의 選粹集·周官六翼과 그 價值」, 『奎章閣』 4(서울대학교 규장각한국학연구원, 1981)(『고려의 문화전통과 사회사상』(집문당, 2004)).
133 『목은집』 詩藁 권22, 「憶金祕書祉」(우왕 6년 4월).
134 『목은집』 文藁 권9, 「周官六翼序」.
135 『고려사』, 「列傳」, 李穡 공민왕 5년(1356).
136 『목은집』 文藁 권17, 「松堂先生金公墓地銘幷書」.
137 『고려사』, 「列傳」, 李齊賢.
138 『고려사절요』, 공민왕 1년(1352) 3월.
139 정방은 원 간섭기에 미약한 세력 기반을 만회하기 위한 측근 세력 등용의 수단으로

활용되었다. 공민왕은 정방을 통하여 측근을 등용하고 왕권 강화를 도모했다. 閔賢九, 「高麗 恭愍王代『誅奇轍功臣』에 대한 檢討」, 『李基白先生古稀紀念韓國史論叢』(일조각, 1995).

140 朴宰佑, 「高麗 恭讓王代 官制改革과 權力構造」, 『震檀學報』 81(진단학회, 1996).

141 尹薫杓, 「高麗末 改革政治와 六典體制의 導入」, 『學林』 27(延世大學校 史學硏究會, 2006), 4-11쪽.

142 『신증동국여지승람』 권4, 「開城府」上, 山川 錢浦.

143 『고려사』, 「世系」.

144 河炫綱, 「編年通錄과 高麗王室世系」, 「毅宗代의 性格」, 『東方學志』 26(연세대학교 국학연구원, 1981)(『韓國中世史硏究』(일조각, 1988), 408-415쪽); 최봉준, 「고려 의종대 다원적 사상 지형과 『편년통록』·『상정고금례』 편찬」, 『한국사학사학보』 44(한국사학사학회, 2021).

145 『신증동국여지승람』 권22, 「興海」, 古跡.

146 『목은집』 文藁 권9, 「贈金敬叔秘書詩序」.

147 〈표 10〉 조선 건국기 법전상의 육부 명칭 변화

『주례』	治典	敎典	禮典	政典	刑典	
『고려사 백관지』	吏曹	兵曹	戶曹	刑曹	禮曹	工曹
『경세대전』	治典	賦典	禮典	政典	憲典	工典
『주관육익』	典理	軍簿	版圖	典法	禮儀	典工
『조선경국전』	治典	賦典	禮典	政典	憲典	工典
『경국대전』	吏典	戶典	禮典	兵典	刑典	工典

148 邊太燮, 「高麗時代 中央政治機構의 行政體系」, 『高麗政治制度史硏究』(일조각, 1971), 28-34쪽; 朴宰佑, 「高麗 恭讓王代 官制改革과 權力構造」, 『震檀學報』 81(진단학회, 1996), 75-86쪽.

149 김인호, 「金祗의 周官六翼 편찬과 그 성격」, 『역사와 현실』 40(한국역사연구회, 2001).

150 尹薫杓, 「高麗末 改革政治와 六典體制의 導入」, 『學林』 27(延世大學校 史學硏究會, 2006).

151 『신증동국여지승람』 권3, 「漢城府」, 姓氏; 권20, 「忠淸道」, 唐津 姓氏.

152 邊太燮, 『高麗政治制度史硏究』(일조각, 1971); 박용운, 「중앙 정치체제의 권력구조와 그 성격」, 『한국사』 13(한길사, 1993); 하현강, 「지방 통치조직과 그 구조」, 『한국사』 13(한길사, 1993).

153 고려 지방 지배 질서의 성격에 대하여 두 가지 이해 방식이 있다. 하나는 중앙집권체제임을 인정하면서도 지방사회의 자율적 지배 질서를 강조하는 방식이고, 다른 하나

는 중앙집권체제를 보다 강화하여 중앙 권력을 지방에 침투시키는 데 주안점이 있다고 파악하는 것이다. 전자는 지역사회 운영을 자율성과 타율성의 관점에서 파악하며, 후자는 지방지배를 둘러싸고 공권력과 사권력 간의 협력·갈등 관계로서 파악한다. 지역지배층의 자율적 지배는 토호의 발호 가능성이 높기 하지만 '지방 자치' 차원에서 평가할 수 있는 부분이 있다. 고려 말 상황에서 구법파 사대부는 신흥사대부에 의한 지역사회 운영의 자율성을 강조하고 신법파 사대부는 중앙 권력의 지배력 강화를 지향했다. 채웅석, 「도현철, 「여선교체, 정치사상의 변화」에 대한 토론문」, 『멸망과 건국』(2023년 한국사상사학회 12월 특별 발표회, 2023), 86-87쪽.

154 『목은집』 文藁 권9, 「周官六翼序」.
155 『목은집』 文藁 권9, 「農桑輯要後序」.
156 『고려사』, 「列傳」, 李穡.
157 이하 이색의 관료의 자율 운영에 관한 내용은 기왕의 연구(도현철, 『고려말 사대부의 정치사상연구』(일조각, 1999), 138-155쪽)에 최신의 연구를 반영하여 정리했다.
158 『목은집』 詩藁 권17, 「雲龍吟」.
159 『목은집』 文藁 권10, 「景春說」.
160 『논어』, 「顏淵」.
161 『목은집』 文藁 권9, 「農桑輯要後序」; 金容燮, 「高麗刻本 『元朝正本農桑輯要』를 통해 본 『農桑輯要』의 찬자와 자료」, 『東方學志』 65(연세대학교 국학연구원, 1990)(『韓國中世農業史研究』(지식산업사, 2000)).
162 『맹자』, 「梁惠王章句上」.
163 『목은집』 文藁 권9, 「農桑輯要後序」.
164 이현욱, 「국왕이 주도하는 국가적 프로젝트의 정당화: 『農桑輯要後序』와 『農事直說序』의 비교 검토」, 『한국문화』 101(서울대학교 규장각한국학연구원, 2023).
165 『목은집』 詩藁 권11, 「聞鄭司藝道傳在提州村莊授徒」; 권26, 「八月十七日 知申事李存性傳王旨, 撰進泮宮修造碑文. 臣竊念先王盛德興學校, 今上遹追先志, 甚盛擧也. 然興學校 在於敎養, 今也生徒散而學官罕至, 殆爲茂草, 臣欲措辭, 未得其要, 因循至今, 不能緘黙, 吟成一首」; 권29, 「權可遠來言承宣房口傳成均官, 將以興學校也. 臣穡不勝喜躍, 吟成一首以志」; 권29, 「學校三首」; 권32, 「鄕校一道」; 文藁 권2, 「漁隱記」.
166 『고려사』, 「選擧志 學校 國學」, 공민왕 1년(1352).
167 『고려사』, 「列傳」, 李穡; 『고려사』, 「選擧志 學校 國學」, 공민왕 1년(1352).
168 『도은집』 권4, 「贈李生序」.
169 『목은집』 詩藁 권26, 「八月十七日, 知申事李存性傳王旨, 撰進泮宮修造碑文. 臣竊念先王盛德興學校, 今上遹追先志, 甚盛擧也. 然興學校 在於敎養, 今也生徒散, 而學官罕至, 殆爲茂草, 臣欲措辭, 未得其要, 因循至今, 不能緘黙, 吟成一首」(우왕 6년).

170 『목은집』 詩藁 권29, 「權可遠來言承宣房口傳成均官, 將以興學校也. 臣稽不勝喜躍, 吟成一首以志」(우왕 7년).

171 신동훈, 「여말선초 향교 건립의 추이」, 『한국사학사학보』 43(한국사학사학회, 2021).

172 『목은집』 詩藁 권24, 「甲申進士丘思平, 予少也從之游, 乖離已久, 不知存亡久矣. 尙州同年金直之言, 丘公在善州支縣華谷, 治居第甚整, 置書齋, 授徒三十餘人, 饗賓客甚豐, 金公又言其貌甚壯, 且能飮啖, 又言言及於僕, 吟成一首, 附金同年寄呈, 幸笑覽」.

173 『목은집』 詩藁 권34, 「留別通州張學長」.

174 이인재, 「高麗末 元天錫의 生涯와 社會思想」, 『한국사상사학』 12(한국사상사학회, 1999); 이인재, 『지방지식인 원천석의 삶과 생각』(혜안, 2007), 303쪽.

175 『도은집』 권4, 「復齋記」.

176 『도은집』 권3, 「山齋有懷京都諸友 因寄一絶」.

177 『도은집』 권3, 「題齋居壁」.

178 『야은선생언행습유』 권上, 「행장」(박서생).

179 『세종실록』, 1년(1419) 4월 12일.

180 李秉烋, 「麗末鮮初 科業教育: 書齋를 중심으로」, 『歷史學報』 67(역사학회, 1975); 李秉烋·朱雄英, 「麗末鮮初 興學運動」, 『歷史敎育論集』 13·14(한국역사교육학회, 1990); 김호동, 「여말선초 향교교육의 강화와 그 경제적 기반의 확보과정」, 『대구사학』 61(대구사학회, 2000); 정순우, 「麗末鮮初 '私置書齋'의 역할과 성격」, 『정신문화연구』 121(한국학중앙연구원, 2010); 이상민, 「15세기 지방 유식자의 활용과 평민교화」, 『역사와 현실』 118(한국역사연구회, 2020); 신동훈, 「여말선초 향교 건립의 추이」, 『한국사학사학보』 43(한국사학사학회, 2021).

181 『고려사』, 「選擧志 科目 學校 國學」, 공양왕 1년(1389) 12월.

182 『고려사』, 「選擧志 科目 學校 儒學敎授官」, 공양왕 3년(1391); 『고려사절요』, 공양왕 3년(1391) 1월.

183 『태조실록』, 1년(1392) 7월 28일.

184 『태종실록』, 4년(1404) 8월 28일.

185 『삼봉집』 권7, 『朝鮮經國典』 上, 「禮典 學校」.

186 원래 고려의 지방관의 임무에서 학교를 통한 교화 기능은 약했다. 1018년(현종 9)에 정한 각 州府의 관원이 봉행해야 할 6가지 조항에서 민의 孝悌·廉潔을 살피는 기능만 있을 뿐 학교에 관련된 조항은 없었다(『고려사』, 「選擧志 銓注 選用守令」, 1018년 2월). 우왕 대 역시 학교 문제와 관련된 守令의 역할은 제시되어 있지 않았다(『고려사』, 「選擧志 銓注 選用守令」, 우왕 1년(1375) 2월). 위화도 회군 이후에 상황이 변했다. 1388년(창왕 즉위) 7월에 조준은 수령의 고과를 정하는 기준의 하나로 학교의 진흥을 제시했다(『고려사』, 「選擧志 銓注 選用監司」).

187 『태종실록』, 6년(1406) 12월 20일.
188 『양촌집』 권14, 「利川新置鄕校記」(태종 3년).
189 〈표 11〉 여말선초 지방 학교를 설치한 인물과 지역

번호	이름	시기	지역	출처
1	강경룡	충렬왕		『세종실록』, 18년(1436) 10월 8일
2	나흥유	공민왕	전라 나주	『고려사』, 「열전」, 羅興儒
3	진사 구사평	우왕 6년	경상 선산	『목은집』 시고 권24, 「甲申進士丘思平…」
4	학장 장자의	태조 6년	강원 통주	『목은집』 문고 권34, 「留別通州張學長」
5	진사 원천석	공민왕 9년 이후	강원 원주	『원곡시사』
6	전 문하주서 길재	공양왕 2년 이후	경상 선산	『야은선생언행습유』 권上, 「행장」(朴瑞生)
7	전 성균관 유생 유방선		강원 원주	『태재집』, 「행장」(夏時贊)
8	훈생 류사덕	세종		『세종실록』, 18년(1436) 10월 8일
9	전 감무 박호생	세종	경상 용궁	『세종실록』, 18년(1436) 10월 8일
10	전 교수관 정곤		전라 김제	『세종실록』, 2년(1420) 1월 21일
11	생원 최보민		전라 광주	『세종실록』, 2년(1420) 1월 21일
12	생원 강우량		평안 함종	『세종실록』, 2년(1420) 9월 24일
13	전 예문제학 윤상		경상 예천	『별동집』, 「연보」
14	전 형조판서 김종직		경상 밀양	『점필재문집』 부록 「연보」

위의 표는 다음의 논문을 참고하여 재정리했다. 이상민, 「15세기 지방 유식자의 활용과 평민교화」, 『역사와 현실』 118(한국역사연구회, 2020).

190 『태종실록』, 7년(1407) 3월 24일.
191 『세종실록』, 18년(1436) 10월 8일.
192 이상민, 「15세기 지방 유식자의 활용과 평민교화」, 『역사와 현실』 118(한국역사연구회, 2020).
193 李景植, 「高麗末期의 私田問題」, 『朝鮮前期土地制度硏究』(일조각, 1986); 李景植, 「고려시기의 토지개혁논의」, 『고려시대 토지제도연구』(지식산업사, 2012); 김기섭, 「고려 후기 이색의 토지문제 인식과 개혁 방향」, 『지역과 역사』 51(부경역사연구소, 2022).
194 『고려사』, 「列傳」, 李穡.
195 『고려사』, 「列傳」, 李穡.
196 李景植, 「高麗末 私田捄弊策과 科田法」, 『朝鮮前期土地制度硏究』(일조각, 1986), 66-83쪽.

197 金勳埴,『朝鮮初期 義倉制度研究』(서울대학교 박사학위논문, 1993), 10-18쪽.
198 『고려사』,「食貨志 借貸」, 충렬왕 34년(1308) 11월; 충숙왕 12년(1325) 10월.
199 『맹자』,「梁惠王章句下」.
200 이무방은 이색과 함께 1341년(신사년)에 진사과에 합격한 同年이었고, 이곡이 1347년(충목왕 3) 동지공거일 때 급제했다. 이색은 그를 위해 기문을 써주었다.『목은집』文藁 권1,「南谷記」.
201 『고려사』,「列傳」, 李茂方.
202 朴鍾進,「高麗前期 賦稅의 收取構造」,『蔚山史學』1(蔚山大學校 史學科, 1987); 朴鍾進,「高麗末의 濟用財와 그 성격」,『蔚山史學』2(蔚山大學校 史學科, 1988); 朴鍾進,『고려시기 지방제도 연구』(서울대학교 출판문화원, 2017), 84-85쪽.
203 『목은집』文藁 권1,「南原府新置濟用財記」.
204 『목은집』文藁 권1,「南原府新置濟用財記」.
205 『목은집』文藁 권1,「南原府新置濟用財記」.
206 『목은집』文藁 권6,「淸州牧濟用財記」.
207 채웅석,「고려말 조선 초기 향촌사회의 변화와 지배질서의 재편」,『중세사회의 변화와 조선 건국』(혜안, 2005).
208 『목은집』文藁 권2,「萱庭記」; 권10,「孟周說」.
209 『목은집』詩藁 권3,「婆娑府」.
210 『목은집』詩藁 권5,「獨吟」; 권13,「卽事」; 권18,「賞蓮坐久…」; 권21,「有感呈圓齋…」.
211 『논어』,「雍也」.
212 『한서』권22,「禮樂志」.
213 이상현 옮김,『국역 목은집9』(민족문화추진회, 2003), 142쪽, 주 190.
214 『목은집』文藁 권10,「李氏三子名字說」.
215 『목은집』文藁 권10,「孟儀說」.
216 『목은집』詩藁 권16,「進講 民可使由之 不可使知之一章」.
217 『목은집』詩藁 권7,「讀禹書」.
218 『목은집』詩藁 권18,「懷古」.
219 林熒澤,「고려말 文人知識層의 東人意識과 文明意識」,『牧隱 李穡의 生涯와 思想』(일조각, 1997); 김용섭,「고려국가의 몽골·원과의 관계 속 문명전환 정책」,『(신정·증보판) 東아시아 역사 속의 한국 문명의 전환: 충격, 대응, 통합의 문명으로』(지식산업사, 2015).
220 『목은집』文藁 권5,「淸香亭記」(우왕 4년).
221 『목은집』詩藁에 보이는 주렴계의 연꽃과 관련된 시는 19수가 찾아지나(권4,「題南大藩司尹菊詩卷末」; 권12,「爲舅氏作蓮亭記 因賦此」; 권13,「正月」; 권16,「自詠」; 권

16,「古風三首」; 권17,「雨中忽有賞蓮之興 難於上馬吟得三首」; 권17,「卽事」; 권18,「仲夏以來…」; 권18,「又賦」; 권18,「賞蓮坐久…」; 권18,「再賦廣濟蓮池」; 권18,「使丘從往視駱駝橋水」; 권19,「卽事」; 권21,「又賦」; 권21,「近承佳作, 唱和多矣. 皆浮言戲語, …」; 권23,「古風」; 권32,「寄呈西鄰孟雲先生」; 권32,「籍田莊吉昌樓上對蓮語二首」; 권34,「詠蓮」.

222 정재철,「이색 시에 있어서 역리의 형상화」,『이색시의 사상적 조명』(집문당, 2002); 곽신환,「이색과 이이의 주돈이 이해와 추존」,『율곡학연구』36((사)율곡연구원, 2018), 14-15쪽.

223 『목은집』文藁 권9,「選粹集序」.

224 『목은집』詩藁 권18,「賞蓮坐久…」(우왕 5년 6월).

225 임형택,「제1장 전통적 인문 개념과 문심해두」,『한국학의 동아시아적 지평』(창비, 2014), 393-397쪽.

226 인문은 인간의 문명을 지칭한다.『주역』에서 인간 만사의 변화를 해명하는데(『주역』,「乾卦」) 인간이 공력을 가해 빛나게 하는 상태를 문명으로 형상화한다(『주역』,「賁卦」). 천지간에서 인간 사회의 제도를 마련하고 그 삶을 위해 문물을 개발한다. 문명은 마치 해가 떠서 어둠이 걷히고 세상이 밝아오는 인류적 이상의 구현태라고 할 수 있다. 林熒澤,「고려말 文人知識層의 東人意識과 文明意識」,『牧隱 李穡의 生涯와 思想』(일조각, 1997).

227 『논어』,「子罕」.

228 『목은집』文藁 권9,「選粹集序」.

229 『목은집』文藁 권13,「書上札補正雪菴大字卷後」.

230 『목은집』詩藁 권4,「望龍州山」; 권4,「憶燕都」; 권6,「憶燕都」; 권8,「憶燕都」; 권13,「雜詠」; 권15,「有懷燕都」; 권19,「憶燕都」; 권24,「有燕都國子監 …」; 권31,「憶燕都」.

231 『목은집』詩藁 권13,「紀事」; 권21,「自敍. 錄呈圓齋」.

232 『목은집』文藁 권9,「贈金敬叔秘書詩序」.

233 『목은집』詩藁 권21,「圓齋又 …」.

234 『목은집』文藁 권13,「書上札補正雪菴大字卷後」.

235 『목은집』文藁 권8,「贈宋子郊序」; 詩藁 권25,「閔子復來言, 已得廟學碑石, 將置館中. 予曰, 朝廷右文之美如此, 斯文其興乎. 吟爲一首. 八月十九日也」.

236 『목은집』詩藁 권15,「自和」.

237 『목은집』詩藁 권23,「五月初七日 徐承制考閱進士卷進呈…」.

238 『목은집』詩藁 권22,「一上人爲僕淨書, 亂道間被選書大藏, 追福玄陵也. … 以副國家追福玄陵之意. 吟成一首以誌」.

239 『목은집』文藁 권8,「贈宋子郊序」.

240 『목은집』 詩藁 권25, 「閔子復來言, '已得廟學碑石, 將置館中'. 予曰, 朝廷右文之美如此, 斯文其興乎. 吟爲一首. 八月十九日也」.
241 『목은집』 詩藁 권33, 「頒綠右文此日方崇化」.
242 『도은집』 권4, 「賀姜代言詩序」.
243 박종기, 「이색의 당대사(當代史) 인식과 인간관」, 『역사와 현실』 66(한국역사연구회, 2007), 352-358쪽.
244 『삼봉집』 권3, 「陶隱文集序」(우왕 14년 10월).
245 도현철, 「정도전의 문치사회론의 성격」, 『다산과 현대』 7(다산연구소, 2014); 도현철, 「성리학의 수용과 문치 확대」, 『역사비평』 125(역사비평사, 2018).
246 『목은집』 詩藁 권13, 「紀事」; 권21, 「自敍. 錄呈圓齋」.
247 『주역』, 「風地觀卦」, 六四.
248 『목은집』 詩藁 권10, 「又賦八句, 贈祕書」.
249 『목은집』 詩藁 권14, 「夜吟」.
250 『가정집』 권16, 「與東國觀光諸生遊西山」.
251 『가정집』, 「雜錄」, 「送奉使李中父還朝序」.
252 『도은집』 권2, 「우왕 12년 丙寅十二月十六日赴京師」, 此下八首出奉使錄.
253 『삼봉집』 권3, 「陶隱文集序」.
254 『고려사』, 「列傳」, 李齊賢.
255 『익재난고』 권9下, 「策問」.
256 『가정집』 권8, 「送金同年東陽遊上國序」.
257 『가정집』 권3, 「趙貞肅公祠堂記」.
258 『졸고천백』 권1, 「海東後耆老會序」.
259 林熒澤, 「고려말 文人知識層의 東人意識과 文明意識」, 『牧隱 李穡의 生涯와 思想』(일조각, 1997); 韓永愚, 「稼亭 李穀의 生涯와 思想」, 『한국사론』 40(서울대학교 국사학과, 1998); 채웅석, 「원 간섭기 성리학자들의 화이관과 국가관」, 『역사와 현실』 49(한국역사연구회, 2003).
260 『맹자』, 「藤文公章句上」.
261 『논어』 권3, 「八佾」.
262 『목은집』 文藁 권10, 「孟周說」.
263 『목은집』 文藁 권11, 「請冠服表」.
264 『한서』, 「列傳」, 方術 樊英; 『송사』, 「兵志 鄕兵 蕃兵」; 『송사』, 「列傳」, 儒林 胡安國; 『명사』, 「禮志 吉禮 加上諡號」.
265 『목은집』 詩藁 권23, 「五月初七日 徐承制考閱進士卷進呈…」.
266 『목은집』 詩藁 권17, 「閔祇候安仁, 集諸家詩藁, 將續拙翁東文, 予喜之甚, 作短謌以勗其成」.

267 『제정집(霽亭集)』 권1, 「倚風樓」.
268 『고려사』, 「列傳」, 金子粹; 『목은집』 詩藁 권18, 「懷古」.
269 『삼국사기』 권8, 「新羅本紀」, 聖德王 30년(732) 2월.
270 하일식 편저, 「崇福寺碑」, 『韓國金石文集成(13)』(한국국학진흥원 청명문화재단, 2013), 48-49쪽.
271 『동국이상국집』 권17, 「題華夷圖長短句」.
272 『동문선』 권28, 「文王哀冊」(朴寅亮). 또 박인량(?~1096)은 『小華集』을 짓기도 했다 (『고려사』, 「列傳」, 朴寅亮).
273 채웅석, 「11세기 후반-12세기 전반 동북아시아 국제정세와 고려」, 『전쟁과 동북아 국제질서』(일조각, 2006); 채웅석, 「고려전기의 다원적 국제관계와 문화인식」, 『고려의 국제적 개방성과 자기 인식의 토대』(혜안, 2019).
274 鄭修芽, 「高麗中期 改革政策과 그 思想的 背景」, 『水苔朴永錫博士華甲韓國史學論叢』(국사편찬위원회, 1992).
275 최봉준, 「李穀의 箕子 중심의 국사관과 고려 원의 전장조화론」, 『한국중세사연구』 36(한국중세사학회, 2013); 조원진, 「고려시대의 기자인식」, 『한국사학사보』 32(한국사학사학회, 2015); 정동훈, 「고구려인가 기자조선인가: 몽골제국에서 고려역사상의 경합」, 『역사와 현실』 125(한국역사연구회, 2022)).
276 박대재, 「箕子朝鮮과 小中華」, 『한국사학보』 65(고려사학회, 2011).
277 河炫綱, 「李承休의 史學思想 硏究」, 『東方學志』 69(연세대학교 국학연구원, 1990).
278 『제왕운기』 권하, 「東國君主開國年代」.
279 채웅석, 「『제왕운기』로 본 이승휴의 국가의식과 유교 관료정치론」, 『국학연구』 21(한국국학진흥원, 2012).
280 『고려사』, 「世家」, 충선왕 복위년(1309) 11월 16일.
281 『고려사』, 「世家」, 충숙왕 12년(1325) 10월 18일; 『고려사』, 「禮志 吉禮小祀 雜祀」, 충숙왕 12년(1325) 10월.
282 이강한, 「1325년 기자사 재개의 배경 및 의미」, 『한국문화』 50(서울대학교 규장각한국학연구원, 2010).
283 『목은집』 文藁 권9, 「贈金敬叔秘書詩序」; 권8, 「賀竹溪安氏三子登科詩序」(우왕 4년 4월).
284 『목은집』 詩藁 권28, 「卽事」.
285 『목은집』 詩藁 권18, 「十六日, 順正王太后韓氏忌旦也, 設齋于王輪寺, 奉都評議使公緘, 助以加供, 吟成一首」.
286 『목은집』 詩藁 권17, 「自詠」.
287 『목은집』 詩藁 권32, 「謝玄判書送鮎魚, 因有所感三首」.
288 도현철, 「여말선초 성리학의 수용과 문치 확대」, 『역사비평』 124(역사비평사, 2018).

289 조선 후기 소중화는 명청교체기에 명의 멸망을 통하여 유교적 문명국가를 자부하는 조선의 존아적 자기의식을 기반으로 한다. 이 점에서 14세기의 소중화와 차이가 있다. 曺永祿,「조선의 소중화관」,『近世 동아시아 三國의 國際交流와 文化』(지식산업사, 2002), 146쪽.
290 『목은집』詩藁 권3,「興義站猪灘」; 권11,「有感」.
291 『고려사』,「列傳」, 林樸.
292 『목은집』詩藁 권24,「至正 癸巳年…」.
293 『목은집』詩藁 권10,「卽事」.
294 『목은집』詩藁 권19,「卽事」; 권30,「數日身不寧 不得吟哦 冬至日 南窓靜坐 有作三首」.
295 『목은집』詩藁 권24,「六月十日 拙翁忌旦, 其壻權判書齋僧, 鄕俗也. 僕略以助儀與席歸而志之」.
296 『목은집』詩藁 권6,「卽事」.
297 『목은집』詩藁 권27「天官粘飯」.
298 『목은집』詩藁 권32,「閔中立納壻歸途一首」.
299 팥이 陽의 색깔인 붉은색을 띠고 있는 만큼 陰鬼를 쫓는 데에 효과가 있다고 해서, 동짓날에는 팥죽을 끓여 사당과 집안의 여러 곳에 담아놓았다가 식으면 식구들이 모여서 먹는 일종의 주술적인 풍속이 있었다(이상현 역,『국역 목은집8』(민족문화추진회, 2003), 155쪽, 주 212)고 한다.
300 『목은집』詩藁 권20,「豆粥」; 권24,「豆粥」; 권27,「冬至豆粥」; 권30,「數日身不寧 不得吟哦 冬至日 南窓靜坐 有作三首」.
301 『목은집』詩藁 권33,「初八日, 冬至也. 韓淸城送豆粥幷蜜, 副樞繼持至, 府尹又送來」.
302 이색이 이곡과 같이 문명론적 관점에서 중국의 유교문화가 발달한 京과 대비하여 鄕을 시골의 풍속과 학문으로 파악했다. 여기에서 鄕은 중화의 밖이 아니라 중화 내부의 동일한 문화권, 곧 유교 문명의 중심지와 그 주변을 포괄하는 京과 대비되는 鄕을 의미하는 것이라고 할 수 있다. 도현철,『이곡의 개혁론과 유교 문명론』(지식산업사, 2021). 이색은 유교 문명을 지향하여 소중화를 자처하면서 鄕 곧 고려 문화의 주체성과 고유성을 존중했다.
303 박대재,「箕子朝鮮과 小中華」,『한국사학보』65(고려사학회, 2011).
304 조선은 藩胡·屬胡(여진인)·대만인에 대해서 명확히 대국의 자세를 가지고 임하고 조공을 받고 관직을 주었다. 梶村秀樹,「朝鮮思想史における「中國」との葛藤」,『朝鮮史の構造と思想』(硏文出版, 1982).
305 도현철,「원명교체기 고려 사대부의 소중화 의식」,『역사와 현실』37(한국역사연구회, 2000); 김용섭,「고려국가의 몽골·원과의 관계 속 문명전환 정책」,『(신정·증보판) 東

아시아 역사 속의 한국문명의 전환: 충격, 대응, 통합의 문명으로』(지식산업사, 2015).

306 고려는 천자국만이 행하는 祭天儀禮를 행했지만, 제후국의 명분도 반영했다. 원래 天地에 대한 제사는 황제의 일이지만(『예기』 권5, 「王制」), 고려는 983년(성종 2)부터 圓丘祀天禮를 행했다. 圓丘祀天禮는 농작물의 풍작과 그를 위한 降雨를 천신에 기원했는데, 당과 송에서 冬至·祈穀·雩祀 제사가 행해진 것과 달리, 고려는 冬至가 제외되고, 농업국가의 생산활동과 관련해서 祈穀·雩祀만 행했다. 奧村周司, 「高麗の圓丘祀天禮について」, 『早稻田實業學校研究紀要』 21(早稻田大學, 1985); 奧村周司, 「高麗の圓丘祀天禮と世界觀」, 『朝鮮社會の史的展開と東アジア』(山川出版社, 1997).

307 이하 이색의 형세·문화적 화이관과 소중화 의식 부분은 도현철(『高麗末 士大夫의 政治思想研究』, 일조각, 1999, 101-115쪽)의 최신 연구와 새로운 자료, 내용을 추가한 것이다.

308 전근대 동아시아 국제관계를 일국사가 아닌 다국사, 세계사 관점으로 이해할 필요가 있다는 지적이 있다. 차혜원, 「유동적 역사 공간: 근세 동아시아로의 접근」, 『역사비평』 79(역사비평사, 2007).

전근대 중국 중심의 동아시아 질서에 대한 다원주의적 접근도 행해지고 있다. 여기에는 몽골을 중심으로 세계 지배를 생각하는 연구(김호동, 「대원 울루스의 성립」, 『歷史學報』 192(역사학회, 2006); 森平雅彦, 『モンゴル覇權下の高麗』(名古屋大學出版會, 2013); 이명미, 『13-14세기 고려·몽골 관계 연구』(혜안, 2016); 최윤정, 「征東行省과 國王丞相」, 『역사학보』 254(역사학회, 2022))와 원을 중국 왕조의 하나로 인정하는 연구(이개석, 「정통론과 13-14세기 동아시아 역사서술」, 『大丘史學』 88(대구사학회, 2007); 이익주, 「고려-몽골 관계사에 대한 연구 시각의 검토: 고려-몽골 관계사에 대한 공시적, 통시적 접근」, 『한국중세사연구』 27(한국중세사학회, 2009))가 있다.

309 『목은집』 文藁 권9, 「送慶尙道按廉李持平詩序」.

310 『목은집』 文藁 권7, 「益齋先生亂藁序」.

311 『고려사』, 「世家」, 공민왕 15년(1366) 8월 23일; 『목은집』 文藁 권11, 「請改名表」.

312 『고려사』, 「世家」, 공민왕 18년(1369) 5월 11일; 『목은집』 文藁 권11, 「賀登極表」; 권11, 「請冠服表」.

313 漢族이 황하 유역을 중심으로 일찍부터 세계의 중심이라는 자부심을 갖게 되면서 주변 이민족에 대한 자국의 우위를 나타내었다. 천하의 중심인 中原은 漢族의 지배자가 천자의 도덕정치를 실시하는 세계의 중심이며, 그 주변은 천자의 덕치의 은혜를 받지 못하는 夷가 거주하는 곳이라는 것이다. 金翰奎, 「中國槪念을 통해서 본 古代 中國人의 世界觀」, 『全海宗敎授華甲紀念論叢』(박영사, 1979); 金翰奎, 「四夷槪念을 통해서 본 古代中國人의 世界觀」, 『釜山女大論文集』 10(부산여자대학교, 1981); 李成珪, 「中華思想과 民族主義」, 『哲學』 37(한국철학회, 1992).

314 채웅석, 「고려전기의 다원적 국제관계와 문화 인식」, 『고려의 국제적 개방성과 자기

인식의 토대』(혜안, 2019).

315 노명호, 「고려시대 다원적 천하관과 해동 천자」, 『韓國史硏究』 105(한국사연구회, 1999); 노명호, 「고려전기 천하관과 황제국 체제」, 『고려 역사상의 탐색』(집문당, 2017).

316 김기덕, 「고려의 諸王制와 皇帝國體制」, 『國史館論叢』 78(國史編纂委員會, 1997). 최근의 연구에서는 고려 전기 황제국 체제 이해는 조선시대 천자-제후 이항 대립을 바탕으로 만들어졌다는 견해가 있다. 최종석, 「왜 고려전기의 國制는 황제국체제로 보일까?: 후대 감각과 지식의 소급 적용으로 탄생한 고려전기 황제국체제」, 『역사학보』 250(역사학회, 2021).

317 대외적으로는 제후국의 명분을 견지하지만, 대내적으로 국왕의 명분은 천자국의 그것을 견지했다. 고려 국왕의 명령을 천자국이 사용하는 용어인 詔·制·勅으로 썼고, 이를 문서화할 때에는 황제국의 용어인 詔書·制書·勅書를 사용했다. 이는 충렬왕이 원 간섭기에 宣旨·王旨로 바뀌었다. 徐台洙, 「高麗國王の地位とその性格」, 『神田信夫先生古稀記念論集』(山川出版社, 1992); 矢木毅, 「高麗王言考」, 『史林』 77-1(수선사학회, 1994).

또한 중국의 율령 법제와 정치제도, 불교와 유교의 통치 이념·한자·한문 등이 도입되고 姓名·地名 등이 중국화되었다. 하지만, 군현·서리·노비·부곡 등 같은 용어는 중국의 그것과 다르고, 그것이 갖는 사회적 기능과 의미도 중국과 달랐다. 梶村秀樹, 「家族主義の形成に關する一試論」, 『朝鮮社會の構造と思想』(硏文出版, 1982), 1-3쪽.

318 朝貢은 이민족이 중국과 접촉하는 방식으로, 주나라 봉건제도에서 봉건제후가 천자를 알현할 때 공물을 바치고 하사품을 받아가던 것에서 유래한다. 진·한 이후 활성화되고, 이민족은 정기적으로 중국 왕조의 조회에 참석하고 공물을 바치며 하사품을 받아갔다. 全海宗, 「韓中關係槪觀」, 『韓中關係史硏究』(일조각, 1986), 26-32쪽.

319 제후국은 천자국의 연호를 사용했다. 고려는 중국과 다른 독자적인 曆을 사용했으면서 사대 외교의 방편으로 중국의 연호를 썼다. 朴星來, 「高麗初의 曆과 年號」, 『韓國學報』 10(일지사, 1978); 한정수, 「10-12세기초 국제질서와 고려의 年號紀年」, 『한국중세사연구』 49(한국중세사학회, 2016).

320 책봉은 중국의 황제가 주변 국가의 君長에게 특정한 관작과 물품을 賜與함으로써 그의 자격과 지위를 부여하고 臣屬시키려는 것이다. 그러나 실제로는 왕위에 오르기 전에 중국 측의 의향을 타진하는 정도의 형식적 수속에 불과했다. 적어도 漢族 국가의 경우 봉국을 받은 나라의 왕의 人選에 구체적으로 간섭하는 일은 없다. 봉국을 받은 나라에서 추천한 왕이 책봉되지 않은 예는 거의 없다. 全海宗, 『韓中關係史硏究』(일조각, 1986), 26-32쪽; 朴忠錫, 「國際秩序觀念: 事大와 中華」, 『韓國政治思想史硏究』(三英社, 1982), 48-66쪽; 유근호, 「조선조 국제관념의 기본적 패턴」, 『조선조의 정치사상』(평화출판사, 1987), 98-117쪽.

321 『원사』, 「列傳」, 劉整.
322 『王忠文公集』(王褘) 권4, 「正統論」(『影印文淵閣四庫全書』 集部 165, 1226권).
323 『노재유서(魯齋遺書)』 권7, 「時務五事」(影印文淵閣四庫全書 集部 137, 1198권); 金洪徹, 『許衡 思想과 元代 朱子學의 定立: 實踐躬行과 朱子學 官學化와 關聯하여』(한양대학교 박사학위논문, 2004); 이해임, 「허형과 정몽주의 화이관 연구」, 『태동고전연구』 46(한림대학교 태동고전연구소, 2021).
324 『원문류』 권32, 「正統八例總序」(楊奧)(『影印文淵閣四庫全書 集部 306, 1367권).
325 金陽燮, 「遼·金·宋 三史 編纂에 대하여」, 『中央史論』 6(중앙대학교 중앙사학연구소, 1988), 261-265쪽.
326 이미지, 『태평한 변방-고려의 대거란 외교와 그 소산』(경인문화사, 2018).
327 김보광, 「12세기초 송의 책봉 제의와 고려의 대응」, 『동국사학』 60(동국역사문화연구소, 2016).
328 이정희, 「고려전기 對遼 무역의 성격」, 『지역과 역사』 4(부경역사연구소, 1997).
329 김영미, 「11세기후반-12세기초 고려 요 외교관계와 불경 교류」, 『역사와 현실』 43(한국역사연구회, 2002).
330 채웅석, 「11세기 후반-12세기 전반 동북아시아 국제정세와 고려」, 『전쟁과 동북아 국제질서』(일조각, 2006), 135쪽.
331 박종기, 「고려시대의 대외관계」, 『한국사』 6(한길사, 1993), 227-237쪽.
332 『고려사』, 「世家」, 인종 4년(1126).
333 朴漢男, 「12세기 高麗의 對金政策 論議에 대하여」, 『水邨朴永錫博士回甲紀念韓國史學論叢』(국사편찬위원회, 1992).
334 『고려사』, 「世家」, 고종 19년(1232) 5월 23일.
335 『고려사』, 「列傳」, 俞升旦.
336 李益柱, 「高麗 對蒙抗爭期 講和論의 研究」, 『歷史學報』 151(역사학회, 1996), 6-9쪽.
337 河炫綱, 「李承休의 史學思想研究」, 『東方學志』 69(연세대학교 국학연구원, 1989), 186-189쪽.
338 『익재집』 권6, 「在大都上中書都堂書」.
339 宋晞, 「朱子の政治論」, 『朱子學入門』(명덕출판사, 1974), 570-573쪽.
340 채웅석, 「원 간섭기 성리학자들의 화이관과 국가관」, 『역사와 현실』 49(한국역사연구회, 2003).
341 『목은집』 文藁 권7, 「益齋先生亂藁序」.
342 『책문』, 『동인책선』, 李穡.
343 『목은집』 文藁 권9, 「選粹集序」.
344 林熒澤, 「고려말 文人知識層의 東人意識과 文明意識」, 『牧隱 李穡의 生涯와 思想』(일조각, 1997).

345 최근에 고려와 중국 왕조(오대십국, 북송, 거란, 금, 몽골, 원, 명)와의 문서 행정에 대한 연구가 참고된다. 정동훈, 『고려시대 외교문서 연구』(혜안, 2022).
346 『고려사』, 「世家」, 공민왕 18년(1369) 5월 23일; 『목은집』 文藁 권11, 「賀登極表」.
347 『목은집』 文藁 권9, 「送偰符寶使還詩序」.
348 『목은집』 文藁 권7, 「送徐道士使還序」.
349 『고려사』, 「世家」, 공민왕 18년(1369) 5월 4일.
350 『고려사』, 「列傳」, 우왕 11년(1385).
351 이 책 제2장 주석 367(98쪽)의 〈표 4 고려 문인과 명 사신의 시문 교류〉 참고.
352 『고려사』, 「列傳」, 우왕 11년(1385).
353 『고려사절요』, 우왕 11년(1385) 10월.
354 엄경흠, 「麗末 明 使臣의 接賓과 詩」, 『한국중세사연구』 22(한국중세사학회, 2007).
355 曹永錄, 「鮮初의 朝鮮出身 明使考」, 『國史館論叢』 14(國史編纂委員會, 1990)(『近世 동아시아 三國의 國際交流와 문화』(지식산업사, 2002)).
356 이와 연관되는 것이 『皇華集』이다. 『황화집』은 1450년(세종 32)에서 1633년(인조 11)까지 183년간 명의 사신과 조선의 접반사들이 서로 주고받은 시문을 25책 50권으로 편찬한 것이다. 여기에는 24차례의 교류와 39명이 등장한다. 申太永, 『明나라 사신은 朝鮮을 어떻게 보았는가』(다운샘, 2005).
357 『목은집』 文藁 권8, 「送玆上人序」.
358 『목은집』 文藁 권9, 「中菴允上人見過」.
359 『목은집』 詩藁 권31, 「遁村來過云, 將與陶隱, 守歲靈隱寺, 中菴所居也」.
360 『목은집』 文藁 권13, 「跋黃蘗語錄」.
361 당시 일본에서 불교 승려가 외교 문서의 작성과 외교를 담당했는데, 고려는 이러한 점을 크게 염두에 두지 않고, 불교와 같은 이단에 비판적이고, 소중화 의식을 견지한 성리학자를 외교 사절로 보냈다. 이는 고려의 일본에 대한 정세 파악과 객관적인 대응이라는 점에서 미흡하다고 볼 수 있다. 성리학에서 불교를 '異端寂滅之敎'로 파악했기 때문에 상호 호혜적인 외교 관계를 고려한다면 승려를 사절로 보내는 것도 바람직한 방법의 하나로 볼 수 있기 때문이다. 이진오, 「조선시대 對日交涉과 불교」, 『韓國文學論叢』 22(한국문학회, 1998).
362 『고려사』, 「列傳」, 鄭習仁.
363 『목은집』 文藁 권20, 「草溪鄭顯叔傳」.
364 다음의 글을 바탕으로 새로운 연구를 추가하여 재정리했다. 도현철, 「고려말 사대부의 일본 인식과 문화 교류」, 『韓國思想史學』 32(한국사상사학회, 2009), 206-207쪽.
365 『중용』, "今天下, 車同軌, 書同文, 行同倫."
366 이영, 「14세기 동아시아 국제정세와 왜구: 공민왕 15년(1366)의 禁倭使節의 파견을 중심으로」, 『韓日關係史硏究』 26(한일관계사학회, 2007).

367 『고려사절요』, 우왕 3년(1377) 8월.

368 『고려사절요』, 우왕 13년(1387) 8월.

369 이영, 「고려말의 왜구와 마산」, 『한국중세사연구』 17(한국중세사학회, 2004), 126쪽.

370 고려 후기 왜구와 고려의 대응에 대한 논문으로 다음이 참고된다. 車勇傑, 「高麗末倭寇防守策으로서의 鎭戍와 築城」, 『史學研究』 38(한국사학회, 1984); 나종우, 『韓國中世對日交涉史研究』(원광대학교 출판국, 1996); 金琪燮, 「14세기 倭寇의 동향과 고려의 대응」, 『韓國民族文化』 9(부산대학교 한국민족문화연구소, 1997); 구산우, 「일본원정, 왜구 침략과 경상도 지역의 동향」, 『한국중세사연구』 22(한국중세사학회, 2007); 이영, 『잊혀진 전쟁, 왜구』(에피스테메, 2007); 도현철, 「고려말 사대부의 일본인식과 문화 교류」, 『韓國思想史學』 32(한국사상사학회, 2009); 도현철, 「이색의 유교교화론과 일본인식: 새로 발견된 대책문을 중심으로」, 『한국문화』 49(서울대학교 규장각한국학연구원, 2010).

371 이영, 「고려의 대일인식」, 『일본문화학보』 12(한국일본문화학회, 2002).

372 『고려사』, 「列傳」, 李藏用.

373 南基鶴, 「고려와 일본의 사회인식」, 『日本歷史研究』 11(일본사학회, 2000), 84-89쪽.

374 하우봉, 「조선시대인의 세계관과 일본인식」, 『조선시대 한국인의 일본인식』(혜안, 2006).

375 왜구는 1351년(충정왕 1, 경인년)부터 본격적으로 고려를 침략해왔다. 1223년(고종 10)에서 1392년(공양왕 4)까지 169년간 왜구 침략 횟수는 529회에 이르렀다. 특히 공민왕 대에는 115회, 우왕 대에는 378회에 달했다. 왜구는 해안선뿐 아니라 내륙 지방까지 침략해왔다. 朴龍雲, 『수정·증보판 고려시대사』(일지사, 2008), 715-726쪽.

376 『목은집』 詩藁 권4, 「聞倭賊犯韓州 請暇省母親 三首」(공민왕 7년 5월).

377 『목은집』 詩藁 권11, 「聞海寇犯江郊」; 권11, 「倭賊近畿甸」.

378 『목은집』 詩藁 권24, 「聞倭人寇木州」(우왕 6년 7월).

379 『목은집』 詩藁 권25, 「聞倭寇在錦州」(우왕 6년 7월).

380 『목은집』 詩藁 권28, 「聞倭賊犯寧海, 趣江陵道元帥啓行」(우왕 7년 1월).

381 『목은집』 詩藁 권5, 「聞金樞副遇害」; 권5, 「卽事」; 권25, 「聞倭寇在錦州」.

382 『목은집』 詩藁 권25, 「聞官軍得倭船」.

383 〈표 12〉 『목은집』에 보이는 최영의 글

번호		제목	시기
文藁	1	권12, 「判三司事崔公畫像贊」	우왕 5년 4월
	2	권13, 「爲崔侍中祭先考文」	
詩藁	1	권11, 「賀判三司崔相國戰退倭賊」	우왕 4년 4월
	2	권16, 「上黨君韓公孟雲, 持崔判三司畫像至弊止, 垂之屋梁, 神彩可畏, 詩以讚云」	우왕 5년 5월

번호	제목	시기
3	권20, 「與諸公携酒, 訪判三司, 煖房也」	우왕 5년 5월
4	권25, 「判三司事, 領諸元帥, 賊, 將行, 僕以病難於騎馬, 悵然吟成一首」	우왕 6년 8월
5	권25, 「聞羅沈崔三元帥舟師回, 病不能郊迓」	우왕 6년 8월
6	권27, 「聞宰批下崔判三司事, 拜守侍中, 諸位以次陞, 力疾往謁崔侍中, 侍中已出, 諸宰樞有坐庭中待公回者, 僕亦與其下, 吟成一首」	우왕 6년 겨울
7	권28, 「從漆原侍中·鐵原侍中·公山侍中·吉昌君·晉川君, 會議都堂, 爲入貢道路也」	우왕 7년 1월
8	권28, 「謹成長句回韻三首, 奉呈鐵原侍中座下」	우왕 7년 3월
9	권29, 「崔侍中將巡海豐郡, 使騎來招日, 聯句一夕如何, 予喜甚, 操筆便題一首」	우왕 7년 4월
10	권29, 「崔侍中拜掃廻, 穡身困不克郊迓, 吟成一首奉呈」	우왕 7년 5월
11	권32, 「聞鐵圓侍中辭位」	우왕 8년 6월
12	권32, 「廿九日夜半, 批下判三司事洪公, 二相李公同拜侍中, 而廣平領門下, 鐵原領三司餘以次升, 新入省者盧公, 而入樞密者權大夫, 潘知申事而已」	우왕 8년 6월
13	권32, 「七月七日 聖誕日也. 漆原府院君領門下·廣平君領三司·鐵原君·吉昌君權公·載寧君康公·鈴平君尹公·上黨君韓公·商山君金公·淸城君韓公及穡, 進紫門, 內官金實受手帕入, 有旨不受拜, 旣退, 入新宮周覽, 勞董後衆官而歸」	우왕 8년 7월
14	권32, 「都堂請漆原府院君領門下·廣平領三司·鐵原會議, 而廣平章·韓上黨·成夏城·朴陜山·韓淸城與穡陪其後 堂食而罷 有雨八句」	우왕 8년 7월
15	권34, 「寄呈鄭令公」	우왕 9년 7월
16	권34, 「七月七日 陪漆原侍中·廣平侍中·鐵原侍中·南陽侍中·公山侍中·權吉昌及諸公, 賀千秋內官金實接手帕以入, 上方撝謙不受禮賜韋帶人一條, 特賜鐵原皮甲一領 拜受而退」	우왕 9년 7월

384 『목은집』 詩藁 권11, 「賀判三司崔相國戰退倭賊」(우왕 4년 4월).
385 『목은집』 詩藁 권25, 「聞羅沈崔三元帥舟師回, 病不能郊迓」.
386 『목은집』 詩藁 권25, 「聞諸將入城, 病不能卽進致賀」.
387 『목은집』 詩藁 권25, 「判三司事, 領諸元帥, 追倭賊, 將啓行, 僕以病難於騎馬, 悵然吟成一首」.
388 『목은집』 文藁 권12, 「判三司事崔公畫像贊」.
389 『목은집』 詩藁 권32, 「聞鐵圓侍中辭位」.
390 『목은집』 詩藁 권29, 「崔侍中拜掃廻 穡身困不克郊迓 吟成一首奉呈」; 권28, 「謹成長句回韻三首, 奉呈鐵原侍中座下」.
391 『동인책선』, 李穡.

392 尹薰杓,『麗末鮮初軍制改革研究』(혜안, 2000), 92-100쪽.
393 『고려사』,「列傳」, 李穡.
394 정재철,「「이색의 유교교화론과 일본 인식」에 대한 질의서」,『이색 연구를 통해 본 한국중세사연구 방법』(제407회 국학연구발표회 발표문, 2010), 70-71쪽.
395 『고려사절요』, 우왕 1년(1375) 2월.
396 『목은집』文藁 권9,「中順堂集序」; 권13,「書錦南迂叟傳後」; 권13,「跋羅興儒賀詩卷」; 詩藁 권8,「題羅判事詩卷」(우왕 4년 1월); 권23,「羅判書將刊其中順堂集於尙州, 托書於僕, 以求速成, 甚矣. 其嗜詩而欲其傳於世也」(6년 4월); 권29,「爲羅迂叟寄黃忠州」; 권30,「迂叟見訪」.
397 『목은집』詩藁 권1,「東方辭 送大司成鄭達可奉使日本國」(우왕 3년).
398 『목은집』詩藁 권20,「睦二相與諸元帥發行, 予以脚無力不能騎, 關於拜送, 獨吟二首有感」(우왕 5년); 권28,「聞昨日日本使者入城」(우왕 8년).
399 『고려사절요』, 昌王卽位年(1389) 7월;『고려사』,「列傳」, 辛禑(창왕 즉위년, 1389).
400 『고려사절요』, 공양왕 4년(1392) 6월;『고려사』,「世家」, 공양왕 4년(1392) 6월.
401 小田幹治郎,「內地に渡れる高麗大藏經」,『朝鮮』74(조선총독부, 1921); 바바 히사유키(馬場久幸),「고려대장경의 일본 傳存에 관한 연구」,『韓國宗敎』27(원광대학교 종교문제연구소, 2003); 바바 히사유키,「日本 大谷 大學 소장 高麗大藏經의 傳來와 특징」,『해외전적문화재조사목록』(국립문화재연구소, 2008); 張愛順·鄭承碩·貝英幸·宋本知海,『고려대장경의 연구』(동국대학교 출판부, 2006).
402 『태종실록』, 14년(1414) 7월 11일.
403 이영·김동철·이근우,『전근대한일관계사』(한국방송대학교 출판부, 2001), 271-273쪽; 무라이 쇼스케(村井章介) 저, 손승철·김강일 편역,『동아시아속의 중세 한국과 일본』(경인문화사, 2008).

5장

이색 학파의 성립과 조선시대의 이색 평가

1
이색 학파의 성립과 이색 시문의 활용

1) 이색 학파의 성립과 계승

　고려 후기 성리학이 수용되고 이색을 중심으로 학맥이 성립된 유학자 그룹을 이색 학파로 파악하고자 한다. 1367년(공민왕 16)에 성균관에서 판개성부사 겸 성균관 대사성인 이색이 중심이 되어 경학에 밝은 김구용·정몽주·박상충·박의중·이숭인과 함께 성리학을 연구하고 교육하는 학자군이 형성되었다.[1] 여기에는 정도전·김제안(金齊顔),[2] 윤소종(尹紹宗)과 권근이 포함되었다.[3] 이외에 하륜(河崙)[4]과 김도(金濤)[5]·전오륜[6]·류경은 이색의 문하에서 수학했다. 성균관에서는 오경사서재를 두고, 100명의 학생 수를 채우도록 했는데,[7] 1368년(공민왕 17)에 이색의 『서경』 강의 수강생은 80명이었다.[8] 이숭인은 학생들이 늘어 재실(齋室)과 행랑이 가득 차서 수용하기 어려울 정도였고, 이것이 7, 8년이 지난 1374년(공민왕 23)까지 지속되었다[9]고 했다. 당시의 인구수를 감안하면 학문과 교육 열기를 짐작케 한다.

　이색은 성균관에서 대사성이라는 직함뿐만 아니라 성리학의 권위자로 사석(師席)의 중심 지도자[盟主]가 되어 명유(名儒)를 학관(學官)으로 삼았다.[10] 이때 성균관에서 참여한 유학자들은 네트워크를 형성하며 성리학을 통한 세계·인간에 대한 인식을 공유하며 지적으로 결합하고 정서적으로 정감을 나누었다. 앞서 유교 경전 이해를 둘러싼 논의 과정에서 우의를 쌓고 명과 일본의 사행(使行)·근친(覲親)·지방관 임명·낙향 등의 대소사에 대하여 시문을 지으며 위로하고 격려하며 응원했다. 정도전은 정몽주와 이숭인과 더불어 서로 친하여 강론하고 갈고닦아 더욱 얻은 바 있었고,[11] 특히 후에 정치적 길을 달리한 정몽주와 정도전은 서로를 존중하고 신뢰했다.[12] 정도전은 정몽주가 학술이 바르고 덕과 지위가 뛰어나서 사람들을 바르게 할 수 있을 것이라[13]고 했고, "마음을 같이하는 벗이, 하늘 한 구석에 있는지, 때때로 생각이 미치니, 저절로 사람을 슬프게 하네… 굳고 굳은 지조를 함께 지키며, 서로 잊지 말자, 길이 맹세하네"[14]라고 하며 애틋한 감정을 교감하는 우정을 보여주었다. 정몽주 역시 정도전을 생각하는 시를 지으며[15] 정서적 공감대를 형성하며 교류했다.[16] 모두 이색의 문하에서 성리학을 연구한 학자들로 인적, 지적으로 결합했다.

공민왕 대 성리학을 공부하는 이들의 모임은 오당(吾黨)으로 표현되었다. 이색은 유학의 도통 계승의식을 견지하고 유학을 정통으로 보고 불교와 같은 이단으로부터 유교의 도를 바로잡고 지키는 것을 자신의 임무로 삼으며 성균관의 중심 지도자가 되었다. 그리하여 그는 시가(詩歌)는 정사의 아름다움을 형용하여 인심을 바르게 하고 세도를 붙들어 세우는 것이니, 우리 당(黨)이 의당 힘써 해야 할 바[17]라고 했다. 1377년(우왕 3)에 이숭인은 북원 사신의 영접에 반대하여 성주로 유배되었다가 성균관 사성으로 복귀했는데, 최언부와 박의중이 반가이 맞으며 "그대가 복관(復官)된 것은 기쁜 일이나 우리 당(黨)의 일이 예전과 달라졌다"[18]고 했다. 또한 정도전은 전오륜을 '우리 당[吾黨]의 군자'[19]라고 했다. 우리 당은 공민왕 대 성균관에서 이색을 중심으로 당대 최고의 신사상인 성리학에 공감하며 실천하려는 학문적 동질성을 유지하고 공유하는 학문 집단을 가리킨다고 할 수 있다.

여기에 참여한 유학자들은 후에 성균관을 주도하고 당대 학술을 이끌었다. 이들은 이색을 이어 대사성을 맡았다(주 91(309쪽) 〈표 15〉 참조). 1371년(공민왕 20)에 임박·정추, 1385년(우왕 1)에 정몽주, 1382년(우왕 8)에 김구용,

1385년에 박의중, 1386년에 정도전, 위화도 회군 이후에 정도전·윤소종·이첨·송문중·김자수·오사충·박의중 등이 그들이다.[20] 이들은 이색과 학문적 계보를 형성하며 후임 성균관 대사성이 되어 학계를 주도하고 성리학 사회를 열어가는 중심이 되었다. 송학의 여러 학문 가운데 성리학을 중심으로 학문을 연구하는 이른바 이색 학파가 성립되었다고 할 수 있다.

이때 이색은 성균관의 학풍을 주도하며 성균관의 교육과정을 정하고 성리학의 학문 방법을 익히도록 주관했다. 그는 특히 사서오경을 경전별로 나누어 수업하며 강의를 마치면 서로 토론하도록 했다.[21] 그는 문장을 짓거나 신선술 등 특정 주제에 대한 토론을 즐겼고,[22] 의심나는 부분을 질문하고 의심을 쪼개어 분석하고 토론하며, 가장 합당한 견해를 모아 절충(折衷)하여 정주의 뜻에 부합하도록 했다.[23] 정도전은 정몽주가 유교 경전, 특히 『서경』의 도통설 등을 강의하면서 여러 생도들의 이설(異說)을 그 물음에 따라 명확히 분석하여 설명을 했고,[24] 전오륜은 성균관에 유학할 때 내용을 따져서 논의하여 절충 즉 최고 귀결점을 찾았으며,[25] 이숭인은 서로 어려운 것을 질문하고 묻는 것을 절충했다.[26]

널리 알려져 있듯이 고려는 원 관학 성리학을 수용했다. 당시 원은 유교가 국교화된 이래 정자(程子)·주자(朱子)로 이어지는 성리학을 정통(正統)으로 삼았다. 주희의 『사서집주』를 중심으로 한 사서오경을 학교와 과거시험의 텍스트로 채택했고, 허형을 중심으로 한 원 관학 성리학을 지배체제를 옹호하는 이념적 근거로 활용했다.

고려에서는 원의 국자감과 제과 응시를 준비하는 과정에서 주희가 주석한 사서오경을 익혔다. 안진·안축·이곡·이인복·최해·이색 등은 원 과거에 합격하고 원 관료로서 성리학을 포함한 원의 선진문화를 수용했다. 전술한 안향과 백이정·최성지·최문도·우탁은 주렴계·이정자는 주자의 성리학서를 익혔고, 권부는 『사서집주』를 판각 보급함으로써 도학을 확산시켰다. 이곡은 백문보·박충좌와 함께 백이정에게 성리학을 배우고,[27] 백이정은 이제현과 박충좌·이곡·백문보에게 전했다.[28] 주희 주석의 사서오경 중심의 성리학은 고려의 과거시험 과목으로 채택되었다. 1344년(충목왕 즉위) 과거시험 과목으로 육경의사서의(六經義四書疑)가 정해지고, 1367년(공민왕 16)에는 성균관에 오경사서재(五經四書齋)가 만들어졌다.

이 시기 성리학의 확산에는 과거시험의 좌주문생제가 큰 역할을 했다. 1344년에 과거 과목이 사서오경으로 정해진 후 고려 말까지 실시된 23회의 과거시험[29] 가운데 1344년과 1357년(공민왕 6), 1362년(공민왕 11)을 제외한 시험의 시관이 이제현과 좌주-문생의 관계에 있는 사람들이었다. 이제현은 2번의 시관(충숙왕 7·공민왕 2)을 지냈는데, 1320년(충숙왕 7)에 합격한 이곡은 1347년(충목왕 3)에 시관이 되고, 1353년(공민왕 2)에 과거에 합격한 이색은 5번의 시험관이 되었다. 이색은 성균관 대사성 혹은 과거제도의 지공거 4번(공민왕 14년·18년·20년, 우왕 12년), 독권관(공민왕 17년) 1번을 맡아 312명을 문생으로 합격시켰다.[30] 원나라의 만권당에서 원의 성리학자와 교류한 이제현은 실학으로서 성리학을 강조하여 충선왕에게 경명행수지사를 양성할 것을 진언했다.[31] 그는 1320년(충숙왕 7) 책문(策問)을 과거시험의 종장(終場) 과목으로 정하여 경세를 중시하도록 했고,[32] 충목왕에게 격물치지와 성의정심의 도리를 익히는 사서오경의 중요성을 강조하는 상소를 올렸는데,[33] 이를 계기로 1344년 사서오경이 과거 과목으로 정해졌다.[34] 이후로 이제현과 좌주-문생 관계에 있는 사람들이 시관을 독점했다.[35] 이색과 아버지 이곡은 이제현의 문생으로, 앞서 이제현 중심의 좌주-문생 관계를 잇고 있었다.

좌주문생제는 부모와 자식처럼 긴밀한 인간적 유대 관계를 유지하여 학문적 결합이나 중앙정계에서의 인적 관계를 유지하는 것을 인정했다. 좌주의 아들을 종백(宗伯)이라고 하여[36] 문생과 좌주의 아들과 문생의 인간관계가 돈독했다.[37] 이곡의 문생들에게 이색은 종백이 되고, 이제현의 문생에게 이제현의 아들은 종백이 된다.[38] 물론 좌주문생제는 사적인 성격 때문에 지속성이 떨어지고 정치적 이해관계에 따라 분리될 수 있는 가변적 성격이 있어[39] 성리학의 이해가 심화되면서 해소되어간다.[40] 하지만 고려 후기 성리학 수용기에 이곡과 이색이 포함된 이제현 중심의 좌주문생제는 과거 합격자 상호 간의 네트워크를 형성하여 인간적 유대 관계를 돈독히 하고 학문적 결합이나 중앙정계에서의 인적 관계를 이루는 고리 역할을 했다.

이색은 원나라 국자감에서 성리학의 성명(性命)과 도덕의 설을 궁구했고, 원 제과에 몽골 색목인과 구별되는 한인 남인 합격자 50명 가운데 2갑 2명(1갑 3명) 곧 5등이라는 높은 성적으로 원 한림원 관원이 되었다. 이색의 원 제과 시관인 구양현(1274~1358)은 주희 → 황간 → 진덕수의 계보를 이으며 원대 학술을 이끌었는데, 이색을 찬미하면서, "나의 가사(袈裟)와 바릿대를 해외에서 온 그대에게 전하겠다"고 했다.[41] 이색을 성리학의 정통을 계승한 인물로 평가했던 것이다.

고려 후기 성리학을 익힌 유학자들 역시 이색을 종주로 하는 학문의 계통을 정리했다.

> 우리 좌주 목은(이색) 선생이 일찍 가훈을 받들어 원의 국자감에 들어가 정대정미(正大精微)한 학문을 이루었으며 돌아오자 유사들이 모두 그를 종(宗)으로 삼았으니, 이를테면 포은 정몽주·도은 이숭인·삼봉 정도전·반양 박상충·무송 윤소종이 모두 그의 마루에 오른 사람들이다.[42]

> 목은 이 선생은 일찍이 가정의 교훈을 이어받고 북으로 중원에 유학하여 올바른 사우(師友)를 얻어 성명 도덕의 학설을 궁구한 뒤에 귀국하여 여러 선비들을 맞아다가 가르쳤다. 그래서 그를 보고 흥기한 이가 많았으니, 정몽주·이숭인·박상충·박의중·김구용과 권근·윤소종이며, 비록 나같이 불초자도 또한 그분들의 대열에 끼이게 되었다.[43]

1386년(우왕 12)경에 권근이 쓴 「정삼봉도전문집서(鄭三峯道傳文集序)」에는 이색이 원 국자감에 들어가 학문의 종장이 되고, 정몽주·이숭인·박상충·정도전·윤소종·권근이 그 반열에 올랐다고 했고, 정도전은 이색이 유교의 도의 중심 지도자[盟主]가 되어 유학을 흥기시킬 것을 자신의 임무로 삼았다[44]고 말한 바 있었는데, 1388년에 「도은문집서(陶隱文集序)」를 쓰면서 이색이 중원에 유학하여 올바른 사우(師友)를 얻어 성명 도덕의 학설을 궁구한 뒤에 여러 선비를 가르쳐 학문에 열중한 사람이 많았다고 했다. 권근은 이색의 학술 활동에 대하여 "당시의 옛글을 기억하여 외우거나 시문을 짓는 습관을 버리고 신심성명(身心性命)의 이치를 연구하며, 이단에 빠지지 않고 공리를 구하지 않으며 유풍(儒風)과 학술을 환하게 일신시켰다"[45]고 평가했다. 말하자면 원으로부터 성리학의 도를 계승한 이색은 성균관에서 성리학을 연구하고 교육하며 당대 학술을 이끄는 맹주로 활약하고 그와 더불어 학문을 연구하고 수학한 학도들이 당대의 학문, 학술을 주도했고 조선 건국 후에도 인적으로 계승되었다고 이해되었다. 곧 이색 중심으로 학문 활동을 한 이들 학자 그룹을 이른바 '이색 학파'라고 할 수 있을 것이다.

고려 후기 학술 사상계를 이끈 이색 학파는 당시 상황 변화, 원·명 교체에 따른 대외 정세의 불안정, 권세가의 탐학과 비리에 대한 개혁의식을 견지했다. 이들은 1375년 북원 사신 영접에 반대하다가 고초를 겪는다. 전녹생과 박상충은 유배 도중에 죽었고 정도전(나주)·정몽주(양산)·이숭인(성주)·김구용(竹州: 안성)·염흥방(여주)·이첨(하동) 등은 유배되었다.[46]

이를 계기로 이들은 공민왕 대의 개혁 정치처럼 주어진 제도 안에서 합리적인 정치 운영을 모색하는 흐름과 현실 변화를 보다 심각하게 인식하고 체제 변혁까지 고려하는 논자들로 나뉘게 되었다. 전자는 이숭인과 권근처럼 성리학의 인성(人性)을 중시하는 사고로, 현존하는 제도는 선왕부터 내려온 제도로 존중하고 그것을 운영하는 관리의 자질, 곧 인성을 중시하여 사회 모순을 타개하려는 대응이라고 한다면, 후자는 정도전·조준(趙浚)·윤소종처럼 인간을 둘러싼 환경과 제도 등 정치 사회 구조에 대한 변혁을 추구한 흐름이라고 할 수 있다.

후자의 정치 사회의 변혁을 추구하는 입장은 같은 성리학을 추구하여도, 제도와 경세론에 치중했다. 정도전은 1367년(공민왕 16) 성균관에서 성리학의 정수를 익혔는데, 이색과 달리 체제 변혁적인 입장의 제도 개혁을 주장했다. 물론 정도전은 위화도 회군 이후에도 이색의 학적 계통인 정몽주·권근·이숭인과 유대를 이어갔다. 앞서 언급했듯이 정도전은 이제현이 고문을 제창하고, 이곡·이인복이 뒤를 이었으며 이색이 원나라에 유학하여 성명·도덕의 학설을 궁구한 뒤에 정몽주·이숭인·박상충·박의중·김구용·권근·윤소종 등이 계승했다고 했고, 권근은 이색을 중심으로 한 정도전, 정몽주를 수학한 같은 계통의 학맥으로 보았다. 1388년(창왕 즉위) 8월의 과거시험을 정도전과 권근이 맡아[47] 성리학의 주된 문제인 성현의 학문은 어떤 설이 요체가 되고 제왕의 다스림은 어떤 일이 근본이 되는가를 질문했다.[48] 정도전은 이색 학파와 같은 송학(宋學) 가운데 같은 성리학을 견지했다고 볼 수 있다. 위화도 회군 이후 개혁 정치가 제기되고, 특히 전제개혁(田制改革) 논의에서, 이색은 반대한 것과 달리 정도전은 조준·윤소종과 함께 찬성했다.[49] 당시 정도전은 성균관 대사성으로 성리학을 연구하고 교육하며, 성리학의 인성과 수양보다는 경세론, 제도론을 현실 타개책으로 중시하며, 중국의 정치체제, 법제의 고려 사회로의 적용 문제를 타진했다.

한편 조준은 이색과 좌주-문생 관계인 윤소종과 결합했다. 윤소종은 성균관에서 성리학을 익혔고, 일찍이 조준을 가르쳤으며,[50] 조준·허금(許錦) 등과 망년우(忘年友)를 맺었다.[51] 그리고 조준·조인옥(趙仁沃)·류원정(柳爰廷)·정지(鄭地)·백군녕(白君寧) 등과 왕씨를 세울 것을 다짐했다.[52] 이성계는 조준을 지밀직사사 겸 대사헌으로 천거하여 일의 대소사를 모두 자문했고 조준 역시 나라를 다스리고 백성을 구하는 것을 임무로 삼아 말하지 않음이 없었고,[53] 이미 조준과 결합한 윤소종은 조준을 높이 평가하는 이성계와 연결되었다.[54] 위화도 회군 이후 조준은 대사헌으로서 윤소종을 추천하여 좌상시, 경연강독관이 되도록 했고, 조준이 임금에게 올리는 글들은 모두 윤소종이 원고를 준비했다.[55] 이색의 제자인 윤소종의 영향으로 조준의 학문이 이루어졌다고 할 수 있다. 공양왕 대 개혁 이론가이고 개국공신인 정총(鄭摠)·정탁(鄭擢)·조박(趙璞)·오사충(吳思忠) 역시 이색 학파의 분열, 분화로 등장했다. 정총과 정탁은 이색의 동년이며 친우인 정추의 아들이고,[56] 조박은 권근의 제자급 벗이며,[57] 오사충은 이색과 교류한 문인[58]으로서 체제를 변혁하려는 입장을 취했다.

말하자면 성균관에서 이색을 중심으로 성리학을 매개로 결합된 학맥 곧 이색 학파는 성리학에 기반한 심성 수양 혹은 경세론를 연구하여 당대 학문을 주도하고 개혁 정치를 전개했는데, 이색 학파 내 분화가 일어나 이색이 원래 주장하는 심성 수양 중시의 성리학을 견지하는 흐름과 정도전처럼 경세를 중시하고 변혁을 추구하는 흐름으로 구분되었다. 그리고 이 두 흐름은 왕조 개창의 찬반을 떠나 송학의 여러 학문 가운데 성리학만을 자신의 사상으로 삼았고, 이는 조선시대 성리학 시대를 여는 단서를 만들었다.

이색의 성균관을 중심으로 하는 성리학 진흥은 조선 건국 후 이색 학파의 일원인 권근·하륜·이첨·변계량 등에게 이어진다.[59] 이색이 1367년(공민왕 16)에 판개성부사로 성균관 대사성을 겸하는 겸대사성은 당대 학술을 주도하고 학문 연구를 이끌었는데, 조선 전기 학술의 대명사인 겸대사성의 연원이 되었다.[60] 곧 조선 전기에 겸대사성은 독립된 관직을 맡으면서 성균관 대사성을 겸하게 하여 학술적 지위로 제도적으로 인정한 관직이 되었다. 이색의 손자인 이맹균(李孟畇)은 1432년(세종 14)에 겸대사성에 임명되자 다음과 같은 글을 올렸다.

> 참찬 이맹균이 상서하기를 … 겸대사성은 한 나라 학자의 사표(師表)가 되는 것입니다. 신의 선조 이색이 처음 맡았고, 그 뒤를 이어 정몽주·박의중·이첨·권근·조용·변계량 등은 경술과 문장이 세상에서 존중받는 분들이었습니다.[61]

이맹균이 임명된 겸대사성을 사양하면서, 겸대사성은 한 나라 학자의 사표가 되고, 경술과 문장이 세상에서 중하게 여기는 분이라고 했다. 그리고 당대 학술을 대표하는 인물로 이색 이래 정몽주·박의중·이첨·권근·조용(趙庸)·변계량 등이 맡아 경술과 문장이 세상에서 존중을 받았다고 했다. 하지만, 자신은 학문이 거칠고 서투른 데다가 늙고 병들어 사람들의 기대에 부응할 수 없다[62]고 했다.

이색으로부터 유래된 겸대사성[63]은 공양왕 대에 정도전이 맡았다. 정도전은 1388년 8월 성균관 대사성이 되었고, 1391년 5월에 겸대사성이 되었다. 1391년에 박초는 벽불상소를 올리면서 겸대사성 정도전은 천인(天人) 성명(性命)의 연원을 밝혀 공(孔)·맹(孟)과 정(程)·주(朱)의 도를 창도하여, 불교의 거짓과 미혹함을 깨치게 하여 이단과 사설(邪說)을 멈추게 하고, 천리(天理)를 밝히며 인심을 바로잡은 우리나라의 참된 유학자[64]라고 했다. 이는 고려 최말기에 겸대사성인 정도전이 수행한 개혁 정치의 의의를 평가한 것으로, 이색이 맡은 겸대사성으로서 학술적 역할이 이어지고 있음을 보여준다. 이색과 정도전이 맡은 겸대사성의 역할과 위상은 조선왕조 개창 후에도 권근·이첨·조용·변계량으로 이어지고 있었다.[65]

또한 조선은 겸대사성을 설정하여 당대 최고의 학자를 정하여서 학술을 이끌고 인재를 양성하도록 했다. 1403년(태종 3)에 사간원에서 겸대사성 권근은 이색으로부터 학문의 종지를 얻었으니 성균관에 나가게 하여 인재를 양성하게 하여, 진유(眞儒)가 배출되고 도학이 밝아져, 인륜이 베풀어져서 풍속이 후하게 하라[66]고 했다. 또한 1410년(태종 10)에 사간원에서, 세상 도의의 확립 여부는 인재의 성쇠(盛衰)에 달려 있고, 인재의 성쇠는 사도(師

道)의 득실(得失) 여부에 있어, 성균관과 향교에 교관(敎官)을 두어 인재를 양성하도록 했다는 전제를 두고 다음과 같은 뜻을 전했다. "성균관은 한 나라의 학자가 모이는 곳이니, 사표(師表)의 선택을 신중히 해야 하고 이전에 권근과 이첨이 겸대사성이 되어 인재를 많이 배출했듯이, 조용은 학술이 정밀하고 재덕을 갖추었으니 겸대사성으로 삼아 성균관에서 학자들을 가르치게 하면, 사표가 서고 교양(敎養)을 얻을 것"[67]이라고 했다. 겸대사성이 세상에서 경술과 문장으로 존경받고, 유생의 표준이며 유림의 사표로서 유학의 학문적 진흥과 함께 유교 교양을 확대하며 인재를 양성하도록 하여 유학의 경세화와 실용화를 꾀하고 있다. 학문적 위상을 지닌 학자들이 정치 교화를 책임지도록 하면서 유교의 확산을 도모한 것이다.

조선시대 겸대사성에 처음으로 임명된 사람은 권근이다. 권근(1352~1409)은 조선 초기 관학을 이끌었고, 16세기 성리학의 학문적 기초를 닦은 유학자이다.[68] 30대까지는 고려에서 개혁 상소나 외교활동을 통하여 고려왕조를 유지하려고 했고, 40대 이후에는 조선의 체제 정비와 성리학적 저술 작업을 통하여 왕조의 성리학적 이념을 보급했다. 특히 관학을 이끌어가면서 『입학도설(入學圖說)』・『오경천견록(五經淺見錄)』・『동국사략(東國史略)』・『경서구결(經書口訣)』 등의 저술을 남기고, 성균관 대사성으로 이제현, 이색 학파의 중심 역할을 수행하면서, 변계량・김반(金泮)・김종리(金從理)・유숭조(柳崇祖)로 이어지는 조선 초기 관학의 중심 계보를 형성하여 조선 성리학을 완성하는 데 기여했다.

조용(趙庸, ?~1424)은 1374년(공민왕 23)에 문과에 급제하고, 태조 대에 성균대사성・경연시강관이 되었는데, 국학 생원 200여 명이 상서하여 조용을 스승으로 삼기를 청하자 검교한성부윤 겸 성균대사성에 임명했다. 조용은 총명이 남보다 뛰어나서 경서나 사기를 한 번만 보아도 빨리 기억했고, 집이 가난하여 서적이 없어서 매번 남에게 빌리고, 한 번 본 것은 잊지 않았다. 젊어서 국학에 유학(遊學)할 적에 한 학생의 원나라 『문선대책(文選

對策)』을 빌려 보면서 한 편을 다 외웠다고 한다. 문장을 귀신같이 빨리 지었고, 마음먹지 않아도 말이나 뜻이 함께 잘 맞았다고 한다. 임금이 경사(經史)를 보다가 의심되는 곳이 있으면 경연관을 시켜 조용에게 질문했다. 조용은 젊어서부터 학문에 힘써서 경사에 넓게 통하고 성리학에 정통하여 당시 유학의 으뜸이었다[69]고 한다.

이첨(李詹, 1345~1405)[70]은 1368년(공민왕 17) 친시에 합격하고 1375년(우왕 1) 북원 사신 영접에 반대하다가 하동으로 유배되었고[71] 위화도 회군 이후 조준, 윤소종 등과 같이 우창비왕설에 공감하여 창왕의 폐위에 찬성하고 공양왕의 옹립에 동참했다. 공양왕이 즉위한 후 성균관 대사성이 되고 우상시,[72] 좌부대언이 되어[73] 교서를 작성했으며, 공양왕 옹립 9공신을 포상할 때 공신록을 짓는[74] 등 공양왕의 최측근으로 활약했다.[75] 1391년(공양왕 3) 11월에 양덕(養德)·여사(慮事)·개과(改過)·돈본(敦本)·겸기(謙己)·시인(施仁)·비류(比類)·보업(保業) 등 군주가 견지해야 할 덕목 9가지[九規]를 올렸다.[76] 조선이 건국된 후 당을 결집해 난을 일으키려 했다는 이유로 논죄의 대상이 되었다.[77] 하지만 1396년(태조 5)에 쓴「삼국도후서(三國圖後序)」에서 고려 500년이 운수가 다하고, 이성계가 천명과 인심에 순응해서 조선을 건국하고, 동쪽의 중화를 만들었다[78]고 했다. 1398년(태조 7) 12월에 조준·하륜·정이오(鄭以吾) 등과 함께『사서절요(四書切要)』를 찬진했고,[79] 하륜·권근과 함께『삼국사(三國史)』를 수찬하라는 태종의 명을 받았다.[80] 1402년(태종 2) 9월 중추원학사·동지공거로 권근과 함께 신효 등 33인을 뽑았다. 그리고 신왕(태종)의 즉위를 알리는 사신으로 명에 갔고, 명의 성조 영락제의 등극을 축하하러 명에 갔다 왔다.

변계량(卞季良, 1369~1439)은 1385년(우왕 11)에 염국보(廉國寶)와 정몽주가 시관일 때 과거에 급제했고, 1407년(태종 7)에 처음으로 실시된 현직 관료 대상 과거시험인 중시(重試)에서 권근이 시관일 때에 장원했다.[81] 1428년(세종 10)에 정도전이 주장한 과거시험 과목의 문과 초장에 '강경(講

經)'을 두는 것을 반대하면서 스승인 권근의 제술(製述)을 옹호했다.[82] 예문관 대제학이 겸하는 문형(文衡)을 20년간 맡아 외교 문서를 도맡아 작성했다.[83] 세종은 건국 초에는 이색의 문인인 하륜과 권근[84]이 문사(文詞)를 맡았고 이를 변계량이 익혔는데 그다음을 이어 맡은 문장가가 누구인지를 질문했고, 이에 변계량은 신장(申檣)이라고 했다. 이는 윤회(尹淮, 윤소종의 아들)의 문예가 신장보다 높았는데, 변계량과 윤회와 의견 차이가 많아서 그렇게 대답한 것이라고[85] 한다. 이를 통해 이색의 제자인 하륜과 권근, 변계량으로 이어지는 건국 초 이색 학파의 계승 양상을 이해할 수 있다.

정이오(鄭以吾, 1347~1434)는 1374년(공민왕 23)에 급제했다.[86] 1398년에 『사서절요』를 찬술했고, 1409년(태종 9) 8월에 하륜과 함께 『태조실록』 편찬(1413년 3월 완성)에 참여하여, 1, 2차 왕자의 난과 관련된 불편한 진실을 숨기고 태종 정권의 정당성을 강화하는 데 일조했다. 세종은 정이오에 대하여, "일찍 과거에 합격하여 당대의 명유가 되었고, 성균관의 사장(師長)이 되어 강론을 게을리 하지 않았으며, 사관(史館)에서 편수를 맡아 필삭이 적당함을 얻어 사문의 종장이고 국가의 곧은 선비가 되었다"[87]고 평가했다. 아들 정본은 1453년 계유정난으로 김종서·황보인과 함께 반역자로 죽임을 당했다.[88]

겸대사성 이외에 대사성도 이색 학파가 차지했다. 건국 초 태조는 이색 학파의 일원인 류경[89]을 처음으로 성균관[90] 대사성에 임명한 후 이어 김약항·정탁·함부림·변중량·조용·정덕량·정이오·유백순·최한 등을 임명했다.[91]

말하자면, 겸대사성은 1367년(공민왕 16) 성균관에서 이색이 처음 맡은 이래 성리학을 연구하고 도덕과 문장, 학문으로 이름이 높은 이가 맡는 자리의 상징이 되었다. 조선 초기에는 이색의 제자로서 이색 학파의 일원인 권근·이첨·조용 등이 학술을 주도하면서 당대 학문의 대표자, 지도자로서 인식되었다. 곧 이색과 정도전·권근·이첨·조용·변계량 등 이색 학파가 겸대사성이 되어 조선 학계를 이끌고 있었다[92]고 할 수 있다.

이렇게 이색은 고려 말에 거둔 학문적 성취와 당대의 학술을 주도하여 명유(名儒)·대유(大儒)·유종(儒宗)[93]으로 호명되었다. 물론 이런 표현은 고려 말에 이색을 비판하는 입장에서는 학문의 대가인 이색이 그 명성에 맞지 않는 행동을 했다[94]는 의미로 쓰였다. 하지만 고려 말 이색이 학문적 성취를 이룬 학문의 최고 권위자였고, 그와 결합된 제자들은 학문 집단인 이색학파가 되어 조선 초기의 학문과 사상을 이끌었던 사실은 변함이 없다.

2) 이색의 시문 중시와 활용

이색 학술의 영향은 문장론에도 나타난다. 조선 건국 후 1398년 8월에 이방원은 방번, 방석 형제와 정도전을 죽이는 이른바 왕자의 난(무인의 난)을 일으켰다. 이때 난을 일으키는 명분이 필요했는데, 노석주(盧石柱)는 이문화(李文和)에게 이색이 지은 공민왕이 삼원수를 죽이도록 명하고 내린 교서인 「주삼원수교서(誅三元帥敎書)」의 "적을 격파한 공로는 한때에 있을 수 있으나, 임금을 무시한 마음은 만세에 용서할 수 없다"는 내용을 참고하여 지으라고 했다.[95] 이색이 작성한 「주삼원수교서」는 공민왕의 왕권 강화 과정에서 제시된 것이다. 1362년(공민왕 11)에 홍건적에 대항하여 개경을 수복하고 아직 전란이 끝나지 않은 상황에서 삼원수(안우·이방실·김득배)가 국왕을 대신해서 전쟁을 수행한 총병관 정세운을 살해했고, 삼원수는 총병관을 함부로 죽였다는 이유로 제거되었다. 이때 이색이 공민왕의 명을 받고 「죄삼원수교서」를 작성했는데, 여기에서 "적을 부순 공로는 한때에 혹 있을 수 있지마는, 임금을 무시한 마음은 만세에 용서할 수 없다"[96]고 했다. 홍건적 침입으로 부각된 삼원수에 대한 왕의 정치적 부담이 숙청의 중요한 배경이 되고 있었는데, 공민왕은 임금을 업신여기는 죄[無君之罪]를 거론할 만큼 국왕으로서의 위상을 강화하고자 했다.[97] 이방원은 왕자의 난을 일으키며 권력 탈취의 명분을 이색의 문장에 의지하고 있는 것이다. 이색과 정치적으로 다른 입장에 있었지만 이색의 뛰어난 문장을 참고할 만하다고 보고, 이를 현실 정치를 정당화하는 명분으로 활용했다.

이색의 문장과 관련된 논의는 조선 초기 과거시험 과목 논란에서 나타난다. 과거시험에서 경학을 중시할 것인지 아니면 문장을 짓는 제술을 중시할 것인지, 혹은 시부를 시험하는 진사시를 폐지할 것인지 존치시킬 것인지의 논란이 있었다. 이것이 조선 초기 주요 정책 현안의 하나가 되었다.[98]

조선 건국 후 정도전은 경학을 학제와 과거제에 적용하면서 과거제의 개혁을 통해 경학을 활성화할 방안을 제시했다. 그는 좌주문생제를 없애고 경학 교육을 강조했다. 1392년(태조 1) 즉위교서의 작성자인 정도전은 좌주문생제와 국자감시를 폐지하려고 했고,[99] 문과 초장에 강경(講經), 중장에 표(表)·장(章)·고부(古賦), 종장에 책문(策問)을 부과하고자 했다. 이는 고려의 국자감시에 해당하는 시부 중심의 진사시를 폐지하고 대신 성균관 입학시험으로 경학 중심의 생원시를 설치하고자 한 것이다.[100] 그는 시부 중심의 진사시를 선호하던 이색[101]에 대해, 공민왕이 사부(詞賦)를 혁파했으나 좌주문생제는 시행된 지 오래되어 갑자기 제거하지 못했으므로 식자들이 이를 한탄했다[102]고 하면서, 사장 중심의 유학을 배격하고 경학 중심의 유학을 장려하려고 했다. 하지만 1393년(태조 2)에 감시(監試)를 실시하여 박안신 등 99인을 뽑았다. 고려시대 때부터 지속되어온 진사시를 갑자기 없애기 어려웠던 것이다. 그러다가 1396년(태조 5) 5월 정도전은 시관이 되어 강경으로 시험을 보였고,[103] 1401년(태종 1)에 향시와 관시에서 사서오경의 각 서마다 삼장(三章)을 강문하고, 회시에서는 사서(四書) 중 1장(章), 오경(五經) 중 1장을 강문하여 그 대의를 통한 자를 뽑기로 했다.[104] 강경론자들은 제술을 중시하면 응시자가 경서는 읽지 않고, 초집만 읽고, 시장(詩章)도 경학에 근원을 두지 않으면 안 되며, 사장(詞章)은 치화(治化)에 도움이 되지 않는다는 점을 지적했다. 정도전은 통유의 개념을 전제하면서 과거시험에서 강경을 중시함으로써 원리를 탐구하도록 하고, 현실 문제에 대한 경제(經濟)·의리를 중시함으로써 능력 위주의 인재 등용을 지향했다.[105] 정도전이 지향하는 유교적 이상사회는 성리학적 의리가 사회의 지도이념이 되고 의리에 밝은 인물들이 관료가 되어 나라를 다스리는 사회라고 할 수 있다.

한편 권근 등은 경학과 함께 제술을 중시했다. 제술은 유자의 말이기는 하나 인재의 성쇠와 관계된다는 이유에서였다. 글을 잘 짓기 위해서는 기를 기르는 것이 필요하고, 기가 길러져야 심지가 있게 된다는 것이다. 또한 경서만을 강조하여 문장과 시를 잘 짓지 못하게 되면, 중국 사신과 시를 창화할 때 웃음거리가 될 것이라고 했다.[106] 그리하여 권근은 과거시험 초장에서 제술을 시험할 것을 주장했다. 초장에 강경을 시험하니 유생들이 경서의 구두나 훈고의 암송에 치중하여 문장을 소홀히 하며, 응시자들이 시관의 면전에서 떨어지는 것을 창피하다고 생각하여 문과 응시를 꺼린다는 이유에서였다. 그리하여 제술이 부활되고 사서의 1문(問)과 오경의 1문을 부과하도록 건의했다.[107] 그러나 과거시험의 제술로 인하여 이번에는 유생들이 경서는 읽지 않고 초집만 읽는 폐풍이 일어났다는 지적이 다시 일어났다. 1411년(태종 11)에는 반대로 황희 등은 제술의 문제점을 들어 강경의 부활을 주장했다.[108]

이색과 권근은 진사시를 유지하고자 했다. 이는 변계량이 세종과 과거제를 논하는 과정에서 이색이 "정도전이 진사시를 폐지한 것에 대하여 매우 한탄했다"고 하면서, 진사시의 시행을 건의했다.[109] 또한 세종 대 하연은 유생들이 어려서부터 자란 뒤까지 오로지 시구(詩句)만을 힘쓰고 경학을 배우지 않아서, 교양이 부정하고 사풍(士風)이 퇴폐했다고 보았다. 혹자가 이색과 같은 대유가 진사로 해서 입선했으니, 진사는 초학을 입신하는 단서라고 했다. 하지만 이색은 세상을 덮을 재주가 있고 천성이 명민하고 경학과 문장으로 특별히 세상을 울린 특출한 인물이기에 『소학』의 도리를 학습하여 마음을 거두고 덕성을 길러 습관이 지식과 하나로 자라고 예법이 마음과 한가지로 성취하여, 『대학』의 근본을 기초로 닦았다[110]고 했다. 이색은 진사시를 입사의 기초로 보았다는 것이다. 1396년(태조 5)에 혁파된 진사시는 이색의 첫째 아들 이종덕의 둘째인 이맹균 등의 건의로 1435년(세종 17)에 부활되었다.[111] 진사시는 과거에서 시부를 시험하는 것으로 조선왕조 개창에 반대하는 사대부에 의해 지지되었다.[112]

전술한 대로 이색은 유학자로서 시(詩)·부(賦)의 의의를 인정했다. 이색은 시·부 짓는 것을 마음공부, 성정(性情) 닦기의 일환으로 생각했다. 공자는 『시경』 삼백 편 전체를 한마디로 말하면 '생각에 사특함이 없다[思無邪]'고 했는데,[113] 이색은 이를 참작했다.[114] 시를 성정을 닦고 마음공부를 하는 단서로 보고, 처음 시 짓는 법을 배울 적엔 바른 성정만 구했다[115]고 술회했다. 시문을 아름답게 꾸미는 일에만 매달리는 학자들을 비판하고, 경서를 통해 성명(性命)의 근원을 탐구하고 심성 수양에 힘 쏟을 것을 강조했는데, 시가 갖는 성정 도야의 의미도 인정했던 것이다.[116] 단 이색은 시 짓는 것은 마음공부의 일환으로 보면서 시·부의 지나친 성행은 비판했다. 과거 응시자의 글을 읽고 평하기를, 시·부를 비판한 이 글은 당나라의 풍속이 율부(律賦)를 숭상하여 끼친 폐단이 우리나라(동방)에 성하다[117]고 했다. 경학과 책문을 중시하면서 시·부를 겸하는 입장을 취한 것이라 할 수 있다.

원래 이색은 고문을 중시하고 사장학을 비판했다.[118] 그리고 이제현의 고문창도(古文倡導)[119]를 계승하고 도를 문장에 담는다는 문이재도(文以載道)적 문학론을 견지했다.[120] 그는 부(賦)를 잘 지어 원 국학의 월과(月課) 그리고 고려의 동당시와 원 제과의 향시, 회시에서 뛰어난 솜씨를 보였는데, 이는 고문이 아니므로 자신의 뜻이 아니라고 했다. 이것을 잘하지 못하면 과거에 합격하지 못하여 모친을 봉양할 길이 없었기 때문에 한 것이라고 했다.[121] 그는 성균관에서 고문을 토론하곤 했고,[122] 『논어』를 인용하여 화려한 형식과 수식을 비판하고 근본과 내실을 강조했다.[123] 참된 문장이 되려면 반드시 참된 뜻을 지녀야 하고, 그래야만 읽는 사람에게 참된 의미가 전달된다고 보았다.[124]

이색은 형식과 수사에 얽매이는 변려문(騈儷文)보다는 실질에 맞고 시의에 맞는, 곧 유학의 바른 도리를 담고 현실 사회에 유용하게 쓰이는 문장론을 주장했다. 그는 문장과 시문을 성리학과 연관시켜, 문장과 도덕을 연결하여 파악했다. 그에 의하면, 문장은 외형적 표현으로 마음에 근본하고 있으며 마음의 표현은 시대 인식과 직결된다.[125] 문장은 마음에 근거를 두고 있고 문학이 시대의 바른 도리를 깨우쳐줄 때 비로소 효용적 가치를 지닌다고 보는 것이다. 단 시대는 고정된 것이 아니고 변하므로, 문학은 그에 맞추어 변화된 시대와 사회를 담아야 한다. 다시 말하면 도는 시대성과 사회성을 지녀야 하고 문학도 시대와 사회의 모습을 담아야 한다고 보는 것이다. "문장은 나라를 경륜하는 것이고, 도덕은 풍속을 후하게 하는 것이다",[126] "문장은 도덕에서 나온다"[127]라는 표현이 그것을 말해준다. 그리하여 "문장과 도덕으로 내실 있게 하면 그 마음에 품고 있는 것이 정사로 드러나고 노래와 시로 불려지게 될 것이라"[128]고 했다. 이처럼 이색은 현실 변화를 담고 도의 움직임을 문학 속에 담아야 한다는 생각을 가졌던 것이다.[129] 고려 후기에 성리학이라는 새로운 사상이 수용되고, 성명의리의 학으로서의 성리학이 강조되어 성인의 도를 문장에 싣도록 하는 재도(載道)론이 확산되면서 불교의 비윤리적 행위나 사장학을 비판하는 지적 분위기를 반영한 것이다.

이색은 유학의 도를 체득하게 되면 그것이 문장으로 표현되고 도덕으로 나타난다[130]고 하여 문장과 도덕을 불가분의 관계로 보았다. 그는 당대의 선배 유학자를 평할 때 평가 기준은 문장과 도덕이었다. 안보(安輔)는 문장을 지을 때에 화려하게 꾸미는 일을 배격하고 오직 실질만 취하여 뜻이 제대로 통하게 할 뿐이라고 했고,[131] 문장을 지을 때는 속된 기풍을 버리기에 힘썼고 시를 지을 때에 더욱 뜻을 지극히 했다[132]고 평했다. 이공수(李公遂)나 정자후(鄭子厚)·민사평(閔思平)과 같은 사람들은 덕행과 문장으로 우뚝 선 한 시대의 종장[133]이라고 했다. 스승인 이제현은 도덕의 으뜸이요 문장의 종장이라고[134] 했고, 이인복은 문장을 정밀하게 연구하고 극치에 이를 수 있도록 하여, 여러모로 심사숙고하여 고치고 득의(得意)한 작품을 얻고 나서야 사람들에게 보여주어, 표현이 엄밀하고 뜻이 심오하여 한 시대에 으뜸이 된다[135]고 했다. 그리하여 이색은 이 두 사람(이제현과 이인복)을 공민왕 대 문장의 으뜸이라고 했다.[136]

이색이 문장과 시를 성리학과 연결시키는 것은 태종 대 사헌부의 상소에서 알 수 있다. "한산백 이색은 우리나라의 대유로 공민왕이 성균대사성을 겸하게 하고 날마다 경사(經史)를 강론하여 고무하고 일으키니 인재가 배출되어, 성리의 학문과 문장의 성함은 비록 중국의 선비라 할지라도 앞서지 못했습니다"[137]고 했다. 이색의 문장을 묻는 세조의 질문에 정인지는 '우리나라에서 뛰어난 사람으로, 특히 사운시(四韻詩)에 능하다'[138]고 했고, 이긍(李亘)은 이색의 '문장이 특출했다'[139]고 했다.

이색의 문장에 대한 논의는 16세기에 오면 성인의 교화에 미치는 시문의 역할에 대한 이해의 차이를 나타난다. 김종직(金宗直) 등은 이색과 권근처럼 시문 공부의 유효성을 인정하여 유학의 수기, 수양에 기여한다고 보는 반면, 김굉필(金宏弼) 등은 이를 부정하고 있다. 즉 김종직·김일손(金馹孫)·남효온(南孝溫) 등은 도학을 위해서는 시문 공부를 해야 한다고 보았는데, 정여창(鄭汝昌)과 김굉필은 도학과 시문의 연관 관계가 없고 도학은 윤리·도덕적인 규범을 따르는 것이라고 했다. 다 같이 도학이라는 개념을 쓰고 있어도 양자 사이에는 차이가 있게 되는 것이다. 16세기에 많은 성리학자들이 배출되면서 이색이 제기한 심성 수양에서 시문의 역할에 대한 이해 차이가 생기고, 시문을 통해 지기(志氣)를 기르는 것과 경(敬) 공부를 통해 본원을 함양하는 것에 대한 인식 차이가 존재하게 되었다.[140]

이색의 문장은 선초 유학자의 모범적인 글로 평가되었다.[141] 이색의 문장과 도덕 논의는 조선 초기에 유학자에게 영향을 준다. 서거정(徐居正, 1420~1488)은 『목은시정선(牧隱詩精選)』을 편찬했고, 한국의 중세 시기 한문학의 정수가 모아진 『동문선(東文選)』의 「서(序)」를 쓰면서 이를 제시했다.

> 익재 이제현이 문풍을 떨쳐 일으키고, 가정 이곡이 그 뒤를 이어 발전시켰는데, 선생(이색)은 가정의 아들이요 익재의 문생이다. 선생의 문장은 이미 가법(家法)과 연원의 바름을 얻었는데, 원나라의 제과에 급제하고 한림원에서 주선하는 동안 터득한 바가 더욱 깊어지게 되었다. 우리나라로 돌아와서 한편으로 문장으로 펼쳐내고 한편으로는 국가의 사업에 활용하여 명성과 영예가 창연히 빛났다. … 선생의 문장은 육경(六經)을 근본으로 삼고, 『사기』와 『한서』를 참작하였으며, 제자(諸子)를 가지고 윤색하였다. 그리하여 한번 붓을 잡고서 휘젓기 시작하면, 뭉게뭉게 구름이 일면서 벼락이 치고, 찬란하게 빛나면서 북두성 별자리가 되고, 세차게 쏟아지면서 강하(江河)의 물줄기가 되고, 높이 뛰어오르면서 용과 호랑이가 되는 등 변화하는 그 모습이 무궁무진하였으므로, 마치 맑게 갠 날 종남산(終南山) 정상에 올라서서 눈앞에 주름살처럼 펼쳐진 뭇 산들의 경치를 대하노라면 볼거리가 하도 많아서 미처 다 감상할 수 없는 것과 같은 탄식을 자아내게 마련이다. 그렇기 때문에 한 시대의 문인과 재사(才士)들 모두가 선생을 종주로 삼고서 그윽한 그 향기에 흠뻑 몸을 적셨으니, 가령 정몽주의 웅준(雄峻)함이나, 이숭인의 간결함, 정도전의 호매함, 권근의 전아(典雅)함 모두가 선생의 테두리 안에서 벗어나지 못하였다. 그러고 보면 선생의 문장이야말로 위대하고 걸출한 모습을 보여주면서 세상에 보기 드물게 모든 사람들의 위에 우뚝 군림한 그런 것이라고 하겠다. 더욱 선생의 성대한 공명(功名)과 도덕이 또 한 시대의 으뜸이 되었고 보면, 어찌 유독 문장만 그러했다고 하겠는가.[142]

서거정은 이색이 이제현과 이곡을 이어 원나라에 유학하면서 배운 바를 더하여 당대 최고의 문장의 종주로 여겨졌고, 모두가 선생의 테두리 안에서 벗어나지 못했다고 했다. 곧 이색의 문장은 위대하고 걸출한 모습을 드러내고, 성대한 공명과 도덕이 또한 시대의 으뜸이라고 했다. 그리하여 이계전(李季甸, 1404~1459)이 이색의 오언과 칠언의 고시와 율시를 구분하고 정선하여 6권의 『목은시정선』을 만들어, 이색이 시서에 끼친 영향이 손자인 이계전의 문장과 사업으로 이어져 성대하게 국가를 빛나게 했다[143]고 했다.

이색의 문장은 중국에서도 알려졌다. 조선 초기에 중국에서 이색의 문집을 보내줄 것을 요청했다.[144] 명나라 사신 진련(陳璉)은 이색의 묘지명을 지었다.[145] 진련은 묘지명을 권근의 행장과 기타 글을 바탕으로 작성했지만, 이색 문장에 대해서는 독자적인 인식을 보여주기도 한다. 이맹균(李孟畇, 1371~1440)이 쓴 이색의 비음기에서 그러한 바를 알 수 있다. 1403년에 태복소경 축맹헌(祝孟獻)이 이색의 문집과 행장을 보고 탄복했고, 명 문사 가운데 이색의 묘지명을 짓게 하도록 권했다. 이에 국자감 조교 진련(陳璉, 1369~1454)이 묘지명을 지었다. 사적 서술에서는 제대로 보지 못한 부분이 있기는 하고, 덕행에 대해서는 권근의 말에 근본하여 약간 손익(損益)을 가했는데, 문장에 대해서는 "문사(文辭)가 전실(典實)하고 풍창(豐彰)하되, 흥치는 풍아(風雅)에서 근본했고, 언론(言論)은 덕의(德義)에 도달했으므로, 화평한 음조와 정대한 기운이 편질(編帙) 사이에 성대히 드러난다"고 했다. 이어서 다음과 같이 서술했다.

> 또한 "만약 공이 천조(天朝)에서 벼슬을 했다면 반드시 평소에 온축한 것을 크게 펴서 천자에게 알아줌을 받았을 것이니, 공이 있는 이름으로 역사에 길이 빛나게 되었더라면 왕사례(王思禮)만 유독 당나라에 훌륭한 공훈을 남기게 하지 않았을 것이다. 그런데 애석하게도 한 나라에서만 벼슬을 하여 경륜을 다 펴지 못했으니, 그 애석함을 감당할 수 있겠는가"라고 했는데, 이 말을 보면 이

는 양촌(권근)이 하지 않은 말이라고 하겠다. 이것은 틀림없이 그 문집을 보고 그 위인을 알아서, 감히 외국 사람이라 하여 낮게 보지 못하고 칭찬한 말이 여기에 이르렀던 것이니, 그 성심으로 감복한 것을 의심할 여지가 없겠다.[146]

만약 이색이 중국 명나라에서 벼슬을 했다면 반드시 천자에게 인정받아 이름을 크게 드날려 역사에 길이 빛나게 되었을 것이라고 했다. 이 말은 진련이 쓴 글의 저본인 권근의 행장에 없는 말로 진련이 이색의 문집을 보고 성심으로 감복한 표현이라고 했다. 덧붙여 이맹균은 "이색의 도덕의 숭고함과 문장의 훌륭함에 대해서는 우리나라 사람들만이 태산북두처럼 우러러 사모할 뿐만 아니라, 명 홍무제의 명철함으로도 한번 보고 그 어짊을 알았고, 또 장부와 주탁 같은 명나라에서 명성이 높은 사람들도 공경했으니, 반드시 성덕의 광휘가 사람들에게 감지된 것이 있었기 때문이다. 그리고 축맹헌과 진련이 탄복하고 칭찬한 것도 어찌 문장의 오묘함이 풍아에 잘 합치되었기 때문이 아니었겠는가. 그러므로 아울러 여기에 나타내는 바이다"[147]고 했다. 후술하는 바와 같이 이후 진련의 묘지명 작성의 근거 자료를 둘러싸고 논란이 되어 태종 대의 정국 동향에 일정한 반향을 일으켰다.[148]

고려 말 이색의 학문과 문장은 조선 초기에 유학자와 당대 학술 사상에 영향을 주었다.[149] 앞서 이색이 성균관 대사성을 겸하여 교서를 비롯한 국가의 문장을 총괄했듯이, 이색 학파의 일원들은 문형(文衡)을 맡아 교서나 과거시험 주관, 실록 등 국가 편찬 사업, 세자 교육 등을 주도했다. 문형은 당나라 이래 과거를 주관하는 이를 지칭했고, 이색 역시 문형이었다.[150] 조선에 들어서 예문관 대제학과 성균관 대사성을 겸하는 학문의 대가를 문형이라고 했다.[151]

조선 초기의 문형은 이색 학파 일원인 권근과 하륜 계열 문도들이 독차지했다. 권근과 하륜 등은 이색처럼 왕조를 유지하려는 입장이었지만, 왕자의 난 이후 태종 이방원과 결합하여 왕권 강화에 참여했다. 왕자의 난은 정도전이 명 황제의 뜻을 어겼고, 적장자 왕위 계승을 어기며 모반을 꾀했다는 명분으로 이방원이 주동하여 일으킨 것인데, 이 일로 개국공신 세력은 위축되고 왕조 개창에 반대했던 권근·변계량·하륜 등이 대거 등장한다.[152] 태종은, 명 영락제가 황권 강화를 위한 정치체제 정비와 함께 한림원을 설치하여 재상권을 제압하는 바를 참고하여, 예문관을 설치한 뒤 권근·하륜·이첨 등 이색 학파를 등용하고 왕권 강화에 주력했다.[153]

권근이 예문관 대제학과 성균관 대사성을 겸하며 처음 문형으로 호칭되었고,[154] 그다음 변계량과 윤회, 그리고 권근의 아우인 권제(權踶), 정인지(鄭麟趾), 신숙주(申叔舟, 김반의 문하), 서거정(권근의 외손), 최항(崔恒, 권근의 외손 사위), 이색의 손자인 이계전과 서거정이 문형을 맡았다.[155]

서거정은 『동문선』·『동국여지승람』·『동국통감』을 편찬하며 활발한 학술을 주도했다.[156] 그는 외조 권근이 도덕 문장이 백세의 사범이 되어 문형을 맡았고, 아들 권제는 아버지의 업을 잘 이었고, 권제는 이계전에게 전했으니, 이계전은 권근의 외손이요, 이계전은 다시 권근의 외손 사위인 최항에게 전했다고 했다. 그러면서 한 집안에서 80~90년 동안에 아버지와 아들 그리고 외손 세 사람이 서로 이어 예문관 응교가 되어 마침내 문병(文柄)을 잡아 1품(一品)의 관직에 오른 경우는 천고에 드문 일이다[157]라고 했다.[158]

고려 말 형성된 이색 학파는 조선 초기 겸대사성을 독차지하고 문형인 권근이 관학을 주도하면서 하륜, 변계량, 윤회 그리고 서거정으로 계승되어 조선시대 성리학의 심화와 재도론에 입각한 문장의 확산으로 이어졌다.

2

조선시대의 이색 평가와
한국 사상사에서 이색의 위상

1) 조선시대의 이색 평가와 변화

이색의 학문과 사상은 조선 초기에 인적으로, 사상적으로 계승되었다.[159] 조선왕조는 유교 정치이념의 정립이 필요했고 이러한 시대적 과제에 따라 인물상이 요구되었다. 이에 따라 과거 역사 인물에 대한 평가가 달라졌는데 이색 역시 그러했다.

건국 초 왕자의 난과 태종의 즉위를 거치면서 권근, 하륜 등 이색의 제자들이 등장하게 되고 정도전 등의 개국공신들과 대립이 표면화되며, 이것이 이색을 둘러싼 논란으로 이어졌다. 1411년 명 사신(진련)이 쓴 이색의 비문 논란은 개국공신과 왕자의 난 이후 등장하는 정치 세력 간의 의견 차이 때문이라고 할 수 있다.[160]

1411년에 임군례(任君禮)가 명나라 남경에 조회했을 때에, 태복소경 축맹헌으로부터 국자조교인 진련이 지은 이색의 비명(碑銘)을 받아가지고 왔다. 태종은 어떻게 명에서 진련이 비명을 짓고, 임군례는 이 비명을 축맹헌에게서 얻을 수 있었는지 의문을 표시했다. 진련이 비명을 쓰게 된 것은 이색의 아들 이종덕의 사위인 류기(柳沂)가 축맹헌과 사이가 좋았고 1402년에 축맹헌이 이색의 시를 가져갔는데, 류기가 권근이 쓴 이색의 초고행장(草藁行狀)을 주며 축맹헌에게 비명 작성을 부탁했다. 이에 축맹헌은 명에 가서 진련에게 비명을 지어달라고 했는데, 완성된 비문을 임군례를 통하여 조선에 가져온 것이다.[161]

간원(諫院)에서 이와 관련된 류기·이종선·임군례의 처벌을 주장했다. 원래 조정의 신하는 사적으로 다른 나라 신하와 교류하지 못하도록 되어 있고, 또한 이 비명이 국체를 돌보지 않고 이색을 찬미하는 데 집중되었으며, 일을 꾸미는 자[用事者]가 이색이 자기를 따르지 않음을 꺼리어 이색을 장단현으로 내쫓았다[162]고 하는 등의 서술을 문제 삼았다. 이때 일을 꾸미는 자는 정도전 계열을 암시하는 것이었다. 이는 왕조를 유지하려는 이색을 높이면서 상대적으로 조선 건국의 주체 세력을 부정적으로 인식하는 것으로 이해될 소지가 다분했다.

간원의 탄핵은 비명의 기초가 되는 이색의 행장을 지은 권근과 그 행장을 기초로 1405년에 신도비를 지은 하륜에게 집중되었다. 이에 하륜은 4번에 걸친 상소로 권근과 자신의 억울함을 호소했는데, 특히 정도전이 태조의 승인 없이 이색을 꺼리어 죄를 꾸민 행위를 지적하고 이종학·이숭인의 죽음을 조장한 배후를 찾도록 태종에게 요청했다.[163] 이에 따라 비판의 대상이 왕자의 난으로 죽임을 당한 정도전을, 임금을 모욕하거나[無君], 임금을 속인[欺君] 신하로 규정하게 되었다.[164] 태종은 이 논란을 통하여 불충, 반역의 명분을 부각시키고, 왕의 권위와 권력을 위협하는 신하들을 부정적으로 인식하는 논의를 강화하여 갔다. 곧 국왕의 승인 없는 독단적인 정치를 경고하게 되어, 국왕의 승인을 받은 권근, 하륜의 출사는 긍정되고 정당화되었다. 태종은 권근과 하륜을 '나의 충신'이라고[165] 하여 조선 건국에 반대한 자들까지 아울러 새롭게 형성된 조선왕조의 지배 세력을 존중하고 왕권의 절대성을 강조했다.[166] 하륜과 권근은 조선 건국에 반대하는 입장으로 무의식적으로 스승인 이색을 옹호하다 보니 반대쪽에 있던 조선 건국 세력을 비판적으로 보게 되었는데, 그 과정에서 새로운 왕조의 지배 세력의 일원임을 공식적으로 인정받은 결과가 되었다. 이색 비명을 둘러싼 논의는 왕조 개창에 반대한 이색과 그의 제자인 권근과 하륜이 태종에게 등용되는 것이 정당화되어 이색이 재평가될 수 있는 여지를 마련해주었다.

한편, 새로이 건국된 조선왕조는 유교 이념을 확립하고 유교 윤리를 확산하고자 했다. 이에 따라 새로운 왕조의 군신 윤리를 강조할 필요가 있었고, 우왕·창왕과 관련이 있는 이색을 논의하게 되었다. 유교적 국가 이념을 확립하려는 태종과 세종은 조선 건국의 정당성 확보가 중요한 과제였고, 사서(史書) 편찬 과정에서 우왕과 창왕을 신돈의 아들로 설명하며, 창왕 옹립에 찬성한 이색을 부정적으로 평가했다. 그리고 고려의 왕씨 왕이 아닌 다른 성씨를 섬긴 이색을 절조가 없는 인물로 비판했다. 그리하여 이 시기에는 이색을 여러 왕을 섬긴 풍도에 비유했다. 풍도(馮道, 882~954)는 5대 10국 시대에 5왕조 동안 11명의 천자를 섬기며 고위 관리를 지낸 현실정치가로서, 절개와 염치가 없는 인물의 대명사로 알려져 있다.[167]

태종 대 대간들은 "이색은 대유(大儒)이면서 바르지 않은 학문으로써 세상에 맞추어 다섯 조정을 내리 섬겨서 임금 버리기를 비녀[釵]를 꽂듯이 하면서 부귀는 여전하고, 이단에 혹하고 좋아하여 오대(五代) 때의 풍도만도 못했다"[168]고 했다. 이색은 스스로 "세상 사람이 나를 풍도와 같은 부류라고 하는데, 나는 매우 부끄럽게 여겼다"는 설순의 말을 듣고. 세종은 왕의 성씨인 사마(司馬)씨가 아닌 우(牛)씨가 대통을 이은 진나라 때의 일을 들어 말했으나, 진나라 때에는 오랑캐가 강성했으므로 어쩔 수 없이 한 일이었으니, 이것을 고려에 비교할 수 없다[169]고 했다. 또한 세종은 경연에서 이색을 정몽주와 길재와 대비해서 절의가 없다[170]고 했다. 이색이 왕씨가 아닌 신돈의 아들을 섬긴 것은 풍도처럼 여러 성씨를 섬긴 것이고 절의를 잃은 것이라 본 것이다.

이색에 대한 부정적 평가는 『고려사』에 반영되었다. 조선 건국을 정당화하기 위해 건국 직후부터 편찬 작업이 진행된 『고려사』는 몇 차례 수정 과정을 거쳐 1451년(문종 1)에 완성되었는데, 우왕과 창왕은 『고려사』 「반역전」에 입전되고, 우왕이 신돈의 아들로 인정되었다. 이색은 공민왕이 우왕을 자신의 아들이라 했고 명나라의 승인을 받았으므로 문제가 될 것이 없다[171]고 한 바 있었는데, 이는 왕씨가 아닌 우왕과 창왕을 옹립하는 데 기여한 것이 되어버렸다. 『고려사』는 이색에 대해 "지조와 절개가 굳지 못하고 큰 건의가 없었으며 불법을 숭신하여 세상의 비난을 받았다"[172]고 서술했다. 1391년(공양왕 3) 정몽주 계열에서 다섯 가지 죄에 대한 진상을 논할 때 회군한 후 왕씨를 옹립하기로 의논하고 이색에게 계책을 물었는데, 이색은 "아버지를 폐하고 그 아들을 옹립하는 것이 국가의 상례이다"[173]라고 말하여 왕씨가 아닌 창왕을 옹립하는 데 찬성했다. 정몽주는 이색은 절조(節操)가 없었을 뿐이니, 죄가 없다고 했다. 하지만 김주는 "이색은 당대의 대유가 되어 국론(國論)을 결단하면서 생(生)을 탐하여 의를 잊었으니 죄를 용서할 수 없다"[174]고 했다. 고려의 왕씨가 아닌 우왕과 창왕을 섬겼다는 이색에 대한 비판을 통하여 새로운 왕조의 군신 관계를 명료하게 제시하고자 했던 것이다.

또한 조선왕조는 유학의 입장에서 이단인 불교에 대한 비판의식을 견지했고, 대장경을 간행하는 등 불교에 미온적인 입장을 보인 이색의 태도도 논의의 대상이 되었다. 이색이 이제현과 이곡의 사상을 계승하고 다시 권근에게 전수되는 학문적 계보를 긍정한다고 해도, 이색이 갖는 불교에 온건한 성격에 대한 비판은 피할 수 없었다. 성종 대의 문묘 종사 논의에서 이색은 불교에 아첨했던 이유로 배제되었다.[175]

『동국통감』(1485, 성종 16)의 편찬을 담당한 최부(崔溥)는 이색에 대한 사론에서 "억이단(抑異端)이라는 명목하에, 한번은 '부처는 대성인이다' 하고, 한번은 '부처는 지극히 거룩하고 지극히 공정하다'라고 했다면서 억누르는 듯하면서로 실제로는 띄워주고 하나는 비판하면서 백을 권장하니, 부처에 아첨한다는 비난을 면하고자 한들 그럴 수 있겠는가"[176]라고 했다. 16세기 사림을 중심으로 이단인 불교를 배척하고 유학을 정통으로 바로잡으려는 시대적 성격이 불교 국가 고려에서 불교를 긍정하는 가운데 성리학을 수용한 이색을 비판적으로 바라보게 했던 것이다.

성리학 진흥에 공이 있는 이색을 불교에 아첨했다고 비판하는 것은 유교 국가를 지향하는 정책 방향에 불교의 유행이 부정적 영향을 끼칠 수 있다는 위기의식과 연관된다. 고려 말에 성리학이 수용되고, 정통(유학)과 이단(불교)에 대한 이해가 있었지만 고려의 불교적 분위기에서는 유불동도론(儒佛同道論)이 강했다. 이색 역시 유학을 정학(正學)·정통(正統), 불교를 이단(異端)으로 파악했지만, 불교를 긍정했다. 개혁 정치를 추구한 정도전 계열인 박초와 김초 등은 불교를 이단으로 인식하는 것을 넘어 척불(斥佛)을 주장했다. 조선 건국 후에도 유학을 국정 교학으로, 불교를 이단으로 파악했지만, 불교의 영향력은 여전했다. 즉 조선을 건국한 태조는 고려의 왕사, 국사 제도에 따라 무학 자초(自超, 1327~1405)를 왕사, 천태종 승려인 조구(祖丘)를 국사로 삼았고, 궁궐 안에 내불당도 존치시켰다. 태종은 억불정책에 앞장서 불교 종파를 통폐합하고, 사찰 소유의 토지와 노비를 국가의 소유로 환속시켰는데,[177] 여전히 불교 기반은 남아 있었다. 또한 사후의 명복을 기원하거나 천변, 질병, 병화, 홍수와 한발 등 인간적 재난을 소재하려는 소재도량, 구병불사, 반승불사, 천도(薦度)불사 같은 불교적 기복 의례가 행해졌다.[178] 세조는 1461년(세조 7) 간경도감에서 『능엄경』 등 불교 경전을 간행하여 부처의 가르침을 일반 백성들이 널리 읽도록 했다.[179] 정도전은 척불의 이론서인 『불씨잡변(佛氏雜辨)』을 저술하여 불교의 윤회설과 인과설을 비판했지만, 죽은 이를 위해 복을 빌어주는 신앙적인 차원의 불교 숭상은 지속되었던 것이다.[180] 하지만 유교 국가를 지향하는 유학자들은 정학의 확립과 이단 배척이 필요했고, 성리학 연구나 역사서 편찬을 통하여 불교에 온건한 유학자들을 비판하게 되고, 특히 고려 말 유학의 거두인 이색의 불교 긍정을 문제 삼지 않을 수 없었다.

이 무렵에 양명학을 선학(禪學)으로 규정한 것은 이단에 대한 비판을 강화하려는 성리학의 흐름과 맥을 같이한다. 15~16세기 정치 사회가 변화하고, 성리학에 대한 이해가 심화되면서 심성(心性)에 대한 이해와 관련한 이견들이 표출되었고 다양한 학설이 제기되었다.[181] 이 과정에서 명의 양명학이 수용되었다. 1517년(중종 12)에 한효원(韓效元)이 육상산(陸象山)을 인용하고, 박상(朴祥)과 김세필(金世弼)이 『전습록(傳習錄)』을 시로 화답하기도 했다. 이에 대하여 이황은 1566년(명종 21)에 「전습록논변(傳習錄論辯)」을 통하여 양명학을 선학으로 규정하여 배척했고 학인들이 이에 동의했다. 이황이 양명학을 배척한 것은 기묘사화와 을사사화를 거치면서 서원과 향약을 통해 향촌 사회에 기반을 둔 사림이 정계와 학계로까지 영향력을 확대하는 과정에서, 또한 명종 대에 문정왕후의 후원에 힘입어 불교의 중흥을 꾀하려는 움직임이 일어나고 있었던 상황에서, 양명학이 성리학적 지배 질서를 확립하려는 흐름에 부정적인 영향을 줄 수도 있다는 우려 때문이었다.[182] 곧 정통, 정학으로서의 성리학의 학문적 위상을 확고하게 하려는 16세기의 지적 흐름을 반영한다고 하겠다.

그런데 또 한편으로 16세기에는 사림파들이 집권하면서 성리학의 의리를 실천하는 절의론이 강조되고, 조선 건국에 참여하지 않거나 비협조적인 인물에 대한 인품, 절의에 대한 재평가가 행해졌다. 이색에 대한 평가 역시 달라지기 시작했다.[183] 사림계 일원인 박상(朴祥)은 『동국사략』에서 정도전·윤소종과는 달리 이색의 절의를 높이 평가하기도 했다. 『동국사략』은 이색이 신돈의 후손을 옹립한 것을 형세상 불가피한 일로 보고, 그의 학문이 높고 유학을 진흥시킨 공적이 크며, 정몽주와 더불어 같은 마음으로 신하의 절개를 바꾸지 않았다고 했다.[184]

선조 대도 이러한 분위기가 유지되었다. 1569년(선조 2) 경연에서 기대승(奇大升, 1527~1572)은 『논어』를 강의하면서 예악을 흥기시키는 가운데 교화를 확대할 것을 주장하고, 공민왕 대 이색이 선비들을 모아 가르쳤기 때문에 충신과 의사가 많이 있게 되었는데 요즘 들어서는 흥기하는 선비를 보지 못했으니 이를 유념하라고 했다. 그러자 선조는 기대승에게 '이색은 선한 사람인가'라고 질문했다. 이에 기대승은 이색에 대한 많은 평가가 있는데, 범상하지는 않다고 했다. 즉 이색은 젊었을 때 중국의 과거시험에 급제하고 벼슬했는데, 박학하고 재질이 뛰어나고 그의 학문은 문장을 위주로 했으나 예문(禮文)과 유자의 학문에도 뛰어나 교육하는 일에 공을 들였고, 정몽주가 전적으로 이색에게서 배운 것은 아니지만 또한 그로부터 장려·권면되어 흥기함으로써 성취되었다고 했다. 또한 이색은 고려가 망할 무렵 유배되었는데, 태조가 즉위 후 불러 예우하고 벼슬을 주었으나 뜻을 굽히지 않았다고 했다. 다만 "고려시대에는 불교를 숭상했고 사찰의 기문(記文)과 불경의 서문(序文)을 모두 지어 연소한 유자들이 불교를 숭상했다 하여 헐뜯었는데, 비록 학문한 사람은 아니나 기절이 매우 높으니, 실로 우리나라 학문의 원류라 할 것입니다"라고 했다. 윤근수와 정탁 등도 이색이 대절(大節)을 훼손하지 않았던 의리를 개진했다. 이에 기대승은 "모두 옳은 말씀입니다. 우리 조정을 섬기지 않은 그 의사는 무척 고결합니다. 그런데 조정에서는 천 길 암벽이 우뚝 서 있는 것 같은 기상이 없고 시속(時俗)에 부침한 병통이 없지 않아 『고려사』에서 그를 과소평가했지만, 과연 그 논평이 공적인 것인지 모르겠지만, 그래도 따져본다면 그의 장단점은 알 수 있을 것"이라고 했다.[185] 기대승은 이색이 성리학 수용을 통한 학문과 문장의 공을 인정했고, 새로운 왕조에 출사하지 않은 절의를 긍정하면서도 불교에 빠진 점은 지적했다.

양란 후에 이색에 대한 평가 기조는 확연히 달라졌다.[186] 조선왕조의 주자학적 이념체제가 확고해지고 이단인 불교에 대한 위협은 사라졌다.[187] 이에 이색이 불교에 호의적이었던 태도에 관해서는 약하게 평가되었다. 또한 우왕과 창왕의 신씨 여부도 중시되지 않았다.[188] 대외적 위기 상황 속에서 체제 정비, 기강 확립이 시급했으므로 조선왕조의 국왕에 대한 군신 의리가 중요해진 결과이다. 그런 의미에서 이색은 두 왕조를 섬기는 두 마음을 갖지 않았고, 큰 절의를 갖는 인물로 평가되었다.

신흠(申欽, 1566~1628)은 『승국유사(勝國遺事)』에서 공민왕이 우왕을 자기 아들이라고 하여 강녕부원군(江寧府院君)에 봉했는데, 어떤 신하가 "우리 임금의 소생이 아니다"라고 할 수 있겠는가 하고, 아버지가 자신의 아들이라고 했다면 아들인 것으로, 다른 사람들이 아들이 아니라고 하는 것은 언어도단이라고 말했다. 이색이 우왕을 대신해서 새로운 왕을 옹립하고자 할 때 전왕의 아들을 세워야 한다고 한 것은 그만한 이유가 있다고 보아야 한다고 했다. 중국사에서 이사원(李嗣源)은 본래 성이 없었는데, 오대 후당 이극명(李克明) 후사인 장종(莊宗)의 뒤를 이었고, 시세종(柴世宗)은 오대 후주 시후(柴后)의 친정 조카로 고조 곽위(郭威)의 양위를 받았다. 이성(異姓)인데도 황제가 되었지만, 사가(史家)들도 이를 인정했고, 선유 역시 비판하여 배척하지 않은 것은 부자의 명분이 있기 때문이라고 했다. 10년 동안이나 재위하여 조정 여러 신하들이 모두 신(臣)이라 칭했으니, 원천석이 "진짜와 가짜를 분간하는 데 왜 빨리하지 않았는가?"라고 한 말은 사실을 바로 말한 것이라고 했다.[189] 우왕을 공민왕이 자신의 아들로 분명하게 선언한 정통성 있는 고려의 국왕으로 본 것이다. 신흠의 이 말은 이규경(李圭景, 1788~1856)의 『오주연문장전산고(五洲衍文長箋散稿)』에 그대로 실렸다. 이규경도 신흠의 의견에 찬동한 것이다.

송시열(宋時烈, 1607~1689)은 제자인 이선(李選)에게 답하는 글에서, 이색이 두 왕조를 섬기지 않았다고 했다. 그는 이성계가 이색을 친구처럼 대우하고 신하로 여기지 않았고, 조선에서 벼슬하지 않았다[190]고 보았다. 또한 유계(兪棨)는 마지막과 처음이 큰 절의가 명백한 것은 이색 한 사람밖에 없다고 했고, 송준길(宋浚吉)은 베옷에 조대를 띠고 임금의 앞에서 손님과 주인의 대등한 예를 행했다는 말을 들어 이색이 조선에 출사하지 않음을 명백히 했다.[191] 아울러 이색이 청주에서 귀양 살고, 이이가 청주 목사로 재직하여 청주 사람들이 충규서원(沖圭書院)에 두 분을 배향하려고 송준길

(同春)에게 그 일을 묻자, 송준길은 이황이 말한 영봉서원(迎鳳書院)에 김굉필과 이조년을 제향한 일에 의거하여, 이이는 동편 제1위에 봉안하고, 판자로 칸막이를 만들어 이색 이하를 서편에 봉안하도록 했다. 그런데 이색의 후손 이무(李袤)와 이유룡(李猶龍)이 개정하기를 도모하여, "율곡(이이)이 목은(이색)에 대하여 도덕과 학문이 앞뒤가 똑같이 한 법도이며, 세대와 관작에서 높고 낮음이 차이가 나는데, 율곡이 비록 대현(大賢)이라고는 하지만 어찌 목은의 위에 나가야겠는가"[192]라고 했다. 이이에 못하지 않다는 이색에 대한 후손의 평가는 쉽게 받아들이기 어렵지만, 이색을 높이려는 뜻을 송시열은 인정하고 이를 이선에게 주는 편지글에 싣고 있다.

또한 송시열은 이색의 신도비를 찬술했다.[193] 송시열은 많은 비지(碑誌)를 작성했지만 이색의 비지에 대해서는 찬자의 자격에 대한 엄정한 기준 곧 고려 유신으로서의 의리를 기준으로 왜곡된 사필을 바로잡고자 했다. 송시열은 특히 이색의 제자임에도 스승과 왕조를 배반한 정도전과 하륜, 권근을 비판했다. 스승과 왕조를 배반하고 조선에 출사한 권근과 하륜은 이색의 생애를 정리할 행장과 비지를 작성할 자격이 없다고 보았고, 창왕을 세운 이색에 대한 정도전의 비판을 소개하면서, 정도전의 호(號)나 관작(官爵)을 표시하지 않고 '오호(嗚呼)'를 2번 연발하면서 정도전의 말꼬리를 잡는 것을 비판했다.

또한 송시열은 태조와 이색의 만남을 소개하면서 이들이 상호 존중하는 태도를 광무제와 엄자릉(嚴子陵)의 관계, 즉 제왕과 포의의 벗의 관계로 비견하여 그 우정을 제시한 후, 과거 사필을 잡거나 이색의 명(銘)과 장(狀)을 지었던 자들이 '밝혀내야 할 것'을 제대로 밝히지 않은 점을 비판했다. 특히 이색이 조선 조정에 출사한 사람인 것처럼 억지로 끌어들이려 했던 시각이 이색에 대한 모독일 뿐만 아니라 태조의 관용의 덕을 하찮게 만드는 것이라고 보았다. 송시열은 천하에는 '자연불역(自然不易)'의 이치가 있으며 이색에 대한 모독은 세도(世道)에 매우 큰 해가 되는 일이므로 결코

방과해서는 안 된다고 보고, 이색의 의리를 후손들이 제대로 밝혀주기를 촉구했다. 송시열은 고려의 충신으로서 이색의 의리를 자리매김했던 것이다.[194]

송시열이 일찍이 이색의 후손 집에 가서 우왕이 폐출되고 이색이 창왕을 옹립해야 한다는 건의를 문제삼은 대간의 글을 보았다. 이에 송시열은 광해군이 유배 갈 때에 정엽(鄭曄)이 제공(諸公)에게 "우리들이 몇 년간을 신하로서 그를 섬겼으니 의리상 당연히 곡하여 전송해야 된다"고 하자, 제공들이 서로 돌아보면서 얼굴색을 잃었는데, 이색이 여주에 폐출된 우왕을 찾아뵈었으니 큰 충성과 큰 절의로써 살기를 잊고 죽음을 취한 의리라고 할 수 있다고 했다. 혁명이 이루어진 뒤에도 단연코 그가 두 마음을 가지지 않을 것으로 여겼는데 지금 알려준 것을 보니 조리가 정연하게 근거가 있으니, 비록 그 자손이라 할지라도 사실을 숨기지 못했다[195]고 했다.

한편 송시열의 제자인 이선(李選, 1632~1692)은 송시열의 이색에 대한 이해를 비판했다. 최근 이선이 쓴 『승국신서(勝國新書)』[196] 연구에 의하면,[197] 「고실변오(故實卞誤)」에서 이색·김주·김자수·조견·안성·맹희도·남재·원천석·이양중 9명 인물의 수절(守節) 여부를 따지는데, 「고실변오」의 절반을 이색에 할애하며 집중적으로 이색을 논하고 있다. 이선은 송시열의 「목은선생비음기(牧隱先生碑陰記)」를 비판하는 「서우재선생소찬목은비음기후(書尤齋先生所撰牧隱碑陰記後)」(1690, 숙종 16)를 쓰고 다시 송시열의 이색 인식의 전체를 평한 「상우재선생논목은서(上尤齋先生論牧隱書)」를 썼다. 이에 의하면, 송시열은 이색이 고려 왕실을 위해 최선을 다했는데, 사람들이 정몽주만 추앙하고 이색에게는 실절(失節)하고 영불(佞佛)했다고 하며, 조선의 관작에 연계시킨 것은 억지로 조정의 사람으로 만든 것이라고 했는데, 이선은 이를 비판했다. 이선은 이색이 조선에서 한산백에 봉해지고 하사품을 사양하지 않았다고 보았다. 또한 류성룡이 이색을 의리도 모르고 자식만 아끼는 양표(楊彪)[198]에 견주고, 영해 지역의 유생이 이색의 외가인 영해에서원을 건립하는 일을 물었으나 류성룡이 답하지 않은 일을 추가했다.[199] 송시열의 이색 인식은 과도한 칭송임을 지적하고 비판한 것이다.

홍여하(洪汝河, 1620~1674)[200]는 『휘찬여사(彙纂麗史)』에서 이색과 정몽주, 이숭인 등 조선 건국에 반대한 인물들을 높이 평가했다.[201] 특히 이색은 재상으로서 큰 건의는 없었지만 충성과 의리의 성품은 확연하게 변하지 않았다고 했으며,[202] 이곡과 이색 부자의 유허비를 쓰고 그 덕과 절의를 찬양했다.[203]

성해응(成海應, 1760~1839)[204]은 『승국신서』의 말을 '우왈(又曰)'로 인용하여 이선의 글을 소개하면서 자신의 생각을 '안(按)'으로 제시했다. 성해응은 이선의 입장을 따르고 있다.[205]

이익(李瀷, 1681~1763)은 『성호사설』의 「목은대절(牧隱大節)」·「목은불굴(牧隱不屈)」·「우계마(牛繼馬)」·「우금지무(牛金之務)」의 항목에서 이색의 절의를 추앙했다.[206] 그는 이색이 진나라 원제가 사마씨가 아닌 우씨라는 호인의 사론을 인용했다거나 왕씨 혈통을 끊고 신씨를 옹립했다는 『고려사』의 기록은 잘못이라고 했다. 즉 "『고려사』에는 신우 부자를 반역 열전에 넣었는데, 의리상 공정하지 못하다. 공민왕이 자기의 아들이라고 하여 아버지는 전하고 아들은 이어받았으니, 그 마음속에 어찌 추호도 나쁜 마음이 있겠는가? 반역이란 말을 할 수 있겠는가? 공양왕 때 윤회종이 우왕을 죽여야 한다고 했는데, 윤회종은 우왕이 왕위에 있을 때 급제한 자인데, 어찌 16년간 임금으로 섬겼는데 그럴 수 있는가?"[207]라고 했다. 또한 이익은 『자치통감강목』의 필법에 따라 우왕과 창왕이 신씨라 하더라도 반역 열전에 들어갈 이유가 없다고 했다. 반역 열전은 나라에 반란을 일으켰거나 국왕을 시해한 인물이 수록되어야 한다[208]는 이유에서였다.[209]

최익현(崔益鉉, 1833~1906)은 이색이 고려 말기에 정몽주와 성리학을 제창하여 유학의 풍도를 진작하고 풍속을 변화시켰으며 강상을 부식하고 예의를 일으켜 이씨 왕조의 문운(文運)을 열어놓았다고 높이 평가했다. 다만 왕조가 바뀌는 시기를 만나 곧은 충정과 큰 절개가 당시에 숨겨져 유고를 불사르고 지석(誌石)을 부수는 일과 사실을 개조하고 허위를 날조한 사서(史書)들이 선생을 비방했다가 송시열이 지은 「신도비음기」가 나오면서 선생의 인간됨의 전모가 청천백일처럼 환하게 드러났다고 했다.[210]

한치윤(韓致奫, 1765~1814)은 이색이 원 과제에 합격하여 원 문한관이 되고, 1367년(공민왕 16) 겸대사성이 되어 사문을 일으키는 것을 자신의 임무로 삼았다[211]고 했다.

이긍익(李肯翊, 1736~1806)은 조선시대 문인 학자의 이색 평가를 인용하면서 비판적으로 평가했다. 『서애집(西厓集)』에서 정몽주를 후한시대의 원찬(袁粲), 이색을 양표에 비유한 것을 인용하고, 『동각잡기(東閣雜記)』에서 윤이·이초 사건으로 이색이 청주에 갇혔다가 수재로 풀려났는데, 수재는 이색이 과연 주공(周公) 같은 덕이 있어서 이루어진 것인지 묻는 것을 인용했다.[212]

조선 초기 건국의 정당화 작업이 진행되면서 이색과 같이 왕조 창업에 반대한 인물에 대한 비판이 일어나고 유학을 정학, 정통으로 파악하며 불교를 이단으로 배척하는 입장에서 불교에 온건한 이색을 비판했는데, 다른 한편 16세기 사림파들이 등장한 뒤에는 조선 건국에 반대한 인물들에 대한 재평가 작업이 진행되고, 후기에 들어서서는 이색의 절의와 의리가 높이 평가받게 되었다. 이색은 조선 시기 내내 논쟁의 시비를 떠나, 시기에 따라 혹은 관점에 따라 상이한 평가를 받았지만 언제나 논쟁의 중심에 있는 영향력이 큰 인물이었다.

2) 이색 사상의 성격과 한국 사상사에서의 위상

이색은 원으로부터 성리학을 수용하여 유교적 이상사회를 실현하려 했고, 성균관을 통해서 제자를 양성하고 성리학을 연구하여 조선에 맞는 성리학 사상 개발에 전념했다.

이색은 성리학적 세계관과 인간론을 견지했다. 성리학의 핵심 개념인 태극·성·리·체·용·중화·천리와 인욕 등을 자유롭게 구사하며 우주와 자연, 인간과 사회를 설명했다.[213] 특히 그는 리(理)의 법칙성과 내재성을 통하여 자연과 인간을 관통하는 운행 원리와 함께 기(氣)의 작용에 의한 형체의 생성을 설명했다.[214]

이색은 성리학 가운데 심성·수양을 강조했다. 성학을 추구하고 군자를 지향하며 위기지학을 강조한 그대로 마음 수양을 강조했던 것이다. 그에 의하면, 성리학의 인성론에 따라 인성을 본연의 성과 기질의 성으로 나누고, 수기·수양을 강조했다. 사람의 본연의 성은 원래 선한 것이었으나 기질과 물욕에 의해 이것이 가려진다[215]고 보았고, 본연의 선한 성품을 회복할 방법론으로서 천리를 보존하고 기질과 물욕의 사사로움을 억제하며[216] 이를 위한 수양 방법으로 경(敬)을 제시했다.[217] 더 나아가 예의 본질을 경으로 파악하여 학문하는 자는 물론 정치하는 자, 부부간이나 밭과 들, 조정과 향당, 마을에서도 경을 실천해야 한다[218]고 했다. 또한 성정(性情)의 도야를 위해서는 『시경』의 생각에 사특함이 없다[思無邪][219]는 방법을 제시했고,[220] 마음을 바르게 하는 정심(正心)을 위하여 『맹자』의 존심(存心)과 조심(操心)·조수(操守)의 개념을 활용하여 설명했다. 학문은 놓친 마음을 찾는 것이라고[221] 하여 존심하는 것이 방심을 구하는 근본임을 제시했다.[222] 도심을 보존하고 지키기 위하여 빈궁과 부귀에 흔들림 없이 마음을 굳게 잡아 자신의 신념을 고수해야 할 것으로 보았다.[223] 또한 내송(內訟)과 자송(自訟)을 통한 자기반성을 강조했다. 나의 덕이 거짓되는지, 나의 행실이 부정한지, 나의 말이 거짓인지, 나의 학문이 바른지를[224] 항상 되물어 천리에 맞는 삶을 살도록 했던 것이다.[225] 또한 마음을 기르는 방법[養心之術]으로 물질적 욕망을 자제하고, 도덕규범을 지향하여 과욕(寡欲)을 최우선으로 내세우기도 했다.[226] 그는 유학의 본령인 인성 함양과 수양 방법을 이해하고 실천했으며, 이것이 성리학 연구와 학교 교육으로 확대되어 윤리 도덕의 회복, 교화 실현으로 이어져 그것을 통한 사회 질서의 안정을 염원했다.

이색의 심성 수양 중시의 사상 경향은 같은 심학으로서 불교를 긍정하고, 유교와 불교가 추구하는 목표는 동일하다는 유불동도론을 전개하게 한다. 이색은 불교의 세계관과 인간론을 파악하고 불교식 수양론을 이해했으며 좌선이나 경이 유사하다고 했다. 경은 좌선과 같은 정좌식 수양법과는 본질적으로 다르지만, 이색은 불교의 수양론을 존중하고 성리학을 수용하여 유교와 불교의 조화, 유불동도의 입장을 견지한 것이다. 곧 이색은 고려왕조의 불교 이념을 존중하는 가운데 성리학을 수용하고 불교와 성리학의 유사점에 유의했다.

또한 이색은 유교의 윤리와 명분에 맞는 예제를 지향했다. 그는 『주자가례』에 입각한 예제[冠婚喪祭] 특히 상례에서 삼년상제를 실시해야 한다고 했다. 1350년(충정왕 2)의 아버지 이곡의 상(喪)과 1371년(공민왕 20)의 어머니상에 삼년상을 치렀던[227] 이색은 1357년(공민왕 6)에 삼년상[228]제를 시행하도록 건의했다.[229] 1369년(공민왕 18)에는 왕명을 받아 공민왕이 안동으로 파천한 이후에 예문(禮文)이 끊기고 퇴락하여 석전의 의식이 법식에 맞지 않게 되어, 이색이 그 잘못을 바로잡고 생도에게 가르쳐 예법제도가 바로잡게 되었다.[230] 이는 이제현은 1357년에 소목(昭穆) 정비의 글을 올려,[231] 종법에 의거하여 고려의 왕위 계승 원칙을 확립하는 예제 정비를 잇고, 박상충이 1365년(공민왕 14)에 향사(享祀)에 실행하는 전법이 없어서 착오가 생기자 옛날의 의례를 참고하여 제사의 준칙[祀典]을 만든 것[232]과 같은 당시의 예제 정비 사업의 일환이었다. 이는 다시 이숭인이 『주자가례』에 입각하는 봉사(奉祀) 대수 논의로 이어지고,[233] 건국 후 이색의 명에 의하여 완성된 권근의 『예기천견록』[234]으로 이어진다. 이색의 예제 정비는 이제현과 그의 뜻을 이은 문생 박상충 그리고 이색의 제자인 이숭인, 권근이라는 사승 관계 속에서 이어져 유교의 예교 사회를 실현하려는 바로 이어지는 것이다. 요컨대 이색은 성균관 대사성이자 명유·대유·유종으로 불리며 당대 학문, 학술을 주도한 학문의 지도자였다.

이색의 학술 활동과 성리학 연구, 교육에 대하여, 권근은 이색이 성균관 대사성으로 성리학의 학문 방법인 토론과 변석 그리고 절충의 학문 방법을 제시하고 당시의 옛글을 기억하여 외우거나 시문을 짓는[記誦詞章] 습관을 버리고 신심성명(身心性命)의 이치를 연구하며, 이단에 빠지지 않고 공리를 구하지 않으며 유풍(儒風)과 학술을 새롭게 했다[235]고 평가했다. 1403년(태종 3)에 사헌부에서 한산백 이색은 우리나라의 대유로, 성균관 대사성을 겸하며 날마다 경사(經史)를 강론하여, 성리의 학문과 문장의 성한 것이 비록 중국의 선비라 할지라도 앞서지 못했다[236]고 했다. 그리하여 기왕의 연구에서, 이색은 고려시대의 사장학 위주의 유학에서 경학을 바탕으로 한 실천 유학으로 옮겨가는 과정 속에서, 성리학 이론에 조예를 바탕으로 이기심성론과 수양론을 행하고 성리학적 경학과 예학의 기초를 닦음으로써, 한국 유학사에서 성리학(도학)이 본격적으로 전개될 수 있는 기초를 마련한 것이었다.[237]

이색이 성균관에서 성리학을 연구하고 제자를 양성한 것이 이색 학파를 성립하게 하고, 특히 권근에게 전수되어 권근이 성리학을 연구하고 후학을 길러 유교의 정치사회적 확산에 주력하도록 했다. 권근은 1369년에 과거에 합격하여 이색과 좌주-문생의 관계를 맺고 평생 학문적, 정치적으로 같은 길을 걸었다. 이색은 권근을 위하여 「양촌기(陽村記)」와 여러 편의 시를 써주었고,[238] 권근은 이색의 「행장」과 「연보」, 「화상찬」 등을 지었다.[239] 1367년(공민왕 16)에 성균관 연구가 활성화되었는데, 권근도 여기에 참여했다.[240]

권근은 1385년(우왕 11)에 성균관 대사성이 되었고, 1389년(창왕 1) 4월의 토지제도 논의에서 이색 등과 함께 개혁을 반대했다.[241] 1389년 9월 명나라 예부에서 고려의 도평의사사에 보내는 자문을 권근이 사사로이 열어 보고, 돌아와서는 이림(李琳)에게 먼저 보이고 난 후 도당에 보냈다242고 탄핵을 당했다. 1390년(공양왕 1) 5월에 발생한 윤이·이초 사건에 그는 이색과 함께 연루되어 청주옥에 갇혔는데, 수재(水災) 때문에 7월에 익주로 유배되었다가 11월에 풀려났다. 이후 충주 양촌에 머물게 된 권근은 스승인 이색의 뜻에 따라 『오경천견록』과 『입학도설』의 저술에 착수했다.243

> 내가 일찍이 목은(이색)의 문하에서 예를 배웠는데, 선생께서 말씀하시기를, "예경(禮經)이 진나라 때 분서로 없어지고, 한나라 때 유학자들이 타고 남은 나머지를 주워 모아 수집한 순서에 따라 기록했다. 따라서 그 글에 순서가 잘못된 것이 많아 완전하지 못하다. 정자(程子)와 주자가 『중용』과 『대학』을 널리 알리고 또 두 편의 잘못된 편제를 바로잡았지만, 다른 편까지 미치지 못했다. 내가 일찍이 존비의 차이, 길흉의 구분, 그리고 일반적으로 통용하는 말의 사례 등을 토대로 유형별로 나누어 모아 내가 공부하는데 편하게 하고 싶었지만 아직 진행하지 못했다. 네가 힘을 기울여야 하겠다"라고 하셨다.244

권근에 의하면, 이색은 육경(六經) 가운데 『예기』에 특별히 주목했다. 진나라의 분서로 육경이 없어지고 한나라 때 다시 복구되었지만, 『예기』는 여전히 뒤섞여 순서가 없었기 때문이다. 정자와 주자가 『중용』과 『대학』의 잘못된 편제를 바로잡았지만, 다른 편까지 미치지 못하여 이색 자신이 존비의 차이와 길흉의 구분, 그리고 일반적으로 통용하는 말의 사례 등을 토대로 유형별로 나누어 정리하려 했으나 진행하지 못했다. 이에 이색은 권근에게 일을 맡겼다고 했다. 그래서 권근은 『예기천견록』을 편찬하여 그 과업을 완성했다.245

권근은 이색의 성리학 진흥의 유업을 계승하여 성리학 연구와 조선왕조의 유교 사회 실현에 적극 참여했다. 처음에는 정몽주·이색처럼 왕조를 유지하려는 입장이었지만, 조선 건국 후 왕조 개창이 기정사실화되자 정도전의 유교 사회를 위한 체제 변혁과 불교 비판에 협력했다.[246] 그는 『조선경국전』, 『경제문감』, 『불씨잡변』의 서문을 쓰면서 정도전이 유학적 정치이념을 확립하고 이를 토대로 유교적 정치체제를 정비하는 데 동참했다. 그는 『입학도설』·『오경천견록』·『동국사략』·『경서구결』[247] 등의 저술을 남기고, 성균관 대사성과 과거시험의 지공거(창왕 1·태종 2·태종 5)를 맡았으며 전술한 대로 태종 연간에 당대 유생의 표준인 겸대사성[248]으로 문형을 담당했다. 1403년에 사간원에서 권근은 국가의 중대사를 논의하기 위한 회의를 제외하고는 성균관에서 학도들을 가르치도록 주장했다.[249]

권근의 저서는 유교 사상의 학문적, 이론적 정리 작업의 일환으로 정통·정학으로서 유학을 확립하는 토대를 마련한 것으로 평가되었다. 『입학도설』은 초학자를 위하여 유학 사상을 도설 형태로 입체적이고 구조적으로 제시한 것인데, 『대학장구』를 경 1장, 전 10장의 체제로 재편하고 격물치지에 대한 보전(補傳)을 추가한 주희의 견해를 받아들였다. 이는 이황 등에게 전해져 주자학의 시각에서 『대학』의 구조를 이해하는 단초를 열었다. 『오경천견록』은 오경(五經)을 성리학적 관점에서 해석하고 경(敬)을 통한 존덕성의 마음공부를 강조하여 성리학적 관점에서 마음을 해석했다.[250] 특히 『예기천견록』은 상하 신분 질서를 옹호하는 예를 풍부하고 구체적으로 설명하는 가운데, 실생활에서 필요한 가치 규범, 행동의 이론적 근거를 제공했다. 즉 『예기천견록』은 사욕(私欲)을 교정하는 기준으로, 법의 강제성을 극복하는 자발성의 텃밭으로 삼았다. 나아가 다른 개체들과 구별되는 인간의 정체성을 담아내는 근거로 제시된 예에 대한 탐구를 통하여 궁극적으로는 유교의 예가 지배하는 유교사회화를 추구한 저술이라고 할 수 있다. 그는 명에서 『사서오경대전(四書五經大全)』이 나오기 전에 주희의 성리학 체계에 입각한 경전 연구의 기풍을 조성하고 『입학도설』에서 성리설의 이론적 진전에 기여했으며, 『예기천견록』에 성리학의 이론 구조를 반영시켜 경전의 내용을 재해석하게 했는데, 이는 이황 등에게 이어져 도설에 대한 정합적 해석의 문제를 제기했다[251]고 한다.

또한 권근은 왕조 개창에 반대하는 정몽주, 길재를 추숭하는 작업을 벌인다. 권근은 1401년(태종 1)에 고려왕조에 절의를 지킨 정몽주·김약항·길재 등을 포상하여 왕조에 대한 신하들의 절의와 규범을 확립하는 길을 열 것을 제안했다. 정몽주는 섬기던 곳에 마음을 오로지하고 그 절조를 변하지 않아서 생명을 잃는 데에 이르렀다고 하고, 길재는 불사이군(不事二君)의 충절을 다했다[252]고 했다.

길재는 1386년(우왕 12) 이색이 지공거일 때 과거에 급제하여 그의 문생이 되고,[253] 1390년(공양왕 2) 봄에 나라가 장차 위태로움을 알고 벼슬을 버리고 낙향했다. 1399년(정종 2) 7월에 국왕이 길재를 봉상박사로 임명했으나 불사이군의 충절을 내세워 벼슬을 사양했고,[254] 1403년(태종 3) 모친상을 당하자, 『주자가례』에 입각하여 삼년상을 치렀다.[255] 또 향리에서 『소학』의 물을 뿌리고 쓸며 응대하는 절차에서부터 춤추고 노래하는 데에까지 가르쳤다.[256] 1405년(태종 5)에 권근은 남재·변계량·하륜·정이오 등 36명과 함께 길재의 시를 모아 시권을 간행했는데,[257] 여기에서는 "고려 오백 년에 교화를 배양하여 선비의 기풍을 격려하는 효과가 선생의 한 몸에 모여서 거두었고, 조선 억만년의 강상을 부식하여 신하된 전개를 밝히는 근본이 선생의 한 몸에서 터를 닦았으니 명교에 공이 있음이 크다"[258]고 했다.

이때 길재는 권근의 절대적인 영향을 받는다. 길재는 이색·정몽주·권근의 학문적 영향을 받으며 학문의 지론을 얻게 되었고 권근과 박분이 죽었을 때 심상(心喪) 삼 년을 하여[259] 분명 제자로서 예를 표했다. 세종조에 간행된 『삼강행실도』(1426)의 충신도에 '몽주운명(夢周殞命)·길재항절(吉再抗節)'이라는 항목을 넣어 주자학의 윤리 규범에 충실한 인물로 정몽주와 길재를 추숭했다. 고려 후기 수용된 실천 윤리적 성격의 성리학을 몸소 실천하고 강학 활동을 통하여 이를 확산시키고자 했다.

말하자면 고려 말에 형성된 이색 학파는 새 왕조 개창의 찬성자이든 반대자이든 당대 모든 유학자에게 영향을 주고 특히 권근에게 그 사상이 계승되었다. 권근은 관학을 중심으로 하륜·변계량·허조·김종리·김반 등에게 직간접으로 영향을 주었고, 다른 한편으로 이색을 잇는 길재의 절의를 기리며 그들의 실천적 의리 중심의 활동을 아울렀다.

이러한 이색과 권근의 학문 활동과 업적은 문묘 종사 논의로 표출되었다.[260] 권근의 제자인 김반(金泮)은 1433년(세종 15)에 성리학 정착의 공을 들어 이색의 문묘 종사를 주장했다. 김반은 "한나라부터 당·송을 거쳐 정호·정이·장재·주희 등을 문묘에 종사(從祀)했고, 고려에서 최치원·설총·안향 등을 종사했으며, 이어 이제현이 도학을 창도했고 이색이 그 정통을 전했으며 양촌 권근이 홀로 그 종지(宗旨)를 얻었다"고 했다. 이러한 평가를 근거로 세 사람을 문묘에 종사할 것을 주장했다.[261] 또한 1436년(세종 18)에 김일자(金日孜)는 "이색은 중국에서 도학의 깊은 뜻을 얻고, 성균관에서 정이천과 주희의 뜻을 터득하여, 사장(詞章)을 버리게 하고, 성명의 근원을 궁구하게 하며, 의리를 바로잡아 공리에 물들지 않게 했으니, 우리나라의 성리학이 크게 일어나고 유풍(儒風)과 학술이 새롭게 빛나게 되었다고 했다. 그러므로 성명의 이치가 천하에 밝혀진 것은 공자와 맹자의 공이며, 공자와 맹자의 도학이 우리나라에 행하게 된 것은 이제현·이색·권근 이 세 분이므로, 세 사람을 문묘에 종사할 것"을 주장했다.[262] 권근의 제자인 김반과 김일자는 성리학 정착의 공을 들어 권근, 이제현과 함께 이색의 문묘 배향을 주장했다.

원래 문묘는 공자를 모신 사당으로 공자의 도를 발전시키거나 성인의 도를 확산시키는 데 기여한 인물을 배향한다.[263] 문묘 배향을 통하여 유교의 도를 확산시키고 왕권을 강화하려는 의도가 있다. 현종 대 최치원이나 충숙왕 대 안향이 문묘에 배향된 것은 그러한 이유에서였다.[264] 조선왕조는 성리학을 국정 교학으로 정했으므로, 성리학의 진흥에 공이 큰 인물을 문묘에 배향하는 것은 유교 국가로서 당연히 행해야 할 일로 보았다. 그리하여 태종 대부터 유교 교화에 공이 있고 치세에 도움을 준 이를 문묘에 배향하여 성인의 도를 확대할 것이 주장되었다.265

그런데 문묘 배향의 기준을 두고 다양한 견해가 제시되었다. 성리학 수용 과정에는 안향과 이제현·이곡을 거쳐 이색과 정몽주 그리고 정도전·권근으로 이어지는 학자군들이 있다. 이때 문묘 배향 인물의 기준을 유학의 수용과 학문적 성취라는 학통을 중심으로 할 것인지, 아니면 성인의 도를 실천하는 의리 중심으로 파악할 것인지가 논란이 될 수 있다.

세조 대에 양성지(梁誠之)는 이색을 빼고 이제현과 정몽주·권근이 문장과 도덕에서 만세의 모범이 된다고 하여 배향을 주장했고,266 임사홍(任士洪)은 정몽주는 이론의 여지가 없지만 이제현은 순정하지 못하고, 이색과 권근에 대해서는 다른 의견이 있다267고 했다.268 결국 성종은 이색이 불교에 아첨했다는 이유로 문묘 배향에서 제외시켰다.269 그 점에서 조선시대에 문묘 배향은 학문적 성취보다는 불교에 치우치지 않는 유학의 순수성이나 성인의 도의 실천에 초점을 보다 두었다고 하겠다.

유학의 순수성이나 성인의 도의 실천을 강조하는 흐름은 세조의 즉위와 함께 유교적 가치의 중심에 있던 절의를 둘러싸고 심화된다. 수양대군의 왕위 찬탈과 세조의 전제적 정치는 유교의 관료 윤리나 정치 운영과는 상반되는 것이었기 때문이다.270 이는 유학계 내부의 분화를 초래했다. 이른바 훈구와 사림의 분열이 일어나게 된다. 세조 정권의 지향에 찬성하면서 유학 사상 자체에 결여된 체제 정비 작업에 적극적으로 참여하는 전자와 인간 본성의 탐구나 수양론을 통하여 성리학을 보다 심화시키는 후자가 그것이다. 전자가 세조의 집권을 돕거나 집권 후 세조의 정권을 이론적으로 뒷받침하고 제도 정비론을 제시했다면, 후자는 세조의 집권이나 세조의 중앙 집권 정책에 반대하면서 향촌 사회를 중심으로 의리 도덕을 중시하는 수양 중심의 성리학을 강조했다.

후자에 속하는 김종직은 세조의 자의적 학술정책에 반대하다가 파직되었다. 세조는 학술을 천문·지리·음양·율려(律呂)·의학·사학·시문의 7학으로 분류하고 각 부분에 6명씩 문신들을 배속시켜 학습토록 했는데 김종직은 사학 부분에 배속되었다. 그러자 김종직은 "문신으로 천문·지리·음양·율려·의약·복서(卜筮)·시사(詩史)의 7학을 나누어 공부하게 하는데, 시와 사는 유자(儒者)의 일이지만, 그 나머지 잡학(雜學)은 유자가 반드시 공부할 일이 아닙니다. 또 잡학은 각기 그것을 업(業)으로 하는 자가 있으니, 권면하고 징계하는 법을 세우고 교양을 더한다면 모두 정통할 것인데, 그 능통하는 데에 반드시 문신이라야만 좋은 것이 아닙니다"[271]라고 했다. 유학자로서 경전 공부와 본성 탐구에 충실한 김종직은 세조의 잡학 공부에 반대했던 것이다. 공리적 학술 체계를 세우려는 세조의 정책에 대하여 김종직은 정통 유학의 입장에서 비판했다[272]고 할 수 있다.

세조에 찬동하거나 묵인한 학자들은 훈구파로서 존재하게 되고, 이에 반대하는 일군의 정치 세력은 사림파로 갈리게 되었다. 사림파는 절의라는 가치를 내세워 훈구파와 맞섰고, 그 절의를 실천하기 위해서는 도학에 대한 공부가 필요했다. 이를 위해 절의와 거경에 대한 내용이 풍부하게 실려 있는 『소학』을 강조함으로써 자신의 정체성을 확립해갔다. 이와 함께 학문적 정통성을 확보하기 위해 도통을 내세웠다.[273]

마침내 중종 대 조광조 등은 훈구세력과 맞서 자신들의 학문적 권위를 높이고 정치적 주도권을 장악해가는 과정에서 정몽주에서 김굉필에 이르는 도학의 학문적 연원을 천명하여[274] 이른바 정몽주·길재·김숙자·김종직·김굉필 등의 도학파가 성립하게 되었다.[275] 그리하여 조선시대 도통은 학문적 수수보다는 실천적 의리를 중시하는 가운데 정몽주-길재-김숙자-김종직-조광조로 도통이 계승되었다[276]고 보게 된다.

최근 연구에서 고려 말부터 조선 초기에 이르는 성리학 계통의 재정리를 시도하고 있다. 이 연구에 의하면, 조선왕조가 건국되고, 역성혁명에 소극적이거나 심지어 반대한 유학자들도 조선왕조 조정의 관료가 된다. 그리고 왕자의 난 이후 등장한 권근 등은 조선 초기의 학풍·문풍을 주도하여 이른바 관학파를 형성했다. 이들은 성균관에서 교육을 받고 과거를 통해 관료로 진출했으며 집현전을 비롯한 문한 기구에 근무하면서 왕조의 학술과 문화를 책임졌다. 세종 때 활발한 국가적 편찬 사업은 이들 관학파가 이룬 성과라고 할 수 있다. 조선왕조 개창에 많은 학자들이 참여한 것처럼 15세기에는 관학파와는 다른 성격의 학자들은 존재하지 않았다. 이들 관학파와 학풍을 달리하는 정몽주와 길재로 이어지는 학풍 곧 절의파, 사림파는 16세기에 명명한 흐름으로 볼 수 있다.[277] 고려 말 이제현과 이색이 성리학을 진흥하고 교육하며 여말선초 이색 문하에 정몽주·정도전·윤소종·권근 등이 하나의 학파를 이루며 이색 사상을 계승했고, 조선 건국 후 권근으로 이어지는 관학의 흐름에서 허조·김종리 등이 배출되고, 재야의 길재 등이 영향을 받았다고 한다.

이렇게 볼 때 조선시대 유학의 흐름은 이색을 중심으로 이색 학파가 성립되어 그 기본 틀이 마련되었다고 할 수 있다. 원으로부터 성리학을 수용하여 성균관을 중심으로 후학을 양성하여 왕조 개창의 찬성자든 반대자든 모두 성리학을 추구하는 학문적 분위기를 만들어갔다. 조선 건국 후에도 이색의 제자인 권근은 관학을 이끌며 정몽주·길재 등 유교 윤리에 충실한 유학자를 포상하고 길재에게도 학문적으로 영향을 주어 실천 의리와 학문적 성취를 동시에 진행하도록 했다. 이러한 이색의 학문적 성취와 계승은 문묘의 대상으로 추천되기도 했다. 그리고 그의 학문은 이황과 이이로 대표되는 조선 성리학을 발전시키는 기본 토양을 제공했다고 하겠다.

5장 주석

1 『고려사』, 「列傳」, 李穡.
2 『고려사』, 「列傳」, 李存吾.
3 『삼봉집』 권3, 「陶隱文集序」; 『양촌집』 권16, 「鄭三峰道傳文集序」; 申千湜, 『牧隱 李穡의 學問과 學脈』(일조각, 1998), 274쪽.
4 『척약재학음집』, 「서」(하륜)(정종 1년, 1399).
5 『문곡집(文谷集)』 권21, 「舅氏麻田郡守金公行狀」.
6 『목은집』 文藁 권10, 「仲至說」(전오륜).
7 『고려사』, 「選擧志」, 學校 國學(공민왕 16년).
8 『목은집』 文藁 권10, 「孟儀說」.
9 『도은집』 권4, 「贈李生序」.
10 『삼봉집』 권3, 「若齋遺藁序」(우왕 10년).
11 『양촌집』 권16, 「鄭三峰道傳文集序」.
12 제2장 주석 180(88쪽), 〈표 3 『목은집』 시고에 보이는 이색이 교류 인물에게 보낸 시의 빈도수〉 참조.
13 『삼봉집』 권3, 「上鄭達可書」.
14 『삼봉집』 권1, 「次韻寄鄭達可 夢周」.
15 『포은집』 권1, 「有懷李陶隱·鄭三峯·李遁村, 三君子」; 「寄三峯」; 「次敬之韻贈三峯」.
16 도현철, 「조선건국기 성리학 지식인의 네트워크와 개혁사상」, 『역사학보』 240(역사학회, 2018).
17 『목은집』 詩藁 권11, 「予年二十八拜內史舍人, 三十拜諫大夫, 四十四拜政堂舍人, 上官月餘而赴天朝翰苑, 供職政堂, … 夫歌詩, 所以形容政事之美, 正人心扶世道, 吾黨所宜勉焉」(우왕 4년).
18 『도은집』 권4, 「贈李生序」.
19 『삼봉집』 권1, 「題全典客字說卷中」.
20 〈표 13〉 고려 후기(1367~1392)의 성균관 대사성

번호	시기	이름	근거
	충렬왕 24년	종3품에서 정3품	
	공민왕 11년	국자감이 성균관으로	
1	공민왕 16년	임박	『고려사』, 「열전」, 임박
2	공민왕 16년 12월	이색 겸대사성	『고려사』, 「세가」, 공민왕

번호	시기	이름	근거
3	공민왕 20년 7월	임박	『고려사절요』, 공민왕 20년 4월 『고려사』,「열전」, 임박
4	공민왕 20년 공민왕 22년 7월	정추	『고려사』,「열전」, 정해 『고려사』,「세가」, 공민왕
5	우왕 1년 5월	정몽주	『고려사절요』, 우왕
6	우왕 1년	안종원	『고려사』,「열전」, 안축(안종원) 『국조인물고』 권11, 卿宰 안종원비명 (권근)
7	우왕 5년	하륜	
8	우왕 8년	김구용	『고려사』,「열전」, 김방경(김구용)
9	우왕 11년	박의중	『고려사』,「열전」, 박의중 『고려사』,「열전」, 우왕
10	우왕 14년 8월	정도전	『고려사』,「열전」, 정도전
11	창왕 1년 2월	윤소종	『고려사절요』, 공양왕
12	공양왕 1년 12월	이첨	『고려사』,「열전」, 이첨
13	공양왕 2년 4월	정도전 겸대사성	『고려사』,「열전」, 정도전
14	공양왕 2년 8월	송문중	『고려사』,「세가」, 공양왕
15	공양왕 3년 5월	김자수	『고려사』,「열전」, 김자수 『고려사절요』, 공양왕
16	공양왕 3년	오사충	『고려사』,「열전」, 오사충
17		박의중	『고려사』,「열전」, 박의중

21 『고려사』,「列傳」, 李穡.
22 『목은집』 詩藁 권11,「野菊」. 이색은 삼각산 절집의 소나무 아래 어른과 젊은이가 토론을 했고(권9,「憶三角山, 因述歌行」), 문장을 잘 짓기 위해 토론하고(권8,「又題」), 토론과 강습으로 옛 현인의 남긴 자취를 선양했다(권18,「昨至九齋坐松下, 松陰薄, 日將午」). 그리고 1380년(우왕 6)에 공민왕 대 성균관을 회상하며 당시 고문을 토론하던 동류들이 흩어졌다(권27,「昨崔判事彦文, 携酒來過, 齒痛未得吟哦, 明日痛稍止, 錄成三首」)고 했다.
23 『양촌집』 권40,「牧隱先生李文靖公行狀」.
24 『삼봉집』 권3,「圃隱奉使藁序」, 丙寅(1386).
25 『목은집』 文藁 권10,「仲至說」(전오륜)(우왕 5년).
26 『도은집』 권4,「贈李生序」.

27 『담암일집』, 「後敍」.
28 『양촌집』 권16, 「鄭三峰道傳文集序」; 『삼봉집』 권3, 「陶隱文集序」.
29 고려 후기 과거시험관과 합격자는 다음의 글에 표로 제시되어 있다. 도현철, 『목은 이색의 정치사상 연구』(혜안, 2011), 272-273쪽.
30 『목은집』 詩藁 권35, 「己巳十二月初六日…」.
31 『역옹패설』, 「前集1」.
32 『고려사』, 「選擧志」, 科目 東堂試(충숙왕 7년 6월).
33 『고려사』, 「列傳」, 李齊賢.
34 『고려사』, 「選擧志」, 科目 東堂試(충목왕 즉위년 8월).
35 이익주, 「공민왕대 개혁의 추이와 신흥유신의 성장」, 『역사와 현실』 15(한국역사연구회, 1995), 38-42쪽.
36 『목은집』 詩藁 권9, 「憶丁亥科諸公 三首」(國俗進士及第 稱其座主之子曰宗伯).
37 1319년(충숙왕 6)에 문묘 종사를 논의하는데, 안향이 섬학전을 설치했지만, 이것만으로 종사할 수 있는가라는 반론이 있었지만, 문생 辛蔵이 힘써 요청하여 종사가 이루어졌다(『고려사』, 「列傳」, 安珦). 1390년(공양왕 2)에 간관이 이색을 극형에 처할 것을 청했고, 왕이 이색의 관직을 삭탈하고 조민수와 함께 먼 곳으로 옮기도록 했는데, 이색의 문생인 윤소종은 서명하지 않았다(『고려사』, 「列傳」, 李穡).
38 『목은집』 詩藁 권14, 「奉寄李開城」; 권16, 「謝李開城携酒見訪」; 권16, 「次宗伯開城韻」.
39 공민왕과 신돈은 좌주문생제에 비판적이었다. 공민왕은 "유생은 유약하여 강직함이 적고 門生·座主·同年이라 칭하면서 黨을 만들고 私情에 따른다(『고려사』, 「列傳」, 辛旽)"고 했고, 신돈은 여기에 공감하여 "유자들은 좌주와 문생이다 하면서 서로 간에 칭탁하여 원하는 것을 얻는데, 이제현 문생의 문하에서 문생을 보게 되어 드디어 온 나라에 가득 찬 도적이 되었으니 儒者의 有害함이 이와 같습니다(『고려사』, 「列傳」, 李齊賢)"라고 했다.
40 좌주문생제는 개혁 세력의 결집에 기여했으나 처음부터 가부장적 성격이 있었고 관료의 사적인 결합을 초래할 수 있었다. 1388년(우왕 14) 초 염흥방의 부정과 탈법 혐의로 함께 처형된 인물에는 염흥방의 친인척 곧 족당이 많고, 염흥방의 문생이나 장원급제자 모임인 용두회 일원은 보이지 않는다. 과거제에 기초한 유대감이 정치적 유대감 혹은 정치 기반으로 이어지지 못했다. 채웅석, 「『목은시고』를 통해 본 이색의 인간관계망: 우왕 3년(1377)~우왕 9년(1383)을 중심으로」, 『역사와 현실』 62(한국역사연구회, 2006), 104-107쪽.
태조 이성계의 좌주문생제 비판은 왕조 개창에 반대한 이색 일파에 대한 비판이었지만, 이색의 문생, 제자들이 다시 등용되고 정치적 실권을 장악해도 좌주문생제는 부활되지 않았다. 김훈식, 「여말선초의 명분 사상과 민본론」, 『애산학보』 4(애산학회,

1986), 38쪽.
41 『목은집』 詩藁 권13, 「紀事」; 『세종실록』, 18년(1436) 5월 12일.
42 『양촌집』 권16, 「鄭三峰道傳文集序」(우왕 12년).
43 『삼봉집』 권3, 「陶隱文集序」(우왕 14년 10월).
44 『삼봉집』 권3, 「李牧隱送子虛詩序卷後題」.
45 『양촌집』 권40, 「牧隱先生李文靖公行狀」.
46 『고려사절요』, 우왕 1년(1375) 추7월.
47 『고려사』, 「選擧志 科目 科擧場」.
48 『반양세고(潘陽世稿)』 권5, 「對策文」(박은)(연세대 고서실, 1907).
49 『고려사』, 「列傳」, 趙浚.
50 『고려사』, 「列傳」, 尹紹宗.
51 『고려사』, 「列傳」, 許珙(許錦).
52 『고려사』, 「列傳」, 趙浚.
53 『고려사』, 「列傳」, 趙浚.
54 도현철, 「고려말 윤소종의 현실 인식과 정치활동」, 『東方學志』 131(연세대학교 국학연구원, 2005).
55 『고려사』, 「列傳」, 尹紹宗.
56 이색과 정추의 친밀함은 이색이 쓴 시 가운데 정추를 대상으로 한 시가 한수, 염흥방 다음으로 많고, 이색이 정추를 위하여 「정씨가전」을 써주었으며(『목은집』 文藁 권20, 「鄭氏家傳」), 두 사람의 아들인 이종학과 정총은 동년으로 우의가 이어진 것으로도 알 수 있다. 안영훈, 「14세기말 교유시(交遊詩)의 한 양상: 이색·정추·한수의 교유를 중심으로」, 『국어국문학』 147(국어국문학회, 2005), 359쪽. 또한 이숭인은 정총을 친우로서 편액인 「복재기」를 써주었다. 『도은집』 권4, 「復齋記」.
57 『양촌집』 권10, 「雨亭趙安石惠雉, 仍有詩, 次其韵以謝」; 권13, 「雨亭記」; 권21, 「安石說」; 권22, 「平原君趙公璞詩卷跋」.
58 『목은집』 詩藁 권19, 「書淸風太守吳思忠到界書目後」.
59 강문식, 『권근의 정치사상 연구』(일지사, 2008), 85-105쪽.
60 丁洛贊, 『朝鮮前期 成均館大司成 硏究』(영남대학교 박사학위논문, 1992); 이익주, 「고려말 정도전의 정치세력 형성 과정 연구」, 『동방학지』 134(연세대학교 국학연구원, 2006), 102쪽.
61 『세종실록』, 14년(1432) 3월 18일.
62 『세종실록』, 14년(1432) 3월 18일; 14년(1432) 3월 4일.
63 『양촌집』 권40, 「牧隱先生李文靖公行狀」.
64 『고려사』, 「列傳」, 金子粹.

65 〈표 14〉 조선 초기의 겸대사성

번호	시기	내용	근거
1	태조 2년 9월	권근	『양촌집』 연보
2	정종 2년 9월	이첨	『정종실록』, 2년(1400) 9월 19일
3	태종 3년 9월	권근	『태종실록』, 3년(1403) 3월 3일
4	태종 3년 12월	조용	『태종실록』, 3년(1403) 12월 29일
5	태종 17년 여름	변계량	『춘정집』
6	세종 12년	윤회	『세종실록』, 15년(1433) 9월 27일
7	세종 14년	이맹균	『세종실록』, 14년(1432) 3월 18일

66 『태종실록』, 3년(1403) 3월 3일.
67 『태종실록』, 10년(1410) 4월 8일.
68 박천규, 「양촌 권근 연구: 그의 선초 관학계에서의 위치와 활약을 중심으로」, 『사총』 9(고려대학교 역사연구소, 1964); 홍원식, 「권근의 성리설과 그 철학사적 위치」, 『韓國思想史學』 28(한국사상사학회, 2007); 이봉규, 「권근(權近)의 경전 이해와 후대의 방향」, 『韓國實學研究』 13(한국실학학회, 2007); 이봉규, 「조선시대 『禮記』 연구의 한 특색: 朱子學的 經學」, 『한국문화』 47(서울대학교 규장각한국학연구원, 2009); 강문식, 『권근의 경학사상 연구』(일지사, 2008).
69 『세종실록』, 6년(1424) 6월 6일.
70 鄭求福, 「雙梅堂 李詹의 歷史敍述」, 『東亞文化』 17(서울대학교 동아문화연구소, 1989); 유경아, 「麗末鮮初 李詹의 政治活動과 사상」, 『國史館論叢』 55(國史編纂委員會, 1994); 도현철, 「여선교체기 李詹의 霍光 認識과 인 정치론」, 『韓國思想史學』 30(한국사상사학회, 2008).
71 『고려사』, 「列傳」, 金方慶 九容; 『고려사』, 「列傳」, 李詹.
72 『고려사』, 「世家」, 공양왕 1년(1389) 12월 21일; 『고려사』, 「列傳」, 李詹.
73 『고려사』, 「世家」, 공양왕 2년(1390) 4월 17일.
74 『고려사절요』, 공양왕 2년(1390) 4월.
75 공양왕은 평소 이첨을 좋아했다(『태종실록』, 5년(1405) 3월 30일)고 한다.
76 『고려사』, 「列傳」, 李詹; 『고려사절요』, 공양왕 3년(1391) 11월.
77 『태조실록』, 1년(1392) 7월 28일.
78 『동문선』 권72, 「三國圖後序」.
79 『태조실록』, 7년(1398) 12월 17일.
80 『태종실록』, 2년(1402) 6월 8일.
81 『태종실록』, 7년(1407) 4월 22일.
82 『세종실록』, 10년(1428) 4월 23일.

83 『세종실록』, 12년(1430) 4월 23일.
84 『태종실록』, 11년(1411) 7월 1일.
85 『세종실록』, 5년(1423) 6월 23일.
86 『세종실록』, 16년(1434) 8월 11일.
87 『세종실록』, 16년(1434) 10월 9일.
88 『청장관전서(靑莊館全書)』 권69, 「寒竹堂涉筆」 下, 「吉冶隱」; 이정주, 「鄭以吾의 交遊 관계와 정치활동」, 『韓國人物史研究』 12(한국인물사연구소, 2009); 류호선, 『국역 교은선생문집』(한국인물사연구소, 2009).
89 劉敬(劉敞, 1352~1421)은 강릉 류씨의 시조로, 1371년(공민왕 20) 이색이 지공거일 때 과거에 급제했다. 이색이 1368년(공민왕 17)에 성균관에서 五經을 가르치는데, 『서경』을 공부하는 자가 80명으로 그중에서 劉敬의 행동거지가 뛰어났다(『목은집』 文藁 권10, 「孟儀說」)고 한다. 이성계와 일찍부터 교류하여 이성계에게 『대학연의』 등 經史를 강독하고, 조선 건국 후 개국 2등 공신이 되었다.
90 조선이 건국되고 유학적 정치이념이 국가 운영의 기본 이념으로 정해지면서 성균관이 정립되었다. 처음 1392년(태조 1) 7월의 성균관 직제는 고려 말 공민왕의 직제를 계승했는데, 1412년(태종 12) 7월에 조선적인 틀이 잡힌 직제로 변경되었다. 성균관은 다음과 같이 직제가 정해졌다. 대사성(정3품), 사성(정4품), 사예(정4품), 직강(정5품), 주부(정6품), 순유박사2(종7품), 진덕박사2(정8품), 학정(정9품) 학록(정9품). 『경국대전』에는 지사(정2품), 동지사(종2품), 대사성(정3품), 사성(종3품), 사예3(정4품), 직강3(정5품), 전적(정6품), 박사3(정7품), 학정3(정8품), 학록3(정9품), 학유3(종9품)으로 규정되어 있다. 모두 38명이다.
91 〈표 15〉 조선 초기의 대사성

번호	시기	내용	근거
1	태조 1년 8월	류경	『태조실록』, 1년(1392) 8월 13일
2	태조 4년 11월	김약항	『태조실록』, 6년(1397) 11월 30일
3	태조 5년 7월	정탁	『태조실록』, 5년(1395) 7월 19일
4	태조 5년 6월	함부림	『태조실록』, 6년(1397) 11월 30일
5	태조 7년 1월	변중량	『태조실록』, 7년(1398) 1월 23일
6	정종 2년 9월	조용	『정종실록』, 2년(1400) 9월 19일
7	태종 2년 7월	장덕량	『태종실록』, 2년(1402) 7월 22일
8	태종 5년 3월	정이오	『태종실록』, 5년(1405) 3월 5일
9	태종 6년 10월	유백순	『태종실록』, 6년(1405) 10월 9일
10	태종 9년 2월	최함	『태종실록』, 9년(1409) 2월 14일

92 丁洛贊, 『朝鮮前期 成均館大司成 硏究』(영남대학교 박사학위논문, 1992).
93 儒宗은 학문적 성취에 초점을 맞춘 것으로 정치적 처신과 연관성이 떨어진다. 이장용은 경서와 역사책을 읽어 일대의 儒宗이 되었지만, 임연이 원종을 폐위할 때 토벌하지 못했고(『고려사절요』, 원종 13년(1272) 춘정월) 이색은 왕씨를 가로막고 신우의 아들 신창을 세운 것은 임연의 원종 폐위에 주저한 이장용보다 못하다(『고려사』, 「列傳」, 鄭道傳)고 했다.
  이외에 유종은 당대에 높은 수준의 학자에게 지칭되었다. 이수는 이규보를 당대의 유종이라고 했고(『동국이상후집』 권종 誅書, 「守太保金紫光祿大夫‧門下侍郎平章事‧修文殿太學士‧監修國史‧判禮部事‧翰林院事‧太子太保 致仕贈諡 文順公 墓誌銘」(李需)), 최충은 누대에 걸쳐 유종이며 삼한의 耆德이었으며(『고려사』, 「列傳」, 崔冲; 『고려사절요』, 문종 7년(1053) 12월), 崔証은 세상에서 유학을 소중하게 여겼는데, 당시 공과 두 아우가 모두 문장과 학문으로 이름을 빛내었으므로 세상에서 유종이라고 불렀다(『고려묘지명집성』(한림대학교, 2012), 「崔証墓誌銘」). 이제현은 안향의 손자인 安牧의 영전에 대한 찬을 쓰면서 안향을 한 시대의 유종이라고 칭송했고(『익재난고』 제9권하, 「論頌銘眞贊箴 安謙齋眞贊 並序」), 민사평과 이색은 이제현을 한 시대의 유종이라고 했고(『급암시집』 권1, 「送鄭諫議之官金海得見」; 『목은집』 文藁 권13, 「跋愚谷諸先生送洪進士詩卷」), 윤회는 하륜이 국왕을 보필한 재주를 가졌고 학문은 유종이 되었다(『동문선』 권110, 「浩亭先生河文忠公畵」(윤회))고 했다.
94 김주는 이색이 당대의 大儒가 되어 國論을 결단하면서 생을 탐하여 義를 잊었다(『고려사』, 「列傳」, 鄭夢周)고 했다. 오사충과 조박은 이색이 儒宗으로서 왕씨가 아닌 창왕을 옹립했으며, 불교에 미혹되어 많은 사람을 현혹시키고 풍속을 어지럽혔다(『고려사』, 「列傳」, 李穡)고 했다. 좌군도통사 조민수는 우왕의 후계 국왕을 정하는데 定妃의 전교를 받들어 창왕을 세우는 논의를 요청했고, 이색이 당대 명유이므로 이색의 말에 의존하고자 했다. 이때 이색은 전왕의 아들을 세워야 한다(『고려사』, 「列傳」, 李穡; 『고려사』, 「列傳」, 南誾)고 했다.
95 『태조실록』, 7년(1398) 8월 26일.
96 『목은집』 文藁 권11, 「罪三元帥敎書」; 『고려사』, 「世家」, 공민왕 11년(1362) 3월; 『고려사절요』, 공민왕 11년(1362) 3월.
97 민현구, 「고려 공민왕대 중엽의 정치적 변동」, 『진단학보』 107(진단학회, 2009).
98 조좌호, 「조선시대의 경학진흥책」, 『한국과거제도사연구』(범우사, 1996), 148-153쪽; 李成茂, 「朱子學이 14‧15세기 韓國敎育‧科擧制度에 미친 影響」, 『韓國史學』 4(한국사학회, 1983); 김대용, 『조선 초기 교육의 사회사적 연구』(한울, 1994); 오세현, 「文章의 역할을 통해 본 15세기 斯文의 성격」, 『사학연구』 127(한국사학회, 2017).
99 『태조실록』, 1년(1392) 7월 28일.
100 국자감시는 진사시로 과거의 예비고시이다. 승보시는 국학의 학생을 뽑는 시험으로,

생원시이다. 1428년(세종 10) 10월에 문과를 실시하기 전의 시험을 감시라 하여 시부를 시험하고 합격자를 진사라 불렀다. 박용운,「고려시대 과거의 고시와 체계에 대한 검토」,『고려시대 음서제와 과거제연구』(일지사, 1990), 172-183쪽.

101 『세종실록』, 즉위년(1419) 12월 13일.
102 『삼봉집』권7,『朝鮮經國典』上,「禮典 貢擧」.
103 『태조실록』, 7년(1398) 8월 26일.
104 『태종실록』, 1년(1392) 윤3월 21일; 조좌호,「조선시대의 경학진흥책」,『한국과거제도사연구』(범우사, 1996), 148쪽.
105 문과 초장의 사서삼경에 대한 시험을 어떤 방법으로 하느냐의 제술 강경 논쟁과 이와 연관된 진사시 혁파를 둘러싼 찬반론은 지속된다. 이는 기본적으로 經學 위주의 과거 시험이라는 대원칙 속에서 진사시는 갑오경장까지 존속되었다. 이성무,「교육제도와 과거제도」,『한국사』23(한길사, 1994), 389-341쪽; 오세현,「文章의 역할을 통해 본 15세기 斯文의 성격」,『사학연구』127(한국사학회, 2017).
106 『태종실록』, 7년(1407) 3월 24일.
107 『태종실록』, 7년(1407) 3월 24일.
108 『태종실록』, 11년(1411) 5월 8일.
109 『세종실록』, 1년(1419) 12월 13일.
110 『세종실록』, 21년(1439) 1월 11일.
111 『세종실록』, 17년(1435) 6월 26일.
112 김대용,「여말선초 정치세력의 변화와 교육체제의 정비」,『조선 초기 교육의 사회사적 연구』(한울, 1994), 56-59쪽, 57쪽 주 79.
113 『논어』,「爲政」, "子曰, 詩三百, 一言以蔽之, 曰思無邪."
114 『목은집』詩藁 권6,「茶後小詠」; 권7,「有感」; 권7,「讀詩」; 권8,「述古」; 권13,「次圓齋韻」; 권16,「午雞」.
115 『목은집』詩藁 권23,「古風」.
116 『목은집』詩藁 권19,「靜坐偶記, 九齋都會, 刻燭賦詩, …」.
117 『목은집』詩藁 권22,「讀擧子詩賦有感」(우왕 6년).
118 조선이 건국 후 1395년(태조 4)에 시부로 시험하는 進士試를 폐지하고 經學만을 시험과목으로 하여 성균관 儒生을 선발하는 生員試만을 두게 했는데(『태조실록』, 4년(1395) 12월 7일), 세종 대 변계량은 정도전이 진사과를 폐지하여 이를 생원시로 합하니 이색이 이를 한스럽게 여겼다(『세종실록』, 즉위년(1418) 12월 13일)고 했다. 논란 속에 1438년(세종 20)에 進士試가 부활되었다. 이는 조선 초기 講經과 製述 논쟁의 결과에 연유한다. 李成茂,「朱子學이 14·15세기 韓國敎育·科擧制度에 미친 影響」,『韓國史學』4(한국사학회, 1983); 김대용,『조선 초기 교육의 사회사적 연구』(한울, 1984).

119 金血祚,「益齋의 古文倡導와 그 역사적 의의」,『民族史의 展開와 그 文化 上』(碧史 李佑成敎授定年退職紀念論叢)(창작과 비평사, 1990).

120 李炳赫,「李穡, 主理的 思想과 求道窮理의 詩」,『高麗末 性理學 受容期의 漢詩 硏究』(태학사, 1995), 99-109쪽; 어강석,『목은 이색의 삶과 문학』(한국학술정보(주), 2007).

121 『목은집』詩藁 권1,「觀魚臺 小賦」.

122 『목은집』詩藁 권27,「昨崔判事彦文, 携酒來過, 齒痛未得吟哦, 明日痛稍止, 錄成三首」.

123 『목은집』文藁 권10,「韓氏四子名字說」.

124 『목은집』文藁 권2,「答問」; 권12,「辭辨」.

125 『목은집』文藁 권8,「栗亭先生逸藁序」.

126 『목은집』文藁 권11,「批答」.

127 『목은집』詩藁 권12,「追記素子翔語」.

128 『목은집』文藁 권1,「南谷記」.

129 安永勳,「牧隱 李穡論」,『고전작가작품의 이해』(박이정, 1998); 이성호,「中興詩道의 기치와 扶世道의 이상」,『한국고전문학작가론』(태학사, 1998); 석상순,「이색」,『韓國文學思想史』(신지서원, 1998); 柳浩珍,「牧隱 李穡의 文學觀」,『漢文學論集』17(근역한문학회, 1999).

130 『목은집』詩藁 권12,「追記素子翔語」.

131 『목은집』文藁 권19,「雞林府尹諡文敬公安先生墓誌銘幷序」.

132 『동문선』권125,「漢陽府院君韓公墓誌銘 幷序」(이인복).

133 『목은집』文藁 권19,「雞林府尹諡文敬公安先生墓誌銘幷序」.

134 『목은집』文藁 권16,「雞林府院君諡文忠李公墓誌銘」.

135 『목은집』文藁 권15,「有元奉議大夫征東行中書省左右司郞中·高麗國端誠佐理功臣·三重大匡興安府院君·藝文館大提學·知春秋館事·諡文忠公樵隱先生李公墓誌銘(幷序)」(우왕 6년).

136 『목은집』詩藁 권31,「乙巳己酉辛亥三科諸生, 謂僕爲座主, 具酒食來享. …」.

137 『태종실록』, 3년(1403) 3월 3일.

138 『세조실록』, 2년(1456) 9월 19일.

139 『세종실록』, 13년(1431) 3월 8일.

140 金勳埴,「寒暄堂 金宏弼에 대한 조선시대의 평가와 그 의미」,『東方學志』133(연세대학교 국학연구원, 2006).

141 『태종실록』, 3년(1403) 3월 3일;『세종실록』, 13년(1431) 3월 8일;『세종실록』, 21년(1439) 1월 11일;『세조실록』, 2년(1456) 9월 29일.

142 『목은시정선』,「序」.

143 『목은시정선』,「序」.

144 『태종실록』, 1년(1401) 6월 19일.

145 『태종실록』, 11년(1411) 6월 29일.
146 『목은집』, 「碑陰記」(이맹균)(1433년).
147 『목은집』, 「碑陰記」(이맹균).
148 이 밖에 1567년(명종 22)에는 명 사신인 許國과 魏時亮이 이색의 시인 부벽루를 보고 감탄했다(申太永, 『明나라 사신은 朝鮮을 어떻게 보았는가』(다운샘, 2005), 250-252쪽)고 한다.
149 조선 초기 관학을 주도한 성현(1439~1504)은 여말선초의 시와 글을 다음과 같이 평했다. "김부식의 글은 풍부하나 화려하지 않고, 정지상의 글은 빛나지만 드날리지 않았다. 이규보는 눌러 다듬을 줄 알았으나 거두지 못하였으며, 이인로는 鍛鍊되었으나 펴지 못했다. 임춘은 縝密하나 통하지 못하였으며, 이곡은 的實하나 슬기롭지 못하였다. 이제현은 老健하나 아름답지 못하였고, 이숭인은 부드럽지만 길지 못하였다. 정몽주는 순수하나 요점이 없고, 정도전은 장대하나 단속하지 못하였다. 이색이 집대성하여 시와 글이 뛰어났다고 하나 비루하고 소략한 형태가 있어서 원나라 사람의 규율을 따르나 미치지 못하는데, 당·송의 영역에 비길 수 있겠는가. 권근·변계량이 文柄을 잡기는 하였으나 이색에게 미치지 못하였으며, 춘정은 더욱 낮고 약하였다."『용재총화』제1장.
150 『고려사』, 「列傳」, 李穡. 潘福海의 조부 潘阜는 원 사절을 받들고 일본에 갔다 왔으며, 文衡을 잡고 뛰어난 인재들을 발탁했다(『고려사』, 「列傳」, 嬖幸 潘福海)고 했다. 김주정은 정사를 맡은 것이 13년이었는데, 문형이 되어 얻은 인재들은 모두 당대에 뛰어났다(김용선, 『역주 고려묘지명집성(하)』(한림대학교 출판부, 2012), 「김주정묘지명」199)고 했다.
151 박천규, 「문형고」, 『사학지』 6(단국사학회, 1972); 김형자, 「조선 초기 문형연구」, 『實學思想研究』 17·18(역사실학회, 2000); 최선혜, 「조선 초기 태종대 예문관의 설치와 그 역사적 의의」, 『진단학보』 80(진단학회, 1995); 오종록, 「조선시대 학자관료 집단: 조선전기의 대제학을 중심으로」, 『국학연구』 14(한국국학진흥원, 2009).
152 鄭杜熙, 「제3절 정사공신」, 『朝鮮初期政治支配勢力研究』(일조각, 1983); 류주희, 「왕자의 난을 전후한 개국공신들의 정치적 동향」, 『역사와 현실』 29(한국역사연구회, 1998); 류주희, 「조선초 비개국파 유신들의 정치적 동향」, 『조선시대사학보』 11(조선시대사학회, 1999).
153 최선혜, 「조선 초기 태종대 예문관 설치와 그 역사적 의의」, 『진단학보』 80(진단학회, 1995).
154 『성종실록』, 23년(1492) 3월 19일.
155 이에 대하여 다음의 글이 참고된다. "문장과 衣鉢을 전하는데 본래 고사가 있었다. 문경공 권제가 문형을 맡았다가 병이 위독해지자 중론이 모두 문성공 정인지에게 돌아갔으나 문정공 안지에게 부탁하고 죽으므로 문정공이 대신했으나 얼마 안 가 문정공

이 파직당하게 되자 문성공이 맡았다."(『필원잡기』 권2). 崔仁基, 『朝鮮初期 文苑 연구』(성균관대학교 박사학위논문, 2010), 104-106쪽.

156 이종묵, 「서거정의 삶과 문학 활동」, 『徐居正 文學의 綜合的 檢討』(한국정신문화연구원, 1998); 김성우, 「15세기 중·후반 훈구관료 서거정의 관직생활과 그에 대한 평가」, 『대구사학』 83(대구사학회, 2006); 노요한, 「세조-성종연간 서거정의 저술과 편찬 활동」, 『진단학보』 136(진단학회, 2021).

157 『사가정시집(四佳亭詩集)』 권31, 「贈蔡應敎壽」.

158 서거정은 우리나라 명문장을 골라 선별하여 엮으며 "우리나라는 단군과 기자 이래 을지문덕이 辭命을 잘하여 수나라의 백만 군사에 항거했고, 신라에서는 당나라 과거에 급제한 자가 50여 명이나 되며, 최치원이 황소 토벌의 격문으로 천하에 이름을 떨쳤고, 고려에서는 북송·남송·요·금의 전란 시대에 여러 번 文詞로써 국가의 환란을 해결했으며, 원나라 과거시험에 합격했다고 했다. 『주역』에, '인문을 관찰하여 천하를 교화한다'라고 했는데, 천지에는 자연의 문이 있으므로 성인이 천지의 문을 본받았으며, 시대의 운수에 성쇠의 다름이 있으므로 문장에 높고 낮음의 다름이 있다. 육경의 뒤에는 오직 한·당·송·원과 명의 문이 가장 고대에 가까우니, 천지의 기운이 성했으므로 커다란 소리가 절로 완전하여 다른 시대처럼 남북 분열의 환난이 없었던 까닭이다. 우리나라의 문은 삼국시대에서 비롯하여 고려에서 성했고, 우리 조정에서 극에 이르렀으니, 천지 기운의 성쇠에 관계된 것을 이로 인하여 역시 상고할 수 있다고 했다. 그리고 문은 도를 꿰는 도구로, 육경에 기반을 둔 문은 자연히 도에 합한다. 지금 공부하는 이들이 이에 응하여 세상에 울릴 인물이 연이어 나올 것"(『東文選』, 「序」)이라 했다. 유학적 재도론에 입각한 글쓰기가 번성했음을 자부하며 글 잘하는 이들이 계속해서 배출될 것을 기대하며 유교 문명국을 전망했다.

159 조선시대의 이색 인식에 대해서는 다음의 글을 참고하여 새롭게 정리했다. 도현철, 「조선시대의 이색 인식과 연구 과제」, 『한국사연구』 159(한국사연구회, 2012).

160 김윤주, 「조선 태종 11년(1411) 이색 비명을 둘러싼 논쟁의 정치적 성격」, 『도시인문학』 1(서울시립대학교 도시인문학연구소, 2008), 175-183쪽.

161 『태종실록』, 11년(1411) 6월 29일.

162 『태종실록』, 11년(1411) 6월 29일.

163 『태종실록』, 11년(1411) 7월 2일.

164 『태종실록』, 11년(1411) 8월 11일.

165 『태종실록』, 11년(1411) 7월 1일.

166 김훈식, 「조선 초기의 정치적 변화와 사림파의 등장」, 『조선전기도학파의 사상』(계명대학교 출판부, 2013), 51-54쪽; 박홍규, 「조선왕조의 수성은 언제부터인가: 태종 11년(1411)의 이색 비명 사건」, 『정치사상연구』 25-2(한국정치사상학회, 2019), 120-138쪽.

167 『구오대사』, 「列傳」, 馮道; 『신오대사』, 「列傳」, 馮道.

168 『태종실록』, 11년(1411) 7월 1일.
169 『세종실록』, 12년(1430) 11월 23일.
170 『세종실록』, 13년(1431) 3월 8일.
171 『고려사』, 「列傳」, 鄭道傳.
172 『고려사』, 「列傳」, 李穡.
173 『고려사』, 「列傳」, 鄭夢周.
174 『고려사』, 「列傳」, 鄭夢周.
175 『성종실록』, 8년(1477) 7월 21일.
176 『동국통감』 권46, 「고려기」, 공민왕 1년 하4월(『금남집』 권2, 「동국통감론」); 남동신, 「牧隱 李穡의 전기 자료 검토」, 『韓國思想史學』 31(한국사상사학회, 2008), 243-244쪽.
177 韓㳓劤, 『儒敎政治와 佛敎』(일조각, 1993).
178 태조와 태종 대의 불교 의례는 다음의 연구에 정리된 표로 제시되어 있다. 李英華, 「朝鮮初期 佛敎儀禮의 性格」, 『淸溪史學』 10(청계사학회, 1993), 23-25쪽; 김용조, 『朝鮮前期의 國行祈禳佛事研究』(동국대학교 박사학위논문, 1999).
179 이호권, 「조선시대 한글 문헌 간행의 시기별 경향과 특징」, 『한국어학』 41(한국어학회, 2008); 김기종, 「15세기 불전언해의 시대적 맥락과 그 성격」, 『한국어문학연구』 58(한국어문학연구학회, 2012), 115-116쪽.
180 韓㳓劤, 「朝鮮王朝初期에 있어서의 儒敎理念의 實踐과 信仰·宗敎」, 『한국사론』 3(서울대학교 국사학과, 1976); 도현철, 「조선건국기 성리학자의 불교인식」, 『한국사상사학』 50(한국사상사학회, 2015).
181 금장태, 「퇴계문하의 양명학에 비판」, 『양명학』 2(한국양명학회, 1998); 정덕희, 「명의 양명학 비판 서적 評釋」, 『양명학』 2(한국양명학회, 1998); 김용재, 「양명학의 형성과정에 관한 역사·철학적 고찰: 명과 조선의 사상사를 중심으로」, 『한국철학논집』 12(한국철학사연구회, 1999); 정두영, 『조선 후기 양명학의 수용과 정치론』(연세대학교 박사학위논문, 2009).
182 이황은 유학적 지배 질서를 확립하려 했다. 그는 양명학을 선학으로 규정했다(『퇴계선생문집(退溪先生文集)』 권41, 「雜著 白沙詩敎傳習錄抄傳 因書其後」). 그의 양명학 비판은 양명학의 心卽理와 知行合一, 尊德性 등이 갖는 심학으로서의 위험 요인을 사전에 없애려는 것이었고, 유학에서 벗어나는 이단, 사설 초기에서부터 제어하는 역할을 했다. 정두영, 『조선 후기 양명학의 수용과 정치론』(연세대학교 박사학위논문, 2009), 33-37쪽.
183 『謏聞瑣錄』은 曹伸(1454~1529)이 1525년에 들은 것도 많지 않고 변변찮은 이야기란 의미로 지은 글로, 상권 132화, 하권 137화 모두 269화로 이색에 관한 시와 기타 사항은 상권에 8개, 하권에 3개가 실려 있다. 조신 편저, 정용수 번역, 『국역소문쇄록』(국학자료원, 1997).

184 『동국사략』 권6, 恭讓王 4년(세주); 韓永愚, 「16세기 사림의 私撰史書에 대하여」, 『朝鮮前期史學史研究』(서울대학교 출판부, 1981), 234-235쪽.
185 『선조실록』, 2년(1569) 윤6월 7일.
186 〈표 16〉 조선 후기 문집의 이색 관련 글

번호	저자	수록 책	편명	비고
1	류성룡(1542~1607)	『서애전서』	「圃隱·牧隱」, 「牧隱」	
2	신흠(1566~1628)	『승국유사』		『五洲衍文長箋散稿』
3	허목(1595~1682)	『기언』	「牧隱畫像記」, 「良醞洞古蹟記」	
4	송시열(1607~1689)	『송자대전』	「牧隱碑陰記」	「答李擇之」
5	이선(1632~1692)	『승국신서』	「李穡」	
6	홍여하(1620~1674)	『목재집』	「牧隱李先生遺墟碑記」	「高麗贊成事李文孝公穡亭碑記」
7	이익(1681~1763)	『성호사설』	「牧隱大節」, 「牧隱不屈」	
8	이긍익(1736~1806)	『연려실기술』	「李穡」	
9	한치윤(1765-1814)	『해동역사』	「李穡」	
10	성해응(1760~1839)	『연경재전집』	「李穡」	
11	최익현(1833-1906)	『면암집』	「牧隱事實」	

187 도현철, 「17세기 주자학 도통주의의 강화와 지주제 유지론」, 『조선 후기 체제변동과 속대전』(혜안, 2005).
188 『동국통감』·『동국사략』·『여사제강』·『해동역사』는 우왕과 창왕을 각각 辛禑와 辛昌으로 기록하여 고려 왕실의 정통에서 제외시켰다. 『동사강목』에서는 凡例 統系에서 우왕·창왕을 왕씨로 인정하고 본문에서 前廢王禑와 後廢王昌이라 하여 고려 왕실에서의 정통성을 인정했다.
189 『오주연문장전산고(五洲衍文長箋散稿)』, 「經史篇 史籍類 史籍總說 二十三代史及東國正史辨證說 東國正史」.
190 『송자대전』 권71, 「答李擇之」(뒤에서 4번째).
191 『송자대전』 권71, 「答李擇之」(뒤에서 3번째); 『승국신서』 下, 「尤翁先生與芝湖書」.
192 『송자대전』 권71, 「答李擇之」(뒤에서 3번째); 『승국신서』 下, 「尤翁先生與芝湖書」.
193 『송자대전』 권171, 「牧隱碑陰記」.
194 朴冠奎, 『尤庵 宋時烈의 碑誌文 研究』(고려대학교 박사학위논문, 2011), 48-52쪽; 도현철, 「조선시대의 이색 인식과 연구 과제」, 『한국사연구』 159(한국사연구회, 2012), 90-94쪽.
195 『송자대전』 권72, 「答李擇之」; 『승국신서』 下, 「尤翁先生與芝湖書」.

196 국립중앙도서관에 소장된 『승국신서』는 「麗末忠義錄」·「不終錄」·「故實卞誤」의 세 부분으로 구성되었다. 『승국신서』는 『한글지호집』(1-4권), 충남대학교 한자문화연구소 옮김(문진, 2015)에 「여말충의록」만 번역되었다.

197 유영옥, 「송시열의 목은비음기에 대한 李選의 비판」, 『역사와 실학』 78(역사실학회, 2022); 유영옥, 「17세기 芝湖 李選의 『勝國新書』 고찰」, 『한국민족문화』 82(부산대학교 한국민족문화연구소, 2022).

198 『후한서』 권54, 「列傳」, 楊震 楊彪.

199 『서애전서』 권15, 「圃隱·牧隱」, 「牧隱」; 『승국신서』 下, 「尤翁先生與芝湖書」.

200 도현철, 「목재 홍여하의 역사서 편찬과 고려사 인식」, 『한국사상사학』 43(한국사상사학회, 2013); 박인호, 「『휘찬려사』 「열전」에 나타난 홍여하의 역사 인식」, 『장서각』 31(한국학중앙연구원, 2014).

201 허목(1595~1682)은 『목은화상기』를 쓰면서 임진왜란으로 분실된 목은(이색)의 화상을 일본에 파견된 사신이 돌려받을 때, 일본의 한 노인이 사신에게 주면서 "이것은 옛날 귀인의 화상이니 그의 자손에게 돌려주어야 한다"는 일화를 소개했다. 『기언』 권9, 상편 圖像 「牧隱畫像記」.

202 『휘찬려사(彙纂麗史)』 권34, 「名臣」 13, 李穡.

203 『목재집(木齋集)』 권6, 「高麗贊成事李文孝公稼亭碑記」, 「牧隱李先生遺墟碑記」.

204 김문식, 「성해응의 경학관과 대중국 인식」, 『韓國學報』 70(일지사, 1993).

205 『연경재전집』 권58, 「蘭室史料」 1 「考實攷異」, 李穡 헌종 6(1840).

206 『성호사설』, 「經史門」 권18, 「牧隱大節」; 권21, 「牧隱不屈」.

207 『성호사설』, 「經史門」 권25, 辛禑.

208 『성호사설』, 「經史門」 권25, 辛禑; 박종기, 『조선이 본 고려』(H, 2021), 202쪽.

209 안정복은 스승 이익의 요청에 따라 『성호사설』을 다시 축약해서 『성호사설류선』을 편찬했다. 그는 『성호사설류선』에서 「목은대절」편에 「목은불굴」을 주석으로 포함시켰다. 또한 『성호사설류선』의 「우계마」편을 주석으로 포함시켰다(『성호사설류선』 권8 상, 「경사편」 5, 「논사문」 2). 박종기, 『조선이 본 고려』(H, 2021), 290쪽 주 1.

210 『면암집(勉菴集)』 권24, 「牧隱事實編跋」.

211 『해동역사』 권68, 「인물고2 이색」.

212 『연려실기술』 권1, 「태조조 고사본말 高麗守節諸臣附 李穡」.

213 金忠烈, 『高麗儒學史』(고려대학교 출판부, 1984); 鄭載喆, 「牧隱 李穡의 思惟樣式」, 『漢文學論集』 12(근역한문학회, 1994); 琴章泰, 「牧隱 李穡의 儒學思想」, 『朝鮮前期의 儒學思想』(서울대학교 출판부, 1997); 최영진, 「목은(牧隱)시대 정신의 철학적 기반」, 『민족문화논총』 50(영남대학교 민족문화연구소, 2012); 권오영, 「고려말 조선초 성리학의 주요 개념의 이해의 추이」, 『포은학연구』 27(포은학회, 2021).

214 『목은집』 文藁 권3, 「葵花記」(우왕 3년); 권3, 「養眞齋記」; 詩藁 권21, 「近承佳作, 唱

和多矣. 皆浮言戱語, 不可示人, 後二篇, 志於功名, 自傷之甚也. 嗟, 夫士生於世, 功名而已乎. 直述所懷, 爲圓齋誦之」; 詩藁 권13,「正月」; 권18,「使丘從往視駱駝橋水, 云涉者腰以上, 於是, 縮坐又吟」(우왕 5년 6월).

215 『목은집』 文藁 권10,「韓氏四子名字說」.
216 『목은집』 文藁 권10,「伯中說贈李狀元別」.
217 『목은집』 文藁 권6,「寂菴記」; 권10,「韓氏四子名字說」.
218 『목은집』 文藁 권10,「韓氏四子名字說」.
219 『논어』,「爲政」.
220 『목은집』 詩藁 권6,「茶後小詠」; 권7,「有感」; 권7,「讀詩」; 권8,「述古」; 권13,「次圓齋韻」; 권16,「午雞」.
221 『맹자』,「告子章句上」.
222 『목은집』 詩藁 권16,「初十日 進講仁以爲己任 …」.
223 『목은집』 詩藁 권8,「初八日, 丁祭膰肉至, 作詩以記」; 권11,「卽事」; 권14,「少年行」; 권16,「消災法席輟講」; 권16,「初十日 進講仁以爲己任…」; 권17,「遣興」; 文藁 권2,「漁隱記」.
224 『목은집』 詩藁 권1,「自訟辭」.
225 『목은집』 詩藁 권17,「已矣乎歌」.
226 『목은집』 文藁 권3,「養眞齋記」.
227 『양촌집』 권40,「朝鮮牧隱先生李文靖公行狀」.
228 『고려사』,「列傳」, 蔚紹.
229 『고려사』,「禮志 凶禮 五服制度」, 공민왕 6년(1357) 10월 11일; 『고려사절요』, 공민왕 6년.
230 『고려사』,「禮志4 吉禮中祀 文宣王廟」, 공민왕 18년(1369) 8월 5일.
231 『고려사』,「禮志 吉禮大祀 諸陵」.
232 『고려사』,「列傳」, 朴尙衷.
233 『도은집』 권5,「大夫士廟祭議」.
234 『태종실록』, 4년(1404) 11월 28일; 『예기천견록(禮記淺見錄)』 권1,「曲禮上」.
235 『양촌집』 권40,「牧隱先生李文靖公行狀」.
236 『태종실록』, 3년(1403) 3월 3일.
237 琴章泰,「牧隱 李穡의 儒學思想」, 『朝鮮前期의 儒學思想』(서울대학교 출판부, 1997).
238 『목은집』 文藁 권3,「陽村記」; 詩藁 권18,「昨日, 子安·可遠修北方表章, 請予潤色, 病餘茅塞, 吟成一首, 將以舒堙鬱也」(우왕 5년 7월); 권29,「權可遠來言, 承宣房口傳, 成均館敎官, 將以興學校也. 臣穡不勝喜躍, 吟成一首以志」(우왕 7년 5~9월); 권34,「驪江宴集」.

239 〈표 17〉『양촌집』의 이색 관련 시와 기

번호	내용	연도
1	권2,「座主牧隱相國寄詩于我大父誠齊相國, 次韻三首, 其一代大父作獻牧隱, 其一自獻牧隱, 其一獻大父云」	우왕 3년
2	권3,「入史直, 奉次座主牧隱相國詩韻」	우왕 3년
3	권4,「同年合內宴, 奉呈恩門牧隱相國」	우왕 9년 6월
4	권5,「座主牧隱相國自京師回 出迎興義路上作」	창왕 1년
5	권7,「密城守余公寄惠銀魚, 謹用嶺南樓上牧隱詩韵之二絶, 一呈余公, 一呈郡敎授官同年朴君」	
6	권7,「驪江宴集詩 幷序」	공양왕 3년
7	권8,(신도팔경) 次牧隱先生韵, 題門生鄭通州詩軸」	
8	권8,(신도팔경) 次牧隱先生韵, 送仁山禪者遊方」	
9	권8,(신도팔경) 韓山伯牧隱先生李文靖公挽辭」	태조 5년 5월
10	권10,「言志 寄知申事朴公 錫命」	
11	권10,「次韵奉送孔漢城 俯承命往韓州書牧隱墓碑」	태조 5년
12	권10,「枾」	
13	권10,「奉次領議政河公, 崙感興詩 五首」	
14	권14,「五臺山觀音菴重創記」	태종 2년
15	권14,「尙州風詠樓記」	태종 8년
16	권15,「贈華嚴中德義砧序」	우왕 6년
17	권16,「鄭三峰道傳文集序」	우왕 12년
18	권17,「贈孟先生詩卷序」	태조 6년
19	권17,「柳巷先生韓文敬公 脩文集序」	태조 7년 여름
20	권17,「達空首座問答法語序」	
21	권20,「恩門牧隱先生文集序」	태종 4년 7월
22	권23,「牧隱先生畫像讚」	
23	권39,「貞愼宅主權氏墓誌銘 幷序」	태조 3년 8월
24	권40,「牧隱先生李文靖公行狀」	태종 4년

240 『양촌집』 권16,「鄭三峰道傳文集序」(우왕 12년); 『삼봉집』 권3,「陶隱文集序」(우왕 14년 10월).
241 『고려사』,「列傳」, 趙浚.
242 『고려사절요』, 공양왕 1년(1389) 12월; 『고려사』,「列傳」, 李琳.
243 『고려사』,「列傳」, 權近.

244 『예기천견록』 권1, 「曲禮上」; 『태종실록』, 4년(1404) 11월 28일.
245 하륜은 『예기천견록』의 서문을 쓰면서 이색이 중국에서 공부하여 고명하고 정대한 견해를 갖게 되었기에, 經에 대한 저서를 쓰고자 했지만, 만년에 병으로 실행하지 못하고 권근에게 부탁했다고 했다. 이에 권근은 『예기』에 전념하여 연구하면서, 다시 편차를 나누어 경과 전을 만들고 의심스런 문맥에 대하여 분석하고 논하여 『예기천견록』이라고 붙였다(『예기천견록』, 「序」(하륜))고 했다.
246 홍원식, 「권근의 성리설과 그 철학사적 위치」, 『韓國思想史學』 28(한국사상사학회, 2007); 이봉규, 「권근(權近)의 경전 이해와 후대의 방향」, 『韓國實學研究』 13(한국실학학회, 2007); 이봉규, 「조선시대 『禮記』 연구의 한 특색; 朱子學的 經學」, 『한국문화』 47(서울대학교 규장각한국학연구원, 2009).
247 『세종실록』, 10년(1428) 윤4월 18일.
248 『태종실록』, 12년(1412) 5월 11일.
249 『태종실록』, 3년(1403) 3월 3일.
250 홍원식, 「권근의 성리설과 그 철학사적 위치」, 『韓國思想史學』 28(한국사상사학회, 2007).
251 이봉규, 「권근(權近)의 경전 이해와 후대의 방향」, 『韓國實學研究』 13(한국실학학회, 2007).
252 『태종실록』, 1년(1401) 1월 14일.
253 『목은집』 詩藁 권35, 「長湍吟 門生吉注書, 須次于家, 携老少還善州來別, 一宿而去」 (1390년 1월).
254 『정종실록』, 2년(1400) 7월 2일.
255 『세종실록』, 1년(1419) 4월 12일.
256 『야은선생언행습유(冶隱先生言行拾遺)』 권중, 「彝尊錄語」(김종직); 『점필재집』, 「彝尊錄」 하 先公事業 제4.
257 『양촌집』 권20, 「題吉再先生詩卷後序」(태종 5); 『야은선생언행습유』 권하, 「次幷序」, 陽村 權近.
258 『세종실록』, 1년(1419) 4월 12일.
259 『야은선생언행습유』 상권 행장(박서생).
260 池斗煥, 「朝鮮初期 文廟從祀論議: 鄭夢周・權近을 중심으로」, 『釜大史學』 9(부산대학교 사학회, 1985).
261 『세종실록』, 15년(1433) 2월 9일.
262 『세종실록』, 18년(1436) 5월 12일.
263 朴贊洙, 「文廟享祀制의 成立과 變遷」, 『藍史鄭在覺博士古稀紀念東洋學論叢』(고려원, 1984).
264 金鎔坤, 「高麗 顯宗代 文廟從祀에 대하여: 최치원의 경우를 중심으로」, 『고려사의 제

문제』(삼영사, 1985); 金鎔坤, 「高麗 忠肅王 6年 安珦의 文廟從祀」, 『李元淳敎授華甲紀念歷史學論叢』(혜안, 1986); 도현철, 「안향: 유교의 확산과 문치사회론」, 『한국학연구』 48(인하대학교 한국학연구소, 2018).

265 『태종실록』, 9년(1409) 3월 19일.
266 『세조실록』, 2년(1456) 3월 28일.
267 『성종실록』, 8년(1477) 7월 21일.
268 池斗煥, 「朝鮮初期 文廟從祀論議: 鄭夢周・權近을 중심으로」, 『釜大史學』 9(부산대학교 사학회, 1985).
269 『성종실록』, 8년(1477) 7월 21일.
270 金泰永, 「朝鮮初期 世祖 王權의 專制性에 대한 一考察」, 『韓國史研究』 87(한국사연구회, 1994).
271 『세조실록』, 10년(1464) 8월 6일.
272 김태영, 「朝鮮初期 世祖王의 學術政策」, 『東洋學』 25(단국대학교 동양학연구원, 1995), 133-134쪽.
273 한 연구에서는 관학파에서 사림파와 훈구파로 구분된다고 한다. 이에 의하면, 사림파 가운데 관학파와 같은 학문 성향을 보인 사람이 있다. 김종직・김일손・남효온 등은 도학을 위해서는 시문 공부를 해야 한다고 했고, 정여창과 김굉필은 도학과 시문의 연관 관계가 없다고 보고 도학은 윤리・도덕적인 규범을 따르는 것이라고 했다. 다 같이 도학이라는 개념을 쓰고, 도학을 익히고 가르치는 데 노력했으나 양자 사이에는 차이가 있다. 김종직에서 김굉필로 넘어가면서 생긴 도학의 내용 변화는 心性 수양에서 시문의 역할 인정 여부로 나타나고, 시문을 통해 志氣를 기르는 것과 敬 공부를 통해 本源을 涵養하는 것은 그 내용의 차이가 존재한다. 金勳埴, 「寒暄堂 金宏弼에 대한 조선시대의 평가와 그 의미」, 『東方學志』 133(연세대학교 국학연구원, 2006).
274 『중종실록』, 12년(1517) 8월 7일; 39년(1544) 5월 28일.
275 김용헌, 「도학의 형성, 점필재 김종직과 그의 문생들의 도학사상」, 『한국학논집』 45(계명대학교 한국학연구원, 2011).
276 홍원식, 「여말선초 낙중 사림들의 '학통'과 '도통'」, 『조선전기도학파의 사상』(계명대학교 출판부, 2013); 김용헌, 『야은 길재, 불사이군의 충절』(예문서원, 2015).
277 김훈식, 「조선 초기의 정치적 변화와 사림파의 등장」, 『조선전기도학파의 사상』(계명대학교 출판부, 2013), 54쪽.

6장

결론

이색, 조선 성리학의 연원이 되다

이 책에서는 고려 말 당대의 사상계, 학술계를 주도하고 정국 현안에 의사표시를 한 이색 사상이 한국 중세 사상사, 나아가 한국 사상사에서 차지하는 역사적 성격을 규명해보려 했다.

1장에서는 이색에 대한 선행의 연구 정리와 문제의식을 제시했다. 기왕의 연구가 문학, 사학, 철학 등 분야별로 분산되고, 개별 주제별로 연구된 것을 되돌아 살피고, 이를 종합하고 정리할 필요성을 제기했다. 또한 연구 방법으로 인적 네트워크, 도서 목록, 사상 기반, 한국사 체계, 불교식 문치 활용, 당대 학술 주도와 유교 문명론, 지방관 관료의 역할 그리고 조선시대 사상계에 끼친 영향력을 살펴봄으로써 이색 사상의 성격을 분명히 하고자 함을 밝혔다.

2장에서는 이색의 생애와 사상의 형성 기반을 살폈다. 이색은 향리 집안 출신으로 그의 집안은 아버지 이곡 대에 이르러 명문 가문으로 발돋움했다. 이색은 원 국자감의 생원이 되었다가 고려의 과거와 원 제과에 합격했다. 그는 원에서 당대 최고의 문화를 이해하고, 수준 높은 학자들과 교류하며 고려의 학술과 문화를 이끌어갈 지적 토대를 마련했다. 특히 원의 국자감과 원 제과를 통하여 중국의 선진적인 교육과 과거제도를 체험하며 그것을 1367년(공민왕 16) 성균관의 교육제도 개편이나 공민왕과 우왕 대의 과거제의 개혁에 활용했다.

이색은 공민왕의 개혁에 참여하여, 1351년(공민왕 1)에 전제(田制)와 국방, 학제·과거제·불교 등에 관한 복중상서를 올렸고, 1356년(공민왕 5)에 시정에 관한 8가지 상소를 올렸다. 또한 문한직을 맡아 외교 문서를 전담했다. 그는 1366년(공민왕 15)에 공민왕의 이름을 (왕)기(祺)에서 전(顓)으로 고치도록 요청하는 표문이나 1369년(공민왕 18) 5월에 명의 건국을 축하하는 표문을 지었다. 1377년(우왕 3)에 「광통보제선사비명」, 1377년 11월에 당 태종 「백자비」를 주석했고, 1380년(우왕 6)에는 성균관에 「반궁수조비문」을 지었다. 이색은 1379년(우왕 5)부터 1386년(우왕 12)까지 왕의 사부가 되었고, 1379년 무렵 8개월간 서연에서 우왕에게 『논어』「태백편」을 강의하여 올바른 군주상을 제시했다.

이색은 유학자로서 불교 관련 글을 많이 지었다. 지공과 나옹 화상의 부도명을 짓고, 염흥방이 대장경을 인쇄하자 발문을 썼다. 더욱이 아버지 이곡이 대장경의 일부를 조성하려는 뜻을 이어 나옹 제자들의 도움을 받아 대장경을 인쇄하여 신륵사에 보관했다. 이색이 대장경을 조성한 것은 그것이 임금과 부모님의 명복을 비는 것에 있기에 거절하지 못했다고 했다. 불교의 효와 충과 같은 윤리적 기능을 인정한 결과라고 하겠다.

위화도 회군이 단행되고, 고려 사회 전반에 걸친 개혁 정치가 모색되었다. 조준 등은 전제 개혁처럼 고려 제도에 대한 보다 철저한 개혁을 지향했지만, 이색은 구법을 존중하는 입장에서 제도의 운영 개선에 역점을 두었다. 이에 정도전 등은 고려의 제도, 왕조를 유지하려는 이색을 강하게 비판했다. 1389년(공양왕 1) 12월에 오사충과 조박은 이색이 왕씨가 아닌 창왕을 옹립했으며, 유종(儒宗)으로서 대장경을 인쇄하여 불교에 미혹되어 많은 사람을 현혹시키고 풍속을 어지럽혔다고 논죄해야 한다고 했다. 정도전은 이색과 우현보를 왕씨 고려의 죄인이며 성인의 가르침을 파괴하는 괴수라고 하여 이들을 죽여야 한다는 상소를 올렸다. 이색은 공민왕이 아들이라고 선언한 우왕을 섬겼고, 우왕의 아들인 창왕을 왕위 계승자로 파악한 것이다. 이색은 왕조를 유지하려는 세력의 대표였으므로, 건국 세력들은 이색을 제거하려고 했다.

이색은 고려의 많은 지식인과 교류했다. 이색은 과거제를 기반으로 형성된 인간관계를 존중했다. 과거제에서 파생된 좌주문생제·용두회·동년회·명족회 등을 중시하여 이를 통해서 형성된 유대감이 사회를 발전시키는 데 기여한다고 보았다. 이색이 응시한 과거시험의 좌주는 김광재·이제현·홍언박이었고, 1332년(충혜왕 2) 성균시 동년으로는 한홍·오혁림·이동수·안종원·서영·이몽유·성사달·이무방·김군필·주인성·박언진·곽충수·

안면·임희좌 등이 있다. 1353년(공민왕 2) 예부시의 동년으로는 한홍도·권중화·정추·박진록·곽충록·채련·정양·이구·송무 등이 있다.

이색의 또 다른 인적 연결망은 젊은 시절 맺어진 한수·염흥방·권중화·이강과의 교류이다. 한수는 이곡의 문생이었고, 공민왕에게 은혜를 입었다는 생각을 이색과 공유했다. 1368년(공민왕 17)에 이강이 죽자 한수·염흥방과 함께 노국대장공주와 공민왕의 명복을 빌기 위하여 「광통보제선사비명」을 지었다.

또한 이색은 1367년(공민왕 16)에 성균관에서 김구용·정몽주·박상충·박의중·이숭인과 함께 성리학을 연구했다. 이들은 성리학 수용을 통하여 성인의 학문인 성학을 익혀 도통을 잇는 선각자로서 자부하고, 현실을 책임지고 이끌어갈 주체로서 경세 의식과 책임 의식을 견지했다. 이색을 포함한 9명은 공민왕과 우왕·창왕·공양왕, 조선 건국 후 태조·정종·태종에 이르기까지 당시 사회를 이끌어갔다.

이색은 원·명 지식인과도 교류했다. 이색이 재학한 원 국자감의 학관은 우문공량·오당·성준이다. 이색이 원 제과에 응시할 때 시관은 한림학사승지 구양현과 예부상서 왕사성이었고, 참지정사 두병이와 한림 승지인 구양현이 독권관이었다. 장원인 우계지와 동년인 증견 등과 교류했다. 또한 이색은 명의 사신으로 고려에 온 설사와 도사 서사호, 장부와 주탁 등과 교류했다.

이색은 원에서 선진 서적을 학습하고 고려로 가져왔다. 독서를 수양의 방법 중의 하나로 파악한 이색은 독서를 『논어』의 활쏘기와 같은 것으로 이해했다. 이색의 수양을 위한 독서는 고려의 시(詩), 부(賦) 중심의 사장학을 대신해서 현실에 필요한 지식과 이치를 파악하여 적용하는 것이었다. 이색에게 독서는 입신양명을 위한 것이기보다는 사물의 이치와 사람의 도리를 파악하기 위한 수단이었다.

이색이 본 서책을 경·사·자·집으로 분류할 수 있다. 경서(經書)로는 사서오경과 『소학』·『근사록』·『주자가례』 등이고, 사서(史書)로는 정사류인 사마천의 『사기』나 반고의 『한서』·『후한서』, 가의의 『신서』, 사마광의 『자치통감』, 주희의 『자치통감강목』 등이 있다. 제자(諸子)로는 불교 경전인 『능엄경』·『유마경』·『금강경』·『원각경』 등과 도가 계통인 『도덕경』과 『장자』·『황정경』·『소서』·『참동계』·『태현경』 등이 있다. 집(集)으로는 『당백가시선』·『문수』·『문선』·『중주집』·『시인옥설』·『문장궤범』·『귀전록』·『위소주집』·『번천집』·『동파집』(東坡詩註) 등이 있다. 백과사전식 유서로는 『통전』·『옥해』·『문헌통고』·『책부원귀』 등이 있다. 그밖에 『주림전』·『초사』·『명도집설』·『설원』·『천원발미』 등이 있다.

이색은 유학의 입장에서 불교를 마음론으로 포섭하는 학문관을 견지했다. 이색은 유학을 정통, 정학으로 보고, 성인의 도가 이어진 밀지인 16자 심법의 계승 관계를 설명하면서 유학의 도를 계승하고자 했다. 이색은 유학에 기초하여 이단인 불교를 존중했다. 그는 세계와 인간 사회를 설명하는데, 유학과 불교의 개념을 비교했다. 유교의 격물·치지·제가·평천하에 이르는 유교와, 부처의 맑은 마음[澄念]과 고요한 생각[止觀]으로 깨달음의 세계[寂滅]를 추구하는 불교가 다르지 않다고 했다.

이색의 유학 이외의 학문적 관심은 노장과 도교 사상에서 나타났다. 이색은 노장의 학문상의 차이를 인정하고 그 사상의 사상적 의미를 파악했다. 시간과 공간을 초월하고 물체와 나를 모두 잊어서 생과 사를 초월하여 마음을 비우는 희이(希夷)·좌망(坐忘)·심재(心齋)를 존중했다. 도교, 노장의 사상이 유교가 말하는 교화에 기여한다고 보았던 것이다.

이색은 노자 계통의 개공(盖公)과 그의 제자인 조참(曹參)이 청정(淸淨)하게 하여 백성이 편안하고, 한나라가 형벌을 쓰지 못하게 했다고 했다. 아울러 지금 명 천자가 해와 달처럼 영명하여 인심의 진위와 학술의 사정(邪正)을 보아 현교(玄敎, 도교)의 청정한 도에 깊이 계합(契合)하여 천하를 편안하게 통일시키려고 하니, 원대한 계획은 한나라 때의 그것을 훨씬 멀리

능가한다고 했다. 물론 그 이후에는 노자의 뜻을 잇지 못하고 참위·축술과 결합하여 노자의 뜻이 쇠락했지만, 노자의 이념이 덕치의 실현에 기여했다고 보았다.

원래 유가와 도가는 제자백가의 일원으로 유사한 점이 많았다. 유가와 도가는 이상적인 인격을 존중하는데, 도덕 원칙과 규범과 자연적인 인간의 본성의 연관 관계를 따진다. 유가는 도덕 원칙과 규범과 이의 실천을 강조하고, 도가는 일체의 도덕규범의 속박으로부터 초탈하여 인위적인 일체의 것을 남김없이 제거한 상태를 선호한다.『맹자』는 기왕의 유가와 도가의 내용을 연결시켜 자연 상태와 이를 본성을 기르기 위한 수양을 제시하고 이상적인 인격을 모색하게 된다.

그리하여 이색은 유학자로서 불교와 도교를 이단으로 파악하면서 이 둘을 마음으로 포섭하는 학문관을 견지했다. 그는 도통설을 통하여 혹은 경(敬)과 정좌(靜坐)를 통하여 마음 닦기의 수양을 제시했다. 불교에서 사람의 마음과 부처 보살의 마음은 근본적으로 같고, 마음에 지극한 도가 작용하여 춥거나 덥다고 해도 변하는 일이 없는 것이라고 하여 마음의 작용을 중시했고, 좌선과 화두 참구의 수양법으로 마음의 깨달음을 강조했다. 또한 도교의 희이(希夷)·좌망(坐忘)·심재(心齋), 즉 시간과 공간을 초월하여 물체와 나를 모두를 잊어서 생과 사를 초월하여 마음을 비우는 세상의 이치와 마음 닦기를 생각했다. 이색은 불교와 도교의 사상의 의의를 파악하고 궁극적으로 삼교가 추구하는 바가 같다는 인식을 보여주었다.

유교와 불교의 상호 존중은 고려 후기의 대체적인 경향이었다. 원천석은 송대의 승려인 여여거사(如如居士)의 말로써 삼교일리론(三敎一理論)을 전개했다. 진성(盡性)·연성(鍊性)과 견성(見性)의 도가 조금 다르긴 하지만, 인간의 본성을 중시한다는 점에서 공통점을 가지고 있는데, 그것은 어디까지나 개인의 윤리, 개인의 완성에 중점을 둔다. 이렇게 볼 때 삼교일리는 삼교가 모두 인성(人性)을 중심 개념으로 하여 논의의 출발점을 삼는다는 점에서 그 이치가 같다고 보는 것이다.

고려 초기에는 태조의 훈요십조나 최승로의 상서(上書)에서 보듯이 유불도 삼교의 공존의식이 견지되었다. 고려 후기에 성리학이 수용되면서 유교의 심성 수양론이 받아들여져, 종래 불교, 도교와 함께 수신·수양의 기능을 유교도 수행하게 되었다. 이색은 성리학과 불교의 수양론에 유의하고, 인성·본성을 중요시하여 유불도 삼교일리론 맥락을 존중했다. 마음을 중심으로 불교와 도교를 포섭하는 학문관은 이색의 사상과 정치활동을 행하는 사상적 기반이 되었다고 하겠다.

3장에서는 이색의 심성·수양 중시의 성리학과 유불동도론을 검토했다. 이색은 유교의 도통론을 견지했다. 성인의 도가 이어진 밀지인 16자 심법의 계승 관계를 설명했고 인심과 도심의 심성, 수양론을 중시했다. 이색은 시·문을 심성, 수양과 연관시켜 이해했다. 그는 시·문을 아름답게 꾸미는 일에만 매달리는 학자들을 비판하고, 경서를 통해 성명(性命)의 근원을 탐구하고 심성 수양에 힘 쏟을 것을 강조했는데, 시가 갖는 성정(性情) 도야의 의미를 이해하는 것이다. 이색은 공자가 『시경』을 '사무사(思無邪)'로 해석한 것처럼, 시를 성정을 닦고 마음공부를 하는 단서로 보고, 처음 시 짓는 법을 배울 적엔 바른 성정만을 구했다고 술회했다. 이색은 각촉부시(刻燭賦詩)에 일찍부터 참여하여 20차례나 장원을 했지만 "잘된 것은 하나도 없고 한두 연구가 다른 사람보다 나을 뿐이다. 시 짓는 것은 회포를 푸는 일, 성정을 가다듬어 마음을 안정시키는 일"이라고 했다.

이색은 성리학의 수양론을 받아들여, 그것을 천리를 보존하고 인욕을 억제하는 이른바 '존천리(存天理) 알인욕(遏人慾)'으로 이를 설명했다. 그리고 구체적인 수양법으로 경을 중시했다. 『예기』의 무불경(毋不敬)과 『서경』의 흠(欽)을 인용하여 예의 본질을 경으로 파악하고, 학문하는 자는 물론 정치하는 자, 부부간, 들과 밭이나 조정, 향당에서 경이 가장 기초적인 덕목이라고 했다.

경 중시의 성리학은 도덕 실천에 있어서 인간의 주체적이고 자발적인 행위를 중시하는 것이다. 경은 도심과 천리를 체득하는 실천 원리이고, 도덕적 본성을 자각·함양하는 방법론이기 때문이다. 그러므로 이색이 경을 중시했다는 것은 인간의 도덕적 본성을 자각하고 그 본성을 깨닫기 위해서는 무엇보다도 수양·수신에 주력해야 함을 보여주는 것이다.

이색은 성리학적 세계관과 역사관을 견지했고, 주희의 역사 인식을 존중했다. 이색은 사마광과 주희의 차이를 분명히 인지했고, 사마광보다는 주자의 의리와 명분에 입각한 정통론에 찬동했다. 그는 주희가 『자치통감강목』에서 도잠이 현령을 지냈음에도, '진징사(晉徵士)'라고 기록함으로써 진에 대한 도연명의 절의를 높이 평가한 것에 동의하면서 류송(劉宋)의 시대에 끝내 벼슬하지 않음으로써 명절(名節)을 잘 보전한 '진나라의 온전한 사람[晉全人]'이었다고 평가했다.

아울러 이색은 상황과 형세의 변화를 존중했다. 당시 대내외적 위기 속에서 우왕이 왕씨가 아니라도 국왕으로 인정하지 않을 수 없다고 했다. 진나라는 사마씨가 왕의 성씨였지만 성이 우(牛)인 원제(元帝)가 대통을 이은 것에 대하여, 호인이 진나라는 호갈(胡羯)의 침입 때문에 왕의 성씨가 다르더라도 구업에 의지하지 않으면 인심을 안정시킬 수 없었다고 했듯이 신씨(辛氏)를 세우는 것에 대하여 다른 이론을 제기할 수 없었다고 했다. 형세에 따라서 일을 처리할 수밖에 없다는 상황 중시의 역사 인식을 보여주었다.

이색은 단군과 기자로부터 시작하는 우리나라 역사의 유구성을 밝혔다. 이색은 중국의 역사가 반고에서 시작하여 금나라에 이른 것과 비교해서, 우리나라는 단군에서 출발하여 고려에 이르렀다고 했다. 또한 단군을 건국의 시조로, 기자를 교화의 시조로서 파악하여 성리학의 역사관을 견지하면서도 독자적인 한국사 체계를 인식했다.

그는 태조 왕건이 천명을 받아 개국했고 400여 년간 제도의 변화를 거쳐 현재에 이르렀다고 보았다. 그는 국왕의 통치가 잘 이루어진 치세를 소강(小康)으로 보고, 그렇지 못한 시대를 난세라고 보았다. 치세의 군주로 파악한 충목왕은 이인복과 같은 유신을 등용하고, 왕후(王煦)에게 국정을 맡겼으며 구법에 따라 정방을 혁파한 뒤 문무의 인사를 각각 전리·군부에 게 일임하여, 충목왕 재위 5년은 조야가 맑고 조용하여 선비는 즐거워하고 백성은 국왕에 귀의했던 소강의 시대였다고 평가했다. 반면에 이색은 충혜왕과 충정왕이 재위하던 시기에는 군소배가 득세하고 유자들이 고립무원 된 난세의 시대로 파악했다. 이색은 공민왕을 높이 평가했다. 공민왕은 자신을 길러준 하늘이라고 하고, 공민왕의 업적을 도와 예를 잘 닦아 인문을 넓혔다고 했다. 그는 공민왕이 원자를 세워 나라의 대통을 바로잡았고, 홍건적 등 외침을 격퇴했으며 유교 질서에 입각해 문물제도를 정비하여 고려왕조의 태평성대와 중흥을 가져왔다고 했다.

또한 이색은 유동불도론을 주장하고 불교식 문치를 존중했다. 이색은 불교를 이단으로 보았지만, 유교와 불교가 추구하는 목표는 동일한 것으로 보았다. 불교는 유교로부터 파생되었고, 불교가 윤리 도덕의 실현과 교화에 기여한다고 인정했다. 고려가 불교를 국가 이념으로 정했고, 불교의 현실 기능을 존중한 이색은 불교의 교리나 윤리 기능을 존중했던 것이다. 이는 성리학이 고려왕조의 재건을 위하여 수용되었다는 역사적 맥락과 궤를 같이하는 것이고, 불교, 도교와 유교의 병존과 조화를 특징으로 하는 고려사상계와의 절충을 시도하는 결과로 해석할 수 있다.

이색은 불교의 윤리적 기능을 긍정했다. 불교는 이단이지만, 부모와 임금에 대하여 도리를 다하는 윤리 기능을 수행한다고 보았다. 그는 승려가 부모에 효도했고 군자를 사랑했기 때문에 우리 유자들이 마땅히 따라야 한다고 했고, 이단이라고 배척하는 것은 부당하다고 했다. 불교는 당시 사람에게 믿음을 주고 의지하게 하고, 화복·인과의 설은 사람의 마음을 움직이는 바가 많다고도 했다.

불교의 윤리적 기능은 불교의 문치적 성격을 드러낸 것으로, 유교가 말하는 인문 문치와 같은 점이 있다. 유교의 문치 사회는 인간의 도덕적 신뢰를 바탕에 두고 대화, 설득, 자각을 통한 합리적이고 이성적인 도덕 사회를 지향한다. 불교의 윤리적 기능은 유교의 문치 사회를 이루는 데 기여함으로써 유교의 입장에서 불교를 긍정할 수 있었다. 하지만 불교의 효는 출가를 허용한다는 점에서 그 한계가 있었고, 불교 사상 자체에 성리학에서 제시하는 성즉리의 도리 개념이 없으므로 성리학은 이를 용납할 수 없게 되었다. 다만 유교적 문치만이 실현되는 사회의 전 단계로서 불교식 문치와 유교식 문치가 병존하는 모습을 보여준다고 하겠다.

불교의 윤리적 기능은 체제의 안정에 기여한다. 유교와 불교는 평화롭고 행복한 인간의 삶을 지향하는데, 모두 마음의 닦음과 안정 그리고 이를 통한 가족, 사회, 국가의 평화를 도모한다. 불교의 윤리적 기능을 인정하는 주장에는 깨달음이라는 지향점을 통한 마음의 안정과 이를 통한 효와 충으로 상징되는 가족과 사회의 질서에의 순응이라는 불교의 교화 기능이 전제되어 있다. 이를 활용해 주어진 정치적 상황을 유지, 강화하려는 의도가 담겨 있다. 교화를 중심으로 한 불교의 가르침이 유학의 현실 정치를 보완하는 기능을 한다는 것이다. 하늘에서 사계절이 순환하면서 만물을 생성하는 것처럼 성인이 가르침을 세워 세상을 교화하는 것도 상호 보완함으로써 이상사회를 구현하고자 하는 것이다.

유교 입장에서 불교를 조화하려는 입장은 불교의 윤리적 기능과 교화의 기능을 인정하고 이를 통해 유교 정치를 보완하여 주어진 국가체제를 정당화하는 이데올로기적 기능을 강화하려는 것이다. 더 나아가 불교가 지배적인 영향력을 행사하고 있던 당시 상황에서 불교의 윤리적 순기능을 인정함으로써 문치라는 궁극적 지향점에 보다 효과적으로 도달할 수 있는 제3의 길을 모색한 것이다.

4장에서는 이색의 유학적 경세론의 지향과 형세·문화적 화이관을 검토했다. 이색은 스스로를 학문하는 유자로 자부하고 공자와 맹자의 도를 배워 군자다운 유자인 군자유(君子儒)와 성인을 지향했다. 그는 군자를 목표로 자기반성, 수기, 수양에 힘쓰고 군자와 반대되는 소인, 부유(腐儒), 속유(俗儒)를 경계했다. 자신이 잘못을 저지르면 마음속으로라도 잘잘못을 판단해 반성해보는, 보다 객관적이고 철저한 자기반성을 보여주었다. 이색은 수양 공부를 통하여 치인을 지향하는 경세 의식, 책임 의식을 주장했다. 그는 하은주 삼대의 이상이 고려에 실현되기를 기대했고, 이를 위해서 이제삼왕(二帝三王)의 이상군주상과 함께 군자를 지향하는 유학의 경세론을 제시했다. 이른바 경제(經濟)를 통하여 치군택민(致君澤民)을 지향한 것이다.

이색은 유학 이념에 충실한 책임 의식을 바탕으로 합리적 운영을 통하여 고려의 정치체제, 집권 관료제를 정상화하여 왕조의 중흥을 도모했다. 이색은 선왕지법·고법·구제 등으로 표현되는 고려의 제도를 회복하고 유지하려고 했다. 1389년(창왕 1)의 전제개혁 논의에서 구법(舊法)을 가벼이 고치는 것에 반대했고, 고려의 성법(成法)을 하루아침에 바꿀 수 없다고 했으며, 예제에서도 전통적인 습속은 뿌리가 깊으므로 갑자기 바꾸기 어렵다고 했다. 그는 『주례』에서 제시하는 관직제도를 기초로 『주관육익』의 기본 이념에 충실했다. 『주관육익』은 고려의 정치체제와 문물제도를 재정리함으로써 관직 체계를 정상화시키고자 한 것이었는데 이색은 이에 찬성했다. 이색은 무신집권기에 만들어진 정방을 혁파하고 고려의 3성 6부를 회복하려 했다. 『주관육익』을 통하여 고려의 관직제도를 회복하고, 주어진 법과 제도 안에서 관료의 양식과 재량에 의하여 합리적으로 정치가 운영되기를 바랐던 것이다.

관료의 자율적 운영에 관한 이색의 견해는 각 부분별로 설명될 수 있다. 그는 우선 관학 중심의 교육 개혁안을 제시했다. 그는 지방의 향교와 개경에 학당을 설치하여 학생들의 재능을 보고 12도로 올리며, 또다시 살펴서 성균관에 올리게 하면, 성균관에서는 덕과 재능을 시험하고 과거에 응시하게 하여, 합격자에게는 관직을 주게 하자는 것이다. 아울러 관직자를 제외하고 국학생만 과거에 응시할 수 있게 하자고 했다. 이는 과거와 학교 교육, 관직 수여까지의 과정을 하나의 계통으로 연결시켜, 관료 선발을 보다 공정하고 엄격하게 관리함으로써 과거의 권위를 높이려는 생각이다.

또한 이색은 학교를 세우고 농민을 교화하되, 그를 위한 경제 안정도 필요하다고 보았다. 그는 민의 항산을 마련하기 위한 대책으로 의창을 통한 진휼을 제시했는데, 의식 있는 유학자들이 자신들의 의지로 군현에 의창을 세워야 한다고 했다. 당시 왜구와 홍건적의 침입 등 대외적인 불안과 기근·유망 등 대내외적인 위기 상황으로 말미암아 민이 불안정해지고 생산 기반이 붕괴되는 시기에, 국가적이고 제도적인 차원에서 근본적으로 민의 생산 기반을 마련해주기보다는 개별적으로 의식 있는 유학자의 양식에 의해 기왕의 제도를 합리적으로 운영하는 가운데 민의 고통을 해결하려고 했던 것이다. 이는 최소한의 제도 개선이나 운영상의 문제만을 처리하여 고려의 지배 질서, 구법을 수호하려는 이색의 현실 문제에 대한 온건한 입장을 보여주는 것이다.

이색은 유학적 문명관을 견지했다. 그는 하은주 삼대의 유교적 이상사회를 지향했고, 인수(仁壽)의 나라 곧 어질고 장수하며 편안히 사는 군자의 나라를 지향했다. 또한 그는 유교의 성왕이 행한 덕화로 집집마다 표창을 받을 수 있다는 의미의 비옥가봉(比屋可封)을 설정했다. 요 임금은 가만히 남쪽을 바라만 보아도 정치가 행해지고 사람이 본래의 성품을 발현하고 백성의 삶이 넉넉하여 명덕을 밝힐 수 있어서 당시는 집집마다 표창할 수 있는 성인의 덕화가 이루어진 사회가 되었다고 했다. 이색은 유교의 문명, 곧 유교의 도가 표현된 예악제도[文]가 세상에 실현되어, 인간의 도덕적 신뢰를 바탕에 두고 대화, 설득, 자각을 통한 합리적이고 이성적인 도덕 사회를 만들고자 했다.

이색의 이러한 유교 문명의 지향은 고려의 소중화 의식으로 나타났다. 우리나라의 풍속은 인수(仁壽)와 가깝다고 했고, 우리를 소중화로 자칭하여 중원의 풍속과 같아지려 한다고 했으며, 중원이 우리의 문풍을 부러워한다고 했다. 신라 이래로 고려는 중국의 변방 이민족[夷] 가운데서는 가장 문화적으로 우월하고 인물이 많아 중화와 비견된다고 파악해왔는데, 이를 긍정한 이색은 중국 다음가는 문화국·문명국으로 고려를 자부하고 있었다.

이색의 유교 문명론과 소중화론에는 형세·문화적 화이관이 연관되어 있다. 그는 중국을 천자국, 고려를 제후국으로 파악하는 조공·책봉 관계, 사대 외교를 지향했고, 중국 유교 문명이 현실화된 원나라의 선진문화, 유교 사상을 적극적으로 수용하여 고려 사회를 유교 문명사회로 전환시키고자 했다. 여기에는 수레바퀴의 폭이 같듯이 문물제도가 통일되어 있고 문자가 통일되어 있으며 윤리 도덕의 기준과 예의범절이 통일되어 있다는 한자문화권 혹은 유교 문명 의식이 전제되었다.

이색은 천자국, 화(華)의 기준을 종목이나 명분이 아닌 형세와 문화에 두었다. 그는 중국 중원을 차지하고 한화정책을 추진한 몽골족 원나라를 천자국으로 파악하고, 중국 역대 왕조의 일원으로 그 정통성을 인정했다. 또한 이색은 명나라가 원나라를 북쪽으로 몰아내고 북경을 점령하자 명을 원을 대신한 중국의 천자국으로 파악했다. 천자국 원에 대한 표문을 지은 바 있는 이색은 명에게도 중원의 지배자·천자국임을 축하하는 표문을 지었다.

이색은 유교의 문명론, 형세·문화적 화이관으로 이민족에 대한 유학적 교화론을 전개했고, 주변국을 문명에 대한 야만, 화에 대한 이로 구분하면서 이(夷)를 교화의 대상으로 파악했다. 세계는 천자의 덕화가 미치고 그 은덕을 입는 주변 국가로 구성되었으며, 주변국은 천자국의 덕화로 인의 도덕을 실천하고 문명국으로 전환될 수 있다는 의식을 견지했고, 일본에 대한 인식도 그러했다. 그는 일본의 이질적인 문화를 존중했고, 일본 승려와 자유롭게 교류하여 일본 승려의 시 요구를 받아들였다.

5장은 조선시대 이색의 학술과 교육 활동의 계승과 그의 사상이 갖는 한국 사상사에서의 위상을 살펴보았다.

이색은 성리학을 수용하면서 성균관 대사성 혹은 과거시험의 지공거 4번(공민왕 14년·18년·20년, 우왕 12년), 독권관(공민왕 17년)을 맡아 후학들을 길러냈다. 특히 그는 1367년(공민왕 16)에 성균관이 다시 지어지고 대사성으로 정몽주, 정도전 등과 함께 성리학 연구 등 학술을 주도했다. 이들은 고려와 조선의 성균관 대사성이 되어 학술과 정치의 중핵을 담당했다. 예컨대 정몽주(우왕 1)·박의중(우왕 11)·정도전(우왕 14)·윤소종(창왕 1)·이첨(공양왕 1) 그리고 조선 태조 대의 류경(태조 1)·정탁(태조 5), 이첨(정종 1), 권근이 대표적이다. 그리하여 공민왕 대에 성균관을 중심으로 여말선초 학계를 주도한 이색과 이색의 학문 집단을 이색 학파로 파악했다. 이색과 이색 학파의 학술과 교육 활동은 조선 건국 후 권근, 변계량 등에게 이어져 관학파를 형성하고 성리학 연구 심화의 지적 기반으로 작용했다.

1367년 이색이 맡은 겸대사성은 학자의 사표가 되고, 경술과 문장의 대명사로 조선 초기 학문 권위의 상징으로 확대 이해되었다. 겸대사성은 이색이 처음 호칭된 이래 정도전·이첨·권근·조용·변계량 등이 이어 맡아 당대 경술과 문장을 총괄하는 상징 인물이 되어 세상에서 존중을 받았다.

이색 사상은 송학의 여러 계통 가운데 성리학을 받아들이고, 사상 내용에서 심성론과 수양론, 특히 경을 중시하는 것이었다. 이는 조선시대 사상계가 성리학 중심으로 일원화되고 심성 중심의 사상이 전개되는 데 연원이 되었다. 권근은 스승인 이색의 뜻에 따라 『오경천견록』과 『입학도설』의 저술에 착수했다. 권근은 명에서 『사서오경대전』이 나오기 전에 주희의 성리학 체계에 입각한 경전 연구의 기풍을 조성하고 『입학도설』에서 성리설의 이론적 진전에 기여했다. 또 『예기천견록』은 성리학의 이론 구조를 반영시켜 경전의 내용을 재해석하게 했는데, 이는 이황 등에게 이어져 도설에 대한 정합적 해석의 문제로 제기되었다.

1433년(세종 15) 성균사예 김반이 이제현이 도학을 창도했고 이색이 그 정통을 전했는데, 권근이 그 종지를 얻었다고 평가한 것에서 확인되듯이, 이색은 안향과 백이정·이제현·이곡·이인복을 이어 성리학을 체계화하고, 이를 다시 권근·하륜·변계량에게 전승하여 조선시대 성리학 사상의 계보, 계통을 정립하는 데 중요한 역할을 했다.

이색의 성리학 연구와 교육 활동은 이색 학파를 형성하여 조선이 유교 사회를 만드는 데 기여했다. 이색은 성리학을 수용하여 유학의 본령인 인성 함양과 수양 방법을 이해하고 실천했으며, 수기·수양을 통해 성인·군자가 되어 백성을 다스린다는 수기치인의 경세론을 확립하는 선구가 되었다. 그의 지향은 인간의 도덕적 신뢰를 바탕으로 예치와 덕치에 의한 합리적인 이상사회를 도모하는 것이었다. 이는 불교가 지배적인 고려 사회가 유교가 지배적인 사회로 전환된다는 것을 의미하는 것이었고, 인륜 도덕이 확립된 유교 사회를 건설하는 것이었다.

이렇게 볼 때, 이색은 성리학에 대한 온전한 이해를 바탕으로 유교 본래의 이념에 충실해서 인문 문치가 실현된 유교적 이상사회를 건설하고자 했다. 이는 이색의 사상이 성리학의 학문적 정립의 사상 기반을 마련하여 불교문화(문명) 사회에서 유교문화(문명) 사회로의 문명 전환을 도모한 것이다. 결국 이색의 사상은 조선을 성리학 시대로 만드는 학문적 연원이 된다. 이 점이 이색 사상이 갖는 한국 중세 사상사, 한국 사상사에서 갖는 역사적 의미가 된다.

부록

『목은집』에 없는 이색 글 선별 역주

『목은집』은 55권으로 1404년(태종 4)에 이색의 셋째 아들 이종선에 의해 처음 간행되었고, 1662년(현종 3)에 사간본(四刊本)이 간행되었다. 현존하는 『목은집』에는 이색의 글이 다수 누락되어 있다. 이색이 1352년(공민왕 1)에 올린 시무 상소와 이색이 응시한 원과 고려의 과거시험 답안지인 대책문이 없고, 『목은집』 시고에는 특정 시기의 시가 전부 빠졌다. 이색의 시는 이견이 있지만, 대체로 15편 4246제이고, 문고는 232편이라고 한다. 그런데 시의 경우, 1361년(공민왕 10)부터 1375년(우왕 1)까지와 1383년(우왕 9) 8월부터 1388년(우왕 14)까지, 1392년(태조 1)부터 1398년(태조 7) 죽을 때까지의 시가 없다.[1]

기왕의 연구를 바탕으로 시를 제외하고 『목은집』에 빠진 이색의 글[2]을 정리하면 〈표 18〉과 같다.[3] 이러한 글들이 『목은집』에 빠진 이유는 앞으로 천착해야 할 과제이다. 또한 『목은집』에 없는 자료에 이색이라는 저자 이름 표시가 있지만, 실재 이색의 글인지는 검증이 필요하다. 이색의 문장인가 의문이 들기도 하고, 당대에 쓰지 않는 용어가 들어 있기 때문이다.[4]

표 18 | 『목은집』에 없는 이색 글

번호	제목	시기	전거 소장처	비고
1	「彌勒院南樓記」	우왕 7년 2월	『懷德黃氏大同譜』	본서
2	「聚遠樓記」		『동국여지승람』 권43, 「延安都護府」 聚遠樓	
3	「中寧山皇甫城記」	태조 1년	『동국여지승람』 권36, 「長興都護府」 中寧山; 『동문선』 권76, 「中寧山皇甫城記」	
4	「映湖樓讚序」	공민왕 16년	『동국여지승람』 권24, 「安東大都護府」	
5	「白雲和尙語錄序」(경한)	우왕 4년 4월	규장각	본서
6	「佛祖直指心體要節序」(경한)	우왕 4년 4월	문화재청	본서
7	「太古和尙語錄序」(보우)	우왕 11년 7월	국립중앙도서관	본서
8	「大方廣圓覺修多羅了義經跋」(원각경)	우왕 6년	문화재청(보물 1518-2)	본서

번호	제목	시기	전거 소장처	비고
9	「大般若波羅密多經跋」	우왕 7년 9월	일본 大谷大學	본서
10	「妙法蓮華經(戒環解)跋」	우왕 8년 3월	문화재청(보물 960)	본서
11	「佛祖三經跋」	우왕 10년 10월	연세대 문화재청(보물 1124)	본서
12	「安心寺指空懶翁碑」(보우)	우왕 10년	『역대고승비문(고려)』	
13	「太古寺圓證國師塔碑」(보우)	우왕 10년	『역대고승비문(고려)』	
14	「彰聖寺眞覺國師大覺圓照塔碑」(천희)	우왕 12년	『역대고승비문(고려)』	
15	「文殊寺利無生戒經跋」	우왕 12년	문화재청(보물 738)	본서
16	「(川老解)金剛般若波羅密經跋」	우왕 13년	국립중앙박물관 문화재청(보물 1127)	본서
17	「大慧普覺禪師書跋」	우왕 13년	연세대 문화재청(보물 1162)	본서
18	「大方廣佛華嚴經普賢行元品別行疏跋」	우왕 13년	문화재청(보물 1126)	본서
19	「藏乘法數跋」	창왕 1년	동국대 문화재청(보물 703-1)	본서
20	「人天眼目跋」	태조 4년	동국대, 연세대 문화재청(보물 1015)	본서
21	「九月山行蹟」		연세대	
22	「鄭宗之詩文錄跋」甲子秋	우왕 10년	『삼봉집』 권14, 「諸賢敍述」	
23	「題鄭三峰金陵紀行詩文跋」乙丑	우왕 11년	『삼봉집』 권14, 「諸賢敍述」	
24	「書江南紀行詩稿後」	우왕 12년	『포은집』, 「附錄」	
25	「賀平定安南箋」		『동문선』 권32, 「表箋」	
26	「陳時務書」	공민왕 1년	『고려사』 이색전; 『동문선』 권53, 「奏議」	
27	「對策文」	공민왕 2년	『책문』, 『동인책선』	
28	「史論」(정세운)		『여사제강』 권20, 공민왕 11년 1월	본서
29	「金台鉉妻王氏墓誌銘」	공민왕 7년	『광산김씨족보』, 『고려묘지명집성』	
30	「柳淸臣行狀」	태조 4~5년	『고흥유씨세보』	본서

기왕의 연구로 『목은집』에 빠진 이색의 글을 선별해서 역주한 글은 다음과 같다.

1. 「미륵원 남루기」
2. 「백운화상어록서」
3. 「불조직지심체요절서」
4. 「태고화상어록서」
5. 「대방광원각수다라료의경(원각경)발」
6. 「대반야바라밀다경발」
7. 「묘법연화경(계환해)발」
8. 「불조삼경발」
9. 「문수사리무생계경발」
10. 「(천노해)금강반야바라밀경발」
11. 「대혜보각선사서발」
12. 「대방광불화엄경보현행원품별행소발」
13. 「장승법수발」
14. 「인천안목발」
15. 「정세운 사론」
16. 「류청신 행장」

1
「미륵원 남루기」

전 지수안군사(知遂安郡事) 황수(黃粹)가 자신의 부친(황연기, 黃衍記)이 미륵원(충청도 대덕군)을 지은 지 30년이 되어 새로이 짓고 이에 대한 기문을 이색에게 요청한 글이다. 황수의 사위가 송명의(宋明誼)다. 미륵원 관련 사실은 『신증동국여지승람』과 『호정집』에 전한다.[5]

 前知遂安郡事黃粹, 以書請於韓山牧隱李穡曰, 粹之父嘗於吾郡東彌勒院, 自壬申歲重營之, 至于辛卯歲, 每冬施主冀行旅. 明年秋七月 遘疾, 進子語之曰, 汝等服吾訓, 修理彌勒院, 無或墜吾志, 言訖寂然而逝. 吾兄有三人者, 奉以周旋, 今三十年矣. 不募衆緣, 鳩材工匠, 悉用家儲, 撤舊而新之, 規制視他院, 則盡美焉. 夏荼冬湯, 比舊不減, 庶其不負先志矣.

 又念當署賓客之過于院, 而欲歇鞍者, 無納凉之所, 是謂未盡善也. 於是作南樓, 樓成矣. 念無寒泉, 無以淸其心, 心頗憂之. 釋正心者, 與於是役者也, 夢有異人指示出泉之地, 科得之感應之道. 吁. 足徵哉. 幸倂著之.

 穡曰, 好施者, 仁人長者之事也. 有屋以庇風雨, 有樓以避炎熱, 呈湯以沃腸, 蔬菜以助適口, 行旅之受, 黃氏之賜, 多矣. 黃氏父子, 慈孝友恭, 所以博施於人者, 如此. 史氏所當事也. 穡承之領史事, 亟爲書之.

    十四年二月 日　三重大匡·韓山君·領藝文事 牧隱 李穡 記.

전 지수안군사 황수는 나에게 편지를 써 말하기를 "나의 부친은 일찍이 우리 고을 동쪽의 미륵원을 임신년(1332, 충혜왕 2)에 다시 세워 신묘년

(1351, 충정왕 3)까지 매년 겨울에 시주를 하여 나그네를 도왔습니다. 이듬해 가을 7월에 병에 걸리자 여러 아들에게 말하기를 '너희들은 나의 유훈에 따라 미륵원을 수리하고 혹시라도 나의 뜻을 저버리지 말아라' 했습니다. 이 말을 마치자마자 조용히 돌아가셨습니다. 저는 형님이 세 분이 있는데, 그 뜻을 받든 지 30년이 되었습니다. 시주자에게 받지 않고 자재와 공구를 집안의 것을 사용하여 옛것을 철거하고 새것을 지어, 그 규모나 제도를 다른 원(院)을 본받아 더욱 훌륭하게 했습니다. 여름에는 채소, 겨울엔 탕을 전보다 줄이지 않았으니 거의 선친의 뜻을 저버리지 않았습니다.

또 생각해보니 무더운 여름에 원(院)을 거쳐가는 빈객들이 안장을 풀고 쉬어가려 해도 더위를 식힐 곳이 없어, 이것은 아쉬운 점이어서,[6] 남루(南樓)를 지었는데 이 누각이 다 완성되었습니다. 그러나 이곳에 찬 샘물이 없으면 마음을 깨끗하게 할 수 없다고 생각되어, 자못 걱정했습니다. 정심(正心)이라는 스님이 이 일에 참여했는데, 꿈에 이인(異人)이 나타나 샘물이 날 곳을 가르쳐주었습니다. 과연 샘을 얻었으니, 신령이 그 정성에 감응하여, 징험한 것입니다. 아울러 다 써주시면 다행이겠습니다" 했다.

색(穡)은 말한다. "남에게 베풀기를 좋아하는 것은 어진 사람이나 어른이 하는 일이다. 집을 지어 비바람을 가리게 하고, 누각을 세워 더위를 피하게 해주고, 국을 끓여 얼어붙은 창자를 기름지게 하고, 채소를 주어 음식이 입에 맞게 했으니, 이곳을 지나는 많은 나그네들이 황씨 부자의 은혜를 입었다. 황씨 부자가 자애와 효행, 우애, 공경은 이와 같이 사람들에게 크게 베푸는 바가 되니, 사관은 마땅히 기록해야 한다. 색(穡)이 영예문사의 일을 맡아, 급히 이 글을 쓴다."

홍무 14년(1381) 2월 일 삼중대광·한산군·영예문사 목은 이색은 짓다.

2
「백운화상어록서」

『백운화상어록(白雲和尙語錄)』은 경한(景閑)7의 법어와 법문을 수록한 글이다. 권수에는 1377년에 이구(李玖)가 쓴 서(序)가 있고, 그다음 해에 이색이 서문을 썼다.

 高麗曹溪大禪師景閑, 號曰白雲, 得法於江南霞霧山石屋珙和尙, 觀其自道可見已. 年七十七, 示寂于鷲嵒, 其徒法麟靜惠, 與判閣金繼生, 將鋟語錄于梓, 求余序.
 余之游燕也, 懶翁方以道譽動, 天子開堂說法, 鄕人尤飯仰焉, 而予未之知也. 白雲師, 又其傑然者也, 非麟無以歆其風. 嗚呼, 士之同一世而不相遇者, 何限. 今於白雲, 益有憾焉. 若其道之高語之深, 非予之識量所可知也. 當有具眼者證之, 玆不及云.
 戊午夏四月五日 推忠保節同德贊化功臣·三重大臣·韓山君·領藝文春秋館事, 牧隱 李穡 序.

 고려 조계종 대선사 경한의 호는 백운이며, 강남 하무산(霞霧山: 절강성 호주) 석옥(石屋) 청공(淸珙) 화상에게서 법을 전해 받았는데, 이는 당신께서 하신 말씀에 잘 드러나 있다. 세수 77세에 취암사(鷲巖寺: 경기도 여주)에서 입적했다. 그 문도인 법린(法麟)과 정혜(靜惠)가 판각(判閣) 김계생(金繼生)과 함께 화상의 어록을 목판에 새겨 상재(上梓)하고자 하여 내게 서문을 청했다.

내가 연경에서 노닐 무렵, 나옹[8]이 바야흐로 도(道)로 명성을 떨쳐 천자의 마음을 움직여 당(堂)을 열어 설법하니 고려 사람들이 그를 더욱 믿고 따랐다고 하는데 나는 알지 못했다. 백운 선사 또한 대단히 뛰어난 분이시나 법린이 아니었다면 세상 사람들이 그 풍모를 흠모할 수 없었으리라. 아, 한 시대를 함께한 선비로서 서로 만나보지 못했으니 이 얼마나 한스러운가! 지금 백운 선사에 대해서는 더욱 유감스럽다. 그 도는 높고 말씀은 깊어 나의 식견과 역량으로는 알 수가 없다. 장차 안목을 갖춘 이가 밝혀야 하리라. 이에 더 쓰지 못하겠다.

우왕 4년(1378) 여름 4월 5일 추충보절동덕찬화공신·삼중대광·한산군·영예문춘추관사 목은 이색이 서문을 쓰다.[9]

3
「불조직지심체요절서」

『(백운화상초록)불조직지심체요절(白雲和尙抄錄佛祖直指心體要節)』(약칭『직지심체요절』)은 백운(白雲) 경한(景閑)이 불교의 선을 깨닫는 데 도움이 되는 부처님과 큰스님의 말씀을 모은 글이다. 직지심체는 사람의 마음을 바르게 가졌을 때 그 심성이 부처님의 마음임을 깨닫는다는 뜻이다. 경한 스님이 이 책을 편찬하고 입적하자, 그의 문도들이 1376년(우왕 2) 청주 흥덕사에서 금속활자로 간행하고 그다음 해인 1378년(우왕 4) 경기도 천녕(여주) 취암사에서 목판본으로 간행했다. 이때 이색이 서문을 썼다.

 拈花後代有人, 正法妙心, 遍沙界矣. 叢錄有五燈, 雖博學者, 且患其浩汗, 矧專志向上一路者哉!

 白雲閑禪師, 高麗曺溪韻釋也. 得法於江南霞霧山石屋珙禪師. 禪師以手書佛祖直指心體要節一卷授之. 且當於言外見之可也. 時閑師年五十四矣.

 歸老東國, 寶藏以玩, 時中照用, 不負所囑矣. 玄陵知其人 請住興聖神光等寺, 皆不久棄去. 蓋於淡泊無象, 所得深矣. 聞嘗自念石屋書簡甚, 洒鈔一百四十五家法語, 分爲二卷, 以利入道者四弘誓願. 於是, 盡備年七十七示寂于鷲巖. 其徒法麟·靜慧, 將鋟梓, 以廣其傳. 判閣金繼生出錢以助, 麟求予語冠其端.

 予腐儒也, 未嘗遇有道者一聞其言, 自謂於佛, 無宿因也. 雖然, 如麟輩之請, 時或至焉, 不忍固讓者, 亦且不少. 矧白雲壽七十七爲達尊也哉. 是以忘其辭之鄙, 而略書大槩云.

蒼龍戊午夏四月五日, 推忠保節同德贊化功臣·三重大臣·韓山君·領藝文春秋館事 牧隱 李穡 序.

부처님께서 가섭에게 심법을 전한 이후 대대로 전승자가 있어, 정법안장(正法眼藏)과 열반묘심(涅槃妙心)이 전해져 갠지스강의 모래알[沙界]처럼 두루 세상에 미치게 되었다. 총록(叢錄)으로 다섯 『전등록』이 있는데, 비록 박학한 사람들도 또한 그 크고 넓음을 근심하는데, 하물며 한 가지 길에 뜻을 둔 사람이야 어떠하겠는가?

백운 경한 스님은 고려 조계종에서 글을 잘하는 스님이다. 중국 강남 하무산(霞霧山: 절강성 호주) 석옥(石屋) 청공(淸珙) 선사(禪師)로부터 교법을 전수받았다. 석옥 선사께서는 『불조직지심체요절』 1권을 손수 써주시면서 '응당 언어를 떠나서 보아야 된다'고 하셨다. 경한 선사의 나이 54세 때의 일이다.

선사께서 우리나라에 귀국하여 노년을 보내면서 대장경을 완색했는바, 때로 비추어보는 마음에 부합했으니 스승이 부탁한 바를 저버리지 않았다. 공민왕이 선사를 알아보고 흥성사(興聖寺: 황해도 해주)와 신광사(神光寺: 황해도 해주)의 주지로 청했으나, 모두 오래 머물지 않고 그만두고 떠났다. 담백함에 머무르면서도 체득하는 바가 깊었기 때문이다. 중간에 석옥 스님이 써주신 글이 너무 간략하다고 스스로 생각했다. 그래서 145가(家)의 법어를 2권으로 나누어 초록해서, 불도에 입문하는 이들이 사홍서원(四弘誓願)[10]을 이루는 데 이롭게 했다. 이에 글이 완벽하게 갖추기를 다하자 77세로 취암사(鷲巖寺)에서 입적했다. 선사의 문도들인 법린(法麟)과 정혜(靜慧)가 목판에 새겨 널리 전하려 하자, 판각(判閣) 김계생(金繼生)이 자금을 내어 도왔고, 법린이 나에게 서문을 써줄 것을 청했다.

나는 세속의 때가 묻은 선비로 도(道)를 아는 이를 만나 그 말을 한 번도 들은 적이 없어 불교와는 인연이 없다고 생각했다. 비록 그렇다 할지라도, 법린 등 선사들의 청이 때로 혹 이르니, 차마 거듭해서 사양할 수 없었던 것이 여러 번이었다. 하물며 백운 선사가 77세를 누리신 현달한 존자이시니 어찌할 도리가 있겠는가? 그러므로 언사가 비루함을 무릅쓰고 그 대략을 간략하게 기록하는 바이다.

우왕 4년(1378) 여름 4월 5일 추충보절동덕찬화공신·삼중대신·한산군·영예문춘추관사 목은 이색은 서문을 쓴다.[1]

4
「태고화상어록서」

『태고화상어록(太古和尙語錄)』은 태고 보우(1301~1382)의 법어와 가송을 수록한 글이다. 태고 보우는 1347년 절강성 호주(湖州)에서 청공(淸珙, 1270~1352)에게 인가(印可)를 받았다. 태고의 문도들의 요청으로 이색이 1378년(우왕 4)에 서문을 썼다.

太古門人 將刻其師語錄, 從韓山李穡求序編瑞, 師之出處, 余旣筆浮屠銘, 師之提唱, 散之群衲, 斂之一書, 余何用贅. 讀是編者知. 太古嗣法石屋, 爲臨濟十八代孫, 開堂燕京, 名動天子, 爲師先朝, 澤被國人, 三十餘年, 淳淳啓迪, 盖不止筆墨所形而已也明矣. 且此道也, 盖天盖地, 離相離名, 況文子言語之有乎! 今之營之甚多, 皆古人之糟粕也.

特爲弟子者, 不忍其師之言行, 身沒而隨泯, 餘風之挫於後世而已. 嗚呼, 弟子之於其師, 不如此, 奚可哉! 王師古樗公·廣明宏哲峯, 太古門人之領袖也. 今徵序文, 其致二公之意於穡者, 門人文軫也.

洪武十八年乙丑七月 推誠保節同贊化功臣·三重大匡·韓山府院君·領藝文春秋館事 李穡 序.

태고의 문도들이 스승의 어록을 간행하고자 나 한산 이색에게 서문을 요구했다. 스승의 행장은 내가 이미 부도명에 썼고,[12] 스승이 펼친 법문은 승 제자들에게 흩어져 있는 것을 모아 이제 한 책을 만들었으니, 내가 새삼 무슨 군더더기 말을 하겠는가? 이 책을 읽는 사람은 알 것이다. 태고는 석옥(石屋)의 법제로서 임제(臨濟)의 18대손이 되었고 연경에서 처음 법을 열어 명성이 천자를 움직였다. 선대 공민왕의 스승이 되어 그 은택이 나라 사람들에 미쳤으니, 30여 년 동안 자상하게 불법을 인도한 것이 붓으로 기술된 것뿐만이 아님도 분명하다. 게다가 도는 하늘과 땅을 덮고 형상과 이름을 떠나 있으니, 하물며 문자 언어이겠는가? 지금 책으로 간행하여 양이 많지만, 고인의 말 찌꺼기에 불과하다.

그러나 제자들은 스승의 언행이 입적과 더불어 다 없어져, 교화가 후세에 끊어지는 것을 차마 그대로 둘 수 없을 뿐이다. 아아 제자로서 스승에 대해 이렇게 하지 않아서야 되겠는가. 왕사인 고저공(古樗公: 찬영)[13]과 광명사(廣明寺) 굉철봉(宏哲峯)은 태고 문도의 우두머리이다. 이제 서문을 구함에 두 스님의 뜻을 색(穡)에게 전한 것은 문인 문진(文軫)이다.[14]

홍무 18년(1385) 7월 추성보절동찬화공신·삼중대광·한산부원군·영예문춘추관사 이색은 서문을 짓는다.

5
「대방광원각수다라료의경발」

『대방광원각수다라료의경(大方廣圓覺修多羅了義經)』은 『원각경』이라고도 한다. 『원각경』은 부처와 12보살의 문답 형식으로 수행과 묘리를 정리한 것인데, 지눌이 깊이 신봉하여 『요의경』이라고 하여 유통시켰다. 우리나라 승려들의 필독서로 알려져 있다.[15] 이색이 1380년(우왕 6)에 발문을 썼다.

 釋道淵·歇了·志修, 檀越判事吳明利·副正吳稱吉與諸善士同發心, 或爲法界有情, 或爲先亡父母, 刊『圓覺經』, 將俾一世同入如來大光明, 藏其心可謂廣大矣. 夫圓無不包, 覺無不知, 聖人事業, 盡於此矣. 其澤物也, 又何有彼此之間哉! 睹是經者, 當求所以去無明訂法性, 以踐三世平等之地, 斯不負施經之意矣, 毋徒曰'我目此, 亦足矣'可也. 幸垂鑒焉.
 靑龍庚申 三月日, 推誠保節同贊化功臣·前重大匡·政堂文學·右文閣大提學·領藝文春秋館事·兼成均館大司成·上護軍 韓山 牧隱 李穡 跋.

 스님 도연(道淵), 갈료(歇了) 그리고 지수(志修)와, 시주인 판사 오명리(吳明利), 부정(副正) 오칭길(吳稱吉) 및 여러 선사(善士)들이 함께 발원했으니, 어떤 이는 법계의 모든 중생들을 위하여, 또 어떤 이는 돌아가신 부모님을 위해, 『원각경』을 간행하여 한 시대의 모든 사람들이 여래(如來)의 대광명(大光明) 세상으로 함께 들어가도록 하니, 마음에 품은 뜻이 광대하다고 할 만하다. 원(圓, 원융함)은 포용하지 않음이 없고, 각(覺, 깨달음)은 알지 못함이 없으니, 성인의 사업은 여기에서 다할 뿐이다. 만물에 혜택을 미침에 다시 무슨 피차의 구별이 있겠는가? 이 경을 보는 사람들은 응당 무명(無明)을 제거하고 법성(法性)을 바로잡아 삼세(과거, 현재, 미래)의 평등의 경계를 찾아야 한다. 그래야 이 경전을 시주하는 뜻에 어긋나지 않을 것이니, '한갓 나는 이 책을 보는 것만으로 족하다'고 말하지 말아야 한다. 이런 뜻을 살펴주면 다행이겠다.

우왕 6년(1380) 3월, 추성보절동찬화공신·전중대광·정당문학·우문각 대제학·영예문춘추관사·겸성균관대사성·상호군 한산 목은 이색은 발문을 쓴다.

6
「대반야바라밀다경발」

『대반야바라밀다경(大般若波羅密多經)』(약칭『대반야경』)은 반야부(般若部)의 여러 경전을 집대성하여 현장 법사가 한문으로 번역한 것이다. 1381년(우왕 7) 9월 염흥방이 공민왕의 명복을 빌고자 대장경을 인쇄하고,[16] 불교 경전 가운데『대반야바라밀다경』을 간행할 때 이색에게 발문을 요청했다.[17]

門下評理廉仲昌父語予曰, 興邦事玄陵, 由進士至密直, 典貢士, 極儒者榮, 所以圖報之, 靡所不爲也. 如來一大藏敎, 萬法具擧, 三根齊被, 無幽明, 無先後, 革凡聖之大方便也. 是以歸崇日多, 流布日廣. 如吾者亦幸印出全部, 焉所以追玄陵冥福也. 同吾心助以財者, 雖甚衆, 吾父領三司事 曲城府院君, 吾母辰韓國大夫人權氏, 吾室之義父判門下 漆原府院君尹公, 前判書朴公, 出錢尤最多, 幹玆事化楮爲紙化, 紙爲經捐其財, 盡其力者, 華藏大禪師尙聰, 陽山大禪師行齊, 寶林社主覺月, 禪洞社主達劒, 又與吾同志者也. 將誌諸卷末, 以告後之人, 幸子無辭.

穡曰, 吾先人文孝公, 事玄陵潛邸及卽位, 穡及第, 至政堂, 圖報之, 至亦化大藏一部矣. 吾二人者, 心同事又同焉, 故不辭.

蒼龍辛酉九月 推忠保節同德贊化功臣·三重大匡·領藝文春秋館事 韓山君 李穡 跋.

문하평리 염중창보(廉仲昌父: 염흥방)가 나에게 말하기를 "나는 공민왕을 섬겨 진사에서 밀직(密直)에 이르고 과거를 관장하여 유자로서의 영예를 다 누렸으니, 은혜를 갚기 위해 하지 못할 일이 없습니다. 여래의 일대장교(一大藏敎)는 만법을 갖추고 세 가지 근기를 가지런하게 하여[三根齊被] 생사를 없애고 선후를 없앴으니 범인을 성인으로 바꾸는 큰 방편이다. 그 때문에 귀의하여 숭상하는 자가 날마다 많아지고 유포되는 것이 날로 넓어졌다. 나 같은 사람이 요행히 전부를 인출했으니 이는 공민왕의 명복을 빌고자 한 것이다. 나의 마음에 동의하고 재물을 보조한 사람은 매우 많지만, 나의 아버지 영삼사사·곡성부원군(염제신), 나의 어머니 진한국대부인(辰韓國大夫人) 권씨, 집사람의 의부(義父)인 판문하 칠원부원군 윤공, 전판서 박공이 돈을 가장 많이 냈다. 이 일을 주간하여 닥나무를 종이로 만들고 종이를 경전으로 바꿀 때 재물을 내고 진력한 사람은 화장대선사(華藏大禪師) 상총(尙聰), 양산대선사(陽山大禪師) 행제(行齊), 보림사주(寶林社主) 각월(覺月), 선동사주(禪洞社主) 달검(達劒)인데, 나와 뜻을 같이한 동지이다. 장차 권말에 기록하여 후인에게 알리고자 하니 사양하지 말라"고 했다.

색(穡)은 말한다. "돌아가신 문효공(이곡)이 공민왕을 잠저에서부터 즉위할 때까지 섬겼고, 나 또한 급제하여 정당(政堂)에 이를 때까지 섬겼다. 은혜를 갚고자 하는 지극한 마음이 대장경의 한 책으로 변화되었다. 우리 두 사람은 마음이 같고 일 또한 같으니 사양하지 않는다."

1383년(우왕 9) 9월 추충보절동덕찬화공신·삼중대광·영예문춘추관사·한산군 이색은 발문을 짓다.

7
「묘법연화경발」

『묘법연화경(妙法蓮華經)』(약칭『법화경』)은 천태종의 근본 경전으로 송나라 계환(戒環)이 1126년(인종 4)에 해설하여『묘법연화경요해』를 지었다. 계환의 글은 글씨가 크고 권질이 무거워 널리 읽기 어려워 스님 갈료(歇了)와 지상(志祥)이 수녕옹주(壽寧翁主) 왕씨와 수연군(壽延君) 왕규(王珪), 그리고 김씨의 도움으로 간행했다. 이색이 발문을 썼다.

右法華戒環解舊本, 字大帙重, 難於致遠, 學者患之久矣. 釋【歇了志祥】有志法供養, 細書是解, 易重爲輕, 以廣流布. 盖與月盖比丘不異矣. 壽延君實相其事, 而助以財者甚衆, 具錄于后. 一乘妙法在於經乎, 在於心乎. 覽者無忽.
青龍壬戌春三月 望前一日推忠保節同贊化功臣·三重大匡·韓山府院君·領藝文春秋館事 牧隱 李穡 跋.

오른쪽의『법화경』계환해(戒環解)의 구본은 글자가 크고 권질이 무거워, 널리 보급하기 어려워 학자들이 근심한 지 오래되었다. 스님 갈료와 지상은 법공양에 뜻을 두어 이 해(解)를 작은 글씨로 써 무거운 것을 가볍게 만들어서 널리 유포하고자 했으니, 월개(月盖) 비구와 생각이 다르지 않다. 수연군(왕규)이 실제로 그 일을 도왔고 재물로 도운 자들이 매우 많다. 뒤에 모두 기록했다. 일승묘법(一乘妙法)은 경전에 있는가? 마음에 있는가? 보는 사람은 소홀히 하지 말지어다.

1382년(우왕 8) 봄 3월 보름 하루 전 추충보절동찬화공신·삼중대광·한산부원군·영예문춘추관사 목은 이색은 발문을 쓴다.

8
「불조삼경발」

『불조삼경(佛祖三經)』은 부처의 가르침을 담고 있는 『불설사십이장경(佛說四十二章經)』과 부처 최후의 가르침으로 알려진 『유교경(遺敎經)』, 위산 영우(靈祐, 771~853)가 편찬한 『위산경책(潙山警策)』을 말한다. 1388년(우왕 14)에 이색이 발문을 썼다.

  釋志峯與志道, 覺溫, 施主金氏曰大難者, 重刊佛祖三經, 来請予跋其尾. 予觀其書, 四十二章也, 遺教經也, 潙山警策也. 立法創制, 纖毫未遺, 成佛作祖, 正路斯在, 道上八法, 施何可量哉. 學者目此書如嚴師在上, 撿身若不及, 則可矣. 如或不然, 三經亦虛文矣, 豈不惜哉.
  青龍甲子十月日 推誠保節同贊化功臣·壁上三韓三重大匡·韓山府院君 李穡 跋.

  스님 지봉(志峯)과 지도(志道), 각온(覺溫) 그리고 시주 김대난(金大難)이라는 사람이 『불조삼경』을 중간한 뒤 나에게 와서 발문을 청했다. 내가 그 책을 보니, 『42장경』·『유교경』·『위산경책』이었다. 법을 만들고 제도를 만듦에 털끝도 미진함이 없고, 부처가 되고 조종이 됨에 그 바른길이 여기에 있으니, 불도의 팔법 그 시혜가 어찌 헤아릴 수 있으랴? 학자들은 이 책을 보기를 엄격한 스승이 위에 있는 것과 같이 하고, 몸을 검속하기를 미치지 못할 듯이 하면 된다. 만일 그렇게 하지 않는다면 삼경 또한 헛된 문장이 될 뿐이니 어찌 애석하지 않으랴!

1388년(우왕 14) 10월 추성보절동찬화공신·벽상삼한삼중대광·한산부원군 이색은 발문을 짓는다.

9
「문수사리무생계경발」

『문수사리보살최상승무생계경(文殊師利菩薩最上乘無生戒經)』은 석가모니가 보리수 아래에서 설법한 내용을 담은 경전이다. 강금강(姜金剛)[18]이 원나라 연경에서 간행하려다 못했는데, 성암(聖菴) 현공(賢公)이 마무리했다. 원 유학자 위소(危素, 1303~1372)의 서가 있다. 1386년(우왕 12)에 이색이 발문을 썼다.

右無生戒三卷, 西天指空師所誦以傳之者也. 資政院使姜金剛刻板燕京, 禮安君禹公謀重刊十餘紙而未竟, 聖菴賢公卑其功, 請予跋, 予於是深有感焉. 吾東人性樂竺敎, 而崇信指空尤篤, 然獨姜公禹公前後一心, 而聖菴師克協而卒廣其傳, 是豈偶然哉! 生緣行不可誣已. 予乃欣然爲之書.
洪武十九年夏五月 韓山府院君 李穡 跋.

이상의 『무생계(無生戒)』 3권은 서천(西天)의 지공(指空)[19] 선사가 암송하여 전한 것이다. 자정원사 강금강이 연경에서 판각한 것을 예안공(禮安君) 우공(禹公)[20]이 10여 장을 중간하다가 끝내지 못했는데, 성암 현공이 그 공역을 끝내고 나에게 발문을 청했다. 나는 이에 대하여 깊은 감흥이 있다. 우리나라 사람들은 성품이 불교를 즐기고 지공을 숭신함은 더욱 독실한데, 홀로 강공과 우공이 앞뒤로 한마음이 되었고 성암공이 그에 부응하여 사업을 끝내 널리 전한 것이 어찌 우연이겠는가? 전생의 인연에 따른 보살행임을 속일 수 없다. 나는 이에 기쁜 마음으로 글을 쓴다.

홍무 19년(1386, 우왕 12) 여름 5월에 한산부원군 이색은 발문을 짓는다.

10
「(천노해)금강반야바라밀경발」

『(천노해)금강반야바라밀경(金剛般若波羅密經)』은 중국 송나라 천노(川老)가 1161년에 『금강반야경』에 대해 알기 쉽게 풀이하고 송(頌)을 붙인 것이다. 1387년(우왕 13)에 이색이 발문을 썼다.

> 右川老金剛般若經, 祖宗之指南也. 晋原君柳珣·晋川君姜仁富, 同啓于謹妃, 傳刻流通. 謹妃主上萬萬歲, 元子千千秋施財畢功. 命仁富傳旨, 臣穡跋其尾.
> 臣穡觀其卷首, 得長壽, 得不壞身, 皆於此經. 又觀其文, 虛空之廣, 恒沙之多, 亦莫喩此經. 功德之大. 信字, 六百般若之總會也. 臣雖不知川老語義, 禪者樂得而參究之, 因以悟道者輩出, 則澤及無窮矣. 不獨聖上元子長壽, 不壞身, 響應聲, 虛空恒沙, 一切有情, 悉蒙大利, 無疑也. 敬拜手稽首, 而題其後.
> 洪武二十年七月二十五日 推誠保節同德贊化功臣·壁上三韓三重大匡·藝文春秋館事·韓山府院君 臣 李穡 敬跋.

이상의 천노가 주해한 『금강반야경』은 조종의 나침반이다. 진원군(晋原君) 류구(柳珣)[21]와 진천군(晋川君) 강인부(姜仁富)가 함께 근비(謹妃)[22]에게 계청하여 판각해서 유통하게 했다. 근비와 만만세(萬萬歲)이신 주상(主上) 그리고 천천추(千千秋)이신 원자(元子)께서 재물을 내어 공역을 마치고, 강인부에게 전지를 내려 신 이색에게 말미의 발문을 쓰도록 명하셨다.

신 이색이 권수(卷首)를 보니 장수하고 부서지지 않는 몸을 갖는 것은 모두 이 경전을 통해서일 것이고, 또 그 문장을 보면 넓은 허공과 인도의 항하(恒河)의 모래만큼 많은 것 어느 것도 이 경전의 공덕이 큰 것을 비유할 것이 없다. 신(信) 한 글자는 육백(六百) 반야(般若)가 모인 것이다. 신이 비록 천노가 말한 뜻은 모르지만, 선(禪)을 닦는 자들이 즐거이 참구하고 이를 통해 도를 깨닫는 자가 나온다면 은택이 무궁하게 미칠 것이다. 성상(聖上)과 원자(元子)가 장수하고 부서지지 않는 몸을 얻을 뿐 아니라 메아리가 소리에 응하듯 허공과 항하의 모래알 같은 일체 중생이 모두 큰 이익을 받을 것임은 의심할 것이 없다. 공경히 머리를 숙여 두 번 절하고 그 뒤에 기록한다.

홍무 20년(1387) 7월 25일 추성보절동덕찬화공신·벽상삼한삼중대광·예문춘추관사·한산부원군 신 이색이 공경히 발문을 쓴다.

11
「대혜보각선사서발」

『대혜보각선사서(大慧普覺禪師書)』는 송나라 대혜(大慧)[23] 종고(宗杲)가 송대의 이름난 학자, 제자, 신도 등과 주고받은 62통의 편지글을 모아 만든 책이다. 『대혜서』·『대혜서장』·『서장(書狀)』이라고도 한다. 지담(志淡) 각전(覺全) 스님이 간행했는데, 이색이 발문을 썼다.

宋名儒多從大慧受其指示, 師随器大小, 滿其所求, 而況其徒乎. 中厄於師示寂之時, 而再興於塔不焚之然後, 存者什之一二. 我國普照國師嘗以壇經爲師, 書狀爲友, 侍者夢中每見三人會晤, 自是以來, 學者崇信之至今. 今有(志淡覺全)者, 欲廣書狀之傳, 以惠後學. 於是自費而自刻焉, 非深有慕於大慧之風者, 其能若是乎? 後之有志禪學者, 不問緇素, 因目而得其心, 則其心大慧之心也, 六祖之心也. 普照故事, 當遍在叢林, 實淡師之, 敎化成熟, 何可勝數哉.
洪武二十年丁卯十月日 推誠保節同贊化功臣·壁上三韓三重大匡·領藝文春秋館事·韓山府院君 李穡 跋.

송의 이름난 유학자들은 대혜를 좇아 가르침을 받은 이가 많았고, 선사는 그릇의 크기에 따라 그들이 구하고자 하는 바를 채워주었는데 하물며 그 문도들에게는 어떠했겠는가? 중간에 선사가 입적할 때 액운을 만났다가, 탑이 불타지 않음에 다시 흥기했지만, 남아있는 이는 열에 한둘이었다. 우리나라의 보조국사(普照國師)는 일찍이 『육조단경』을 스승으로 삼고, (대혜의) 『서장』을 벗으로 삼았는데, 시자(侍者)가 꿈속에서 매양 세 사람이 모여 담소하는 것을 보았다. 이때부터 학자들이 믿고 숭배하여 지금에 이르렀다. 지금 지담(志淡) 각전(覺全)이란 자가 서장을 널리 전해 후학들에게 혜택을 베풀고자 이에 자비를 들여 판각하게 되었으니, 대혜의 기풍을 깊이 사모하는 자가 아니라면 이와 같이 할 수 있겠는가? 훗날 승려와 민간인을 막론하고 선학(禪學)에 뜻을 두는 자가 있어 눈으로 보고 그 마음을 얻는다면 그 마음은 대혜의 마음이고, 육조(六祖)의 마음일 것이다. 보조(普照)의 고사(故事)는 총림에 두루 퍼져 실로 지담이 스승으로 삼았으니, 교화의 성숙한 것을 어떻게 다 헤아릴 수 있겠는가?

홍무 20년(1387) 10월 추성보절동찬화공신·벽상삼한삼중대광·영예문춘추관사·한산부원군 이색은 발문을 쓴다.

12
「대방광불화엄경보현행원품별행소발」

『대방광불화엄경보현행원품별행소(大方廣佛華嚴經普賢行元品別行疏)』는 화엄종의 근본 경전으로 당나라 승려인 징관의 『보현행원품소』를 해설했다. 근비(謹妃)가 우왕과 원자(창왕)의 복을 빌기 위해 환암(幻庵)24 혼수(混修)의 소장본을 저본으로 간행하려 했는데, 정추(鄭樞)25의 부인이 죽은 남편이 간행하려고 준비한 재물을 내어 도왔다. 이색이 발문을 썼다.

 右行願品別行疏一卷, 國師幻菴公所藏, 謹妃殿下爲主上萬萬歲, 元子千千秋, 刊板流通, 而掌行者, 晉川君姜仁富也. 仁富傳旨臣穡跋其尾, 且曰, '政堂鄭公權嘗欲刊此疏, 板旣具, 未就而卒, 其室韓夫人, 聞我謹妃是擧, 卽出板, 與財以助上意, 而凡同願者, 列名于後.' 如來功德, 如經所說, 非筆舌所可盡, 而能成就者, 十願而已. 十願在一心, 謹妃之心, 諸佛證明, 主上萬歲元子千秋, 至於國土康生類遂, 則大悲心饒益衆生 又可知已. 穡於是, 拜手稽首, 書其後.
 洪武二十年十月日 推忠保節同德贊化功臣·壁上三韓三重大匡·韓山府院君·領藝文春秋館事 臣 李穡 敬跋.

 오른쪽의 『행원품별행소(行願品別行疏)』 1권은 국사인 환암 공이 소장한 것을 근비 전하께서 주상의 만만세(萬萬歲)와 원자의 천천추(千千秋)를 기원하기 위해 간행, 유통한 것이고 간행을 맡은 사람은 진천군(晉川君) 강인부(姜仁富)이다. 강인부가 전지(傳旨)를 받들어 신 이색에게 말미의 발문을 쓰도록 하고, 또 말하기를 "정당 정공권(鄭公權, 정추)이 이것을 간행하고자 하여 판목을 갖추었으나 일을 시작하지 못하고 죽었다. 그의 부인 한씨가 우리 근비께서 이것을 출판한다는 말을 듣고 즉시 판목과 재물을 내어 임금의 뜻을 도왔고, 같은 바람을 가진 자들이 뒤에 이름을 나열했다"라고 했다. 여래의 공덕은 경전에서 말한 대로여서 글로 다 드러낼 수 없지만, 성취할 수 있는 것은 십원(十願)일 뿐이다. 십원은 한 마음에 달려 있다. 근비의 마음을 여러 부처가 증명하여 주상 전하가 만만세하고 원자가 천세(千秋)하며 국토가 편안하고 중생이 이롭게 되기에 이른다면 대자대비한 마음이 중생에 충만할 것임은 다시 알 수 있다. 이색은 이에 머리를 숙여 두 번 절하고 그 뒤에 쓴다.

홍무 20년(1387) 10월 추충보절동덕찬화공신·벽상삼한삼중대광·한산부원군·영예문춘추관사 신 이색은 공경히 발문을 쓴다.

13
「장승법수발」

『장승법수(藏乘法數)』는 원나라 서암(西菴) 가수(可遂)가 대장경에 수록된 명수(名數), 예컨대 제1획 단위의 차례대로 용어나 단어를 배열하여 알고자 하는 지식을 쉽게 찾을 수 있도록 편찬한 것이다. 무학대사[26]가 1389년(창왕 1)에 간행하고 이색이 발문을 썼다.

　數, 六藝之一也. 圖書之出, 而天地萬物不知遁其情, 況人事乎. 大藏者, 佛書叢錄也. 其名數也, 不勝其繁, 學者患之, 宜西菴之有是編也. 無學大師重刊, 功畢, 求予跋.
　予觀卷首, 吾座主圭齋先生之序, 筆法完然, 如侍其側. 無說·伯敬·有儀, 皆我友也. 想其平生如與之譚笑, 今不可復得, 是以不暇論其數學, 姑志予之所感云.
　洪武己巳九月日 推誠保節同贊化功臣·壁上三韓三重大匡·判門下府尙瑞寺事·右文館大提學 領書筵藝文春秋館事·上護軍·韓山府院君 李穡 謹跋.

　수(數)는 육예(六藝) 가운데 하나이다. 하도(河圖)와 낙서(洛書)가 나온 뒤 천지 만물은 그 실정을 숨길 수 없었는데 하물며 인사의 경우에 있어서랴! 대장경은 불서를 총망라한 것이다. 그 수목(數目)이 지나치게 번잡하여 학자들이 병통으로 여겼으니, 서암(西菴) 가수(可遂)가 이 책을 편찬한 것은 당연한 일이다. 무학대사가 중간을 하여 공역이 끝나자 나에게 발문을 구했다.

내가 첫머리를 보니, 나의 좌주 규재(圭齋) 구양현(1274~1358) 선생님의 서문은 필법이 뚜렷하여, 곁에 모시는 듯하다. 연무열(演無說)[27]·섭백경(聶伯敬)[28]·서유의(胥有儀)는 나의 친구이다. 그 평소의 때를 생각해보면 그들과 더불어 담소하는 듯하지만, 지금은 모든 것이 다시 그럴 수 없다. 따라서 그 수학(數學)을 논할 겨를이 없어, 우선 나의 소감을 적는다.

홍무 22년(1389, 창왕 1) 9월 추성보절동찬화공신·벽상삼한삼중대광·판문하부상서사사·우문관대제학·영서연예문춘추관사·상호군·한산부원군 이색은 삼가 발문을 쓴다.

14
「인천안목발」

『인천안목(人天眼目)』은 인간과 천상의 일체가 모두 중생의 눈이 된다는 의미로, 송 선종 승려 회암(晦巖) 지소(智昭)가 불교 5개 종파인 임제(臨濟)·운문(雲門)·조동(曹洞)·위앙(潙仰)·법안(法眼)의 기본 사상을 정리한 것이다.[29] 1357년(공민왕 6)에 강금강이 펴낸 책을 저본으로 하여 무학대사가 회암사에서 1395년(태조 4)에 간행할 때 이색이 발문을 썼다.[30]

今王師妙嚴尊者, 道契佛祖, 福蓋人天, 愍念緇素, 迷失正路, 卯施人天眼目, 使爲指南, 其興慈濟物如佛在世, 摧邪立正如祖之風, 使群盲得覩靑天白日, 快慰何涯. 穡老毛矣, 幸承微言, 略書大旨, 多言蓋非妙嚴所取也.

洪武乙亥十月日 前壁上三韓三重大匡·領藝文春秋館事·韓山府院君 李穡 謹誌.

지금 왕사 묘엄(妙嚴, 무학 자초) 존자(尊者)는 도가 불조(佛祖, 부처와 득도한 조사)에 부합하고 복록이 사람과 하늘을 덮었다. 승려와 중생이 미혹되어 바른길을 잃음을 근심하여 『인천안목』을 널리 베풀어 나침반이 되게 했다. 그 자애로움을 일으켜 사물을 구제하는 것은 부처님이 세상에 계실 때와 같고, 사악함을 꺾고 바름을 세움은 조사의 선풍과 같아, 수많은 맹인에게 푸른 하늘의 맑은 태양을 보게 하니, 통쾌하고 위로됨이 어찌 끝이 있겠는가? 나는 늙고 피폐하지만 은미한 말씀을 이어 대지(大旨)를 간략하게 쓰나, 말을 많이 하는 것은 묘엄 스님이 취한 바가 아니다.

홍무 28년(1395, 태조 4) 10월 전벽상삼한삼중대광·영예문춘추관사·한산부원군 이색은 삼가 쓴다.

15
「정세운 사론」

이색이 공민왕 때 죽임을 당한 정세운(鄭世雲, ?~1362)에 대하여 쓴 사론(史論)이다.[31] 1361년(공민왕 10)에 홍건적의 침입으로 공민왕은 개경을 떠나 안동으로 파천했는데, 전란이 마무리되지 않은 시점에서 안우·이방실·김득배의 삼원수가 전쟁을 수행한 총병관 정세운을 살해하는 사건이 발생했다. 삼원수는 총병관 정세운을 함부로 죽였다는 이유로 제거되었다. 이때 이색이 공민왕의 명을 받고 삼원수의 죄를 묻는「죄삼원수교서(罪三元帥敎書)」를 작성했다.[32]

安祐等殺摠兵官鄭世雲

李氏穡曰, 世雲非常人也. 事上忠未嘗少有承迎, 持志確未嘗少有變易. 辛丑之徒于福也, 世雲慨然請行, 旬月之間, 宗社復安, 豈偶然哉. 昔顯廟時姜侍中邯贊, 庚戌請南幸, 戊午禦賊北鄙, 功烈卓然. 今鄭公與於決策南幸, 又能摠諸軍, 掃羣醜, 獨立大功, 足以儷美, 於姜公矣. 然姜公凱旋, 顯廟親迎於郊, 世雲之不幸也. 玄陵之痛傷也. 天曷故焉. 嗚呼. 悲夫.

안우 등이 총병관 정세운을 죽이다.
이색은 말한다.
"정세운은 보통 사람이 아니다. 충성으로 임금을 섬겨 일찍이 조금도 아부하지 않았으며, 뜻을 확고히 하여 조금도 바꾼 적이 없었다. 1361년(공민왕 10)에 왕이 복주(안동)에 피난했을 때 정세운은 의연히 싸울 것을 청하여 한 달 사이에 종묘사직을 다시 편안하게 했으니 어찌 우연한 일이겠는가. 옛날 현종 때 시중 강감찬이 1010년(현종 1)에 남쪽으로 피난할 것을 청하여, 1018년(현종 9)에 적을 북쪽 변방에서 막아 그 공이 뚜렷했다. 지금 정세운이 임금의 남행을 결정하게 하고 또 능히 제군을 총섭하여 적의 무리를 물리쳐 홀로 큰 공을 세웠으니 족히 강공과 더불어 아름다운 일이라 하겠다. 그러나 강감찬이 개선할 때 현종이 교외에 나가 친히 맞이했으나 정세운이 그러지 못하니 불행한 일이다. 공민왕으로서는 매우 상심한 일이다. 하늘이 무슨 이유로 그러했을까. 아아. 슬픈 일이다."

16
「류청신 행장」[33]

이색이 쓴 류청신(柳淸臣)의 행장이다. 본문에 1393년(태조 2) 이성계의 꿈에 류청신이 나왔다는 기록과 이색이 한산백(韓山伯)과 오고도제조(五庫都提調)에 임명된 것은 1395년(태조 4) 11월인 것으로 보아,[34] 1395년 11월부터 이색이 죽기 전인 1396년(태조 5) 5월 사이에 쓰여진 것으로 보인다.

　　高麗 宣忠同德佐理翊祚功臣·侍中·壁上三韓三重大匡·都僉議政丞·高興府院君·英密公 信庵柳公行狀

　　夫高興之柳始於三韓, 興於麗代, 著於本朝, 其簪紱之蟬聯, 苗裔之蔓延, 載籍極博. 公諱庇, 字守長, 號信菴, 高麗忠烈王時, 起於高興, 歷事忠烈忠宣忠肅, 有社稷勳, 拜門下侍中 壁上三重大匡 都僉議政丞. 公自少好學, 博獵文辭, 武藝超倫, 奇偉倜儻, 任俠不羈, 方略過人. 公年十歲南寇入境而侵略, 公從父母, 避亂于八影山. 賊鋒幾及於母, 公以身蔽母, 呼泣禱之曰, 願以身代, 寇亦感而憐之, 惻然悲傷終, 不害焉. 朝廷嘉其孝誼以旌其閭.

　　年十八登第, 初仕郞將, 至元壬午陞中郞將, 丁亥拜大將軍. 辛卯拜上將軍, 甲午拜右丞旨, 元貞乙未拜左承旨, 大德壬寅進贊成事, 忠烈三十二年, 從王朝元進退周旋泣血祈懇, 送王還國, 而公獨留爲質. 竭忠盡職, 節義堂堂, 華人莫不稱歎, 元皇虛己, 以待賜名淸臣, 令儒臣張相公賦詩. 其詩曰, 聖主知賢相, 親呼改舊名, 千金輕似葉一字, 重難衡, 月白秋江淨, 塵磨古鏡明, 願君留此德, 孫後見孫榮. 其所榮貴, 而揚顯者爲如何哉.

　　翌年丁未還本國, 拜僉議贊成事, 忠宣二年庚戌, 拜侍中, 壁上二韓二重大

匡 · 都僉議政丞 · 丞封高興府院君.

　忠肅辛酉又從王如元, 仍留爲質. 本朝讒慝如秦檜者, 讒公以不忍之言, 刺公爲小人, 以此削去仕板. 時朝野莫不慨恨.

　公嘗就君子之南冠, 每思中郞之東還, 而不得還國, 忠肅十五年己巳卒于燕. 元皇嘉其忠君愛國之誠, 思表不朽之節. 乃命待詔李師曾畫像二件, 又命翰林學士趙孟頫作贊以書曰, 自王之西歸聖君, 大小之臣從如雲, 曰維柳公致忠勤, 磊落耿介氣不羣, 上爲皇家立功勳, 國人愛敬咸欣欣, 虎符龍衣輝朝昕, 畫像儼若漢冠軍, 載瞻儀容把淸芬.

　其時公之孫濯侍公, 在元仍遭公喪, 故元皇遺其畫像於東國之諸子孫, 其所以彰公貫日之忠勳, 以垂億萬斯年者, 豈非皇王不沒忠臣節之堂堂者乎!

　娥太祖卽位之二年, 夢見公, 公正色言于上曰, 以臣伐君, 何至此極耶? 上覺而異之, 遣重臣致祭墓前, 贈領議政, 復其舊職, 敎錄用子孫, 前日讒公者, 剖棺斬屍. 由是, 公之名復振於國中, 公之孫陞顯要之職, 嗚呼休哉.

　贊曰, 自公少時, 倜儻奇偉, 始仕麗朝, 聲華動夷, 乃文乃武, 爲孝爲忠, 歷事三朝, 社稷勳功, 逢時不振, 從王朝元, 進退合義 以禮周旋, 泣血祈懇, 龍返于淵. 獨留爲質, 十有年所, 竭忠盡職, 德洽異類, 見重皇王, 親改舊名, 南寇幾歲, 東首奄忽, 忠存殉國, 義著異域, 爰命畫工, 乃圖厥像, 學士賦詩, 以贊其行, 留表中華, 分賜本朝, 載瞻儀容, 宛然惟肖, 激濁揚淸, 頑廉懦立, 巧舌如簧, 枉被奪削, 聖祖龍興, 公見于夢, 喩以伐君, 正色規諷, 節義堂堂, 如天凜烈, 宸衷感悟, 興歎不歇, 比古義人, 致祭于墓, 祿流子孫, 贈以顯號, 忠義振聲, 永世不磨, 于嗟乎公, 雖古誰誇, 千秋遺廟, 享祀無疆, 使作誄文, 以示茫茫.

韓山伯 牧隱 李穡 撰.

고려 선충동덕좌리익조공신 · 시중 · 벽상삼한삼중대광 · 도첨의정승 · 고흥부원군 · 영밀공 신암 류공 행장

　고흥 류씨는 삼한에서 시작되어 고려시대에 일어나고 본조(조선왕조)에

서 크게 나타났으니, 현귀함이 이어지고 후손의 번성함이 기록에 남아 널리 알려지게 되었다. 공의 이름은 비(庇), 자는 수장(守長), 호는 신암(信菴)이다. 고려 충렬왕 때 고흥에서 태어나 충렬·충선·충숙왕을 섬기고 사직에 대한 공이 있어 문하시중·벽상삼중대광·첨의정승에 재배되었다. 공은 어려서부터 학문을 좋아하고 무예가 뛰어나 기개가 높고 굳세고, 의협심이 강하고 얽매이지 않았다. 공이 나이 18세 때 남쪽의 도적이 침입해오자 공은 부모를 쫓아 팔영산(八影山)으로 피난했다. 적의 칼날이 어버이에게 미치자 자기의 몸으로 가리고 울면서 빌어 말하기를 "이 몸으로 대신하고자 한다" 하니, 적도 감동하고 불쌍히 여겨 마침내 해치지 않았다. 조정에서는 그 효를 어여삐 여겨 정표를 하도록 했다.

공은 18세에 과거에 합격하여 낭장이 되고 1282년에 중랑장이 되었으며, 1287년에 대장군, 1291년에 상장군, 1294년에 우승지, 1295년에 좌승지, 1302년에 찬성사가 되었다. 1306년(충렬왕 32) 왕을 따라 원에 입조하여 분주하게 다니면서 피눈물로 애원해서 왕을 본국으로 돌려보내고 홀로 인질이 되었다. 충절을 다하고 직무를 수행하니 절의가 당당하여 중국 사람들이 이를 칭송하고 감탄하지 않은 이가 없었다. 원 황제도 자신을 비워 예우하고 청신(淸臣)이라는 이름을 내리고, 유신(儒臣) 장상공(張相公)에게 시를 짓도록 했다. 그 시에 "성스러운 임금이 어진 재상을 알아서, 친히 옛 이름을 고쳐 부르시네, 천금이 잎사귀처럼 가벼워 한 글자도 무게를 달기 어려워라, 달 밝으니 가을 물이 맑고 티끌 없으니 오래된 거울도 밝으니, 원하노니 그대는 이 덕을 간직하여 후대 자손들의 번영을 보리" 했다. 그 몸이 영귀하고 이름이 세상에 나타남이 어떠한가.

이듬해 1307년에 고려에 돌아와 첨의찬성사가 되고, 1310년(충선왕 2)에 시중·벽상삼한·삼중대광·도첨의정승·고흥부원군이 되었다.

1321년(충숙왕 8)에 또 왕을 따라 원에 갔다가 인질로 남게 되었다. 고려에서는 진회(秦檜)와 같이 간특한 자가 차마 하지 못할 말로 공을 참소하여 공을 소인(小人)으로 몰았기 때문에 사판(仕板, 관원 명부)에서 이름이 삭제되자 조야(朝野)가 개탄하지 않음이 없었다.

공은 일찍이 (소인의 모함을 받아) 군자로서 인질 생활을 하면서도, 매번 시종신으로 (군주를 모시고) 귀국하기를 생각하였다. 그러나 환국하지 못하고, 1328년(충숙왕 15)에 연경에서 별세하였다. 원 황제는 충군애국(忠君愛國)의 정성을 가상히 여겨 불후의 충절을 표창하고자 생각하였다. 그래서 대조(待詔) 이사증(李師曾)에게 명하여 화상(畵像) 2폭을 그리게 하고 또 한림학사 조맹부(趙孟頫)에게 명하여 화상에 찬(贊)을 짓게 하고서, 쓰기를 "왕이 서쪽으로 성군(聖君)에게 돌아갈 때 대소의 신료들이 구름처럼 따랐네, 류공이 충심으로 임무를 다했으니 고결하고 정대한 기상 남달랐네. 위로 황실을 위하여 공훈을 세우니, 나라 사람들이 공경하며 모두 기뻐했네. 호부(虎符)와 용의(龍衣)가 아침 햇빛에 비치니, 그림 속 초상 엄전한 모습이 한나라의 관군(곽거병)이네. 의용(儀容)을 우러러보고 고결한 덕행에 머리 숙이네"라고 했다.

그때 공의 손자 (류)탁이 공을 모시고 있었는데, 공이 상을 당하자 원 황제가 그의 화상을 우리나라에 있는 자손들에게 전하여, 하늘에 통하는 공의 충성과 공훈을 표창하여 억만년이 가도록 드리우려 했으니, 어찌 원나라 황제도 인멸하지 않은 당당한 충신의 절의가 아니랴.

우리 태조(이성계)께서 즉위한 지 2년 만에 공을 꿈에 보았는데, 공이 정색하고 상에게 말하기를 "신하로서 임금을 토벌하다니, 어찌 이 지경에 이른단 말인가?"라고 했다. 상께서 꿈을 깨고 나서 기이하게 여겨 중신을 보내어 무덤 앞에 제사를 지내고, 영의정을 증직하고 옛 관작을 회복시키는 한편, 자손을 벼슬에 오르게 하고 전일에 공을 참소했던 자를 부관참시했다. 이로 말미암아 공의 이름이 다시 나라 안에서 떨치고, 공의 자손이 현관 요직에 올랐으니, 아아, 아름답도다.

찬(贊)을 지어 말한다.

"공은 어려서부터 기개가 남달리 우뚝했다. 처음에 고려에서 벼슬하여 명성이 중국과 고려에 떨쳤다. 글도 잘하고 무예도 뛰어났으며, 효도하고 충성했다. 세 임금을 섬기며 사직에 공을 세웠으니, 국운이 부진할 때를 만나 임금 따라 원나라에 입조했다. 나아가고 물러남이 의리에 맞았고, 처신은 예에 따라 합당하게 했다. 피눈물 흘리며 애원해서, 용이 다시 못으로 돌아갔다. 홀로 남아 인질살이 10여 년, 충성을 다하고 직책을 완수하여, 덕이 원나라에 미쳤다. 또한 원나라 황제로부터 존중받아 친히 그 옛 이름을 고쳐주었다. 귀양살이 몇 해 만에, 고향을 그리다 갑자기 별세하니, 충성을 지켜 순국했고 의리가 원나라에 드러났다. 원나라 황제가 화공에게 명하여 그 초상을 그리게 하고, 학사에게 시 지어 그 행실을 찬양하게 했다. 그 화상을 남겨두어 중원에 표창했고, 본조에도 나누어 주었다. 의용을 우러러보니 완연하게 닮았다. 탁류를 헤치고 맑은 물결 일으켜 완고한 자가 청렴해지고, 나약한 자가 뜻을 세웠다. 간교한 말로 피리 불 듯하여, 억울하게 벼슬을 삭탈당했다. 태조가 나라를 세우자 공이 꿈에 나타나, 신하가 임금을 쳤다고 말하며 정색하고 지적하여 간했으니, 당당한 절의 하늘처럼 늠름하다. 임금의 마음을 느끼고 깨달아 깨어나서 탄식했고, 옛적 의인에 비견하여 묘소에 제사를 올리게 했다. 벼슬길을 자손에게 열어주고 존호를 추증하여, 충의가 떨쳐 칭송되어 영구히 사라지지 않게 했다. 아아. 공이여, 비록 옛일이나 누가 과장하겠는가. 천추에 남겨진 사당 길이 길이 제사 받드니, 추모하는 글[誄詞]을 지어서 아득한 곳에 보인다."

한산백 목은 이색은 짓는다.

부록 주석

1. 이익주, 「『牧隱集』의 간행과 사료적 가치」, 『震檀學報』 102(진단학회, 2006).
2. 기왕의 연구에서 『목은집』에 없는 비불교 관련 이색 글을 정리한 바 있고(도현철, 『목은 이색의 정치사상연구』(혜안, 2011), 20-21쪽), 불교 관련 자료를 제시한 바 있다(남동신, 「목은 이색과 불교 승려의 시문(詩文) 교유」, 『역사와 현실』 62(한국역사연구회, 2006); 곽승훈, 『고려시대 전적 자료집성』(혜안, 2021)).
3. 문화재청 국가문화유산 포털; 국립중앙도서관 고문헌; 불교기록문화유산 아카이브 서비스 시스템; 한국고전번역원 한국고전번역 DB; 權相老, 『韓國佛敎全書』(동국대학교 출판부, 1984); 葛城末治, 『朝鮮金石攷』(大阪屋號書店, 1935); 朝鮮總督府 編, 『朝鮮金石總覽』 上(亞細亞文化社, 1976); 劉燕庭, 『海東金石苑』 上(亞細亞文化社, 1976); 국역가정목은문집편찬위원회, 『국역 가정집 목은집』(1980); 이지관, 『교감역주 역대고승비문』(고려4)(가사불교문화연구원, 1997); 許興植, 『韓國金石全文』 中世下(아세아문화사, 1984); 남권희, 『고려시대 기록문화 연구』(청주고인쇄박물관, 2002); 千惠鳳, 『日本蓬左文庫韓國典籍』(지식산업사, 2003); 김용선, 『역주 고려묘지명집성』(한림대학교 출판부, 2012); 곽승훈 편저, 『고려시대 전적 자료 집성』(혜안, 2021).
4. 최근에 남동신 교수는 『목은집』에는 없는 이색의 불교 관련 글 15개를 제시했다. 양주시립 회암사지 박물관, 한국사연구회 공동학술대회(2024.7.12.), 『회암사와 불서』 중 남동신, 「목은 이색의 불교 기문과 회암사」, 〈부록〉, 〈목은 이색의 불교 관련 산문〉, 44-48쪽.

〈표 19〉 제목만 전하는 불교 관련 이색 글

번호	제목	년도	근거
1	妙法蓮華經跋	1379.3.	『목은집』 시고 권15, 李三宰求跋蓮經, 因有所感
2	金經[金光明經]跋	1379.12.	『목은집』 시고 권20, 卽事
3	重營黃岳山直指寺緣化文	1380.3.	『목은집』 시고 권21, 前內願堂雲龜谷在白蓮社, 與普門社主, 將重營黃岳山直指寺, 書報老人, 求緣化文
4	灌足寺龍華會緣化文	1380.6.	『목은집』 시고 권24, 僧有辦來壬戌歲灌足寺彌勒石像龍華會者, 求緣化文
5	普德窟坐禪供粮緣化文	1380.6.	『목은집』 시고 권24, 普德窟僧, 求坐禪供養緣化文

6	華嚴經跋	1381.10.	『목은집』 시고 권30, 昨李商議松軒, 求跋華嚴經, 因設酒	
7	九龍山潤筆菴記	1382		
8	觀音寺重刱記	1383	『속동문선』 권21, 遊松都錄	
9	五冠山聖燈庵記	1383	『양촌집』 권13, 五冠山聖燈庵重創記	
10	西普通塔記	1387	『고려사』, 이색 열전	
11	雉岳山潤筆菴記			
12	小白山潤筆菴記			
13	達空首座問答法語跋		『양촌집』 권17, 達空首座問答法語序	
14	神光寺上樑文		『죽애집(竹陰集)』 권21, 上樑文	
15	日本國師智覺普明畫像贊		『세종실록』, 4년 11월 16일	

5 『신증동국여지승람』 권18, 「忠淸道 懷德縣」, 彌勒院;『호정집(浩亭集)』 권2, 「彌勒院記」; 허경진, 「미륵원 남루와 이곳을 소재로 지은 글에 대하여」, 『연민학지』 6(연민학지, 1998).

6 『논어』, 「八佾」, "子謂武盡美矣, 未盡善也."

7 경한(景閑, 1298~1377)의 호는 白雲이다. 1351년 원에 유학하여 淸珙(1270~1352)과 指空(1235~1361)에게 사사를 받았다. 1347년 태고 보우가 청공에게 인가를 받은 5년 후의 일이다.

8 懶翁(1320~1376)은 혜근 혹은 선각이라고 한다. 이색과 같은 경상도 영덕에서 태어났다. 지공의 법공을 이었다. 1371년(공민왕 20)에 왕사가 되었고, 공부선을 주관했으며, 회암사를 중창했다. 회암사를 낙성할 때 중앙과 지방의 많은 사람들이 구름같이 몰려들었다. 고려 정부는 이를 우려해서 혜근을 밀양 영원사로 추방했는데, 가는 도중 신륵사에서 죽었다. 남동신, 「여말선초기 懶翁 현창 운동」, 『韓國史研究』 139(한국사연구회, 2007). 이색과 나옹의 교류는 없으나 나옹의 제자들과 인연을 맺었다. 『목은집』 文藁 권2, 「驪江縣神勒寺普濟尊者石鐘記」; 권9, 「驪興神勒寺禪覺眞堂詩」; 「普濟尊者語錄後序」; 권13, 「書懶翁三歌」; 詩藁 권28, 「送懶翁弟子印大藏海印寺」(우왕 7년 1월).

9 다음의 글이 참고된다. 백운 경한 지음, 조영미 옮김, 『백운화상어록』(동국대학교 출판부, 2010).

10 四弘誓願: 보살이 맹세하는 4가지 희망. 중생을 제도하고, 번뇌를 끊고, 佛法을 배우고, 佛道를 깨닫는 일이다.

11 다음의 글이 참고된다. 朴文烈,『역주 佛祖直指心體要節』(청주고인쇄박물관, 1996).

12 李智冠,「太古寺圓證國師塔碑」(우왕 10년),『교감역주 역대고승비문』(고려편4)(伽

山文庫, 1997).
13 粲英(1328~1390)의 성은 한씨, 본관은 양주, 자는 古樗, 호는 목암이다. 14세에 출가하여 보우의 제자가 되었다. 공민왕 때 兩街都僧統이 되고, 1383년(우왕 9)에 왕사가 되었다. 내원당 감주로 판조계종사로 집을 송월헌이라고 했는데, 이색에게 시를 청한 바가 있었다. 『목은집』 詩藁 권6, 內願堂監主判曹溪宗事英公, 號古樗, 所居曰松月軒, 於予同庚故人也. 請題故賦此(우왕 3년 7월).
14 다음이 참고된다. 보우 지음, 조명제 옮김, 『태고화상어록』(지식을 만드는 지식, 2011).
15 다음이 참고된다. 김미경·강순애, 「圓覺經 版本의 계통과 書誌的 特徵에 관한 研究」, 『서지학연구』 46(한국서지학회, 2010).
16 도현철, 「고려말 염흥방의 정치활동과 사상의 변화」, 『東方學志』 141(연세대학교 국학연구원, 2008).
17 馬場久幸, 「고려대장경의 일본 傳存에 관한 연구」, 『韓國宗敎』 27(원광대학교 종교문제연구소, 2003); 바바 히세유키, 「日本 大谷 大學 소장 高麗大藏經의 傳來와 특징」, 『해외전적문화재조사목록』(국립문화재연구소, 2008).
18 1346년(충목왕 2) 강금강이 신예와 함께 원나라 황실의 안녕을 기원하기 위하여 장인들을 이끌고 금강산에 종을 주조하러 왔고(『목은집』 文藁 권18, 「有元·高麗國·忠勤節義贊化功臣·重大匡·瑞寧君·諡文僖·柳公墓誌銘」), 고려에서 원나라 장인들을 시켜 연복사의 종을 새로 만들었다(『가정집』 권7, 「演福寺新鑄鍾銘」). 충혜왕 때 원나라에서 수고한 공으로 경상도 퇴곶부곡을 나성현으로 승격시켰다(『신증동국여지승람』 권24, 「경상도 안동도호부」, 속현).
19 指空(?~1362)은 인도 출신 승려로 提納薄陀, 禪賢이라고 한다. 1324년에 원나라 연경에 도착했다. 원나라 진종(泰定帝)의 御香使로 1326년 7월부터 1328년 9월까지 2년 7개월간 고려에 머물렀다. 1372년에 사리 일부가 고려에 오고, 회암사에 사리탑을 지었다. 『목은집』 文藁 권14, 「西天提納薄陀尊者浮屠銘幷序」; 허흥식, 『고려로 옮긴 인도의 등불: 지공선현』(일조각, 1997).
20 『목은집』 詩藁 권21, 「病不出數日矣, 邀上黨韓公, 登西峯賞花. 旣至, 又邀禮安君禹公同坐, 旣而禹携我輩至其第設酌. …」.
21 柳玽(335~1398)의 본관은 진주이고, 이색의 동서인 류혜방의 아들이다. 1360년(공민왕 9)에 정몽주와 함께 과거에 급제했다. 『근사록』·『성원명현파방속집』 등 중국의 새로운 서적 간행에 힘썼다. 조선 건국 후 1396년(태조 5) 명나라 정조사로 파견되었으나 표전 문제로 억류되었다가 풀려났다.
22 謹妃. 이림의 딸로 우왕의 비가 되어 창왕을 낳았다.
23 宗杲(1089~1163)는 송나라 臨濟宗의 선승으로, 자는 曇晦, 호는 妙喜, 또는 雲門이고, 속성은 奚이다. 송 효종이 大慧禪師와 普覺이라는 시호를 내려주었다. 『大慧語

錄』·『書狀』·『正法眼藏』 등의 저서가 있다.

24 幻菴(혼수, 1320~1392)은 이색과 16~17세 때부터 사귀어온 친구로, 이색이 교류한 승려 가운데 가장 많은 시와 글을 남겼다. 1370년(공민왕 19)에 나옹이 주관한 功夫選場에 뽑혔고, 1384년(우왕 9)에 국사가 되었다. 나옹을 이으면서 왕사 粲英과 함께 불교계를 주도했다. 환암은 송의 장천각이 쓴 『호법론』을 충주 청룡사에서 중간하고 승려 俊이 이색에게 발문을 요청한 바 있다.

25 鄭樞(1333~1382)의 호는 公權, 圓齋이다. 설곡 정포의 아들이다. 1353년(공민왕 2) 이색과 함께 과거시험에 합격하고 이색과 시문 교류가 빈번한 인물이다. 1366년(공민왕 15) 이존오와 함께 신돈을 비판하다가 죽임을 당할 위기에 처했다. 성균관 대사성으로 우왕을 가르쳤다. 『고려사』에 의하면, 권력이 있는 간사한 무리들이 마음대로 정치하는 것을 분개하여 불평했는데, 등창이 나서 죽었다고 한다.

26 무학 자초(1327~1405)는 1392년(태조 1) 10월에 왕사가 되었고, 지공과 나옹을 높였다. 이색은 자초의 『印空唫』의 서를 썼고(『목은집』 文藁 권13,「題溪月軒印空吟」), 무학이 간행한 대장경의 발문을 썼다(『동문선』 권121, 비명; 『춘정집』 속집 권1,「朝鮮國王師 妙嚴尊者塔銘」).

27 백양사 홈페이지에는 演無說이 나옹의 제자인 竹磵 宏演으로 되어 있다.

28 『목은집』 詩藁 권3,「壽安方丈 演無說 聶伯敬在坐」.

29 송정숙·정영식,「『인천안목(人天眼目)』의 편찬·수용과 판본 비교」,『서지학연구』 50(한국서지학회, 2011).

30 황인규,『무학대사 연구』(혜안, 1999); 박인석,「인천안목」,『연세대학교 중앙도서관 소장 고서해제Ⅷ』(평민사, 2007), 197-208쪽.

31 『여사제강』 권20, 공민왕 11년 1월(정세운).

32 『목은집』 文藁 권11,「罪三元帥敎書」;『고려사』,「世家」, 공민왕 11년(1362) 3월;『고려사절요』, 공민왕 11년(1362) 3월.

33 다음이 참고된다.『고흥류씨세보(高興柳氏世譜)』(이색),「高麗 宣忠同德佐理翊祚功臣·侍中·壁上三韓三重大匡·都僉議政丞·高興府院君·英密公·信庵柳公行狀」(국역가정은문집편찬위원회,「유청신 행장」,『국역 가정집 목은집』(1980);『고려사』,「열전」, 간신 유청신;『牧隱集』 文藁 권1,「眞宗寺記」; 이남복,「유청신과 그 사료에 대하여: 고려사세가기사와 그 열전의 일검토」,『역사와 경계』 9(경남사학회, 1985); 이범직,「원 간섭기 입성론과 유청신」,『역사교육』 81(역사교육연구회, 2002); 박종기,「유청신: 신분 상승의 사다리에 올라탄 역관」,『고려 열전』(Humanist, 2019).

34 『태조실록』, 4년(1395) 12월 22일.

참고문헌

1. 사료

1) 관찬 사서

『고려사(高麗史)』.
『고려사절요(高麗史節要)』.
『명사(明史)』.
『문헌통고(文獻通考)』.
『신원사(新元史)』.
『신증동국여지승람(新增東國輿地勝覽)』.
『원사(元史)』.
『자치통감(資治通鑑)』.
『자치통감강목(資治通鑑綱目)』.
『조선왕조실록(朝鮮王朝實錄)』.
『증보문헌비고(增補文獻備考)』.
『한서(漢書)』.

2) 문집류

가. 한국

권근, 『양촌집(陽村集)』.
나계종, 『죽헌유집(竹軒遺集)』.
서거정, 『동문선(東文選)』.
성현, 『용재총화(慵齋叢話)』.
이곡, 『가정집(稼亭集)』.
이색, 『목은집(牧隱集)』.
이숭인, 『도은집(陶隱集)』.
이제현, 『익재집(益齋集)』.
정도전, 『삼봉집(三峯集)』.
정몽주, 『포은집(圃隱集)』.
조종운 편찬, 『씨족원류(氏族原流)』.
최해, 『졸고천백(拙藁千百)』.
한수, 『유항시집(柳巷詩集)』.

나. 중국

구양현, 『규재집(圭齋集)』.

소천작 편, 『원문류(元文類)』.

주희, 『주자대전(朱子大全)』.

허형, 『노재유서(魯齋遺書)』.

2. 저서

1) 한국어

강문식, 『권근의 경학 사상 연구』(일지사, 2008).

강문식, 『정몽주: 다시 읽기』(책과함께, 2024).

姜芝嫣, 『高麗 禑王代(1374~88) 政治勢力의 硏究』(이화여자대학교 박사학위논문, 1996).

姜好鮮, 『고려말 懶翁 惠勤 硏究』(서울대학교 박사학위논문, 2011).

고지마 쓰요시(小島毅), 신현승 옮김, 『사대부의 시대』(동아시아, 2004).

고지마 쓰요시(小島毅), 신현승 옮김, 『송학의 형성과 전개』(논형, 2004).

高惠玲, 『高麗後期 士大夫와 性理學 受容』(일조각, 2003).

權重達, 『中國近世思想史硏究』(중앙대학교 출판부, 1998).

곽승훈, 『고려시대 전적 자료 집성』(혜안, 2021).

琴章泰, 『朝鮮前期의 儒學思想』(서울대학교 출판부, 1997).

金光哲, 『高麗後期世族層硏究』(동아대학교 출판부, 1991).

金南日, 『고려말 조선 초기의 세계관과 역사의식 연구』(경인문화사, 2005).

金塘澤, 『元 干涉下의 高麗政治史』(일조각, 1998).

金成煥, 『高麗時代의 檀君 傳承과 認識』(경인문화사, 2002).

金成煥, 『마니산 제사의 변천과 단군전승: 塹城醮에서 摩尼山山川祭로』(민속원, 2021).

金順子, 『韓國 中世 韓中關係史』(혜안, 2007).

김용선, 『역주 고려묘지명집성』(한림대학교 출판부, 2012).

김용섭, 『(신정·증보판) 東아시아 역사 속의 한국문명의 전환: 충격, 대응, 통합의 문명으로』(지식산업사, 2015).

金仁昊, 『高麗後期 士大夫의 經世論 硏究』(혜안 1999).

金仁昊, 『고려시대 사람들의 사유와 집단 심성』(혜안, 2017).

金錚, 김효민 옮김, 『중국과거문화사』(동아시아, 2003).

金駿錫, 『韓國中世儒教政治思想史論』 I(지식산업사, 2005).

金洪徹, 『許衡 思想과 元代 朱子學의 定立: 實踐躬行과 朱子學 官學化와 關聯하여』(한양대학교 박사학위논문, 2004).

남권희, 『고려시대 기록 문화연구』(청주고인쇄박물관, 2002).

도현철, 『고려말 사대부의 정치사상연구』(일조각, 1999).

도현철, 『목은 이색의 정치사상 연구』(혜안, 2011).

도현철, 『조선전기 정치사상사: 『삼봉집』과 『경제문감』의 실증적 분석을 중심으로』(태학사, 2013).

도현철, 『이곡의 개혁론과 유교 문명론』(지식산업사, 2021).

도현철, 『고려와 원, 간섭 속의 항쟁과 개혁 그리고 그 유산』(동북아역사재단, 2022).

동경대학교 중국철학연구실, 조경란 옮김, 『중국사상사』(동녘, 1992).

동북아역사재단, 『한국고대사자료집』(고조선·부여편Ⅳ-문집(상))(동북아역사재단, 2021).

馬宗樂, 『高麗後期 登科儒臣의 儒學思想 硏究: 李奎報·李齊賢·李穡을 중심으로』(계명대학교 박사학위논문, 1999).

牧隱硏究會, 『牧隱 李穡의 生涯와 思想』(일조각, 1996).

무라이 쇼스케(村井章介), 손승철·김강일 편역, 『동아시아속의 중세 한국과 일본』(경인문화사, 2008).

문철영, 『고려 유학 사상의 새로운 모색』(경세원, 2005).

미야자키 이치사다(宮崎市定), 중국사연구회 옮김, 『중국의 시험지옥: 과거(科擧)』(청년사, 1993).

미우라 쿠니오(三浦國雄), 김영식·이승연 옮김, 『인간 주자』(창작과 비평사, 1996).

미우라 쿠니오(三浦國雄), 이승연 옮김, 『왕안석, 황하를 거스른 개혁가』(책세상, 2005).

미조구치 유조(溝口雄三), 鄭台燮·金容天 옮김, 『中國의 公과 私』(신서원, 2004).

朴京安, 『여말선초 농장 형성과 농학연구』(혜안, 2012).

朴晉勳, 『麗末鮮初 奴婢政策硏究』(연세대학교 박사학위논문, 2005).

朴連鎬, 『朝鮮前期 士大夫 敎養에 관한 硏究』(한국정신문화연구원 박사학위논문, 1994).

朴元熇, 『明初朝鮮關係史硏究』(일조각, 2002).

朴龍雲, 『高麗時代 蔭敍制와 科擧制硏究』(일지사, 1990).

박종기, 『새로 쓴 5백년 고려사』(푸른역사, 2008).

박종기, 『동사강목의 탄생』(Humanist, 2017).

박종기, 『고려 열전』(Humanist, 2019).

박종기, 『조선이 본 고려』(H, 2021).

朴贊洙, 『高麗時代 敎育制度史硏究』(경인문화사, 2001).

박평식, 『조선전기상업사연구』(지식산업사, 1999).

邊東明, 『高麗後期性理學受容硏究』(일조각, 1995).

成範重, 『惕若齋 金九容의 文學世界』(울산대학교 출판부, 1997).

성범중·박경신, 『한수와 그의 한시』(국학자료원, 2004).

蕭公權, 최명 옮김, 『中國政治思想史』(法文社, 1991).

守本順一郞, 김수길 옮김, 『동양정치사상사연구』(동녘, 1985).

수징난(束景南), 김태완 옮김, 『주자평전』(역사비평사, 2015).

시마다 겐지(島田虔次), 김석근·이근우 옮김, 『주자학과 양명학』(까치, 1986).

申千湜, 『牧隱 李穡의 學問과 學脈』(일조각, 1998).

申千湜, 『麗末鮮初 性理學의 受容과 學脈』(경인문화사, 2004).

쓰치다 겐지로(土田健次郞), 성현창 옮김, 『북송도학사』(예문서원, 2006).

안대희, 『한국시화사』(성균관대학교 출판부, 2024).

어강석, 『목은 이색의 삶과 문학』(한국학술정보(주), 2007).

엄연석, 『朝鮮前期易哲學史』(학자원, 2013).

呂運弼, 『李穡의 詩文學 硏究』(태학사, 1985).

呂運弼, 『高麗後期 漢詩의 硏究』(월인, 2004).

연세대학교 국학연구원 편, 『중세사회의 변화와 조선건국』(혜안, 2005).

王琦珍, 김응엽 옮김, 『예로 읽는 봉건의 역사』(예문서원, 1999).

王定保, 金長煥 옮김, 『唐摭言』 上·下(學古房, 2013).

王處輝, 심귀득·신하령 옮김, 『中國社會思想史』(까치, 1992).

위잉스(余英時), 이원석 옮김, 『주희의 역사세계』(글항아리, 2005).

柳昌圭, 『李成桂 勢力과 朝鮮建國』(서강대학교 박사학위논문, 1996).

윤정분, 『中國近世 經世思想 硏究』(혜안, 2002).

尹薰杓, 『麗末鮮初軍制改革硏究』(혜안, 2000).

윤훈표·임용한·김인호, 『경제육전과 육전체제의 성립』(혜안, 2007).

이강한, 『고려와 원제국의 교역의 역사』(창비, 2013).

이강한, 『고려의 자기, 원제국과 만나다』(한국학중앙연구원 출판부, 2016).

이강한, 『어떤 제국과의 조우: 13~14세기 고려와 몽골 원』(경인문화사, 2024).

李景植, 『朝鮮前期土地制度硏究』(일조각, 1986).

李景植, 『韓國中世土地制度史: 朝鮮前期』(서울대학교 출판부, 2006).

李景植, 『고려시기토지제도연구』(지식산업사, 2012).

이근명, 『왕안석 평전』(신서원, 2021).

이기동, 『이색: 한국 성리학의 원천』(성균관대학교 출판부, 2005).

李楠福, 『高麗後期 新興士族의 硏究』(경인문화사, 2004).

李範稷, 『韓國中世禮思想硏究』(일조각, 1991).

李炳赫, 『高麗末 性理學 受容期의 漢詩 硏究』(태학사, 1989).

李炳熙, 『高麗時期 寺院經濟 硏究』(경인문화사, 2009).

李成茂, 『朝鮮初期 兩班硏究』(일조각, 1980).

이영, 『잊혀진 전쟁, 왜구』(에피스테메, 2007).

李源明, 『高麗時代性理學受容硏究』(國學資料院, 1996).

李益柱, 『高麗·元 關係와 高麗後期 政治體制』(서울대학교 박사학위논문, 1996).

李益柱, 『이색의 삶과 생각』(일조각, 2013).

이인재 엮음, 『지방 지식인 원천석의 삶과 생각』(혜안, 2007).

李廷柱, 『性理學 受容期 佛敎 批判과 政治·思想的 變容: 鄭道傳과 權近을 중심으로』(고려대학교 민족문화연구원, 2007).

이지관, 『교감역주 역대고승비문』(고려편 4)(가사불교문화연구원, 1997).

李鎭漢, 『高麗時代 對外交流史硏究』(경인문화사, 2023).

李泰鎭, 『韓國社會史硏究』(지식산업사, 1988).

李泰鎭, 『朝鮮儒敎社會史論』(지식산업사, 1989).

李泰鎭, 『의술과 인구 그리고 농업기술: 조선 유교국가의 경제발전 모델』(태학사, 2002).

李亨雨, 『高麗 禑王代의 政治的 推移와 政治勢力 硏究』(고려대학교 박사학위논문, 1998).

李熙德, 『高麗儒敎政治思想의 硏究』(일조각, 1984).

임용한, 『朝鮮前期 守令制와 地方統治』(혜안, 2002).

임용한, 『조선전기 관리등용제도 연구』(혜안, 2008).

張東翼, 『高麗後期外交史 硏究』(일조각, 1994).

張東翼, 『元代麗史資料集成』(서울대학교 출판부, 1997).

全淳東, 『明王朝成立史硏究』(개신, 2004).

鄭杜熙, 『朝鮮初期政治支配勢力硏究』(일조각, 1983).

정동훈, 『고려시대 외교문서 연구』(혜안, 2022).

정요근 외, 『고려에서 조선으로: 여말선초 단절인가 계승인가』(역사비평사, 2019).

정재철, 『이색시의 사상적 조명』(집문당, 2002).

정재철, 『한국 한문학의 재도문학 수용 양상』(민속원, 2024).

정재훈, 『조선전기 유교정치사상 연구』(태학사, 2005).

趙明濟, 『高麗後期 看話禪 硏究』(혜안, 2004).

조병순, 『高麗本新刊類編歷擧三場文選對策硏究』(韓國書誌學會, 2006).

John W. Chaffee, 양종국 옮김, 『송대 중국인의 과거생활』(신서원, 2001).

지두환, 『朝鮮前期 儀禮硏究』(서울대학교 출판부, 1994).

진래, 안재호 옮김, 『송명성리학』(예문서원, 1997).

진순, 김영민 옮김, 『북계자의』(예문서원, 1993).

蔡尙植, 『高麗後期佛敎史硏究』(일조각, 1991).

蔡雄錫, 『高麗時代의 國家와 地方社會 '本貫制'의 施行과 地方支配秩序』(서울대학교 출판부, 2000).

최봉준, 『고려시대 다원적 사상지형과 역사인식』(소명출판, 2023).

최연식, 『수성과 창업의 정치사상』(집문당, 2003).

카나야 오사무(金谷治), 조성을 옮김, 『중국사상사』(이론과 실천, 1988).

포사연, 『元代性理學』(포은연총서, 1993).

피터 K. 볼, 심의용 옮김, 『중국지식인들과 정체성』(북스토리, 2008).

피터 K. 볼, 김영민 옮김, 『역사 속의 성리학』(예문서원, 2010).

하병태, 조영록 옮김, 『중국 과거제도의 사회사적 연구』(동국대학교 출판부, 1997).

한국역사연구회, 『14세기 고려의 정치와 사회』(민음사, 1994).

韓永愚, 『朝鮮前期 史學史 硏究』(서울대학교 출판부, 1981).

한영우·이익주·윤경진·염정섭, 『행촌 이암의 생애와 사상』(일지사, 2002).

韓亨周, 『朝鮮初期 國家祭禮 硏究』(일조각, 2002).

許興植, 『고려의 문화전통과 사회사상』(집문당, 2004).

戶口芳郞 外, 조성을 옮김, 『유교사』(이론과 실천, 1990).

洪榮義, 『高麗末 政治史硏究』(혜안, 2005).

黃仁奎, 『고려 후기 조선초 불교사연구』(혜안, 2003).

黃仁奎, 『고려말 조선전기 불교계와 고승 연구』(혜안, 2005).

候外廬, 양재혁 옮김, 『中國哲學史』 상·중(일월서각, 1988).

候外廬, 박완식 옮김, 『송명이학사』 1·2(이론과 실천, 1995).

히하라 도시쿠니(日原利國), 김동민 옮김, 『국가와 백성 사이의 漢: 한 제국, 덕치와 형벌의 이중주』(글항아리, 2013).

2) 중국어

束景南, 『朱熹佚文輯考』(江蘇古籍出版社, 1991).

袁國藩, 『元許魯齋評述』(臺灣商務印書館, 1978).
兪榮根, 『儒家法思想通論』(江西人民出版社, 1993).
張國華, 『中國法律思想史新編』(北京大出版部, 1991).
張立文, 『朱熹思想研究』(谷風出版社, 1986).
韓儒林 主編, 『元朝史』(人民出版社, 1986).

3) 일본어

檀上寬, 『明朝專制支配の史的構造』(汲古書院, 1995).
朴美子, 『韓國高麗時代における「陶淵明」觀』(白帝社, 2000).
夫馬進, 『中國東アジア外交交流史の研究』(京都大學出版會, 2007).
手塚良道, 『儒敎道德に於ける君臣思想』(藤井書店, 1935).
市來津由彦, 『朱熹門人集團形成の研究』(創文社, 2002).
矢木毅, 『高麗官僚制度研究』(京都大學學術出版, 2008).
市川安司, 『朱子: 學問とその展開』(評論社, 1975).
安部健夫, 『元代史の研究』(創文社, 1972).
愛宕松南, 『元朝史』(三一書房, 1988).
諸橋徹次, 『儒學の目的と宋儒の活動』(諸橋徹次著作集1)(大修館書店, 1975).
佐藤仁, 『朱子』(集英社, 1985).
佐野公治, 『四書學史の研究』(創文社, 1987).
平岡武天, 『經書の成立』(創文社, 1983).

3. 논문

1) 한국어

강대철, 「이색의 정치활동에 대한 일고찰」(전남대학교 석사학위논문, 1983).
강문식, 「여말선초 성리학의 수용과 그 성격」, 『역사비평』 122(역사비평사, 2018).
姜玟求, 「牧隱 李穡의 疾病에 대한 意識과 文學的 表現」, 『동방한문학』 42(동방한문학회, 2010).
高英津, 「15·16세기 朱子家禮의 施行과 그 意義」, 『한국사론』 21(서울대학교 국사학과, 1989).
곽승훈, 「고려말 환암 선사의 『호법론』 간행 배포와 그 영향」, 『한국민족문화』 40(부산대학교 한국민족문화연구소, 2011).
곽신환, 「이색과 이이의 주돈이 이해와 추존」, 『율곡학연구』 36((사)율곡연구원, 2018).

구산우, 「일본 원정, 왜구 침략과 경상도 지역의 동향」, 『한국중세사연구』 22(한국중세사학회, 2007).
권오영, 「고려말 조선초 성리학의 주요 개념의 이해의 추이」, 『포은학연구』 27(포은학회, 2021).
권용철, 「元代末期의 정국과 고려 文人 이공수(1308-1366)의 행적」, 『인문학연구』 119(충남대학교 인문과학연구소, 2020).
權正顔, 「麗末鮮初 朱子學 導入期의 經典理解(1): 牧隱 李穡의 경전이해를 중심으로」, 『동양철학연구』 22(동양철학연구회, 2000).
金乾坤, 「高麗時代의 詩文選集」, 『정신문화연구』 68(한국학중앙연구원, 1997).
김경록, 「조선 초기 대명 외교와 외교 절차」, 『한국사론』 44(서울대학교 국사학과, 2000).
김경수, 「麗史提綱의 史學史的 考察」, 『한국사학사학보』 1(한국사학사학회, 2000).
金光洙, 「高麗 官班體制의 變化와 兩班戶籍整理」, 『역사교육』 35(역사교육연구회, 1984).
김광철, 「개혁정치의 추진과 신진사대부의 성장」, 『한국사』 19(한길사, 1996).
김광철, 「여말선초 松隱 朴翊의 생애」, 『고고역사학지』 17·18(동아대학교 박물관, 2002).
김기덕, 「고려의 諸王制와 皇帝國體制」, 『국사관논총』 78(국사편찬위원회, 1997).
金琪燮, 「14세기 倭寇의 동향과 고려의 대응」, 『한국민족문화』 9(부산대학교 한국민족문화연구소, 2005).
金琪燮, 「고려 후기 이색의 토지문제 인식과 개혁 방향」, 『지역과 역사』 51(부경역사연구소, 2022).
김기봉, 「역사의 거울에 비춰본 한국인 정체성」, 『한국사학사학보』 21(한국사학사학회, 2010).
김남일, 「이색(李穡)의 역사의식(歷史意識)」, 『청계사학』 11(청계사학회, 1994).
김방룡, 「여말 三師의 간화선 사상과 그 성격」, 『보조사상』 23(보조사상연구원, 2005).
김보광, 「12세기초 송의 책봉 제의와 고려의 대응」, 『동국사학』 60(동국역사문화연구소, 2016).
김보영, 「이색: 여말선초 여성 인식의 일국면」, 『우리 한문학사의 여성인식』(집문당, 2003).
김보영, 「牧隱 李穡의 버들골살이와 시」, 『동양고전연구』 27(동양고전학회, 2007).
김보한, 「中世 麗·日 관계와 倭寇의 발생원인」, 『왜구 위사문제와 한일관계』(경인문화사, 2005).
김성환, 「정몽주의 화이론적 역사관: 自國史를 중심으로」, 『포은학연구』 2(포은학회, 2008).
김성환, 「일본 봉좌문고 소장 『策文』」, 『포은학연구』 3(포은학회, 2009).
김성환, 「1358년(공민왕 7) 이색의 마니산 기행과 참성단 초례」, 『역사민속학』 42(한국역사민속학회, 2013).
김성환, 「목은 이색(1328~1396)의 형세문화론적 화이관과 삼한사(三韓史) 인식」, 『동방학지』 201(연세대학교 국학연구원, 2022).
김순자, 「원 간섭기 민의 동향」, 『14세기 고려의 정치와 사회』(민음사, 1993).
김순자, 「고려말 대중국관계의 변화와 신흥유신의 사대론」, 『역사와 현실』 15(한국역사연구회, 1995).

金陽燮, 「遼·金·宋 三史編纂에 대하여」, 『중앙사론』 6(중앙대학교 중앙사학연구소, 1988).

金陽燮, 「南宋代 金華地域의 反道學運動과 朱子學 受容」, 『중앙사론』 10·11(중앙대학교 중앙사학연구소, 1998).

金潤坤, 「懶翁 惠勤의 檜巖寺 중창과 反佛論의 制壓企圖」, 『대구사학』 62(대구사학회, 2001).

김윤정, 「14세기 고려의 國俗 재인식과 胡服 착용의 再考」, 『한국사상사학』 59(한국사상사학회, 2018).

김윤정, 「李穀의 사회관계망과 在元 고려인 사회: 『稼亭集』에 대한 분석을 중심으로」, 『학림』 44(연세사학연구회, 2019).

김윤정, 「13~14세기 고려 지식인의 시대 인식과 정체성」, 『역사와 현실』 115(한국역사연구회, 2020).

김윤주, 「조선 태종 11년(1411) 이색 비명을 둘러싼 논쟁의 정치적 성격」, 『도시인문학』 1(서울시립대학교 도시인문학연구소, 2008).

김인호, 「유교정치이념의 발전과 성리학」, 『한국역사입문』 ②(풀빛, 1995).

김인호, 「여말선초 군주수신론과 『大學衍義』」, 『역사와 현실』 29(한국역사연구회, 1998).

김인호, 「高麗後期 經濟倫理와 奢侈禁止」, 『龜泉元裕漢教授定年記念論叢』(혜안 2000).

김인호, 「金祗의 周官六翼 편찬과 그 성격」, 『역사와 현실』 40(한국역사연구회, 2001).

김인호, 「여말선초 육전체제의 성립과 전개」, 『동방학지』 118(연세대학교 국학연구원, 2002).

김인호, 「고려의 元律 수용과 高麗律의 변화」, 『한국사론』 33(서울대학교 국사학과, 2002).

김인호, 「元의 高麗認識과 高麗人의 대응: 法典과 文集내용을 중심으로」, 『한국사상사학』 21(한국사상사학회, 2003).

김인호, 「정도전의 역사인식과 군주론의 기반」, 『한국사연구』 131(한국사연구회, 2005).

김인호, 「이색의 자아의식과 심리적 갈등: 우왕 5년기를 중심으로」, 『역사와 현실』 62(한국역사연구회, 2006).

김인호, 「14세기 형정 개혁 시도와 『신률』의 편찬」, 『포은학연구』 29(포은학회, 2022).

김인호, 「조준의 자아의식과 사유의 방향」, 『역사와 실학』(역사실학회, 2023).

金宗鎭, 「崔瀣의 士大夫意識과 詩世界」, 『민족문화연구』 16(고려대학교 민족문화연구원, 1982).

金宗鎭, 「李穀의 對元認識」, 『태동고전연구』 창간호(한림대학교 태동고전연구소, 1984).

金駿錫, 「朝鮮前期의 社會思想」, 『동방학지』 29(연세대학교 국학연구원, 1981).

金駿錫, 「儒教思想論」, 『韓國史認識과 歷史理論』(金容燮教授停年紀念韓國史學論叢 1)(지식산업사, 1997).

김창현, 「고려말 유자 세력의 유교사상」, 『한국중세사연구』 18(한국중세사학회, 2005).

金泰永, 「려말선초 성리학 왕정론의 전개」, 『조선시대사학보』 14(조선시대사학회, 2000).

김호동, 「몽골제국과 '大元'」, 『역사학보』 192(역사학회, 2006).

金勳埴,「여말선초의 민본사상과 명분론」,『애산학보』 4(애산학회, 1986).

金勳埴,「高麗後期『孝行錄』普及」,『한국사연구』 73(한국사연구회, 1991).

金勳埴,「麗末鮮初 儒佛交替와 朱子學의 定着」,『韓國 古代·中世의 支配體制와 農民』(金容燮教授停年紀念韓國史學論叢 2)(지식산업사, 1997).

金勳埴,「조선 초기의 정치적 변화와 사림파의 등장」,『조선전기도학파의 사상』(계명대학교 출판부, 2013).

南基鶴,「고려와 일본의 사회인식」,『일본역사연구』 11(일본사학회, 2000).

남동신,「麗末鮮初 僞經 硏究:『現行西方經』의 分析을 中心으로」,『한국사상사학』 24(한국사상사학회, 2005).

남동신,「목은 이색과 불교 승려의 시문(詩文) 교유」,『역사와 현실』 62(한국역사연구회, 2006).

남동신,「여말선초기 懶翁 현창 운동」,『한국사연구』 139(한국사연구회, 2007).

남동신,「牧隱 李穡의 전기 자료 검토」,『한국사상사학』 31(한국사상사학회, 2008).

남동신,「이색의 고려 대장경 인출과 봉안」,『한국사연구』 163(한국사연구회, 2013).

南智大,「朝鮮初期의 經筵」,『한국사론』 6(서울대학교 국사학과, 1980).

도현철,「牧隱 李穡의 政治思想硏究」,『한국사상사학』 3(한국사상사학회, 1990).

도현철,「鄭道傳『經濟文鑑』의 朱子 글 援用과 그 意圖」,『실학사상연구』 10·11(역사실학회, 1999).

도현철,「원 명 교체기 고려 사대부의 소중화 의식」,『역사와 현실』 37(한국역사연구회, 2000).

도현철,「『經濟文鑑』의 典據로 본 鄭道傳의 政治思想」,『역사학보』 165(역사학회, 2000).

도현철,「元天錫의 顔回的 君子觀과 儒佛道 三敎一理論」,『동방학지』 111(연세대학교 국학연구원, 2001).

도현철,「고려말 사대부의 왕안석 인식」,『역사와 현실』 42(한국역사연구회, 2001).

도현철,「조선왕조 성립에 대한 평가」,『한국전근대사의 주요 쟁점』(역사비평사, 2002).

도현철,「權近의 佛敎批判과 權道 重視의 出處觀」,『한국사상사학』 19(한국사상사학회, 2002).

도현철,「정도전의 사공학 수용과 정치사상」,『한국사상사학』 21(한국사상사학회, 2003).

도현철,「원 간섭기『사서집주』 이해와 성리학 수용」,『역사와 현실』 49(한국역사연구회, 2003).

도현철,「조선 건국과 유교문화의 확대」,『동방학지』 124(연세대학교 국학연구원, 2004).

도현철,「고려말 경 권도의 활용과 체제보수」,『역사와 담론』 37(호서사학회, 2004).

도현철,「李穡의 歷史觀과 公羊春秋論」,『역사학보』 185(역사학회, 2005).

도현철,「高麗末 尹紹宗의 현실인식과 정치활동」,『동방학지』 131(연세대학교 국학연구원, 2005).

도현철,「李穡의 隱仕觀」,『한국사연구』 133(한국사연구회, 2006).

도현철,「이색의 서연강의」,『역사와 현실』 62(한국역사연구회, 2006).

도현철,「이색의 경학관과 그 지향」,『진단학보』 102(진단학회, 2006).

도현철, 「고려말 염흥방의 정치활동과 사상의 변화」, 『동방학지』 141(연세대학교 국학연구원, 2008).
도현철, 「여선교체기 李詹의 霍光 認識과 인 정치론」, 『한국사상사학』 30(한국사상사학회, 2008).
도현철, 「고려말의 사회변동과 왕조교체」, 『한국사의 길잡이 상』(지식산업사, 2008).
도현철, 「대책문을 통해 본 정몽주의 국방 대책과 문무겸용론」, 『한국중세사연구』 26(한국중세사학회, 2009).
도현철, 「종법의 관점에서 본 고려말 왕권 변동」, 『한국사학보』 35(고려사학회, 2009).
도현철, 「고려말 사대부의 일본인식과 문화 교류」, 『한국사상사학』 32(한국사상사학회, 2009).
도현철, 「이색의 유교교화론과 일본인식: 새로 발견된 대책문을 중심으로」, 『한국문화』 49(서울대학교 규장각한국학연구원, 2010).
도현철, 「안축의 대책문과 이민족 대책」, 『한국사상사학』 38(한국사상사학회, 2011).
도현철, 「조선시대의 이색 인식과 연구 과제」, 『한국사연구』 159(한국사연구회, 2012).
도현철, 「목재 홍여하의 역사서 편찬과 고려사 인식」, 『한국사상사학』 43(한국사상사학회, 2013).
도현철, 「원 제과(1333년)의 고려인·중국인 對策文 비교 연구」, 『역사와 현실』 43(한국역사연구회, 2013).
도현철, 「조선 초기 단군 인식과 『삼국유사』 간행」, 『동방학지』 162(연세대학교 국학연구원, 2013).
도현철, 「이숭인의 정치활동과 성리학적 예제 인식」, 『퇴계학보』 135(퇴계학연구원, 2014).
도현철, 「조선건국기 성리학자의 불교인식」, 『한국사상사학』 50(한국사상사학회, 2015).
도현철, 「고려 후기 성리학 도입에 관한 제설의 검토와 지포 김구의 역할」, 『역사와 실학』 59(역사실학회, 2016).
도현철, 「원 간섭기를 어떻게 볼 것인가」, 『쟁점한국사』(창비, 2017).
도현철, 「안향 : 유교의 확산과 문치사회론」, 『한국학연구』 48(인하대학교 한국학연구소, 2018).
도현철, 「여말선초 성리학의 수용과 문치 확대」, 『역사비평』 124(역사비평사, 2018).
도현철, 「조선건국기 성리학 지식인의 네트워크와 개혁사상」, 『역사학보』 240(역사학회, 2018).
도현철, 「조선 건국 과정에서 역사 기록의 상이한 평가와 해석」, 『역사학보』 248(역사학회, 2020).
도현철, 「조선 초기 민 인식의 변화와 언문을 통한 유교 문명화」, 『동방학지』 193(연세대학교 국학연구원, 2020).
도현철, 「훈민정음 창제와 유교 교화의 확대」, 『동방학지』 194(연세대학교 국학연구원, 2021).
도현철, 「고려말 유학자의 성장과 재상정치론」, 『한국사상사학』 72(한국사상사학회, 2022).
도현철, 「여말선초 덕치 근본·형벌 보조의 정치론과 감흥적 교화」, 『한국사연구』 200(한국사연구회, 2023).
도현철, 「조선 초기 화충·절충의 학문 방법과 군신공치적 교화」, 『동방학지』 205(연세대학교 국학연구원, 2023).

도현철, 「『고려사』의 『맹자』 이해와 유교의 확산」, 『석당논집』 88(동아대학교 석당학술원, 2024).
도현철, 「여선교체, 정치사상의 변화」, 『한국사상사학』 76(한국사상사학회, 2024).
류주희, 「조선초 비개국파 유신(儒臣)들의 정치적 동향」, 『역사와 현실』 29(한국역사연구회, 1998).
馬場久幸, 「고려판대장경의 일본 전존에 관한 연구」, 『한국종교』 27(원광대학교 종교문제연구소, 2003).
馬宗樂, 「韓國 中世의 儒學과 政治權力」, 『한국중세사연구』 창간호(한국중세사학회, 1984).
馬宗樂, 「고려 후기 성리학 수용과 사대부의 정치적 성장」, 『사회과학논평』 20(한국사회과학 연구협의회, 2000).
文錫允, 「朱熹에서의 理性과 歷史」, 『태동고전연구』 16(한림대학교 태동고전연구소, 1999).
文喆永, 「麗末 新興士大夫의 新儒學 수용과 그 특징」, 『한국문화』 3(서울대학교 규장각한국학연구원, 1982).
文喆永, 「朝鮮初期 新儒學 수용과 그 性格」, 『한국학보』 36(일지사, 1984).
文喆永, 「정치가 정도전에 대한 역사심리학적 고찰: 청년기 정체성 형성·위기 극복과정을 중심으로」, 『정치가 정도전의 재조명』(경세원, 2004).
閔賢九, 「辛旽의 執權과 그 政治的 性格」, 『역사학보』 38, 40(역사학회, 1968).
閔賢九, 「고려의 멸망과 조선의 건국」, 『한국사시민강좌』 35(일조각, 2004).
閔賢九, 「고려에서 조선으로의 왕조교체를 어떻게 평가할 것인가」, 『한국사시민강좌』 40(일조각, 2007).
박대재, 「箕子朝鮮과 小中華」, 『한국사학보』 65(고려사학회, 2011).
박용국, 「고려말 조선초 진주지역 '父老'의 존재와 성격」, 『영남학』 77(경북대학교 영남문화연구원, 2021).
朴龍雲, 「安東權氏의 사례를 통해 본 高麗社會의 一斷面: '成化譜'를 참고로 하여」, 『역사교육』 94(역사교육연구회, 2005).
박용진, 「고려 우왕대 大藏經 印成과 그 성격: 이색 찬 고려대장경 발문과 신륵사 대장각기를 중심으로」, 『한국학논총』 37(국민대학교 한국학연구소, 2012).
박원호, 「鐵嶺衛 설치에 대한 새로운 관점」, 『한국사연구』 136(한국사연구회, 2007).
박인호, 「『여사제강』·『공양왕기』의 산삭과 그 정치적 함의」, 『한국사학사학보』 7(한국사학사학회, 2003).
박인호, 「『휘찬려사』 「열전」에 나타난 홍여하의 역사 인식」, 『장서각』 31(한국학중앙연구원, 2014).
朴宰佑, 「高麗 恭讓王代 官制改革과 權力構造」, 『진단학보』 81(진단학회, 1996).
朴宗基, 「고려시대의 대외관계」, 『한국사』 6(한길사, 1994).
朴宗基, 「이색의 당대사(當代史) 인식과 인간관」, 『역사와 현실』 66(한국역사연구회, 2007).

朴鍾進, 「高麗末의 濟用財와 그 性格」, 『울산사학』 2(울산대학교 사학회, 1988).

朴鍾進, 「고려말 조선초 조세제도의 재정 운영체계의 성격」, 『중세사회의 변화와 조선건국』(혜안, 2005).

朴晉勳, 「高麗末 改革派 사대부의 奴婢辨正策」, 『학림』 19(연세사학연구회, 1997).

朴晉勳, 「고려 후기 전민변정과 조선 초기 노비 정책의 의의와 한계」, 『역사비평』 122(역사비평사, 2018).

朴漢男, 「恭愍王代 倭寇侵入과 禹玄寶의 '上恭愍王疏'」, 『군사』 34(국방부군사편찬연구소, 1997).

朴現圭, 「위그르족 귀화인 偰遜 문집인 《近思齋逸藁》의 발굴과 분석」, 『대동한문학』 7(대동한문학회, 1995).

박홍규, 「조선왕조의 수성은 언제부터인가: 태종 11년의 이색 비명 사건」, 『정치사상연구』 25-2(한국정치사상학회, 2019).

裵淑姬, 「元代 科擧制와 高麗進士의 應擧 및 授官格」, 『동양사학연구』 104(동양사학회, 2008).

邊東明, 「金台鉉의 『東國文鑑』 편찬」, 『진단학보』 103(진단학회, 2007).

森平雅彦, 「목은 이색의 두 가지 入元 루트: 몽골시대 高麗-大都 간의 육상 교통」, 『진단학보』 114(진단학회, 2012).

서근식, 「초려 오징의 역학사상에 대한 權近의 수용과 비판 연구」, 『민족문화논총』 99(영남대학교 민족문화연구소, 2023).

宋容德, 「高麗後期 邊境地域 변동과 鴨綠江 沿邊認識의 형성」, 『역사학보』 201(역사학회, 2009).

宋寅州, 「恭愍王代 軍制改革의 實態와 그 限界」, 『한국중세사연구』 5(한국중세사학회, 1998).

신동훈, 「조선전기 童蒙 교육의 추이와 촌항학장 설치의 의미」, 『조선시대사학보』 86(조선시대사학회, 2018).

신동훈, 「여말선초 향교 건립의 추이」, 『한국사학사학보』 43(한국사학사학회, 2021).

安啓賢, 「李穡의 佛敎觀」, 『韓國佛敎史研究』(동국대학교 출판부, 1983).

安大會, 「朝鮮時代 文章觀과 文章選集」, 『정신문화연구』 68(한국학중앙연구원, 1997).

안병우, 「고려 후기 농업생산력 발달과 농장」, 『14세기 정치와 사회』(민음사, 1994).

안병우, 「고려말 어느 관료의 輪廻的 死生觀」, 『경기 지역의 역사와 문화』(한신대학교 출판부, 2003).

안영훈, 「14세기말 교유시(交遊詩)의 한 양상: 이색·정추·한수의 교유를 중심으로」, 『국어국문학』 147(국어국문학회, 2005).

양강, 「설장수의 인적 네트워크와 『직해소학』 편찬」, 『한국사상사학』 71(한국사상사학회, 2022).

양은용, 「운곡 원천석 삼교일리론의 연원」, 『원주학연구』 3(연세대학교 매지학술연구소, 2002).

엄경흠, 「정몽주와 권근의 사행시에 표현된 국제관계」, 『한국중세사연구』 6(한국중세사학회, 2004).

엄경흠, 「麗末 明 使臣의 接賓과 詩」, 『한국중세사연구』 22(한국중세사학회, 2007).

엄경흠, 「려말선초(麗末鮮初) 일본사승문계(日本使僧文溪)의 활동(活動)과 사행시(使行詩)」, 『동남어문논집』 23(동남어문학회, 2007).

엄경흠, 「麗末 日本通信使의 使行과 送詩」, 『동양한문학연구』 25(동양한문학회, 2007).

엄연석, 「목은의 주역 인식과 그 의리적 특성」, 『영남학』 14(경북대학교 영남문화연구원, 2008).

여운필, 「高麗 末期 文人의 僧侶 交遊: 三隱과 僧侶의 詩的 交遊」, 『고려시대의 문인과 승려』(파미르, 2007).

오세현, 「文章의 역할을 통해 본 15세기 斯文의 성격」, 『사학연구』 127(한국사학회, 2017).

吳宗祿, 「高麗後期의 軍事指揮體系」, 『국사관논총』 24(국사편찬위원회, 1990).

오종일, 「유학사상의 '經'과 '權'」, 『동양철학연구』 24(동양철학연구회, 2001).

유경아, 「麗末鮮初 李詹의 정치활동과 사상」, 『국사관논총』 55(국사편찬위원회, 1994).

柳廣眞, 「諸家評文을 通해 본 牧隱의 詩」, 『성신한문학』 3(성신한문학회, 1991).

劉永奉, 「高麗時代 文人들의 花卉에 대한 趣向과 文人畵」, 『한문학보』 3(우리한문학회, 2000).

유영옥, 「송시열의 〈목은비음기(牧隱碑陰記)〉에 대한 문인(文人) 이선(李選)의 비판」, 『역사와 실학』 78(역사실학회, 2022).

유영옥, 「17세기 芝湖 李選의 『勝國新書』 고찰」, 『한국민족문화』 82(부산대학교 한국민족문화연구소, 2022).

柳仁熙, 「退·栗 이전 朝鮮性理學의 問題發展」, 『동방학지』 42(연세대학교 국학연구원, 1984).

柳昌圭, 「高麗末 趙浚과 鄭道傳의 改革방안」, 『국사관논총』 46(국사편찬위원회, 1993).

윤상수, 「『서천견록』을 통해 본 권근의 서경관: 근엄(謹嚴)과 흠(欽)을 중심으로」, 『태동고전연구』 46(한림대학교 태동고전연구소, 2021).

윤정, 「숙종대 太祖 諡號의 追上과 政界의 인식: 조선 創業과 威化島回軍에 대한 재평가」, 『동방학지』 134(연세대학교 국학연구원, 2006).

尹薰杓, 「高麗末 偰長壽의 築城論」, 『한국사상사학』 9(한국사상사학회, 1997).

尹薰杓, 「經濟六典의 主導層의 변화」, 『동방학지』 121(연세대학교 국학연구원, 2003).

尹薰杓, 「高麗末 改革政治와 六典體制의 導入」, 『학림』 27(연세사학연구회, 2006).

尹薰杓, 「고려말 개혁정치와 경연제도의 개편」, 『사학연구』 93(한국사학회, 2009).

尹薰杓, 「조선 定宗때의 경연에 대하여」, 『한성사학』 25(한성사학회, 2010).

李康漢, 「고려 충숙왕대 科擧制 정비의 내용과 의미」, 『대동문화연구』 71(성균관대학교 대동문화연구원, 2010).

李康漢, 「1325년 기자사 재개의 배경 및 의미」, 『한국문화』 50(서울대학교 규장각한국학연구원, 2010).

李範鶴, 「南宋 後期 理學의 普及과 官學化의 背景」, 『한국학논집』 17(국민대학교 한국학연구소, 1994).

李範鶴, 「眞德秀 經世理學의 成立과 그 背景: 南宋 後期 理學의 官學化와 그 意義」, 『한국학논집』 20(국민대학교 한국학연구소, 1997).

李炳赫, 「牧隱詩의 後人評說考」, 『시화학』 3·4(동방시화학회, 2001).

李秉烋, 「麗末鮮初 科業教育: 書齋를 중심으로」, 『역사학보』 67(역사학회, 1975).

李秉烋·朱雄英, 「麗末鮮初 興學運動: 성리학 수용 및 그 배경에 대하여」, 『역사교육논집』 13·14(역사교육학회, 1990).

이봉규, 「권근(權近)의 경전 이해와 후대의 방향」, 『한국실학연구』 13(한국실학학회, 2007).

이봉규, 「조선시대『禮記』연구의 한 특색: 朱子學的 經學」, 『한국문화』 47(서울대학교 규장각한국학연구원, 2009).

李逢春, 「高麗後期 佛教界와 排佛論議의 顚末」, 『불교학보』 27(동국대학교 불교문화연구원, 1990).

이상민, 「고려시대 여묘의 수용과 효 윤리의 변천과정」, 『역사와 실학』 48(역사실학회, 2018).

이상민, 「15세기 지방 유식자의 활용과 평민교화」, 『역사와 현실』 118(한국역사연구회, 2020).

이상민, 「15세기 초 율문 교육과 형률적 교화 모색」, 『역사학보』 253(역사학회, 2022).

李成珪, 「中華思想과 民族主義」, 『철학』 37(한국철학회, 1992).

이영, 「14세기 동아시아 국제정세와 왜구: 공민왕 15년(1366)의 禁倭使節의 파견을 중심으로」, 『한일관계사연구』 26(한일관계사학회, 2007).

이영, 「고려말 왜구의 허상과 실상」, 『대구사학』 91(대구사학회, 2008).

李友石, 「麗末鮮初의 廬墓制」(건국대학교 석사학위논문, 1996).

李佑成, 「高麗史 및 李朝文獻 記錄과 圃隱의 재평가」, 『實是學舍散藁』(창작과 비평사, 1995).

李佑成, 「牧隱에게 있어서 禑昌問題 및 田制問題」, 『牧隱 李穡의 生涯와 思想』(일조각, 1996).

李銀順, 「李穡의 思想과 社會改革案」, 『외대사학』 4(한국외국어대학교 사학연구소, 1992).

李銀順, 「朴世采의「朝鮮建國」史觀: 威化島 回軍의 評價와 관련하여」, 『외대사학』 5(한국외국어대학교 사학연구소, 1993).

이익주, 「서평『高麗後期世族層 研究』」, 『역사와 현실』 8(한국역사연구회, 1992).

이익주, 「공민왕대 개혁의 추이와 신흥 유신의 성장」, 『역사와 현실』 15(한국역사연구회, 1995).

이익주, 「권문세족과 신흥사대부」, 『한국역사입문』(풀빛, 1996).

이익주, 「고려말 신흥유신의 성장과 조선 건국」, 『역사와 현실』 29(한국역사연구회, 1998).

이익주, 「14세기 전반 성리학 수용과 이제현의 정치활동」, 『전농사론』 7(서울시립대학교 국사학과, 2001).

이익주, 「14세기 유학자의 현실 인식과 성리학 수용과정의 연구: 민지의 사례를 중심으로」, 『역사와 현실』 49(한국역사연구회, 2003).

이익주, 「삼봉집 시문을 통해 본 고려말 정도전의 교유관계」, 『정치가 정도전의 재조명』(경세원, 2004).

이익주, 「고려말 정도전의 정치세력 형성과정 연구」, 『동방학지』 134(연세대학교 국학연구원, 2006).

이익주, 「『牧隱集』의 간행과 사료적 가치」, 『진단학보』 102(진단학회, 2006).

이익주, 「14세기 후반 원·명 교체와 한반도」, 『전쟁과 동북아 국제질서』(일조각, 2006).

이익주, 「우왕대 이색의 정치적 위상에 대한 연구」, 『역사와 현실』 68(한국역사연구회, 2008).

이익주, 「『牧隱詩藁』를 통해 본 고려 말 李穡의 일상: 1379년(우왕5)의 사례」, 『한국사학보』 32(고려사학회, 2008).

이익주, 「1356년 공민왕의 반원정치 재론」, 『역사학보』 225(역사학회, 2015).

이익주, 「14세기 후반 고려-원 관계의 연구」, 『동북아역사논총』 53(동북아역사재단, 2016).

이익주, 「14세기말 원 명 교체와 고려왕조의 외교 실패」, 『내일 읽는 한중관계사』(알에치코리아, 2019).

이인재, 「高麗末 按廉使와 都觀察黜陟使」, 『역사연구』 2(역사학연구소, 1993).

이인재, 「高麗中·後期 農莊의 田民確保와 經營」, 『국사관논총』 71(국사편찬위원회, 1996).

이인재, 「高麗中·後期 收租地 奪占의 類型과 性格」, 『동방학지』 93(연세대학교 국학연구원, 1996).

이인재, 「高麗末 元天錫의 生涯와 社會思想」, 『한국사상사학』 12(한국사상사학회, 1999).

이정훈, 「고려시대 支配體制의 변화와 中國律의 수용」, 『한국사론』 33(서울대학교 국사학과, 2002).

李宗峯, 「高麗後期 勸農政策과 土地開墾」, 『부대사학』 15·16(부산대학교 사학회, 1992).

이종서, 「高麗後期 이후 '同氣' 理論의 전개와 血緣意識의 變動」, 『동방학지』 120(연세대학교 국학연구원, 2003).

이종서, 「『老乞大』와 『朴通事』이 저작배경과 자료 성격」, 『역사문화논총』 창간호(역사문화연구소, 2005).

이종서, 「고려말 신분 질서와 정도전의 왕조교체 세력 합류」, 『역사와 현실』 112(한국역사연구회, 2019).

李鎭漢, 「高麗末·朝鮮初 權漢功에 대한 世評의 變化」, 『민족문화연구』 85(고려대학교 민족문화연구원, 2019).

이철승, 「『논어』에 나타난 '권도(權道)'의 논리 구조와 의미」, 『시대와 철학』 21-3(한국철학사상연구회, 2010).

李泰鎭, 「吉再 忠節 追崇의 時代的 變遷」, 『한국사상사학』 4·5(한국사상사학회, 1993).

李泰鎭, 「고려-조선중기 天災地變과 天觀의 변천」, 『한국사상사방법론』(소화, 1997).

李弼相, 「高麗時代 服制의 硏究」, 『한국사론』 2(서울대학교 국사학과, 1975).

이해임, 「허형과 정몽주의 화이관 연구」, 『태동고전연구』 46(한림대학교 태동고전연구소, 2021).

이현욱, 「국왕이 주도하는 국가적 프로젝트의 정당화: 『農桑輯要後序』와 『農事直說序』의 비교 검토」, 『한국문화』 101(서울대학교 규장각한국학연구원, 2023).

李亨雨, 「鄭夢周의 政治活動에 대한 一 考察」, 『사학연구』 41(한국사학회, 1990).

이혜옥, 「고려시대의 家와 家意識」, 『동방학지』 129(연세대학교 국학연구원, 2005).

임용한, 「麗末鮮初의 守令制 整備와 運營」, 『인문학연구』 창간호(경희대학교, 1997).

임용한, 「麗末鮮初의 學校制와 科擧制」, 『韓國史의 構造와 展開』(혜안, 2000).

임용한, 「고려 후기 수군 개혁과 전술변화」, 『군사』 54(국방부군사편찬연구소, 2005).

張東宇, 「朱熹 禮學에서 『朱子家禮』의 位相과 企劃 意圖」, 『정신문화연구』 80(한국학중앙연구원, 2000).

張東宇, 「『朱子家禮』 成服章의 淵源에 대한 고찰」, 『동방학지』 116(연세대학교 국학연구원, 2002).

張東宇, 「『周禮』의 經學史的 位相과 改革論」, 『한국중세의 정치사상과 周禮』(혜안 2005).

張東宇, 「한국의 주자가례 수용과 보급과정: 東傳 版本의 문제를 중심으로」, 『국학연구』 16(한국국학진흥원, 2010).

張得振, 「趙浚의 政治活動과 그 思想」, 『사학연구』 38(한국사학회, 1984).

장지연, 「태조대 景福宮 殿閣名에 담긴 의미와 사상적 지향」, 『한국문화』 39(서울대학교 규장각한국학연구원, 2007).

전덕재, 「『동국사략』의 편찬과 권근(權近)의 고대사 인식」, 『태동고전연구』 52(태동고전연구소, 2024).

鄭求福, 「雙梅堂 李詹의 歷史敍述」, 『동아연구』 17(서강대학교 동아연구소, 1989).

정동훈, 「명초 국제질서의 재편과 고려의 위상」, 『역사와 현실』 89(한국역사연구회, 2013)

정동훈, 「고구려인가 기자조선인가: 몽골제국에서 고려역사상의 경합」, 『역사와 현실』 125(한국역사연구회, 2022).

정순우, 「麗末鮮初 '私置書齋'의 역할과 성격」, 『정신문화연구』 121(한국학중앙연구원, 2010).

鄭玉子, 「麗末 朱子性理學의 導入에 관한 試考」, 『진단학보』 51(진단학회, 1981).

정요근,「고려 역로망 운영에 대한 원(元)의 개입과 그 의미」,『역사와 현실』 64(한국역사연구회, 2007).

鄭仁在,「元代의 性理學」,『元代 性理學』((사)포은사상연구원, 1993).

정재철,「목은시에 있어서 시경시의 수용과 그 의의」,『한국한문학연구』 24(한국한문학회, 1999).

정재철,「韓國 詩話에 있어서 李穡 詩의 비평 양상」,『한문학논집』 18(근역한문학회, 2001).

정재훈,「정도전 연구의 회고와 사상사적 모색」,『한국사상사학』 28(한국사상사학회, 2007).

정재훈,「이색 연구의 몇 가지 문제」,『한국사상사학』 31(한국사상사학회, 2008).

정재철,「이색의 국자감 유학과 문화교류사적 의미」,『고전과 해석』 8(고전한문학연구학회, 2010).

鄭治憲,「麗末鮮初 科擧文臣勢力의 政治動向」,『한국학보』 64(일지사, 1991).

정호훈,「鄭道傳의 학문과 功業 지향의 정치론」,『한국사연구』 135(한국사연구회, 2006).

朱雄英,「家廟의 成立背景과 그 機能」,『역사교육논집』 7(경북대학교 사범대학 역사교육과, 1986).

趙啓纘,「朝鮮建國과 尹彝·李初事件」,『斗溪李丙燾博士九旬紀念韓國史學論叢』(1987).

趙明濟,「高麗後期 戒環解 楞嚴經의 盛行과 思想史的 意義」,『부대사학』 12(부산대학교 사학회, 1988).

趙明濟,「牧隱 李穡의 佛敎認識」,『한국문화연구』 6(부산대학교한국민족문화연구소, 1993).

趙明濟,「14세기 고려 지식인의 入元과 순례」,『역사와 경계』 69(경남사학회, 2008).

조성을,「유형원의 고려시대 인식」,『한국사의 구조와 전개』(혜안, 2000).

조성을,「유수원의 고려시대 인식」,『실학사상연구』 10·11(역사실학회, 1999).

조성을,「이익과 정약용의 고려시대 인식」,『朝鮮後期史學史硏究』(한울, 2004).

周采赫,「元 萬卷堂의 設置와 高麗儒者」,『孫寶基博士停年紀念韓國史學論叢』(지식산업사, 1988).

池斗煥,「朝鮮前期 大學衍義 이해과정」,『태동고전연구』 10(한림대학교 태동고전연구소, 1993).

陳錫宇,「高麗 趙胖事件의 정치적 성격」,『호남대학교논문집』 21(호남대학교, 2000).

차혜원,「유동적 역사 공간: 근세 동아시아로의 접근」,『역사비평』 79(역사비평사, 2007).

蔡尙植,「佛敎思想論」,『韓國史 認識과 歷史理論』(金容燮敎授停年紀念韓國史學論叢 1)(지식산업사, 1997).

채웅석,「여말선초 향촌사회의 변화와 매향활동」,『역사학보』 173(역사학회, 2002).

채웅석,「원 간섭기 성리학자들의 화이관과 국가관」,『역사와 현실』 49(한국역사연구회, 2003).

채웅석,「고려말 조선 초기 향촌사회의 변화와 지배질서의 재편」,『중세사회의 변화와 조선건국』(혜안, 2005).

채웅석,「『목은시고』를 통해본 이색의 인간관계망: 우왕 3년(1377)~우왕 9년(1383)을 중심으로」, 『역사와 현실』 62(한국역사연구회, 2006).

채웅석, 「고려시대 과거를 통한 인간관계망의 형성과 확장」, 『사회적 네트워크와 공간』(문화로 보는 한국사 1, 이태진 교수 정년기념논총간행위원회)(태학사, 2009).

채웅석, 「해제: 『고려사』 형법지의 성격과 사료적 가치」, 『『고려사』 형법지 역주』(신서원, 2009).

채웅석, 「고려 중·후기 耆老會와 開京 士大夫社會」, 『역사와 현실』 79(한국역사연구회, 2011).

채웅석, 「『제왕운기』로 본 이승휴의 국가의식과 유교 관료정치론」, 『국학연구』 21(한국국학진흥원, 2012).

채웅석, 「고려전기의 다원적 국제관계와 문화인식」, 『고려의 국제적 개방성과 자기 인식의 토대』(혜안, 2019).

千惠鳳, 「癸未字本《宋朝表牋總類》解題」, 『규장각』 16(서울대학교 규장각한국학연구원, 1993).

千惠鳳, 「朝鮮朝의 乙亥小字體 活字本《御試策》」, 『서지학연구』 15(서지학회, 1998).

崔柄憲, 「牧隱 李穡의 佛敎觀」, 『牧隱 李穡의 生涯와 思想』(일조각, 1996).

최봉준, 「이제현의 성리학적 역사관과 전통문화 인식」, 『한국사상사학』 31(한국사상사학회, 2008).

최봉준, 「李穀의 箕子 중심의 국사관과 고려 원의 전장조화론」, 『한국중세사연구』 36(한국중세사학회, 2013).

최봉준, 「고려 의종대 다원적 사상 지형과 『편년통록』·『상정고금례』 편찬」, 『한국사학사학보』 44(한국사학사학회, 2021).

최석기, 「고려말 이색(李穡)의 정좌에 대한 인식」, 『조선 선비의 마음공부, 정좌』(보고사, 2014).

崔淑, 「麗末鮮初 新興士大夫의 婚姻制度 改革論」, 『韓國史의 構造와 展開』(혜안, 2000).

최연식, 「공민왕의 정치적 지향과 정치 운영」, 『역사와 현실』 15(한국역사연구회, 1995).

최영진, 「목은(牧隱) 시대정신의 철학적 기반」, 『민족문화논총』 50(영남대학교 민족문화연구소, 2012).

최영호, 「우왕 9년 法弘山 白蓮庵에서 조성된 『妙法蓮華經』의 역사·문화적인 성격」, 『석당논총』 28(동아대학교 석당학술원, 2020).

최일범, 「목은 이색의 유불교섭 사상에 관한 연구」, 『동양철학연구』 48(동양철학연구회, 2006).

최종석, 「여말선초 명(明)의 예제(禮制)와 지방 성황제(城隍祭) 재편」, 『역사와 현실』 72(한국역사연구회, 2009).

최종석, 「왜 고려전기의 國制는 황제국 체제로 보일까?: 후대 감각과 지식의 소급 적용으로 탄생한 고려전기 황제국 체제」, 『역사학보』 250(역사학회, 2021).

韓永愚, 「稼亭 李穀의 生涯와 思想」, 『한국사론』 40(서울대학교 국사학과, 1998).

韓正吉, 「朱子의 佛敎批判: '作用是性'과 '識心'說에 대한 비판을 중심으로」, 『동방학지』 116(연

세대학교 국학연구원, 2002).

한정수, 「고려 후기 天災地變과 王權」, 『역사교육』 99(역사교육연구회, 2006).

한정수, 「10-12세기초 국제질서와 고려의 年號紀年」, 『한국중세사연구』 49(한국중세사학회, 2016).

韓嬉淑, 「趙浚의 社會政策方案」, 『숙대사론』 13·14·15(숙명여자대학교 사학회, 1989).

함영대, 「정도전의 『맹자』 해석에 대한 일고」, 『한국고전연구』 32(한국고전연구학회, 2015).

함영대, 「여말선초 『맹자』 이해의 주제와 관심사」, 『대동한문학』 48(대동한문학회, 2016).

허경진, 「미륵원 남루와 이곳을 소재로 지은 글에 대하여」, 『연민학지』 6(연민학회, 1998).

허인욱, 「여말선초 정치적 변동과 은진 송씨의 회덕 정착」, 『강원사학』 35(강원사학회, 2020).

허인욱, 「고려말 宋郊의 정읍 산내 낙향과 조선 후기 宋公菴 重修」, 『중앙사론』 54(중앙대학교 중앙사학연구소, 2021).

許興植, 「金祉의 選粹集·周官六翼과 그 價値」, 『규장각』 4(서울대학교 규장각한국학연구원, 1981).

許興植, 「李穡의 18인 結契로 본 高麗 靑少年의 集團행태」, 『정신문화연구』 70(한국학중앙연구원, 1998).

현수진, 「고려시대 관인상의 형성과 변화」, 『한국중세사연구』 51(한국중세사학회, 2017).

현수진, 「고려시기 伊尹 故事와 그에 나타난 군신관계」, 『역사학보』 244(역사학회, 2019).

洪承基, 「李穡의 農耕奴婢에 대한 檢討」, 『高麗貴族社會와 奴婢』(일조각, 1985).

홍영의, 「恭愍王의 反元改革과 廉悌臣의 軍事活動: 國防改革을 중심으로」, 『군사』 23(국방부군사편찬연구소, 1991).

홍영의, 「고려말 신흥유신의 추이와 분기」, 『역사와 현실』 15(한국역사연구회, 1995).

홍영의, 「高麗末 新興士大夫의 反元改革과 軍制認識」, 『군사』 32(국방부군사편찬연구소, 1996).

홍원식, 「주류화회론과 퇴계학의 심학화」, 『오늘의 동양사상』(예문서원, 2003).

홍원식, 「권근의 성리설과 그 철학사적 위치」, 『한국사상사학』 28(한국사상사학회, 2007).

황향주, 「고려 起復制와 14세기말 起復論爭」, 『한국사론』 57(서울대학교 국사학과, 2011).

2) 일본어

江原謙, 「三峰鄭道傳の改革思想」, 『朝鮮史研究會論文集』 9(東京: 綠陰書房, 1972).

宮嶋博史, 「朝鮮社會と儒敎」, 『思想』 750(東京: 岩波書店, 1986).

島田虔次, 「宋學の展開」, 『岩波講座 世界歷史』 9(東京: 岩波書店, 1970).

都賢喆, 「高麗末における明·日本との詩文交流の意義」, 『東方學報』 93(京都大學人文科學研究所, 2018).

末松保和, 「朝鮮經國典再考」, 『靑丘史草』 제2(東京: 笠井出版, 1966).

梶浦晋, 「本館所藏高麗版大藏經: 傳存と現狀」, 『書香』 11(大谷大學, 1990).

朴美子, 「牧隱 李穡と「연못(蓮池)」」, 『朝鮮學報』 181(朝鮮學會, 2001).

木田濟, 「眞德秀について」, 『東方學』 90(東方學會, 1976).

福田殖, 「許衡について」, 『文學論輯』 31(九州大學教養部, 1985).

福田殖, 「吳澄小論」, 『文學論輯』 32(1986).

浜中昇, 「高麗末期 政治史序說」, 『歷史評論』 437(歷史科學協議會, 1986).

山根幸夫, 「元末の反亂と明朝支配の確立」, 『世界歷史』 12(東京: 岩波書店, 1971).

森平雅彦, 「朱子學の高麗傳來と對元關係(その一): 安珦朱子學書將來說の再檢討」, 『史淵』 143(九州大學大學院人文科學研究院, 2006).

細野浩二, 「元·明 交替の論理構造」, 『中國前近代史研究』(雄產閣, 1980).

小田幹治郎, 「內地に渡れゐ高麗大藏經」, 『朝鮮』 74(朝鮮總督府, 1921).

須長泰一, 「高麗後期の異常氣象に關する一考察」, 『朝鮮學報』 119·120(朝鮮學會, 1985).

奧村周司, 「高麗の圓丘祀天禮と世界觀」, 『朝鮮社會の史的展開と東アジア』(山川出版社, 1997).

宋晞, 「朱子の政治論」, 『朱子學入門』(東京: 明德出版社, 1974).

六反田豊, 「科田法の再檢討: 土地制度史からみたその制定の意義をめぐる一試論」, 『史淵』 134(九州大學大學院人文科學研究院, 1997).

李成市, 「朝鮮における外來思想とその受容者層」, 『朝鮮史研究會論文集』 19(朝鮮史研究會, 1982).

佐伯富, 「宋朝集權官僚制の成立」, 『岩波講座 世界歷史』 9(東京: 岩波書店, 1970).

學鷗漁史, 「騎牛子と息牧叟」, 『朝鮮』 117(朝鮮總督府, 1925).

花村美樹, 「周官六翼とその著者」, 『京城帝大法學論集』 12-3·4(京城帝大法學會, 1934).

黑坂滿輝, 「周敦頤の愛蓮說について」, 『福井大學教育學部紀要』 제1부(福井大学教育学部, 1989).

찾아보기

ㄱ

가마쿠라 막부(鎌倉幕府) 234
가묘(家廟) 129, 130
가수(可遂) 367
가의(賈誼) 62
가정집(稼亭集) 28
가학(家學) 60
각온(覺溫) 358
각운(覺雲) 132
각월(覺月) 355
각전(覺全) 363, 364
간화선(看話禪) 69, 76
갈료(歇了) 352, 356
감국(監國) 33
감시(監試) 38, 273
갑인주안(甲寅柱案) 206
강감찬(姜邯贊) 372
강금강(姜金剛) 360, 369
강녕대군(江寧大君) 147
강왕(康王) 210
강인부(姜仁富) 361, 365
강화론 225
강회백(姜淮伯) 213
개사증(蓋師曾) 50
거란 문자 225
격물성정지학(格物誠正之學) 112
겸대사성 42, 54, 57, 267, 268, 269, 271
경(敬) 120, 121
경국대전(經國大典) 204

경덕전등록(景德傳燈錄) 44
경명행수(經明行修) 188
경방제세(經邦濟世) 192
경서구결(經書口訣) 269
경세제민(經世濟民) 192
경제육전(經濟六典) 204
경찬시(慶讚詩) 181
경한(景閑) 345, 347, 348
계구(戒懼) 126
고려사(高麗史) 284
고려 지식인 37
고정(考亭) 136
공문주필(公文朱筆) 206
공민왕(恭愍王) 213, 355
공북루 28
공자 191, 216
과욕(寡欲) 294
곽영석(郭永錫) 27
관광(觀光) 215
광무제 290
광종 151
광통보제사(廣通普濟寺) 131
광통보제선사비명(廣通普濟禪寺碑銘) 30, 42
광통보제선사비명병서(廣通普濟禪寺碑銘幷書) 147, 155
굉철봉(宏哲峯) 351
구규(九規) 35, 270
구려평양선인(駒麗平壤仙人) 148
구법(舊法) 32, 129

404 이색(李穡)

구사평(丘思平) 59, 203
구양현(歐陽玄) 47, 264, 368
구재도회(九齋都會) 23
국사(國史) 137
국자감(國子監) 45
군자 57, 123, 180, 183, 185, 191, 192, 294
군자다운 유자[君子儒] 122, 180, 209
권근(權近) 33, 133, 135, 187, 188, 202, 205, 265, 274, 278, 279, 281, 283, 296, 297, 300
권렴(權廉) 23
권제(權踶) 281
권중화(權仲和) 29, 40
권한공(權漢功) 22, 28
귀전록(歸田錄) 66
근비(謹妃) 361, 365
근사록(近思錄) 61
금경록(金鏡錄) 135
금왜사절(禁倭使節) 231
기대승(奇大升) 287, 288
기묘의 변란[己卯之變] 154
기자(箕子) 147, 150, 153, 219
기자조선 218
기철(奇轍) 155
길재(吉再) 203, 299
김계생(金繼生) 345, 348
김공행군기(金公行軍記) 137
김관의(金寬毅) 197
김광재(金光載) 23, 38
김굉필(金宏弼) 277
김대난(金大難) 358
김도(金濤) 260
김동양(金東陽) 216

김반(金泮) 300
김순(金恂) 185
김요(金耀) 211
김일자(金日孜) 300
김저(金佇) 34
김제안(金齊顔) 260
김종직(金宗直) 277, 302
김주(金湊) 285
김지(金祉, 敬叔) 58, 195, 215
김직지(金直之) 39
김진양(金震陽) 36
김희조(金希祖) 25

ㄴ

나옹(懶翁) 31, 43, 184, 346
나잔자(懶殘子) 43
나흥유(羅興儒) 59, 233
낙영(雒英) 228
낙화암 135
내송(內訟) 119, 180, 294
노숭(盧嵩) 31
녹봉(祿俸) 27
논어(論語) 29, 57, 60, 121, 200, 275
농상집요(農桑輯要) 201

ㄷ

단군 147, 148
단우(段祐) 228
달검(達劒) 355
답험수조법(踏驗收租法) 206
당백가시선(唐百家詩選) 66
당척언(唐摭言) 67

당 태종 152
당 현종 217
대반야바라밀다경(大般若波羅密多經) 63, 235
대반야바라밀다경발(大般若波羅密多經跋) 354
대방광불화엄경보현행원품별행소(大方廣佛華嚴經普賢行願品別行疏) 63
대방광불화엄경보현행원품별행소발(大方廣佛華嚴經普賢行願品別行疏跋) 365
대방광원각수다라료의경(大方廣圓覺修多羅了義經) 64
대방광원각수다라료의경발(大方廣圓覺修多羅了義經跋) 352
대사성(大司成) 260, 271
대장경 31, 225
대학 181, 186, 187
대학연의(大學衍義) 185
대혜(大慧) 363
대혜보각서(大慧普覺書) 63
대혜보각선사서발(大慧普覺禪師書跋) 363
도교 68
도덕경 65
도연(道淵) 352
도연명(陶淵明) 136
도은문집서(陶隱文集序) 265
도통론(道統論) 116, 144, 145, 262
도학(道學) 112
동국사략(東國史略) 269
동국통감(東國通鑑) 150, 285
동명왕(東明王) 152
동문선(東文選) 278

동문(同文) 의식 216
동방(東方) 147, 275
동방성리지학(東方性理之學) 113
동중서(董仲舒) 61
동파집(東坡集) 66
두병이(杜秉彝) 47

ㄹ

류경(劉敬) 121, 260
류구(柳珣) 67, 361
류기(柳沂) 282
류백순(柳伯淳) 75
류성룡(柳成龍) 291
류진옹(劉辰翁) 66
류청신 행장(柳淸臣行狀) 373

ㅁ

맹사성(孟思誠) 228
맹자 61, 72, 187, 191, 201, 216
맹주(盟主) 260, 265
명 홍무제 33
목은선생비음기(牧隱先生碑陰記) 291
목은시정선(牧隱詩精選) 278
묘법연화경(妙法蓮華經) 63
묘법연화경발(妙法蓮華經跋) 356
묘엄(妙嚴) 369
무로마치[室町] 235
무학 자초(無學 自超) 286, 367
문리(文理) 144
문묘(文廟) 300
문선(文選) 66
문선대책(文選對策) 269

문수(文粹) 66
문수사리무생계경(文殊師利無生戒經) 63
문수사리무생계경발(文殊師利無生戒經跋) 360
문수사(文殊寺) 132
문이재도(文以載道) 183, 275
문장궤범(文章軌範) 66
문종(文鍾) 50
문진(文軫) 351
문치(文治) 144
문헌통고(文獻通考) 66
문형(文衡) 280
미륵원 남루기(彌勒院南樓記) 343
미질부성(彌秩夫城) 197
민사평(閔思平) 277
민선(閔璿) 43
민지(閔漬) 135, 185

ㅂ

박상(朴祥) 287
박상충(朴尙衷) 28, 194, 265, 295
박의중(朴宜中) 261
박인량(朴寅亮) 218
박인을(朴仁乙) 200
박초(朴礎) 75, 185
박총(朴叢) 68
반고(盤古) 151
반궁수조비문(泮宮修造碑文) 30, 202
배휴(裴休) 229
백문보(白文寶) 29
백운화상어록(白雲和尙語錄) 63
백운화상어록서(白雲和尙語錄序) 345

백이정(白頤正) 113
번천집(樊川集) 66
법린(法麟) 345, 348
법화경 356
변계량(卞季良) 270, 274, 281
변인달(邊仁達) 204
보우(普愚) 350
보제존자어록(普濟尊者語錄) 63
보조국사(普照國師) 363, 364
본조편년강목(本國編年綱目) 137
봉지련(鳳池蓮) 189
봉훈대부(奉訓大夫) 23
부형(傅亨) 50
불교 68
불씨잡변(佛氏雜辨) 286
불조삼경(佛祖三經) 63
불조삼경발(佛祖三經跋) 358
불조직지심체요절(佛祖直指心體要節) 63
불조직지심체요절서(佛祖直指心體要節序) 347
비선상승(飛仙上昇) 74
비옥가봉(比屋可封) 210

ㅅ

사관(史官) 61, 135
사구게(四句揭) 64
사기(史記) 61
사대 외교 226
사리석종기(舍利石鐘記) 44
사마광(司馬光) 130, 136, 218
사명(詞命) 181
사무사(思無邪) 118

사서오경대전(四書五經大全) 298
사서절요(四書切要) 270
사서집주(四書集註) 60, 113, 262
사서통(四書通) 60
사신(詞臣) 181
사전(私田) 혁파 32
사해일가(四海一家) 222
사행시(使行詩) 228
삼강행실도(三綱行實圖) 299
삼교동귀(三敎同歸) 124
삼국도후서(三國圖後序) 270
삼국사(三國史) 270
삼국유사(三國遺事) 149
삼년상(三年喪) 128
삼랑성(三郎城) 148
상우재선생논목은서(上尤齋先生論牧隱書) 291
상의(商議) 195
상총(尙聰) 355
색정양신(嗇精養神) 74
서거정(徐居正) 278, 281
서긍(徐兢) 59
서사호(徐師昊) 53, 72, 227
서우재선생소찬목은비음기후(書尤齋先生所撰牧隱碑陰記後) 291
서유의(胥有儀) 50, 368
서장(書狀) 363
서재(書齋) 59, 203
선인왕검(仙人王儉) 148
설미수(偰眉壽) 52
설사(偰斯) 52
설손(偰遜) 51

설장수(偰長壽) 52
섭백경(聶伯敬) 368
성리서(性理書) 113
성리지서(性理之書) 113
성리지학(性理之學) 113
성리학 112, 294, 296, 300
성리학적 역사관 135
성사달(成士達) 38
성왕(成王) 210
성원명현파방속집(聖元名賢播芳續集) 67
성준(成遵) 46
성즉리(性卽理) 115, 134
성학(聖學) 112, 190
성해응(成海應) 292
소강(小康) 154
소식(蘇軾) 66
소신(素臣) 142
소인유(小人儒) 185
소중화(小中華) 210, 217, 218, 219, 221
소학(小學) 61, 302
속수(涑水) 136
송명의(宋明誼) 152, 343
송성총(宋性聰) 23
송시열(宋時烈) 289, 290, 291
송준길(宋浚吉) 289
수녕옹주(壽寧翁主) 356
수양(修養) 112
수조지(收租地) 27
숙손통(叔孫通) 215
술율걸(述律杰) 50
승국신서(勝國新書) 291
승국유사(勝國遺事) 289

시경(詩經) 275, 294
시인옥설(詩人玉屑) 66
식수암(息牧叟) 229
신간류편역거삼장문선대책(新刊類編歷擧三場文選對策) 67
신서(新書) 62
신숙주(申叔舟) 281
신심성명(身心性命) 296
신율(新律) 36
신주(神主) 129, 130
신증동국여지승람(新增東國輿地勝覽) 343
신흠(申欽) 289
심성(心性) 112
심재(心齋) 70
심즉기(心卽氣) 115

ㅇ

악양의 화[岳陽之禍] 154
안보(安輔) 25, 276
안심사(安心寺) 44
안축(安軸) 26
안향(安珦) 130, 300
알영(閼英) 136
알인욕(遏人欲) 115
양만춘(楊萬春) 152
양성지(梁誠之) 301
양촌기(陽村記) 296
양표(楊彪) 293
어시책(御試策) 67
엄자릉(嚴子陵) 290
여묘(廬墓) 128
역옹패설(櫟翁稗說) 137

연려제금책(聯麗制金策) 225
연무열(演無說) 368
연화문(蓮華文) 132
염계이정주회암지서(濂溪二程朱晦菴之書) 113
염제신(廉悌臣) 23
염흥방(廉興邦) 40
영우(靈祐) 358
영정(影幀) 129
예기(禮記) 121, 187, 297
예기천견록(禮記淺見錄) 297, 298
예론(禮論) 112
예의사(禮儀司) 194
오경사서재(五經四書齋) 263
오경천견록(五經淺見錄) 269, 298
오고도제조(五庫都提調) 37, 373
오당(吾黨) 261
오명리(吳明利) 352
오백상(吳伯尙) 24, 46
오사충(吳思忠) 185
오주연문장전산고(五洲衍文長箋散稿) 289
오칭길(吳稱吉) 352
옥해(玉海) 66
완능록(宛陵錄) 229
왕규(王珪) 356
왕사성(王思誠) 48
왕안석(王安石) 127, 218
왕욱(王旭) 50
용하변이(用夏變夷) 216, 217
용화회(龍華會) 132
우계지(牛繼志) 49
우문공량(宇文公諒) 45

우문(右文) 144
우왕(禑王) 213
우창비왕설(禑昌非王說) 145
우탁(禹倬) 113
운재집(芸齋集) 52
원각경(圓覺經) 352
원 국자감 23, 24, 56
원·명 지식인 37, 45
원 제과(諸科) 220
원천석(元天錫) 74, 203
월송(月松) 153
위기지학(爲己之學) 58, 294
위산경책(潙山警策) 358
위소(危素) 360
위소주집(韋蘇州集) 66
위인지학(爲人之學) 58
유계(兪棨) 289
유공권(柳公權) 181
유교경(遺敎經) 358
유교 문명 212, 218
유교 문명론 210
유백유(柳伯濡) 190
유불동도론(儒佛同道論) 24, 112, 123, 295
유불동원(儒佛同源) 124
유승단(兪升旦) 226
유신(儒臣) 181
유예재(游藝齋) 24
유종(儒宗) 34
유풍(儒風) 265
유학적 경세론 180
육경의사서의(六經義四書疑) 263
윤귀택(尹龜澤) 34

윤근수(尹根壽) 288
윤상발(尹商發) 42
윤선좌(尹宣佐) 137
윤소종(尹紹宗) 260, 266
윤이(尹彛) 35
윤절간(倫絶磵) 44
윤지표(尹之彪) 25
윤필료(潤筆料) 184
윤회(尹淮) 271, 281
윤회종(尹會宗) 137
응거시(應擧試) 219
의가(醫家) 181
이강(李岡) 40, 129
이계전(李季甸) 279, 281
이곡(李穀) 22, 124, 149, 187, 215, 355
이공수(李公遂) 23, 277
이구(李玖) 345
이규경(李圭景) 289
이규보(李奎報) 183, 218
이긍익(李肯翊) 293
이길상(李吉商) 56
이능간(李凌幹) 24
이달충(李達忠) 217
이맹균(李孟畇) 267, 280
이몽유(李夢游) 39
이무방(李茂方, 李茂芳) 29, 40, 207
이민족 교화론 221
이보림(李寶林) 58
이사원(李嗣源) 289
이사증(李師曾) 376
이색(李穡) 10, 26, 32, 36, 57, 115, 133, 153, 188, 194, 216, 290, 343, 345, 347

이색 학파 260, 265, 299
이서(李舒) 190
이선(李選) 291, 293
이성계(李成桂) 28, 32, 133, 267, 376
이숭인(李崇仁) 33, 135, 185, 203, 261, 265, 278
이승휴(李承休) 151, 226
이암(李嵒) 41
이우(李愚) 204
이윤(伊尹) 126
이익(李瀷) 292
이인로(李仁老) 183
이인복(李仁復) 26, 29, 135, 277
이장용(李藏用) 231
이정보(李廷俌) 187
이제삼왕(二帝三王: 요·순·우·탕·무왕) 191
이제현(李齊賢) 23, 40, 74, 124, 152, 153, 226, 275, 277, 278
이종덕(李種德) 37
이종선(李種善) 37
이종학(李種學) 37
이진수(李進修) 194
이첨(李詹) 270
이초(李初) 35
인공금(印空唫) 64
인문(人文) 144, 213, 214
인물추변도감(人物推辨都監) 35
인천안목(人天眼目) 64
인천안목발(人天眼目跋) 369
일시동인(一視同仁) 144, 222
일천칙천(一賤則賤) 36

임군례(任君禮) 54, 282
임박(林樸) 42, 220
임춘(林椿) 183
임희좌(任希座) 40
입학도설(入學圖說) 269, 298

ㅈ

자리이인(自利利人) 74
자송(自訟) 119, 294
자율 정치 180, 193
자치통감강목(資治通鑑綱目) 62, 136
장부(張溥) 53, 228
장승법수(藏乘法數) 64
장승법수발(藏乘法數跋) 367
장자(莊子) 65
장자의(張子儀) 203
장천각(張天覺) 43
적멸(寂滅) 125
전녹생(田綠生) 29, 265
전등록(傳燈錄) 44, 63, 348
전오륜(全五倫) 42, 57, 260
전제개혁(田制改革) 266
절충(折衷) 57, 262, 296
정가신(鄭可臣) 135
정도전(鄭道傳) 42, 57, 214, 261, 265, 268, 273, 274, 278
정몽주(鄭夢周) 35, 57, 189, 261, 278, 285, 288
정방(政房) 196
정복왕조 223
정삼봉도전문집서(鄭三峯道傳文集序) 265
정세운(鄭世雲) 272, 371

정습인(鄭習仁) 229
정심(正心) 344
정엽(鄭曄) 291
정이오(鄭以吾) 271
정인지(鄭以吾) 277, 281
정자후(鄭子厚) 277
정전백수자(庭前柏樹子) 69
정정(靜定) 116, 125
정좌(靜坐) 117, 125, 127
정주씨지서(程朱氏之書) 113
정주학(程朱學) 112
정총(鄭摠) 267
정추(鄭樞) 267, 365
정탁(鄭擢) 267, 288
정통론(正統論) 223
정혜(靜惠) 345
정혜(靜慧) 348
제가치신(齊家治身) 74
제왕운기(帝王韻紀) 149, 218
제용재(濟用財) 207
조구(祖丘) 286
조렴(趙廉) 26
조맹부(趙孟頫) 376
조민수(曹敏修) 32
조박(趙璞) 151
조사서래의(祖師西來意) 69
조선씨 152
조수(操守) 118
조심(操心) 118
조일신(趙日新) 155
조존(操存) 180
조준(趙浚) 35, 204, 266, 267

조참(曹參) 72
조치안(趙致安) 50
조표전총류(朝表牋總類) 67
존심(存心) 118
존천리(存天理) 115
종림(宗林) 45
종백(宗伯) 263
좌망(坐忘) 70, 117
좌선(坐禪) 69, 117, 127
죄삼원수교서(罪三元帥敎書) 371
주관육익(周官六翼) 195, 198
주렴계(周濂溪) 211
주례(周禮) 196, 197
주 무왕 151, 153
주삼원수교서(誅三元帥敎書) 272
주아부(周亞夫) 215
주역(周易) 60, 155, 215
주일무적(主一無適) 126
주자가례(朱子家禮) 128, 129, 220, 229, 295
주탁(周倬) 228
주희(朱熹) 127, 136, 137, 212
중순당집(中順堂集) 233
중용(中庸) 114, 126, 153, 215
중주집(中州集) 66
중화 문명 151
증견(曾堅) 49
증수편년강목(增修編年綱目) 137
지공(指空) 31
지공거(知貢擧) 47
지관(止觀) 125
지담(志淡) 363, 364
지도(志道) 358

지문(地文) 214
지봉(志峯) 358
지상(志祥) 356
지소(智昭) 369
지수(志修) 352
지어지선(止於至善) 116
지장전(地藏殿) 132
진덕수(陳德秀) 185
진련(陳璉) 54, 280
징념(澄念) 125

ㅊ

찬영(粲英) 351
참성단 26
책부원귀(冊府元龜) 66
천녕현(川寧縣) 44
천노(川老) 361
천노해금강반야바라밀경(川老解金剛般若波羅密經) 63
천노해금강반야바라밀경발(川老解金剛般若波羅密經跋) 361
천문(天文) 214
천희(千熙) 45
청공(淸珙) 345, 348, 350
최림(崔霖) 25, 39
최문도(崔文度) 113
최백청(崔伯淸) 69
최부(崔溥) 285
최승로(崔承老) 75
최언부(崔彦父) 261
최영(崔瑩) 32, 232
최우(崔瑀) 225

최원(崔源) 154
최유(崔濡) 154
최유청(崔惟淸) 181
최익현(崔益鉉) 292
최자(崔滋) 183
최치원(崔致遠) 300
최항(崔恒) 281
최해(崔瀣) 26, 126, 153, 216
축맹헌(祝孟獻) 279
춘왕정월(春王正月) 141
춘추(春秋) 60, 136, 138, 146
춘추곡량전(春秋穀梁傳) 138
춘추공양전(春秋公羊傳) 135, 138, 140, 141, 142, 144
춘추좌씨전(春秋左氏傳) 138, 142
충규서원(冲圭書院) 289
충숙왕(忠肅王) 219
충헌왕세가(忠憲王世家) 137
충혜왕(忠惠王) 154
취암사(鷲巖寺) 345, 347, 348
치군택민(致君澤民) 74, 192
칠재(七齋) 139

ㅌ

탈해 136
태고어록(太古語錄) 63
태고화상어록서(太古和尙語錄序) 350
태극도설(太極圖說) 114
태조 290
태조실록 271
태조 왕건 151, 152
태조 이성계 290

통감강목(通鑑綱目) 135
통전(通典) 66

ㅍ

편년통록(編年通錄) 197
풍도(馮道) 284

ㅎ

하남왕 27
하륜(河崙) 260, 283
하양재(下兩齋) 24
하연(河演) 274
한복(韓復) 51
한산(韓山) 232, 233
한산백(韓山伯) 37, 296, 373
한서(漢書) 210
한수(韓脩) 23, 40
한치윤(韓致奫) 293
한화(漢化) 정책 223
행제(行齊) 355
향명(向明) 227
향속(鄕俗) 220
향풍(鄕風) 220
허조(許稠) 205
허형(許衡) 48, 116, 143, 224
형세·문화적 화이관 217, 221, 222, 227, 228

혜진(惠蕆) 133
호귀후(胡歸厚) 218
호법론(護法論) 43, 127
호병문(胡炳文) 60
호씨춘추전(胡氏春秋傳) 146
호인(胡寅) 146
호정집(浩亭集) 343
호중연(胡仲淵) 24
혼수(混修) 43
홍범구주(洪範九疇) 150, 219
홍빈(洪彬) 24
홍언박(洪彦博) 40
홍여하(洪汝河) 292
홍중선(洪重宣) 29
화이론(華夷論) 222
환암(幻庵) 365
황벽어록(黃蘗語錄) 63
황벽전심요결(黃蘗傳心要訣) 229
황수(黃粹) 343
황정경(黃庭經) 65
회암사(檜巖寺) 130
후한서(後漢書) 61
훤달(萱達) 197
흥덕사(興德寺) 347
희이(希夷) 70

사유의 한국사는 한국 사상가의 발자취와
철학적 개념을 탐구하는 여정입니다.
이로써 우리 안에 있는 사유와 문화의 근원을 이해합니다.

사유의 한국사(한국사상사대계) 편찬위원회

위원장
채웅석 | 가톨릭대학교 명예교수

위원(가나다순)
강호선 | 성신여자대학교 교수
고영진 | 광주대학교 교수
권오영 | 한국학중앙연구원 교수
김용태 | 동국대학교 교수
김천학 | 동국대학교 교수
신상후 | 한국학중앙연구원 교수
심재우 | 한국학중앙연구원 교수
옥영정 | 한국학중앙연구원 교수
이창일 | 한국학중앙연구원 책임연구원
장승구 | 세명대학교 교수
장 신 | 한국학중앙연구원 교수
전경목 | 한국학중앙연구원 명예교수
정헌목 | 한국학중앙연구원 교수
조원희 | 연세대학교 교수
함영대 | 경상국립대학교 교수

지은이 | 도현철 都賢喆

한국 중세 사상사 전공, 연세대학교 사학과 교수.
연세대학교 사학과를 졸업하고 같은 대학원에서 문학박사학위를 받았다.
연세대학교 국학연구원장, 한국사상사학회 회장, 역사학회 회장 등을 역임했다.
고려 후기와 조선 초기를 중심으로 정치사상을 주로 연구하고 있다.
주요 논저로 『고려말 사대부의 정치사상연구』(1999), 『목은 이색의 정치사상 연구』(2011), 『조선전기 정치사상사: 『삼봉집』과 『경제문감』의 실증적 분석을 중심으로』(2013), 「조선건국기 성리학 지식인의 네트워크와 개혁사상」(2018), 「조선건국 과정에서 역사 기록의 상이한 평가와 해석」(2020), 『이곡의 개혁론과 유교문명론』(2021), 『고려와 원, 간섭 속의 항쟁과 개혁 그리고 그 유산』(2022) 등이 있다.

▲유의
한국사

이색 李穡

지은이 도현철 | **제1판 1쇄 발행일** 2024년 10월 30일
발행인 김낙년 | **발행처** 한국학중앙연구원 출판부
등록번호 제1979-000002호(1979년 3월 31일)
주소 경기도 성남시 분당구 하오개로 323 | **전화번호** 031-730-8773 | **팩스** 031-730-8775
이메일 akspress@aks.ac.kr | **홈페이지** www.aks.ac.kr

ⓒ 한국학중앙연구원 2024

ISBN 979-11-5866-768-9 94150
　　　979-11-5866-748-1 (세트)

• 이 책의 출판권 및 저작권은 한국학중앙연구원에 있습니다.
• 이 책 내용의 전부 또는 일부를 재사용하려면 반드시 서면 동의를 받아야 합니다.
• 값은 뒤표지에 있습니다. 잘못된 책은 바꿔드립니다.
• 이 책은 2020년 한국학중앙연구원 신집현전사업의 지원을 받아 집필·발간했습니다.